新时代
大学英语课程思政
探索与实践

XINSHIDAI
DAXUE YINGYU KECHENG SIZHENG
TANSUO YU SHIJIAN

熊天添◎著

湘潭大學出版社
XIANGTAN UNIVERSITY PRESS

图书在版编目(CIP)数据

新时代大学英语课程思政探索与实践 / 熊天添著
. -- 湘潭 : 湘潭大学出版社, 2023.11
ISBN 978-7-5687-1287-3

Ⅰ. ①新… Ⅱ. ①熊… Ⅲ. ①高等学校－思想政治教育－教学研究－中国 Ⅳ. ①G641

中国国家版本馆CIP数据核字(2023)第216494号

新时代大学英语课程思政探索与实践

XINSHIDAI DAXUE YINGYU KECHENG SIZHENG TANSUO YU SHIJIAN

熊天添 著

责任编辑：渠珊珊
封面设计：李 平
出版发行：湘潭大学出版社
社 址：湖南省湘潭大学工程训练大楼
电 话：0731-58298960 0731-58298966（传真）
邮 编：411105
网 址：http://press.xtu.edu.cn/
印 刷：长沙创峰印务有限公司
经 销：湖南省新华书店
开 本：710 mm×1000 mm 1/16
印 张：15.75
字 数：242千字
版 次：2023年11月第1版
印 次：2023年11月第1次印刷
书 号：ISBN 978-7-5687-1287-3
定 价：64.00元

前　言

2016 年，习近平总书记在全国高校思想政治工作会议上强调，其他各门课都要守好一段渠、种好责任田，使各类课程与思想政治理论课同向同行，形成协同效应。随着此次会议的召开，“课程思政”迅速成为我国高等学校教育教学改革的热议话题，也是新时期高等教育课程建设的重要方面和总体方向。2018 年，教育部办公厅发布《关于开展“三全育人”综合改革试点工作的通知》指出，要构建内容完善、标准健全、运行科学、保障有力、成效显著的高校思想政治工作体系，形成“三全育人”的工作新格局，为解决当前高校思政教育困境提供新模式。党的十八大以来，习近平总书记高度重视立德树人在我国教育中的重要地位和作用，反复强调思政课对落实立德树人的重要性。2020 年 5 月，教育部印发《高等学校课程思政建设指导纲要》（以下简称《纲要》），全面界定了课程思政的内涵、意义、目标、主线、重点、体系、方式、保障等，为课程思政实践提供了明确的指导意见，拉开了全面推进高校课程思政建设工程的序幕。

当今世界，政治、经济、文化迅速发展，相互交融，不同国家与地区的人们紧密联系在一起，国际社会已经成为一个相互依存、不可分割的整体。英语作为目前全球使用最广泛的语言之一，是国际交往和文化科技交流的重要工具，也是使中国更好地了解世界、使世界更好地了解中国的主要桥梁。作为一个和平发展的大国，中国承担着重要的历史使命和国际责任，迅速走向世界舞台的中央，为构建人类命运共同体贡献力量。在积极参与全球治理的同时，我国正处于多元文化与价值观碰撞、交织、渗透的复杂背景之下，面临着前所未有的机遇与挑战。教育兴则国家兴，教育强则国家强。建设教育强国的目的，就是培养一代又一代德智体美劳全面发展的社会主义建设者和接班人，培养一代又一代在社会主义现代化建设中可堪大用、能担重任的栋梁之材，确保党的事业和社会主义现代化强国建设后继有人。

建设教育强国，龙头是高等教育。大学外语教育是我国高等教育的重要组成部分，大学英语作为大学外语教育的最主要内容，与新世纪高级专门人才品格、素质和能力培养密切相关。在当前形势下，作为一门公共基础课和核心通识课的大学英语课程，更应积极响应党和国家对课程思政建设的号召，把思想政治教育贯穿于教育教学全过程，与思想政治课程同向同行，形成协同效应。

2020年10月，教育部高等学校大学外语教学指导委员会正式发布《大学英语教学指南（2020版）》（以下简称《指南》）。《指南》在课程性质部分指出“大学英语教学应主动融入学校课程思政教学体系，使之在高等学校落实立德树人根本任务中发挥重要作用”；在总体框架部分指出“大学英语教学的主要内容可分为通用英语、专门用途英语和跨文化交际三个部分，由此形成相应的三大类课程。大学英语课程由必修课、限定选修课和任意选修课组成”；在基于教学目标的课程设置部分提出“应该以立德树人为根本任务……将课程思政理念和内容有机融入课程”。如何在大学英语教育教学过程中落实课程思政，是必须认真思考和着力解决的问题。本书以这一问题为导向，依托涵盖通用英语必修课、专门用途英语及其他文化素质拓展选修课等多种课型的大学英语课程体系，开展大学英语课程思政探索与实践。从日常课程教学出发，潜心探索大学英语中通用英语和专门用途英语的课程思政教学方案设计与实施。由于我校暂未开设跨文化交际类课程，因此本书并未过多涉及这方面内容。书中所有课程的教学方案设计均以教材为本源与依归，严格遵从并努力实现其特定的知识目标和能力目标，同时，充分挖掘其中蕴含的思政内容，将其巧妙地融入课程教学方案，并落实到具体的课堂教学和课外辅导实践。通过多个课程思政教学案例及相关教学竞赛案例与反思，探索大学英语课程思政教学的有效实施路径。

本书绪论部分分析了大学英语教学现状，梳理了课程思政融入大学英语教学的时代背景、内在逻辑以及新时代内涵。第一、二、三章从实践层面入手，提供了大学英语各类课型的课程思政教学方案设计与课程思政教学案例，其中法律英语课程为专门用途英语课程，CET 听力口语实训与能力提升课程为通用英语文化素质拓展选修课，全新版大学外语课程为通用英语必修课。第四章分析了大学英语课程思政教学竞赛对课程教学的推进作用，回顾了多个获奖案例，并对竞赛活动进行了回顾反思以及经验总结。第五章主要从大学英语课程思政教学改革项目研究成果和论文成果两个方面，展示了大学英语课程思政探索与实践成效，总结了大学英语课程思政教学的有效实施路径，并对大学英语课程思政教学建设进行了前景瞻望。本书内容丰富，实践性强，对高校大学英语课程思政建设具有一定的借鉴作用和参考价值。

本书中的大学英语课程思政教学方案设计、教学案例和课程思政探索实践成果是湘潭大学外国语学院语言中心课程思政教研团队智慧的结晶，在此也向在大学英语教学岗位上辛勤工作的各位同事致敬和致谢。

熊天添

2023 年 9 月 10 日

目　录

绪　论

第一节　新时代大学英语教学现状

随着时代的发展和社会的进步，国际交流的深度和广度不断拓展，提高教育质量和培养国际化创新人才的重要性和紧迫性日益凸显。2023 年 5 月 29 日，习近平总书记在中共中央政治局第五次集体学习时强调：“建设教育强国，是全面建设社会主义现代化强国的战略先导，是实现高水平科技自立自强的重要支撑，是促进全体人民共同富裕的有效途径，是以中国式现代化全面推进中华民族伟大复兴的基础工程。”① 习近平总书记的重要讲话，阐释了建设教育强国的重要意义，指明了建设教育强国的前进方向。建设教育强国，龙头是高等教育，这标志着中国高等教育已经进入新时代。

大学外语教育是我国高等教育的重要组成部分，对于促进大学生知识、素质和能力的全面发展具有重要意义。大学英语作为大学外语教育的最主要内容，是大多数非英语专业学生在本科教育阶段必修的公共基础课程，在人才培养方面具有不可替代的重要作用。《指南》指出：高校开设大学英语课程，一方面是满足国家战略需求，为国家改革开放和经济社会发展服务；另一方面，是满足学生专业学习、国际交流、继续深造、工作

---

① 新华社．习近平主持中央政治局第五次集体学习并发表重要讲话［EB/OL］．(2023-05-29)［2023-09-02］．https：//www.gov.cn/yaowen/liebiao/202305/content_6883632.htm.

就业等方面的需要。大学英语课程对于大学生的未来发展具有现实意义和长远影响，学习英语有助于学生树立世界眼光，培养国际意识，提高人文素养，同时为知识创新、潜能发挥和全面发展提供一个基本工具，为迎接和应对全球化时代的挑战和机遇做好准备。[①]

一、大学英语教学的内涵

大学英语教学的主要内容可分为通用英语、专门用途英语和跨文化交际三个部分，由此形成相应的三大类课程。大学英语课程由必修课、限定选修课和任意选修课组成。《国家中长期教育改革和发展规划纲要（2010—2020年）》提出，要“培养大批具有国际视野、通晓国际规则、能够参与国际事务和国际竞争的国际化人才”。[②] 熟练掌握英语是国际化人才的基本条件，而培养和提升国际化人才英语能力的重大责任主要由大学英语课程承担。由此可见，大学英语课程在人才培养方面具有不可替代的重要作用，对国家未来发展具有重要意义。语言具有时代适应性与更新性，会在多种因素的作用下进行革新，因此，新时代的大学英语教学也需要根据时代的发展进行变革，才能满足国家战略需求、社会发展需求和学生个人需求。

（一）大学英语教学的属性

英语是世界通用语言，英语教学是一种语言教学，这是其本质属性。大学英语教学以英语的实际使用为导向，以培养学生的英语应用能力为重点。英语应用能力是指用英语在学习、生活和未来工作中进行沟通、交流的能力。大学英语教学在注重发展学生通用语言能力的同时，应进一步增强其学术英语或职业英语交流能力和跨文化交际能力，以使学生在日常生活、专业学习和职业岗位等不同领域或语境中能够用英语有效地进行交流。

---

① 教育部高等学校大学外语教学指导委员会．大学英语教学指南（2020版）［M］．北京：高等教育出版社，2020：2.

② 中华人民共和国教育部．国家中长期教育改革和发展规划纲要（2010—2020年）［EB/OL］．(2010-07-29)［2023-10-03］．http://www.moe.gov.cn/jyb_xwfb/s6052/moe_838/201008/t20100802_93704.html?eqid=90bc801a000f3f5400000006643d3107.

《指南》中明确指出：大学英语课程是高等学校人文教育的一部分，兼有工具性和人文性双重性质。作为一门语言，英语也是人类所特有的用来表达意思、交流思想的工具。就工具性而言，大学英语课程是基础教育阶段英语教学的提升和拓展，主要目的是在高中英语教学的基础上进一步提高学生英语听、说、读、写、译的能力。大学英语的工具性也体现在专门用途英语上，学生通过学习与专业或未来工作有关的学术英语或职业英语，获得在学术或职业领域进行英语交流的相关能力。同时，作为一门语言，英语又承载并传播这门语言所代表的文化。就人文性而言，大学英语课程的重要任务之一是进行跨文化教育。学生学习和掌握英语这一交流工具，除了学习、交流先进的科学技术或专业信息外，还要了解国外的社会与文化，增进对不同文化的理解，增强对中外文化异同的认识，培养跨文化交际能力。大学英语课程的工具性是人文性的基础和载体，人文性是工具性的升华。[①] 在大学英语教学中，工具性与人文性环环相扣，相辅相成。

（二）大学英语教学的目标和特点

根据《指南》，大学英语的教学目标是培养学生的英语应用能力，增强跨文化交际意识和交际能力，同时发展自主学习能力，提高综合文化素养，使他们在学习、生活、社会交往和未来工作中能够有效地使用英语，满足国家、社会、学校和个人发展的需要。目前，大学英语教学具有以下四个特点：（1）覆盖面广。除英语专业本专科生外，我国普通高校本专科生绝大多数要学习大学英语课程。（2）学时长。虽然各高校课程开设情况有一定差异，但大学英语这门必修课基本在96学时以上，此外还开设有限定选修和任意选修课程，是大学课程中总学时较多的课程。（3）影响大。当今世界，英语被广泛使用且已成为一种国际语言。随着经济全球化深入发展，英语的地位和作用在目前和未来较长一段时间内没有任何其他语言可以替代。大学生的英语水平与其国际视野的拓展、对世界学科发展前沿的把握和跨文化交际能力的提高息息相关，事关提高我国综合国力和国际

① 教育部高等学校大学外语教学指导委员会．大学英语教学指南（2020版）［M］．北京：高等教育出版社，2020：4.

竞争力的大局。（4）关注度高。对大学英语教学，学生关注、学校关注、社会关注，国家也高度重视。

二、大学英语教学的现状

大学英语教学在多年的发展历程中，得到了教育界的持续关注。进入21世纪以来，大学英语教学改革进行了一次次有效尝试，改革内容涉及课程性质、教学目标、教学理念、教学策略、教学管理、教学评价、学习策略、师生角色等方面。尤其自《指南》颁布以来，大学英语教学取得了很大的进步，主要表现在教学目标明确、工具性与人文性统一、课程设置多样化、评价标准多元化等方面，因此大学生的英语水平在逐年提高。与此同时，我国大学英语教学也依旧存在一些问题。

（一）课程设置无法满足个性化需求

目前我国高校大学英语课程多以通用英语为主，即大学英语精读课程和大学英语听力课程。设置这些课程的目的主要是培养学生英语听、说、读、写、译的语言技能，同时教授英语词汇、语法、篇章及语用等知识，增加学生的社会、文化、科学等基本知识。另外，部分高校也开设了一些专门用途英语课程和跨文化交际课程作为人文类选修课程，以教授文化类知识为主，与学生专业需求、学校需求、国家需求和社会需求仍存在一定差距。

（二）授课模式单一化、局限化

由于大班教学模式的局限性、师生比例不平衡以及班内学生英语能力参差不齐等情况，目前大学英语依然多采用以传统的教材讲授法为主的授课方式。由于授课方式局限和教学活动设计单一，课堂上学生成为被动的接受者，而少有主动参与的机会，从而违背了语言的交际功能，大大削弱了学生的学习热情。与此同时，大学英语教学有重理论轻实践的倾向，学生在课外很难有机会实践与应用英语。所以，即使学习过大学英语课程，部分学生依然感觉在毕业之后难以胜任英文相关工作。

（三）课堂教学不尽如人意

为适应国家经济社会发展和人民群众接受良好教育的需求，尊重学生的主体性，“以学生为中心”的理念逐步贯彻于大学英语课堂教学中，同时也暴露出一些问题：(1) 生硬化。课堂教学中，学生活动设计过多，或者流于形式，无视产出效果和反馈。(2) 过度化。过于强调学生的主体性，而忽视了教师的引导作用和“脚手架”作用。(3) 单一化。仅在课堂教学环节体现“以学生为中心”，忽视教学目标、教学评价、教学组织、教学资源、教学反馈等其他教学环节，导致教学设计无法取得预期效果。(4) 应试化。大学英语四六级考试将我国大学生应达到的英语水平指标化，对于提高高校学生的整体英语水平无疑是起到了积极的促进作用。但是也出现了教学以考试内容为“指挥棒”的现象，部分学生认为死记硬背考纲词汇、大量刷题、背诵范文就是学习英语，从而造成近年来大学生英语四六级考试成绩、考研英语分数越来越高，但实际英语综合应用能力却无法提高的现象。

（四）教材建设滞后

教材是学生获取知识的重要工具，也是教师进行教学的主要依据。近年来，随着大学英语教学改革的步伐不断加快，不少优秀大学英语教材纷纷出版。大部分教材编排仍然按照传统模式，时效性、实用性和综合性不强，英美文化占据重要地位，和中国文化有关的内容却很少。大学英语教材中中国文化缺失的现状，不利于国家“讲好中国故事、传播中国经验、发出中国声音”的人才培养战略的实施。

（五）课程体系缺乏延续性

大学英语公共必修课阶段（大学一年级至二年级）教学完成之后，许多学生的英语学习几乎处于空白状态。这种大学英语学习中出现的断线停滞现象，影响了学生学习英语的持续性，制约了学生英语水平和应用能力的提高。大学英语选修阶段的教学无论是在课程设置还是在教材建设上都没有形成体系，无法满足学生的需求。无论是通用英语、专门用途英语、跨文化交际课程之间，还是必修课程与选修课程之间，都缺乏渐进性、持续性、系统性和稳定性。

（六）师资队伍建设亟待加强

受师资不足、教师梯队学历结构不合理等因素影响，目前我国大学英语教学水平参差不齐。部分教师由于授课任务繁重，缺乏进修和调整的机会，无法提高自身的业务能力和理论水平，出现个别教师教学观念陈旧、教材挖掘深度不足、教学工作投入不够、教学方法单一等现象，教学效果和质量有待提高。

第二节　课程思政融入大学英语教学的时代背景

2017 年 10 月 18 日，在中国共产党第十九次全国代表大会上，习近平总书记郑重宣示："经过长期努力，中国特色社会主义进入了新时代，这是我国发展新的历史方位。"① 新时代的中国，综合国力不断提升，在国际事务中的话语权日益增强，国际社会及民众对中国的关注热度快速提升。为了更好地向全世界展示中国形象，传播中国声音，高校学生作为服务国家和社会的人才，应该承担起将我们独特的文化向外传播、推广的任务。英语是国际思想文化交流的媒介，是中西文化思想碰撞激烈的前沿学科。作为一门受众面广的人文素质教育课程，如何让学生在了解西方文化的同时深谙中国国情，坚定社会主义理想信念，坚定文化自信，实现全员育人、全程育人、全方位育人，是大学英语教学中值得探索的新命题。在全国高校思想政治工作会议上，习近平总书记指出要坚持把立德树人作为中心环节，把思想政治工作贯穿教育教学过程。各类课程要与思想政治理论课同向同行，形成协同效应。因此，大学英语教学必须融入思想政治教育体系，承担"课程思政"的任务。

---

① 习近平．决胜全面建成小康社会 夺取新时代中国特色社会主义伟大胜利——在中国共产党第十九次全国代表大会上的报告［EB/OL］．(2017 - 10 - 06)［2023 - 09 - 28］．https：//www.gov.cn/zhuanti/2017 - 10/27/content_ 5234876. htm.

一、“课程思政”概念的提出

在我国高等教育中，“课程思政”这一概念的提出和发展经历了一定的过程。2004 年 8 月 26 日，中共中央、国务院印发的《关于进一步加强和改进大学生思想政治教育的意见》中强调：高等学校各门课程都具有育人功能，所有教师都负有育人职责。“要深入发掘各类课程的思想政治教育资源，在传授专业知识过程中加强思想政治教育，使学生在学习科学文化知识过程中，自觉加强思想道德修养，提高政治觉悟。”① 随后，大学生思想政治工作领域一系列重要文件陆续出台，课堂教学在大学生思想政治教育中的主导作用受到重视，各地也随之开始探索学校思想政治教育课程改革之路。上海市以此为契机，把“学科德育”作为改革的核心理念，从 2010 年起承担国家教育体制改革试点项目“整体规划大中小学德育课程”，探索形成了以社会主义核心价值观为导向，以政治认同、国家意识、文化自信和公民人格为重点的顶层内容体系构架。2014 年起，又在教育综合改革重要项目中纳入德育内容，探索从“思政课程”到“课程思政”的转变，充分重视和发挥课堂教学主渠道作用，着力将思政教育贯穿教育教学全过程，将教书育人落实到课堂教学各个环节，深入挖掘各类课程的思政资源，提升专业课思政功能，逐步形成了“课程思政”的理念。② 2014 年，上海市委、市政府提出“课程思政”这一概念，意指“将立德树人作为教育的根本任务，深入发掘各类课程的思想政治理论教育资源，使各类课程与思想政治理论课同向同行，形成协同效应，构建全员、全程、全课程育人格局的一种综合教育理念”，主张充分挖掘和利用各个学科蕴含的思想政治教育资源进行合力育人。③ 2016 年 12 月，习近平总书记在全国高校

---

① 中华人民共和国教育部. 中共中央国务院发出《关于进一步加强和改进大学生思想政治教育的意见》[EB/OL]. (2004 - 10 - 15) [2023 - 09 - 02]. http://www.moe.gov.cn/jyb_xwfb/gzdt_gzdt/moe_1485/tnull_3939.html.

② 杜刚跃，孙瑞娟. 高校英语教学“课程思政”有效策略研究［J］. 延安大学学报（社会科学版），2019，41（04）：122 - 126.

③ 安秀梅.《大学英语》“课程思政”功能研究［J］. 文化创新比较研究，2018，2（11）：84 - 85.

思想政治教育工作会议中明确指出："其他各门课都要守好一段渠、种好责任田，使各类课程与思想政治理论课同向同行，形成协同效应。"① 随着此次会议的召开，"课程思政"的概念进一步深入人心，并迅速成为教育界的研究热点和高校各类课程的发展方向。

2017年，中共中央、国务院印发《关于加强和改进新形势下高校思想政治工作的意见》，明确指出："坚持全员全过程全方位育人。把思想价值引领贯穿教育教学全过程和各环节，形成教书育人、科研育人、实践育人、管理育人、服务育人、文化育人、组织育人长效机制。""充分发掘和运用各学科蕴含的思想政治教育资源，健全高校课堂教学管理办法。"②同年，《关于深化教育体制机制改革的意见》强调："健全全员育人、全过程育人、全方位育人的体制机制，充分发掘各门课程中的德育内涵，加强德育课程、思政课程。"③ 并且将"课程思政"由地方实践探索提升至国家战略部署的高度。12月，中共教育部党组印发的《高校思想政治工作质量提升工程实施纲要》对课程、科研、实践、文化、网络、心理、管理、服务、资助、组织等"十大育人"体系的实施内容、载体、路径和方法进行了详细规划，将课程育人列为"十大育人"之首，正式使用了"课程思政"这一概念。2018年9月，《教育部关于加快建设高水平本科教育全面提高人才培养能力的意见》颁布，要求"强化每一位教师的立德树人意识，在每一门课程中有机融入思想政治教育元素"。④2019年3月18日，习近平总书记在北京主持召开学校思想政治理论课教师座谈会并发表重要

---

① 中华人民共和国教育部．全国高校思想政治工作会议情况综述［EB/OL］．（2018－01－03）［2023－09－02］．http：//www. moe. gov. cn/s78/A12/s8352/moe_ 1445/201801/t20180103_ 323619. html.

② 新华社．中共中央 国务院印发《关于加强和改进新形势下高校思想政治工作的意见》［EB/OL］．（2017－02－27）［2023－09－02］．https：//www. gov. cn/xinwen/2017－02/27/content_ 5182502. htm？ eqid＝d7e3175400035dc80000000664560dfe.

③ 新华社．中共中央办公厅 国务院办公厅印发《关于深化教育体制机制改革的意见》［EB/OL］．（2017－09－24）［2023－09－02］．https：//www. gov. cn/zhengce/2017－09/24/content_ 5227267. htm.

④ 中华人民共和国教育部．教育部关于加快建设高水平本科教育全面提高人才培养能力的意见［EB/OL］．（2018－12－31）［2023－09－02］．https：//www. gov. cn/zhengce/zhengceku/2018－12/31/content_ 5443541. htm.

讲话，强调思想政治理论课是落实立德树人根本任务的关键课程。要充分发挥思想政治理论课的功能，在铸魂育人过程中建立课程思政功能。同年10月，《教育部关于深化本科教育教学改革全面提高人才培养质量的意见》颁布，要求把思想政治教育贯穿人才培养全过程。坚持把立德树人成效作为检验高校一切工作的根本标准，用习近平新时代中国特色社会主义思想铸魂育人，加快构建高校思想政治工作体系，推动形成“三全育人”工作格局。把思想政治理论课作为落实立德树人根本任务的关键课程，推动思想政治理论课改革创新，建设一批具有示范效应的思想政治理论课，不断增强思想政治理论课的思想性、理论性和亲和力、针对性。把课程思政建设作为落实立德树人根本任务的关键环节，坚持知识传授与价值引领相统一、显性教育与隐性教育相统一，充分发掘各类课程和教学方式中蕴含的思想政治教育资源，建成一批课程思政示范高校，推出一批课程思政示范课程，选出一批课程思政优秀教师，建设一批课程思政教学研究示范中心，引领带动全员全过程全方位育人。[①] 从“思政课程”到“课程思政”的发展，彰显了以习近平同志为核心的党中央对做好新时代高校思想政治教育工作的高度重视，也预示着今后高校思政教育模式创新发展的基本趋向。2020年5月，教育部印发《纲要》，全面界定了课程思政的内涵、意义、目标、主线、重点、体系、方式、保障等，为课程思政实践提供了规范性指导意见，标志着全面推进高校课程思政建设的开端。

二、“课程思政”的内涵

《纲要》中指出，全面推进课程思政建设是落实立德树人根本任务的战略举措，培养什么人、怎样培养人、为谁培养人是教育的根本问题，立德树人成效是检验高校一切工作的根本标准。落实立德树人根本任务，必须将价值塑造、知识传授和能力培养三者融为一体、不可割裂。全面推进

---

① 中华人民共和国教育部．教育部关于深化本科教育教学改革全面提高人才培养质量的意见［EB/OL］．（2019－10－12）［2023－09－02］．https：//www. gov. cn/xinwen/2019－10/12/content_ 5438706. htm.

课程思政建设，就是要寓价值观引导于知识传授和能力培养之中，帮助学生塑造正确的世界观、人生观、价值观，这是人才培养的应有之义，更是必备内容。这一战略举措，影响甚至决定着接班人问题，影响甚至决定着国家长治久安，影响甚至决定着民族复兴和国家崛起。要紧紧抓住教师队伍“主力军”、课程建设“主战场”、课堂教学“主渠道”，让所有高校、所有教师、所有课程都承担好育人责任，守好一段渠、种好责任田，使各类课程与思政课程同向同行，将显性教育和隐性教育相统一，形成协同效应，构建全员全程全方位育人大格局。① 由此可见，课程思政不是增开一门课程，而是一种教育理念和课程观，其目标是实现“立德树人”的根本教育任务，构建全员、全程、全方位的“三全育人”格局，达到各类课程与思想政治课程同向同行，形成协同效应的最终目的。

国家培养人才的重要基地是学校，学校中的所有课程都有育人功能，高校中的通识教育课程和专业课程所蕴藏的思想政治元素是隐性的，需要教师的积极引导和推进。长久以来，思政教育仅仅局限于思政课程中，导致立德树人不能很好地落到实处。课程思政就是要解决好专业教育与思政教育“两张皮”的问题，形成育人合力，发挥出专业课程应有的育人功能。教师需要做的是将各自课程中的思政元素挖掘出来，对大学生进行思想道德方面潜移默化的影响，有目的性、有针对性地进行课程思政教育，帮助青年大学生树立社会主义核心价值观。课程思政就是将思想政治教育渗透到学生的学习生活、社会生活中，结合各学科的知识与社会实践，做到课程承载思政，思政寓于课程，其核心目标可以概括为对学生“三观”的塑造。

三、大学英语“课程思政”现状

大学英语是中西方思想频繁碰撞、中西方文化密切交融的课程。2017年颁布的《大学英语教学指南》出现了一个较大的变化，即反复提及“思

① 中华人民共和国教育部. 教育部关于印发《高等学校课程思政建设指导纲要》的通知［EB/OL］.（2020－05－28）［2023－09－02］. http：//www. moe. gov. cn/srcsite/A08/s7056/202006/t20200603_462437. html.

想性”。对“思想性”的强调实际上就反映出了大学英语教学中思想政治教育的必要性和重要性。2020年颁布的《指南》中明确指出，大学英语课程兼有工具性和人文性双重性质，人文性的核心是以人为本，弘扬人的价值，注重人的综合素质培养和全面发展。社会主义核心价值观应有机融入大学英语教学内容。① 然而长期以来，大学英语课程思政建设存在着一些问题。

（一）教材中缺少中国思想文化内容

过去国内大多数高校的大学英语教材多引进英文原版文章，强调学习“原汁原味”的英语语言及文化，其结果是部分大学生对西方文化可以侃侃而谈，而对中华优秀传统文化却知之甚少，或者即使了解也不会用英文表达，即中国文化失语现象。再者，学习西方文化可以丰富我们自身的修养，增长我们的见识，拓宽我们的视野，但盲目崇拜西方文化，将西方思想看作真理，导致部分学生价值观发生扭曲，养成拜金主义、享乐主义等习惯倾向。②

（二）教学重点中思政元素缺失

大学英语教师在传统的教学实践过程中，多以语言技能培养为教学重点，关注的也多是孤立的语言点的习得。但是事实上，在教授字、词、句和语篇的时候，必须融入思想。然而，大学英语教学内容极少有与思政教育融合的相关点，教学设计中以塑造价值观为目的的教学环节很少，即使教学中存在某些思政元素，也是内容肤浅、缺乏内涵、缺乏系统性的。

（三）思政教育方法陈旧

多数大学英语教师对如何在课程教学中融入思想政治教育缺乏思考和实践，在培养学生的语用能力和表达能力及提高其文化语境意识方面方法

---

① 教育部高等学校大学外语教学指导委员会. 大学英语教学指南（2020版）[M]. 高等教育出版社，2020：4.

② 杨戴竹. 文化自信视角下研究生传统文化教育现状研究[J]. 吉林化工学院学报，2019，36（8）：60-62.

陈旧，忽略了学生批判性思维和逻辑思维的培养，也没有使学生深刻体会和认识到新时代青年应具备“家国情怀”和“世界眼光”的重要性。

综上所述，广大大学英语教师要全面提升开展课程思政建设的意识和能力，对大学英语课程进行思政化改造，只有这样，大学英语课程才能协同推进课程思政建设体制机制基本健全，高校立德树人成效才能进一步提高。

第三节　课程思政融入大学英语教学的内在逻辑

我国高等院校是为国家输送高质量人才的主阵地，所培养的人才不仅要具备扎实、过硬的才能，还要具备为国家、社会及个人服务的德行。德才兼备是我国高等院校人才培养的目标。课堂是将大学生塑造成德才兼备个体的主渠道，从这一意义上来说，高等院校的所有课程都应积极承担这一任务。大学外语教育是我国高等教育的重要组成部分，对于促进大学生知识、能力和综合素质的协调发展具有重要意义。大学英语作为大学外语教育的最主要内容，是大多数非英语专业学生在本科教育阶段必修的公共基础课程，在人才培养方面具有不可替代的重要作用。因此，大学英语教学应融入学校课程思政教学体系，使之在高等学校落实立德树人根本任务中发挥重要作用。

一、课程思政融入大学英语教学的理论逻辑

（一）所有课程都有课程思政的要求

《纲要》要求：“高校课程思政要融入课堂教学建设，作为课程设置、教学大纲核准和教案评价的重要内容，落实到课程目标设计、教学大纲修订、教材编审选用、教案课件编写各方面，贯穿于课堂授课、教学研讨、实验实训、作业论文各环节。”“全面推进高校课程思政建设，发挥好每门

课程的育人作用。"① 高等教育的根本任务是立德树人，课程建设是立德树人的"主战场"、课堂教学是立德树人的"主渠道"，因此所有课程都要参与思政教育，承担好育人责任。课程思政的战略举措，"影响甚至决定着接班人问题，影响甚至决定着国家长治久安，影响甚至决定着民族复兴和国家崛起"。② 所以，课程思政是每一门课程都要承担的责任。

（二）课程思政融入教学是形成协同效应的要求

课程思政融入大学英语教学的理念源于习近平总书记的讲话精神。习近平总书记在全国高校思想政治工作会议上强调："其他各门课都要守好一段渠、种好责任田，使各类课程与思想政治理论课同向同行，形成协同效应。"课程思政建设就是要建构知识传授、能力培养和价值引领有机结合的育人模式，打造发挥全部课堂教学育人主渠道、所有课程建设育人主战场、所有教师育人主力军的育人体系，建构"各类课程与思想政治理论课同向同行，形成协同效应"的育人格局。③ 一直以来，我国高等院校思想政治理论课程独自承担着大学生价值观的教育工作，经过长期的摸索和实践，其效果难以令人满意。作为高等教育中课时多、历时长、覆盖面广、社会关注度高的大学英语课程，应该将课程思政寓于教学全过程，使大学英语课程与思想政治教育同向同行，最大限度地发挥课程协同效应，实现全员育人、全程育人和全方位育人，推动大学英语教学改革，努力开创课程思政融入大学英语教学的新局面。

（三）课程思政融入教学由大学英语课程的性质决定

大学英语课程是高等学校人文教育的一部分，兼有工具性和人文性双重性

① 中华人民共和国教育部. 教育部关于印发《高等学校课程思政建设指导纲要》的通知［EB/OL］.（2020－05－28）［2023－09－02］. http://www.moe.gov.cn/srcsite/A08/s7056/202006/t20200603_462437.html.

② 中华人民共和国教育部. 教育部关于印发《高等学校课程思政建设指导纲要》的通知［EB/OL］.（2020－05－28）［2023－09－02］. http://www.moe.gov.cn/srcsite/A08/s7056/202006/t20200603_462437.html.

③ 新华社．习近平在全国高校思想政治工作会议上强调 把思想政治工作贯穿教育教学全过程 开创我国高等教育事业发展新局面［EB/OL］．（2016－12－08）［2023－09－02］．https://news.12371.cn/2016/12/08/ARTI1481194922295483.shtml.

质，也承担着实现立德树人根本任务的责任。就人文性而言，大学英语课程的重要任务之一是进行跨文化教育。语言是文化的载体，同时也是文化的组成部分，学生学习和掌握英语这一交流工具，除了学习、交流先进的科学技术或专业信息以外，还要了解国外的社会与文化，增进对不同文化的理解、对中外文化异同的认识，培养跨文化交际能力。人文性的核心是以人为本，弘扬人的价值，注重人的综合素质培养和全面发展。因此，大学英语课程的人文性，意味着该课程承担着提高学生综合人文素养的任务，和思想政治教育具有较高的契合度：一方面，在大学英语教学过程中培养学生的爱国主义精神和家国情怀；另一方面，通过文化差异对比，坚定文化自信，促进中外文化交流，帮助学生树立正确的世界观、人生观和价值观。

（四）课程思政融入教学由大学英语课程的结构和内容决定

思想政治工作是党和国家一切工作的生命线。在全国高校思想政治工作会议上，习近平总书记指出："要坚持把立德树人作为中心环节，把思想政治工作贯穿教育教学全过程。"① 我国高等院校思想政治工作不能停留在表面，不能停留在一段时期，也不能体现在某一环节中，而是应将思政工作渗透到育人全过程中。全过程育人的实质在于将思想政治教育潜移默化地渗透到教育教学全过程之中。首先，大学英语课程结构多样且内容丰富，包含通用英语课程、专门用途英语课程和跨文化交际课程，内容涉及经济、历史、政治、社会、文化等方方面面；其次，大学英语课程的课时较多、历时较长。各个高校的具体情况虽有差异，但是每学期基本上达到32 学时至 64 学时，而且一般历时两个或者四个学期；最后，大学英语课程受众面广，几乎覆盖全国高校的绝大部分学生。因此，应该将课程思政有机融入大学英语教学中，在遵循教育教学规律和学生成长成才规律的基础上，充分发挥大学英语课堂教学和课外实践活动的育人功能，从而保证思政工作在时间上的不间断性和过程上的可持续性，使大学英语课程成为

---

① 新华社．新华社评论员：立德树人，为民族复兴提供人才支撑——学习贯彻习近平总书记在全国高校思想政治工作会议重要讲话［EB/OL］．(2016－12－08)［2023－09－02］．http：//www. xinhuanet. com/politics/2016－12/08/c_ 1120083340. htm.

隐性思想政治教育的重要渠道，形成协同效应。

二、课程思政融入大学英语教学的实践逻辑

（一）课程思政是全面提高人才培养质量的需要

《纲要》中指出：“高等学校人才培养是育人和育才相统一的过程。建设高水平人才培养体系，必须将思想政治工作体系贯通其中，必须抓好课程思政建设，解决好专业教育和思政教育‘两张皮’问题。”[①] 课程思政旨在将价值观引领渗透到各类课程中，利用课堂这一载体实现育人功能，从而达到专业知识教育与价值观教育的内在统一，因此，将课程思政融入大学英语教学有助于丰富大学生思想政治教育的内涵和外延。传统的思想政治理论课程的教育方法多以直接教授为主，不仅直接地对大学生进行马克思主义理论与思想政治教育，而且显性地对大学生进行价值观引导。这种教育方法的最大特点就是信息量大、教学效率高、适用范围广，但是，显性表达教育目的有可能会使一部分大学生产生一定的排斥心理，不易于他们欣然地接受教育内容，达到育人目标。然而，在对新时代大学生开展大学英语教学活动时，教师可积极挖掘教学内容所蕴含的思想政治教育元素，以英语为载体，在语言学习的过程中巧妙地把思政教育的内涵融入大学英语教学之中，使学生在学习英语的同时潜移默化地受到价值观的熏陶和洗礼，能有效弥补思想政治理论课程直接教授的不足，实现价值塑造与知识传授和能力培养有机结合，发挥课程的隐性价值引领作用。学生通过学习，可以掌握事物发展规律，通晓天下道理，丰富学识，增长见识，塑造品格，努力成为德智体美劳全面发展的社会主义建设者和接班人。

（二）课程思政是落实高等学校立德树人根本任务的需要

根据《纲要》：“培养什么人、怎样培养人、为谁培养人是教育的根本

① 中华人民共和国教育部. 教育部关于印发《高等学校课程思政建设指导纲要》的通知［EB/OL］.（2020－05－28）［2023－09－02］. http：//www.moe.gov.cn/srcsite/A08/s7056/202006/t20200603_462437.html.

问题，立德树人成效是检验高校一切工作的根本标准。”① 在我国，高等院校承担着如何将我国从人口大国转化为人才强国的重任。为中国特色社会主义建设源源不断地培养人才是我国高等学校的主要目标，而这一目标能否顺利实现在很大程度上取决于立德树人工作的成效。与以往相比，当前我国高等学校的办学环境、教育对象发生了深刻变化，既面临发展机遇，也面临严峻挑战。新时代背景下，多种思想、价值观念竞相迸发，各种社会思潮激烈交锋，这一社会现象在很大程度上对大学生的思想与行为产生影响。大学生虽然在校内接受马克思主义意识形态和社会主流价值观的教育，但易受到一些非主流社会舆论和其他价值观念的影响，所以，高等学校的立德树人工作面临严峻挑战。

大学英语的工具性承载着以英语为母语者的文化和思维，是我们交流思想、传播文化、拓展国际视野、进行专业学习的工具。大学英语课程的学习有助于学生开拓国际视野、增强国际意识、提升跨文化交际能力和国际竞争力，为迎接全球化时代的机遇与挑战做好准备。大学英语课程也有其独特性：教学内容与西方思想文化内容紧密结合，其中包含许多与中国文化和价值观不一致的思想内容。所以大学英语课程总是处于中西方文化的交互地带，是不同价值观和文化理念冲突的前沿。因此必须在大学英语教学中开展思想政治教育，一方面深入挖掘教材中的思政元素，以交流和比较中外文化为契机，帮助学生了解中西方在文化、世界观、价值观、思维方式等方面的差异，培养跨文化意识，引导学生以辩证的眼光看待西方文化；另一方面，充分挖掘现有教材中的思政元素，或者添加一些带有中国特色的思政元素作为教学内容，让学生在学习外国文化的同时，强化对中华优秀传统文化的认同，树立文化自信，传播好中国声音，讲好中国故事。由此可见，大学英语课程在学生综合素质的培养上有着其他学科无法媲美的优势，教师以隐性的方式将思政元素融入课堂，既赋予了传统的思想政治教育鲜活的生命力，又丰富了大学英语课程本身的内涵，充分发挥

① 中华人民共和国教育部. 教育部关于印发《高等学校课程思政建设指导纲要》的通知［EB/OL］.（2020－05－28）［2023－09－02］. http：//www.moe.gov.cn/srcsite/A08/s7056/202006/t20200603_462437.html.

了其协同作用和功能，是实现全过程、全方位育人的有效途径，是立德树人的有效载体之一。

第四节 课程思政融入大学英语教学的新时代内涵

2023 年 5 月 29 日，习近平总书记在中共中央政治局第五次集体学习时强调，教育兴则国家兴，教育强则国家强。建设教育强国，是全面建设社会主义现代化强国的战略先导，是实现高水平科技自立自强的重要支撑，是促进全体人民共同富裕的有效途径，是以中国式现代化全面推进中华民族伟大复兴的基础工程。习近平强调，我们要建设的教育强国，是中国特色社会主义教育强国，必须以坚持党对教育事业的全面领导为根本保证，以立德树人为根本任务，以为党育人、为国育才为根本目标，以服务中华民族伟大复兴为重要使命，以教育理念、体系、制度、内容、方法、治理现代化为基本路径，以支撑引领中国式现代化为核心功能，最终是办好人民满意的教育。习近平指出，培养什么人、怎样培养人、为谁培养人是教育的根本问题，也是建设教育强国的核心课题。我们建设教育强国的目的，就是培养一代又一代德智体美劳全面发展的社会主义建设者和接班人，培养一代又一代在社会主义现代化建设中可堪大用、能担重任的栋梁之材，确保党的事业和社会主义现代化强国建设后继有人。要坚持不懈用习近平新时代中国特色社会主义思想铸魂育人，着力加强社会主义核心价值观教育，引导学生树立坚定的理想信念，永远听党话、跟党走，矢志奉献国家和人民。①

建设教育强国，龙头是高等教育。大学英语教学作为高等教育的一个重要环节，肩负着落实立德树人根本任务、推进教育强国战略的重要使命和责任。当今世界，经济全球化和科技进步将不同国家与地区的人们紧密联系在一起。英语作为全球目前使用最广泛的语言之一，是国际交往和文

① 新华社．习近平主持中央政治局第五次集体学习并发表重要讲话［EB/OL］．（2023－05－29）［2023－09－02］．https：//www.gov.cn/govweb/yaowen/liebiao/202305/content_6883632.htm.

化科技交流的重要工具。通过学习和使用英语，可以直接了解国外前沿的科技进展、管理经验和思想理念，学习和了解世界优秀的文化和文明，同时也有助于增强国家语言实力，有效传播中华文化，促进与各国人民的广泛交往，提升国家软实力。高校开设大学英语课程，一方面是满足国家战略需求，为国家改革开放和经济社会发展服务；另一方面，是满足学生专业学习、国际交流、继续深造、工作就业等方面的需要。大学英语课程对于大学生的未来发展具有现实意义和长远影响，学习英语有助于学生树立世界眼光、培养国际意识、提高人文素养，同时为知识创新、潜能发挥和全面发展提供一个基本工具，为迎接和应对全球化时代的挑战和机遇做好准备。

教育部高等学校大学外语教学指导委员会根据教育部印发的《纲要》，研制了《大学外语课程思政教学指南》，提出了大学外语课程思政教学目标：以习近平新时代中国特色社会主义思想为指导，落实立德树人根本任务，发挥大学外语课程的优势和特点，充分挖掘大学外语课程中蕴含的丰富育人资源，强化课程育人，实现价值塑造、知识传授和能力培养三者相统一。通过课程学习，帮助学生树立正确的世界观、人生观、价值观与正确对待世界文明成果的意识，在比较中加深对中外文化的理解，坚定文化自信，促进中外文化交流、文明互鉴，培养学生爱国主义精神和家国情怀，提升用外语讲好中国故事的能力。① 由此可见，在新时代大学英语教学中，我们应当充分挖掘思政元素，开展各种入脑入心的活动，引导广大学子争做有理想、敢担当、能吃苦、肯奋斗的新时代好青年。新时代的大学英语教师必须拥抱新趋势，找到新方法，创造性地开展教学工作，以语言为载体，引导学生坚守正确价值选择，真正成长为为中国特色社会主义事业奋斗终身的有用人才。

---

① 何莲珍．从教材入手落实大学外语课程思政［J］．外语教育研究前沿，2022，5（02）：18－22＋90.

第一章　专门用途英语课堂教学实践与课程思政建设

第一节　法律英语课程思政教学方案设计

一、基本信息

1. 课程名称：法律英语
2. 学时学分：32 学时（理论），2 学分
3. 课程性质：公共选修课
4. 适用范围：全校本科学生
5. 使用教材：何家弘：《法律英语》，法律出版社，2006.

二、课程简介

法律英语课程是依据大学生在英语学习提高阶段对专业英语的需求，以培养更多既有扎实法律专业知识又精通外语的法律人才，所开设的全校公共选修课程。

本课程以任务为导向，以学生为中心，教学核心内容在于引导学生用英语学习五个模块：法律文书写作、庭审辩论、法律文献阅读、法条翻译、案例分析。

在组织教学活动时，将采取：（1）视频课堂讲授知识要点，以视频微课形式将知识点细化讲解，便于学生利用碎片时间学习；（2）分组完成相关任务，培养学生的团队意识、合作意识、问题意识；（3）课堂展示任务成果并讨论互评，课程考核的重心从终结性评价转移到过程性评价；（4）语言教师和专业教师合力指导，使学生在语言和专业方面得到双倍提高。

三、教学目标

（一）知识目标

针对当前法律职业需求，培养学生的职业能力。让学生了解法律英语的特征，掌握法律专业涉及的英语语言知识，了解大陆法系与英美法系的制度环境和法律语言风格差异，掌握法律规则语言表达的基本范式，了解不同类型的法律文书，了解法律学术论文写作规范，掌握不同法律体系中庭审辩论基本模式。

（二）能力目标

在培养法律职业能力的同时，有针对性地培养学生的专业能力。学生通过完成涉及法律领域的各种语言任务，综合性提高法律语境下的听、说、读、写、译各项语言技能和跨文化交际能力，培养法律专业素养。

（三）思政目标

课程从对比的视角接触英语国家法律制度，引导学生进行批判性思考，深化对法治理念、法治原则、重要法律概念的认识，提高运用法治思维和法治方式维护自身权利、参与国际事务、化解矛盾纠纷的意识和能力，在潜移默化中坚定学生理想信念，提升学生的法律思维，建构学生的家国情怀与国际视野。

四、教学内容

表 1.1　法律英语课程教学内容

序号	教学内容	教学要求	学时	对应课程目标
1	法律文献阅读	1. 通过阅读经典文献，如经典案例、法律文本、学术文章，了解大陆法系与英美法系的制度环境和法律语言风格差异； 2. 获得学术写作的基本技巧并了解法律学术论文写作规范； 3. 学习写作文献综述（重点）	8	1、2、3
2	法条翻译	1. 通过将中文法条翻译为英文，深入思考我国法律理论体系（重点）； 2. 通过翻译英文法律条文，接触英美法系； 3. 在翻译过程中，掌握法律规则语言表达的基本范式	4	1、2、3
3	案例分析	1. 掌握案例分析基本技巧（重点）； 2. 通过案例分析，获得批判性思维能力（难点）； 3. 学会阅读不同类型的文字材料，总结归纳重要信息	4	1、2、3
4	法律文书写作	1. 了解不同类型的法律文书； 2. 掌握法律文书的写作方法（难点）； 3. 学习演示技巧、表达方式	8	1、2、3
5	庭审辩论	1. 掌握不同法律体系中庭审辩论基本模式； 2. 掌握辩论基本技巧（难点）； 3. 了解庭审辩论中涉及的文化差异（重点）	8	1、2、3

五、课程思政设计

表 1.2　法律英语课程思政设计

序号	教学内容	思政元素融入思路
1	法律文献阅读	1. 通过阅读经典文献，如经典案例、法律文本、学术文章，了解大陆法系与英美法系的制度环境和法律语言风格差异，培养学生跨文化意识； 2. 通过研读法律文本和学术文章，分析总结法律英语语言特征及语篇特征。通过完成写作任务，了解法律学术论文写作规范，并通过生生互评、师生互评，获得法律英语学术写作的提升和自主学习能力以及交流能力的提升； 3. 通过小组合作的方式，完成法律经典著作的文献综述写作任务，提升团队协作能力以及法律专业技能
2	法条翻译	1. 通过将中文法条翻译为英文，深入思考我国法律理论体系，引导学生学思践悟习近平全面依法治国新理念新思想新战略，牢固树立法治观念； 2. 通过翻译英文法律条文，接触英美法系，帮助学生了解中外在世界观、价值观、思维方式等方面的差异； 3. 在翻译过程中，掌握法律规则语言表达的基本范式，培养学生的跨文化意识，提升学生的法律英语实践能力
3	案例分析	1. 课前要求学生对案例进行自主预习，通过剖析解读和查阅相关资料，不断提高学生的英语阅读能力以及总结归纳重要信息的能力，掌握相关的法律原则； 2. 课上，教师通过抛出问题引导学生对案例进行交流讨论，各小组将课下收集的资料进行展示，分享各自的观点。教师通过汇总各小组所表达的观点，让持不同观点的小组之间进行辩论，有效提升学生的随机应变能力、语言综合运用能力和批判性思维能力。例如通过讨论乔治·弗洛伊德案件及其陪审团甄选过程，让学生更加直观地了解英美陪审团制度，在与我国陪审制度的对比中，总结出不同之处，使学生更好地了解我国法律实务现状，拓展学生的国际视野，坚定法治自信

续表

序号	教学内容	思政元素融入思路
4	法律文书写作	1. 通过学习不同类型的法律文书，掌握法律文书的语言和篇章特点，并通过多次写作练习掌握写作要点； 2. 学习演示技巧、表达方式
5	庭审辩论	1. 掌握不同法律体系中庭审辩论基本模式； 2. 掌握辩论基本技巧； 3. 了解庭审辩论中涉及的文化差异

六、教学方法

课堂教学以“学生为主体，教师为主导”，采用讲授式、案例式、研讨式、线上线下融合式等教学方法，激发学生的学习兴趣，调动学生的学习积极性和主动性。

七、课程考核

本课程考核采取过程性评价、形成性评价与终结性评价有机结合的方式，达到既关注知识的理解与运用，又兼顾课程思政的成效。

（1）过程性评价（20%）：从超星学习通了解学生的自主学习情况、课堂上记录学生参与讨论的情况、学习过程中关注学生的参与度和完成度情况，并结合以上情况，由教师、组长分别对学生的学习效果进行评价。

（2）形成性评价（20%）：基于线上的课前小测验、线上学习讨论交流和课堂讨论交流进行评价。

（3）终结性评价（60%）：以学生的小组作业为考核依据，由教师和其他小组从业务能力与价值表达两个层面予以评分。

第二节 法律英语课程思政教学案例

一、基本信息

1. 所在章节：法律英语庭审视听说
2. 教学内容：律政剧《傲骨贤妻》第一季第一集
3. 课时安排：1 课时（45 分钟）
4. 授课对象：在校本科生

二、教学目标

（一）知识目标

知识目标一：理解并掌握英美法律文化知识：Jury、Rules of objection、Summary judgment、Continuing objection、Proper reasons for objection；

知识目标二：理解并掌握本集重点法律英语词汇、庭审术语及常用句型；

知识目标三：理解并掌握法律英语翻译基本原则，了解翻译的异化与归化。

（二）能力目标

能力目标一：能听懂并理解本集内容及相关庭审对话，熟练运用本集重点法律英语词汇、庭审术语及常用句型；

能力目标二：熟练运用 Proper reasons for objection（Proper reasons for objecting to a question asked to a witness、Proper reasons for objection to material evidence include、Proper reasons for objecting to a witness' s answer）进行庭审辩论；

能力目标三：积累英汉互译的方法与技巧，在本集内容相关法律文化语境下进行法律英语翻译。

（三）思政目标

思政目标一：培养宪法法治意识，教育引导学生理解法律职业精神和职业规范，增强职业责任感；

思政目标二：品味语言的魅力，培养批判性思维能力和处理法律问题的实际应用能力；

思政目标三：激发学生对探索求知的责任感，培养学生的法律思维、思辨能力、研究能力和创新能力。

三、教学重难点

教学重点：英美法律文化知识（Jury、Rules of objection）；法律英语翻译基本原则。

教学难点：庭审辩论（运用 Proper reasons for objection）。

四、课程思政设计

将法律英语庭审视听说教学分为课前、课中、课后三个部分，突破传统的视听说教学方法和教学模式，制定多维度多层次教学目标，以语言知识为起点，学习法律文化背景知识，通过对学生法律英语语言听、说、读、写、译的逻辑思维与表达能力的训练，培养学生的法律思维以及处理法律问题的实际能力。

五、教学方法和教学设计思路

以布鲁姆“教育目标分类法”为理论基础，基于助学平台超星学习通，采用线上线下融合式教学法，开展法律英语庭审视听说教学。

根据安德森等人对布鲁姆“教育目标分类法”的修订，在认知领域的教育目标可分为：记忆（Remember）；理解（Understand）；应用（Apply）；分析（Analyze）；评价（Evaluate）；创造（Create）。这六个层次的教育目标是由易到难的，体现了从初级到高级的认知发展过程。“记忆”是指对具体知识或抽象知识的辨认，也可以是对观念或现象的回忆。“理解”是指对事物初步的理解，能把握材料的意义。“应用”是指对所学习的概念、法则、原理的运用，在新情境中使用学会的材料。“分析”被定义为把材料分解成各个组成部分，从而使各要素间的相互联系以及各部分与整体之间的关系更加明确。“评价”要求学习者通过调查、比较、鉴别等手段以及综合内在与外在的标准，对材料的价值作出有说服力的理性判断。“创造”则要求学习者根据所学材料和经验，在前五个层次的基础上有所创新，改造或重建出新的材料或意义。根据布鲁姆“教育目标分类法”的六个层次，学习知识可以有多种不同的认知过程，并形成不同的教学目标和不同的教学过程。传统的视听说教学往往集中在前三个层次（语言知识层面），然而后三个层次“分析”“评价”“创造”作为更高维度的认知目标，才能引导学生运用掌握的知识进行创造和发明，进一步提高学生的语言技能和实际应用能力。

六、教学实施过程

表 1.3　律政剧《傲骨贤妻》第一季第一集教学实施过程

教学环节	时间分配	教学设计	教学方法、目的及课程思政设计
课前学习		**关注通知、导学及注意事项** 本次课前导学：仔细阅读文本资料，观看视频，自学学习手册	教师通过超星学习通向学生推送通知、导学及注意事项。培养学生自主学习习惯，提升自主学习能力

续表

教学环节	时间分配	教学设计	教学方法、目的及课程思政设计
课前学习 识记（Remember） →理解（Understand）		**阅读图文资料** 本次课前阅读：Jury（陪审团）、Rules of objection（庭审中提出“反对”的理由）【知识点】	图文资料包括该剧集中涉及的背景介绍、法律文化知识、法律文献阅读、法规法条、法律实务等。提升学生法律英语阅读能力和自主学习能力
课前学习 识记（Remember） →理解（Understand）； 分析（Analyze） →应用（Apply）		**观看视频资料** 本次观看内容：《傲骨贤妻》第一季第一集【技能点】 观看步骤： 第一步，观看无字幕版视频，旨在了解影片大意； 第二步，结合英文版字幕，精看精听； 第三步，再反复观看无字幕版视频，提升听力理解能力	通过超星学习通提供美剧视频，学生按要求进行自主学习。提升学生法律英语听力能力和自主学习能力
课前学习 识记（Remember） →理解（Understand）		**自学学习手册** 本集学习手册：《傲骨贤妻》第一季第一集英文剧本、重点法律英语词汇注音讲解、庭审术语和常用句型及讲解【知识点】【技能点】	通过超星学习通提供视频内容配套的英文字幕文本，供学生下载，同时还提供重难点词汇讲解、文化背景及语言点注解。提升学生法律英语语言综合运用能力和自主学习能力

续表

教学环节	时间分配	教学设计	教学方法、目的及课程思政设计
课前学习 记忆（Remember） →理解（Understand）； 分析（Analyze） →应用（Apply）		**完成课前测试及反馈** 本集课前测试内容：《傲骨贤妻》第一季第一集涉及的重点法律背景知识、法律英语词汇、庭审术语及常用句型、法律文化知识等	课前测试设置为闯关模式，学生必须完成测试，且达到合格等级才能进入后续阶段的学习。学生可以通过超星学习通进行在线讨论、交流互动或者线上提问
课中学习 理解（Understand）； 分析（Analyze） →应用（Apply）	10 分钟	**知识点回顾与归纳** 本集课前阅读完成情况检测（根据关键词和问题在文本资料中找答案）：Jury（What、Verdict、Who、Pros、Cons）；Rules of objection（What、When、Ruling、React、objections generally、Summary judgment、Continuing objection、Proper reasons for objecting to a question asked to a witness、Proper reasons for objection to material evidence include、Proper reasons for objecting to a witness's answer）【知识点】【技能点】	教师根据课前互动和学生的线上提问了解学生的语言失误和学习困难，对学生课前阅读完成情况进行检测，按照法律英语的语言特点和职业特征，对难点进行讲解和深度拓展，设计有针对性的语言应用任务，夯实学生法律英语语言知识

续表

教学环节	时间分配	教学设计	教学方法、目的及课程思政设计
课中学习 理解（Understand）; 分析（Analyze） →应用（Apply）; 创造（Create）	10 分钟	**情景模拟，角色扮演（听、说）** 本集庭审情景模拟：Alicia 重返职场的第一单案件是为一名被控谋杀前夫的年轻女教师 Jennifer 的案件重审做法律援助，请学生分别扮演 Alicia（辩方律师）、Jennifer（被告）、Judge Richard（法官）、Mantan（检察官）、Cindy（检方证人，Jennifer 前夫即本案被害人的现任妻子）、Detective Briggs（检方证人）、Mr. North（检方证人），重现剧中多个庭审场景【知识点】【技能点】【思政点】	采用按情节内容划分的方式播放美剧视频，还原情景对话，教师对该情景下的常用表达进行讲解。给出特定场景，请学生模仿并进行情景模拟、角色扮演。教师还可以设计如电影情节讲述、模拟记者采访、英文配音等教学活动，充分调动学生的积极性。在提升法律英语听说能力的同时，通过角色扮演，学生接触到法律英语语言真实运用的场景，灵活掌握法律英语语言表述。培养学生宪法法治意识，教育引导学生理解法律职业精神和职业规范，增强职业责任感
课中学习 理解（Understand）; 分析（Analyze） →应用（Apply）; 创造（Create）	15 分钟	**讨论交流互动** 本集讨论议题：请根据《傲骨贤妻》第一季第一集中的庭审场景，将学生分为两组，分别代表控辩双方，列出对对方提议提出反对的理由（Proper reasons for objections）【知识点】【技能点】【思政点】	师生参与讨论互动，以学习法律英语的语言特点和了解文化背景知识为起点，学习法律英语背后的法律思维

续表

教学环节	时间分配	教学设计	教学方法、目的及课程思政设计
课中学习 记忆（Remember） →理解（Understand）； 分析（Analyze） →应用（Apply）； 创造（Create）	10 分钟	**学习翻译技巧（译）** 让学生尝试将美剧台词翻译成中文，批判地看待目前互联网上水平参差不齐的美剧字幕翻译【知识点】【技能点】【思政点】	旨在让学生了解翻译的异化与归化，逐渐积累英汉互译的方法与技巧，品味语言的魅力，培养批判性思维能力
课后学习 应用（Apply）； 分析（Analyze） →评价（Evaluate）； 创造（Create）		**团队协作，成果交流** 本集小组作业：利用湘潭大学模拟法庭庭审录播系统，拍摄一段模拟庭审视频（辛普森案），请学生分别扮演辩方律师、被告、法官、检察官、检方证人、辩方证人等。学生提交作业后，教师将作业汇总上传至超星学习通平台“学生作品展示”栏目，各小组观摩互评讨论 （说明：在著名的辛普森案件中，尽管检察官认为证据确凿，被告辛普森的代表律师却为其做无罪辩护，辩护的重点在于“ Fruit of the poisonous tree” —one of proper reasons for objecting to material evidence）【知识点】【技能点】【思政点】	以 5—8 人为一个学习小组，学生自行开展线上和线下分组学习。学生经过独立学习、协作学习之后，完成小组成果汇报。成果交流的形式多种多样，如在线视频报告（PPT 汇报、故事重构）、小型比赛（演讲、小组辩论赛）等。学生可以将自己的汇报过程进行录像，上传至超星学习通平台，教师和学生在观看完汇报视频后，在超星学习通或课堂上进行讨论、评价。激发学生对探索求知的责任感，培养学生的法律思维、思辨能力、研究能力和创新能力

七、教学效果

（1）以自主探究为中心，提高了学生的获得感。

通过角色扮演，学生体验了真实法律庭审场景，培养了宪法法治意识，丰富了职业体验；通过完成小组作业（庭审案例），结合课堂里学到的法律英语知识和技能，提高了法律英语表达能力。

（2）多元评价机制，改变了“分数导向”的学习策略。

以超星学习通为助学平台，采取评价者多元化机制（教师、组长、同学、平台数据等）、评价方式多元化机制（形成性评价与终结性评价结合）和评价内容多元化机制（完成度、参与度、活跃度）。

（3）教学目标设置多维度多层次，将显性教育与隐性教育相统一。

八、教学反思

（一）特色与创新

以布鲁姆“教育目标分类法”为理论基础，教学目标设置多维度多层次，秉持知识目标、能力目标与思政目标“同向同行”的核心理念，在每一个知识点、能力点中挖掘思政点，引导学生运用掌握的知识进行创造和发明，进一步提高学生的语言技能和实际应用能力，通过思政点的全过程贯彻和实施，实现思政目标。

（二）问题与改进

第一，改进语言输入环节，提高语言产出质量。根据学生课堂参与和反馈情况，某些同学输出能力有限，语言产出质量不高，以后可以在教学环节中加强语言输入力度。

第二，改进小组任务环节，提高学生参与度。在完成小组作业过程中，部分学生存在“吃大锅饭”的心理，参与度不高，需要考虑改进小组分工模式和评价模式，并增设监管环节。

第二章　通用英语课堂教学实践与课程思政建设

第一节　CET 听力口语实训与能力提升课程思政教学方案设计

一、基本信息

1. 课程名称：CET 听力口语实训与能力提升

2. 学时学分：64 学时（线上 32 学时，线下 32 学时），4 学分

3. 课程性质：人文素质选修课

4. 适用专业：全校本科生

5. 使用教材：

（1）汪开虎：《全真试题 + 标准模拟：4 级》，上海交通大学出版社，2021.

（2）汪开虎：《全真试题 + 标准模拟：6 级》：上海交通大学出版社，2021.

（3）新东方考试研究中心：《六级口语考试指南与强化训练》，浙江教育出版社，2017.

（4）新东方考试研究中心：《四级口语考试指南与强化训练》，浙江教育出版社，2017.

（5）张冠林：《大学一年级英语语音练习手册》，外语教学与研究出版社，2006.

二、课程简介

本课程是人文素质类英语选修课。随着全国大学英语四级考试（CET－4）和全国大学英语六级考试（CET－6）口语考试的逐步推广，报名参加口语考试的人数激增，许多学生英语能力方面的短板却日渐显现：（1）在长期不重视口语的环境下，造成了“哑巴英语”“聋子英语”现象；（2）许多学生英语能力较弱，听力基础差，连教师讲课都听不懂，更谈不上参加更高级别的考试（如考研、托福、雅思等）。本课程以“线上线下融合”的方式授课，弥补英语听说能力的短板，在提高学生 CET－4 和 CET－6 通过率的同时，让学生具备用英语交流的能力。帮助学生提升用英语讲好中国故事、传播中华优秀传统文化的能力，同时也让学生了解世界先进文化，提升跨文化交际能力。

三、教学目标

CET 听力口语实训与能力提升课程，通过“线上线下融合”的方式开展教学，拟达到如下目标：

1. 系统性改善基础语音语调，让学生掌握基本的语音语调知识，促进提升听力水平（知识目标）。

2. 听力方面（知识/能力目标）：

（1）能听懂语速较慢的短篇英语广播；能听懂就熟悉话题展开的多话轮简单英语会话；能听懂语速较慢、题材熟悉、篇幅较长的讲话和报道；能运用基本的听力策略帮助理解（CET－4 要求）。

（2）能听懂就熟悉话题展开的多话轮英语会话；能听懂语速中等、题材熟悉、篇幅较长的英语广播；能听懂语速中等、题材熟悉的讲话、报道和内容浅显的学术讲座；能较好地运用听力策略帮助理解（CET－6 要求）。

3. 口语方面（能力目标）：

（1）能用英语就熟悉的话题进行简短但多话轮的交谈；能对一般性事件和现象进行简单的叙述或描述；经过准备后能就熟悉的话题作简短发言（CET－4 要求）。

（2）能就一般性话题进行比较深入的多轮交谈；能陈述事实、理由和描述事件、现象等；能表达个人意见、情感、观点等；能在对话中进行争辩、解释、比较、论证等（CET－6 要求）。

4. 具备跨文化交流能力，对英文新闻、英文讲座有辩证理解力，具备讲好中国故事的能力（能力/思政目标）。

四、教学内容

表 2.1　CET 听力口语实训与能力提升课程教学内容

序号	教学内容	教学要求	对应课程目标
1	基础语音语调训练	1. 线下语音语调知识系统讲解，进行纠音训练； 2. 线上观看语音视频，完成对应练习和课堂活动，基本掌握发音技巧	1
2	基础听力训练	1. 理解明示的信息； 2. 理解隐含的信息； 3. 运用语言特征理解听力材料； 4. 运用听力策略	1、2、4
3	听力实训（一）	1. 短篇新闻听力策略； 2. 长对话听力策略； 3. 篇章听力策略； 4. 英文篇章的事实与观点之辨（课程思政模块）	1、2、4
4	听力实训（二）	1. 长对话听力策略； 2. 讲话/报道/讲座听力策略； 3. 英文篇章的逻辑模式（课程思政模块）	1、2、4

续表

序号	教学内容	教学要求	对应课程目标
5	口语实训（一）	1. 自我介绍； 2. 朗读短文（中国文化小故事）； 3. 描述图片； 4. 讨论一般话题	1、3、4
6	口语实训（二）	1. 如何陈述个人观点； 2. 如何深度讨论话题； 3. 掌握口语交流中的礼仪（课程思政模块）	1、3、4

五、课程思政设计

表 2.2　CET 听力口语实训与能力提升课程思政设计

序号	教学内容	思政元素融入思路
1	基础语音语调训练	学生学习线上课程英语语音，该课程结合中国学生的具体发音问题，系统讲解了英语语音中的元音、辅音、重音、节奏、连读、语调、英美发音差异等方面知识。能够帮助学生认识英汉两种语言节奏模式的不同，从而尽力避开汉语对英语发音的负迁移影响，掌握正确、标准的英语发音；能够辨别英美发音和音标方面的差异；增强英语学习的兴趣，提高对英语语音美感的鉴赏能力；学会使用自然、得体的英语语音语调表达思想，保证交际的有效性
2	基础听力训练	采用精听泛听相结合的训练方式，帮助学生理解主旨大意、重要事实和细节、隐含意义，判断话语的交际功能，说话人的观点、态度等，提升学生获取口头信息的能力

续表

序号	教学内容	思政元素融入思路
3	听力实训（一）	通过对 CET－4 听力考试题型（短篇新闻、长对话、篇章）进行专项解读和专题训练，确保学生能听懂语速为 120—140 词/分钟的英文材料（短篇英语广播；就熟悉话题展开的多话轮简单英语会话；一般性话题的讲话和报道），能理解材料的主要内容。突出提升获取要点和细节的能力，明确其中逻辑关系的能力（如因果、转折、递进等），以及理解话语的基本文化内涵的能力。引导学生关注事实和观点这两个维度，同时，提升理性思考能力和批判性思维能力。培养学生的跨文化能力和文化自信，从而实现大学英语课程“立德树人”的目标
4	听力实训（二）	通过对 CET－6 听力考试题型（长对话、篇章、讲话/报道/讲座）进行专项解读和专题训练，确保学生能听懂语速为 140—160 词/分钟的英文材料（就熟悉话题展开的多话轮英语会话；题材熟悉、篇幅较长的英语广播；题材熟悉的讲话、报道和内容浅显的学术讲座）。突出提升概括主要内容的能力、把握说话者的信息组织方式的能力（如整体框架、衔接手段等）、理解说话者的观点和意图的能力、评价说话者的观点与立场的能力和理解话语中的隐含意义的能力。运用语篇理论指导教学，融入语篇、语境、语篇功能、语篇结构、语篇衔接等知识，带领学生对语篇进行宏观结构分析和超结构分析，加强学生的思辨能力和跨文化交际能力，实现人文性和工具性的统一

续表

序号	教学内容	思政元素融入思路
5	口语实训（一）	通过对 CET－4 口语考试题型（自我介绍、短文朗读、简短回答、个人陈述和双人互动）进行专项解读和专题训练，确保学生能用英语就熟悉的话题进行简短但多话轮的交谈；能对一般性事件和现象进行简单的叙述或描述；经准备后能就熟悉的话题作简短发言。语言表达较清楚，语音、语调和语法基本正确，能运用基本的口头表达与交流策略。重点解决学生在学习英语时，“母语文化失声”现象和“本国文化意识淡薄”的问题。在教学环节中设有“中国故事”模块，培养学生将来进行跨文化交流，输出优秀中国文化的能力。创造口语考试的网络模拟环境，帮助学生熟悉考试流程，并提高语言输出能力。以口语考试培训为起点，由口语的提升带动跨文化意识和交际能力的提升，解决学生考分和能力脱节的问题
6	口语实训（二）	通过对 CET－6 口语考试题型（自我介绍和问答、陈述和讨论、问答）进行专项解读和专题训练，确保学生能用英语就一般性话题进行比较深入的多话轮交谈；能陈述事实、理由和描述事件、现象等；能表达个人意见、情感、观点等；能在对话中进行争辩、解释、比较、论证等。语言表达结构清晰，观点明确，语音、语调和语法正确，能较好地运用口头表达与交流策略。通过实训帮助学生掌握口语交流中的礼仪，在提升语言理解能力和语言表达能力的同时，积累语用知识，促进语用能力和语言使用策略的提升。创造口语考试的网络模拟环境，帮助学生熟悉考试流程，并提高语言输出能力。以口语考试培训为起点，由口语的提升带动跨文化意识和交际能力的提升，解决学生考分和能力脱节的问题

六、教学方法

（一）线上线下融合式教学法

整体上采用“线上自学，线下面授”相结合的融合式教学法。线上自学包括：英语语音在线课程、课前预习、课中活动、课后作业、分组合作练习、自评互评等。

（二）教师讲授法

讲授时注意和课堂演示、多媒体教学等辅助教学手段相结合，与学生的练习和实践相结合。

（三）课堂讨论法

主要针对一些教学重难点展开课堂讨论，从而加深学生对相关问题的理解。

（四）模拟教学法

为学生提供CET听力口语的网络模考系统，教师在模拟考试后指导学生对考试过程进行复盘，探讨如何解决考试中遇到的问题及如何应对考试难点和突发状况。

（五）自主式教学法

课外通过超星学习通平台布置一定数量的CET听力口语练习和任务，要求学生完成。鼓励学生在课后对每个题型进行扩展式自主训练。

七、课程考核

为了更好地实现“以考促学、以学促能、以能促用”，本课程通过线上线下融合、过程性评价与综合性评价相结合的方式对学生进行考评。课程总成绩由过程性考评成绩和综合性考评成绩两部分构成，分别占90%和10%。过程性考评成绩分为线上和线下，其中线上（占总成绩比例的50%）为超星学习通平台数据记录，包括出勤、课程音视频观看、章节测验、课堂活动表现和线上阶段性测试，线下（占总成绩比例的40%）为面授课堂出勤及课程参与度。综合性考评方式也有变革，由传统的试卷考试变为全国大学英语四、六级口语考试成绩折算（A =9 分；B =8 分；C =7 分；无等级但是参加口语考试 =6 分；未报名口语考试的，期末录制视频，由老师以 10 分制打分），与全国大学英语四、六级考试实现对接，全面提升学生的语言表达能力。

第二节　CET听力口语实训与能力提升课程思政教学案例

一、基本信息

1. 所在章节：听力实训（二）
2. 教学内容：CET－6 讲座听力策略
3. 课时安排：1 课时（45 分钟）
4. 授课对象：全校本科生

二、教学目标

（一）知识目标

知识点一：掌握进行选项预读和听前预测的要点；

知识点二：熟悉听力高频考点知识；

知识点三：熟悉讲座结构特点和考点设置规律；

知识点四：熟悉讲座的超结构和语篇特点。

（二）能力目标

能力点一：能准确熟练地进行选项预读和听前预测；

能力点二：对信号词敏感，能准确熟练地对听力高频考点进行预判；

能力点三：熟练使用思维导图法对讲座进行宏观内容结构分析；

能力点四：能够对语篇进行超结构分析，归纳出一个具有普遍性的结构规律，总结出语篇特点或常规功能框架。

（三）思政目标

思政点一：引导学生转换思维角度，由答题思维转换至命题思维，从宏观角度分析问题；

思政点二：促进学生的学习效能、结构化思考力、逻辑思考能力及创新思维能力的提升；

思政点三：提高学生的思考能力和思考水平，挖掘其思考潜力，提升学生的学习能力；

思政点四：以应用为目的，帮助学生将讲座语篇相关规律应用于听力理解过程中，提升听力理解效能。

三、教学重难点

教学重点：让学生掌握讲座语篇特点、宏观内容结构、超结构和考点设置规律。

教学难点：引导学生转换思维角度，由答题思维转换至命题思维，从宏观角度，使用思维导图法对讲座进行宏观内容结构分析和超结构分析，促进学生的学习效能、结构化思考力、逻辑思考能力及创新思维能力的提升。

四、课程思政设计

将 CET 听力口语实训与能力提升 CET－6 讲座听力策略教学分为课前、

课中、课后三个部分，打破传统的听力教学以应试为导向，侧重于知识和技能方面，仅停留在语言知识层面的教学模式和教学方法，引导学生转换思维角度，由答题思维转换至命题思维，从宏观角度分析问题。结合语篇理论，使用思维导图法对讲座进行宏观内容结构分析和超结构分析，促进学生结构化思考力、逻辑思考能力及创新思维能力的发展。提升学生的听力理解效能和学习能力，有助于学生真正实现学会学习和终身化学习的目标。

五、教学方法和教学设计思路

语篇理论从20世纪50年代诞生至今已有数十年历史，在外语教学中得到了广泛应用。本课程从语篇的角度出发，结合语境、语篇功能、语篇特点及语篇结构等理论，在CET听力教学中引导学生运用思维导图法对讲座进行宏观内容结构分析和超结构分析，总结归纳讲座的语篇功能特征和语篇结构，并将总结出的规律和特征应用于指导听力策略，帮助学生克服听力障碍，从而提高听力理解效能。

六、教学实施过程

表2.3　CET－6讲座听力策略教学实施过程

教学环节	时间分配	教学设计	教学方法、目的及课程思政设计
课前学习		**关注通知、导学及注意事项** 本次课前导学：仔细阅读文本资料（《全国大学英语四、六级考试大纲》中CET－6讲话/报道/讲座题型分解、考核要求和考核技能），观看微课视频	教师通过超星学习通向学生推送通知、导学及注意事项。培养学生自主学习习惯，提升自主学习能力

续表

教学环节	时间分配	教学设计	教学方法、目的及课程思政设计
课前学习		**完成课前测试** 本次课前测试内容为 CET－6 讲话/报道/讲座题型三篇	教师通过超星学习通向学生发布课前测试任务。课前测试设置为闯关模式，学生必须完成才能进入面授课堂。培养学生自主学习习惯，提升自主学习能力，教师可以提前了解学生目前的听力水平
课前学习		**完成课前问卷** 本次课前问卷内容涉及影响 CET－6 讲话/报道/讲座题型答题的心理因素、语音因素、语用因素、语篇因素、答题策略因素等	教师通过超星学习通向学生发布课前问卷任务。课前问卷设置为闯关模式，学生必须完成才能进入面授课堂。贯彻以学生为中心的教学理念，让教师了解学生目前的问题和困难，同时引导学生对自我学习行为进行反思
课中学习	5 分钟	**课前测试和问卷反馈** 根据学生课前测试和问卷情况，将学生目前在听 CET－6 讲话/报道/讲座题型中遇到的普遍困难分别以心理因素、语音因素、语用因素、语篇因素、答题策略因素等进行分类归纳	教师根据课前测试和问卷结果，以及学生的线上互动，及时反馈学生目前的听力失误和学习困难。根据结果归纳学生目前普遍存在的难点，一方面设计有针对性的教学任务，夯实学生的听力理解能力；另一方面，以问题激发学生的学习兴趣

续表

教学环节	时间分配	教学设计	教学方法、目的及课程思政设计
课中学习	5 分钟	**选项预读和听前预测** 【知识点】【技能点】 对 16—19 题进行选项预读和听前预测： 通过分析选项针对的对象/选项本身，判断提问方式/预测问题/预测主题； 长选项竖着读：先找相同点，再找不同点； 划出关键词：名词、动词（关注强调、肯定/否定、程度）； 着眼于篇章：结合所有题目 有效的听前预测：边读边理解（主题是什么？听什么？）	以课前测试的第一篇讲座为例，通过师生互动，回顾“选项预读”和“听前预测”相关知识点并提升学生听力答题策略的应用效果
课中学习	8 分钟	**复听讲座、讲解题目并分析考点** 【知识点】【技能点】 16 题：视听一致 + 同义替换 = 正确选项； 17 题：主旨重复； 18 题：逻辑词与考点永相随； 19 题：同时出现多个选项的并列结构（and & or），一定不是正确选项	通过复听讲座、讲解题目，以师生互动的方式，回顾听力考点知识并提升学生听力答题策略的应用效果
课中学习	5 分钟	**复盘讲座内容及考点设置** 【知识点】【技能点】【思政点】 16 题：主讲人信息； 17 题：用时代背景、例子、上节课内容等引出主旨； 18 题：下定义原则，逻辑关系； 19 题：讲座主题	引导学生转换思维方式，以命题者思维从宏观角度对讲座进行内容结构分析

续表

教学环节	时间分配	教学设计	教学方法、目的及课程思政设计
课中学习	12 分钟	**用思维导图法对讲座进行宏观内容结构分析** 【技能点】【思政点】 具体步骤及要求如下： 图式法展示篇章内容； 标记推进文章逻辑结构发展的信号表达； 标记考点信号表达； 标记考点； 总结语篇特点、考点分布及失分原因	思维导图这种简洁的表述方式可以更快速清晰地传达讲座的内容及考点设置规律，使学生更容易理解讲座的内容，对讲座的逻辑结构更清晰。能有效提升学生的学习效能、结构化思考力、逻辑思考能力及创新思维能力
课中学习	8 分钟	**对讲座进行超结构分析** 【知识点】【技能点】【思政点】 讲座的打开方式： 主讲人……（考点：讲座主旨）； 主持人……（考点：主讲人信息）+ 主讲人……（考点：讲座主旨、研究结论）	结合思维导图，基于宏观内容结构分析，对讲座进行超结构分析，归纳出一个具有普遍性的结构规律，总结出讲座的语篇特点或常规功能框架。有助于提高学生的思考能力和思考水平，挖掘其思考潜力，有助于提高学生的学习能力，使学生真正实现学会学习和终身化学习的目标
课中学习	2 分钟	**布置作业** 使用思维导图法对课前测试中的另外两篇讲座进行宏观内容结构分析和超结构分析，在超星学习通上提交作业	学生通过练习，再次回顾重点内容，学以致用
课后学习		**作业反馈分享** 教师将优秀的作业在超星学习通进行反馈分享，促进师生、生生相互学习和交流	学生反复实战训练，通过参与课后互动交流，加快知识内化进程，最终提升听力理解能力

七、教学效果

（1）以问题搭建桥梁，提高了学生的学习兴趣。

通过课前测试和课前问卷，精准定位学生的听力障碍，教师一方面可以设计对应的学习任务对教学目标进行干预；另一方面，以问题激发学生的学习兴趣，引导学生对自我学习行为形成元认知。

（2）结合语篇理论转变思维，改变了“词汇讲解—放音—做题目—再放音核对”的传统听力教学模式。

使用思维导图法，以篇章理论为理论基础，剖析讲座语篇中的语境、语篇的衔接手段和连贯特征、语篇特点、宏观内容结构和超结构。有利于提高听力教学质量和英语听说交际能力，促进学生结构化思维和逻辑思维的发展。

（3）以考促学、以用促学、学以致用。

八、教学反思

（一）特色与创新

以语篇理论为指导，使用思维导图法对讲座语篇进行宏观内容结构分析和超结构分析，引导学生转变思维方式，改变以应试为导向的听力教学模式，培养学生的结构化思维能力和逻辑思维能力。将知识运用到听力理解训练中，让学生意识到篇章意识和逻辑意识的重要性，同时，布置适当的作业任务，让学生加深对所学知识的理解和熟练应用，逐步帮助学生扫除听力障碍。

（二）问题与改进

部分学生因为心理因素、语音听辨因素、听力理解速度慢等原因，听力能力低下，参与度不高，需要在课后为这部分同学提供针对性的学习资料和系统的基础性听力训练。

九、附录

（一）课前测试题目

Section C

Directions: In this section, you will hear recordings of lectures or talks followed by some questions. The recordings will be played only once. After you hear a question, you must choose the best answer from the four choices marked A), B), C) and D). Then mark the corresponding letter on Answer Sheet 1 with a single line through the centre.

Now listen to the following recording and answer questions 16 to 19.

16. A) They investigate the retirement homes in America.

B) They are on issues facing senior citizens in America.

C) They describe the great pleasures of the golden years.

D) They are filled with fond memories of his grandparents.

17. A) The loss of the ability to take care of himself.

B) The feeling of not being important any more.

C) Being unable to find a good retirement home.

D) Leaving the home he had lived in for 60 years.

18. A) The loss of identity and self – worth.

B) Fear of being replaced or discarded.

C) Freedom from pressure and worldly cares.

D) The possession of wealth and high respect.

19. A) The urgency of pension reform.

B) Medical care for senior citizens.

C) Finding meaningful roles for the elderly in society.

D) The development of public facilities for senior citizens.

Now listen to the following recording and answer questions 20 to 22.

20. A) It seriously impacts their physical and mental development.

B) It has become a problem affecting global economic growth.

C) It is a common problem found in underdeveloped countries.

D) It is an issue often overlooked by parents in many countries.

21. A) They will live longer.

B) They get better pay.

C) They get along well with people.

D) They develop much higher IQs.

22. A) Appropriated funds to promote research of nutrient – rich foods.

B) Encouraged breastfeeding for the first six months of a child' s life.

C) Recruited volunteers to teach rural people about health and nutrition.

D) Targeted hunger – relief programs at pregnant women and young children.

Now listen to the following recording and answer questions 23 **to** 25.

23. A) The guaranteed quality of its goods.

B) The huge volume of its annual sales.

C) The service it provides to its customers.

D) The high value – to – weight ratio of its goods.

24. A) Those having a taste or smell component.

B) Products potentially embarrassing to buy.

C) Those that require very careful handling.

D) Services involving a personal element.

25. A) Those who live in the virtual world.

B) Those who have to work long hours.

C) Those who are used to online transactions.

D) Those who don' t mind paying a little more.

(二) 课前测试听力原文

Now listen to the following recording and answer questions 16 **to** 19.

Moderator:

Hello Ladies and Gentleman, it gives me great pleasure to introduce our keynote speaker for today's session, Dr. Howard Miller. Dr. Miller, Professor of Sociology at Washington University, has written numerous articles and books on the issues facing older Americans in our graying society for the past 15 years.

Dr. Miller:

Thank you for that introduction. Today, I'd like to preface my remarks with a story from my own life which I feel highlights the common concerns that bring us here together. Several years ago when my grandparents were well into their eighties, they were faced with the reality of no longer being able to adequately care for themselves. My grandfather spoke of his greatest fear, that of leaving the only home they had known for the past 60 years. Fighting back the tears, he spoke proudly of the fact that he had built their home from the ground up, and that he had pounded every nail and laid every brick in the process. The prospect of having to sell their home and give up their independence, and move into a retirement home was an extremely painful experience for them. It was, in my grandfather's own words, like having a limb cut off. He exclaimed in a forceful manner that he felt he wasn't important anymore.

For them and some older Americans, their so-called "golden years" are at times not so pleasant, for this period can mean the decline of not only one's health but the loss of identity and self-worth. In many societies, this self-identity is closely related with our social status, occupation, material possessions, or independence. Furthermore, we often live in societies that value what is "new" or in fashion, and our own usage of words in the English language is often a sign of bad news for older Americans. I mean how would your family react if you came home tonight exclaiming, "Hey, come to the living room and see the OLD black and white TV I brought!" Unfortunately, the word "old" calls to mind images of the need to replace or discard.

Now, many of the lectures given at this conference have focused on the issues of pension reform, medical care, and the development of public facilities for senior citizens. And while these are vital issues that must be addressed, I'd like to focus my comments on an important issue that will affect the overall success of the other programs mentioned. This has to do with changing our perspectives on what it means to be a part of this group, and finding meaningful roles the elderly can play and should play in our societies.

First of all, I' d like to talk about...

16. What does the introduction say about Dr. Howard Miller' s articles and books?

17. What is the greatest fear of Dr. Miller' s grandfather?

18. What does Dr. Miller say the "golden years" can often mean?

19. What is the focus of Dr. Miller' s speech?

Now listen to the following recording and answer questions 20 to 22.

The 2010 Global Hunger Index report was released today by the International Food Policy Research Institute (IFPRI). It notes that, in recent years, experts have come to the conclusion that undernourishment between conception and a child' s second birthday can have serious and long – lasting impacts.

Undernourishment during this approximately 1, 000 – day window can seriously check the growth and development of children and render them more likely to get sick and die than well – fed children. Preventing hunger allows children to develop both physically and mentally.

Says IFPRI' s Marie Ruel, "They will be more likely to perform well in school. They will stay in school longer. And then at adulthood, IFPRI has actually demonstrated that children who were better nourished have higher wages, by a pretty large margin, by 46 percent."

Ruel says that means the productivity of a nation' s future generations depends in a large part on the first 1, 000 days of life.

"This is why we' re all on board in focusing on those thousand days to improve nutrition. After that, the damage is done and is highly irreversible."

The data on nutrition and childhood development has been slowly coming together for decades. But Ruel says scientific consensus alone will not solve the problem.

"It' s not enough that nutritionists know you have to intervene then, if we don't have the politicians on board, and also the... people that implement [programs] in the field."

Ruel says there are encouraging signs that politicians and implementers are beginning to get on board. Many major donors and the United Nations are targeting hunger-relief programs at pregnant women and young children. They focus on improving diets or providing micro-food supplements. They improve access to pre-birth care and encourage exclusive breastfeeding for the first six months of a child's life.

Ruel says in the 1980s Thailand was able to reduce child undernourishment by recruiting a large number of volunteers to travel the countryside teaching about health and nutrition.

"They really did very active promotion of diversity in the diet and good eating habits. So they were providing more food to people, but also educating people on how to use them, and also educating people on how to feed their young children."

Ruel says countries may take different approaches to reducing child undernutrition. But she says nations will not make progress fighting hunger and poverty until they begin to focus on those critical first thousand days.

20. What is the experts' conclusion regarding children's undernourishment in their earliest days of life?

21. What does IFPRI's Marie Ruel say about well-fed children in their adult life?

22. What did Thailand do to reduce child undernourishment in the 1980s?

Now listen to the following recording and answer questions 23 to 25.

I'd like to look at a vital aspect of e-commerce, and that is the nature of the product or service. There are certain products and services that are very suitable for selling online, and others that simply don't work.

Suitable products generally have a high value-to-weight ratio. Items such as CDs and DVDs are obvious examples. Books, although heavier and so more expensive to post, still have a high enough value-to-weight ratio, as the success of Amazon, which started off selling only books, shows. Laptop computers are another good product for selling online.

Digital products, such as software, films and music, can be sold in a purely virtual environment. The goods are paid for by online transactions, and then downloaded onto the buyer's computer. There are no postage or delivery costs, so prices can be kept low.

Many successful virtual companies provide digital services, such as financial transactions, in the case of Paypal, or means of communication, as Skype does. The key to success here is providing an easy - to - use, reliable service. Do this and you can easily become the market leader, as Skype has proved.

Products which are potentially embarrassing to buy also do well in the virtual environment. Some of the most profitable e - commerce companies are those selling sex - related products or services. For a similar reason, online gambling is highly popular.

Products which are usually considered unsuitable for selling online include those that have a taste or smell component. Food, especially fresh food, falls into this category, along with perfume. Clothes and other items that need to be tried on such as diamond rings and gold necklaces are generally not suited to virtual retailing, and, of course, items with a low value - to - weight ratio.

There are exceptions, though. Online grocery shopping has really taken off, with most major supermarkets offering the service. The inconvenience of not being able to see the food you are buying is outweighed by the time saved and convenience of having the goods delivered. Typical users of online supermarkets include the elderly, people who work long hours and those without their own transport.

23. What is important to the success of an online store?

24. What products are unsuitable for selling online?

25. Who are more likely to buy groceries online?

第三章　大学英语课堂教学实践与课程思政建设

第一节　全新版大学外语课程思政教学方案设计

一、基本信息

1. 课程名称：全新版大学外语
2. 学时学分：96 学时（两学期），6 学分
3. 课程性质：公共基础课
4. 适用专业：非英语专业
5. 使用教材：李荫华：《全新版大学高阶英语》，上海外语教育出版社，2021.

二、课程简介

大学英语作为大学外语教育的最主要内容，是大多数非英语专业学生在本科教育阶段必修的公共基础课程，兼具工具性和人文性，在人才培养中具有重要作用。大学英语教学的主要内容可分为通用英语、专门用途英语和跨文化交际三个部分，由此形成相应的三大类课程。全新版大学外语

属于通用英语课程，旨在培养学生的听、说、读、写、译技能，同时教授英语词汇、语法、语篇及语用知识，增加学生在社会、文化、科技等领域的知识储备，拓宽国际视野，提升综合文化素养，树立正确的世界观、人生观、价值观。

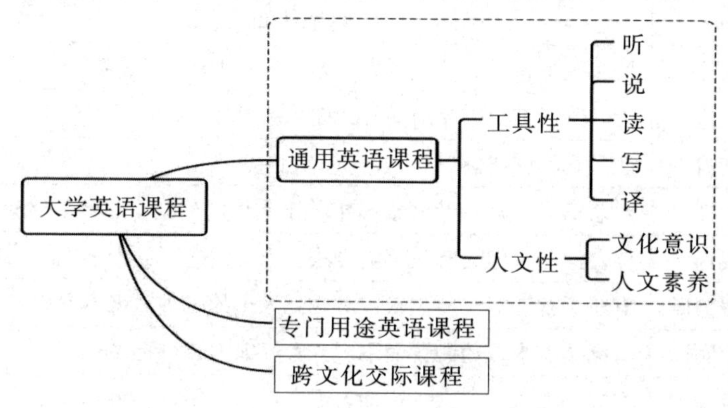

图 3.1　大学英语课程性质及课程结构

三、学情分析

目前，在校大学生基本上是00后，即改革开放以后中国第三个十年期出生的年轻一代。作为出生在21世纪的大学生，他们具有以下特点。

（一）认知基础

00后成长于中国互联网高速增长的时代，物质生活优越，但是他们的斗志没有因为物质条件变好而被磨灭。许多00后认为，成功主要靠个人的努力奋斗。学习是00后现阶段的生活重心和最大投入所在，因此他们为了获得更高的分数、更多的机会，埋头苦读。我们能直观地看到，全国大学英语四六级考试的通过率和优秀率越来越高，考研英语的分数线也越来越高。而在平时的教学和考研复试的英语面试中，我们同样也发现，学生的英语综合应用能力，尤其是听说能力、交际能力有待提高。00后生长在中国发展和进步最快的历史阶段，拥有更高的文化认同感和民族自豪感，在他们身上表现出积极向上、追求成长、关怀社会及他人的价值观。00后成长的20年，是互联网飞速发展的20年，网络科技的发展和应用伴随着00后生活方式的养成，他们习惯并善于透过屏幕进行对话及社交，却对真实的生活缺乏现实感。目前他们对各单元主题的认识有待深化。

表3.1 单元主题认知学情分析表

单元主题	主题认知状态
B1U1 舒适圈	要么躺平，要么“内卷”，没学会如何走出舒适圈
B1U2 友谊	大学阶段需要结交新朋友，面临新挑战
B1U3 爱情	恋爱观不够成熟
B1U4 人性	对名篇《最后一片叶子》中关于人性的刻画，理解不够深入
B2U1 代沟	体会深刻，但无有效解决方法；亲子沟通不畅，不理解长辈
B2U2 克服障碍	有所了解，但经验欠缺；对残障人士的困难认识不深刻
B2U3 爱上阅读	有阅读需求，但阅读面不广，阅读能力有待提高
B2U4 体育精神	有运动需求，但缺乏运动习惯，对运动精神理解不深刻

（二）知识基础

（1）学生已具备独立完成文章基本词句的语法分析能力。

（2）对本教程的知识点：

第一，从词句层面看，难度低于CET-4水平，有基本自学能力的学生都能自主完成词句层面的学习；

第二，从语篇角度看，课文包括戏剧、记叙文、说明文，学生的理解能力和应用能力尚处于基础阶段，需要在教师指导下提升听说读写译能力、文化理解能力和传播能力。

四、教学内容

（一）教材特点分析

“全新版大学高阶英语”系列教材以习近平总书记在全国教育大会上的讲话精神为引领，以新时期高校人才培养方向为导向，参照《指南》中提高目标的要求，充分考虑与《普通高中英语课程标准》和《中国英语能力等级量表》衔接，并参照《教育信息化2.0行动计划》中有关高等英语教育的相关内容，践行《纲要》，落实立德树人根本任务，寓价值观引导于知识传授和能力培养之中，帮助学生塑造正确的世界观、人生观、价值观。教材编写充分体现“学生为主体，教师为主导”的理念，采用折中主义教学法，充分吸收各种有效教学经验，配备“纸质教材 + 数字资源”和“数字教程 + 学习手册”，方便全面利用数字化教学手段和资源。

（二）重难点分析

按照总体教学计划从教材中精选 8 个单元，每学期 4 个单元，分两个学期完成教学任务。

表 3.2　《全新版大学高阶英语综合教程 1》1—4 单元教学内容分析表

单元主题	内容简析	重难点
B1U1 舒适圈	课文 A 是说明文，主要谈大学生如何做好职业发展规划，可以帮助学生深入了解“软技能”的概念，并延伸到如何发展“软技能”；课文 B 是说明文，说明走出舒适圈的重要性，文章结构适合用于辅导学生写作文	1. 理解“软技能”； 2. 学会分析说明文结构，并仿写； 3. 提升“软技能”
B1U2 友谊	课文 A 是记叙文，故事以书信为线索讨论友谊的意义，其中主人公因未及时寄出给朋友的信而后悔，适合启发学生思考维持友谊的方法和重要性；课文 B 是议论文，主要讨论拥有朋友的意义	1. 信件类型和风格； 2. 私人信件的书写； 3. 学会维持友谊
B1U3 爱情	课文 A 是记叙文，是一个关于真爱的考验，文中关于两位女性的外貌描写手法值得学习；课文 B 是记叙文，是关于男女主人公因一个钱包而重逢的故事，揭示了真爱可以跨越时光阻隔	1. 人物描写； 2. 形容词的褒贬义； 3. 树立良好爱情观

续表

单元主题	内容简析	重难点
B1U4 人性	课文A是记叙文，是欧·亨利的名篇，运用大量文学修辞手法，最重要的是象征手法；课文B是记叙文，一名士兵被误认为是临终老人的儿子，却给了老人真实的陪伴。两篇文章的场景描写都很有代表性	1. 文学修辞； 2. 场景描写； 3. 培养爱人之“仁”心

表3.3　《全新版大学高阶英语综合教程2》1—4单元教学内容分析表

单元主题	内容简析	重难点
B2U1 代沟	课文A是一个剧本，主题是亲子关系，用到许多肢体语言的描写，可以帮助学生了解肢体语言，并学会在表演中使用肢体语言；课文B是说明文，从一个父亲的角度谈代沟	1. 戏剧语言特点； 2. 剧本中的肢体语言理解和应用； 3. 理解“代沟”并反思应对方法
B2U2 克服障碍	课文A是记叙文，关于一个盲人撑竿跳高运动员突破自己极限的故事，非常励志。课文B是记叙文，关于一个普通人经历几次波折后，如何面对自己变成残疾人的过程。两篇文章都关于残疾人，适合让学生学会从语言、行动层面去理解、关爱残疾人	1. 记叙文中的象征手法； 2. 措辞的重要性； 3. 记叙文写作； 4. 理解并关爱残疾人
B2U3 爱上阅读	课文A和B都是记叙文，都是关于作者一生与阅读结缘的故事。其中课文A关于图书馆的场景描写很生动，课文B提到许多种类的图书，适合让学生了解图书馆，并培养终身阅读习惯	1. 场景描写； 2. 图书分类常识； 3. 培养个人阅读习惯
B2U4 体育精神	课文A是记叙文，关于作者走上运动生涯的思想波动，逐渐加深学生对体育精神的理解。用了较多平行结构的修辞手法。课文B是说明文，阐述什么是体育精神。可以通过分析“骑士精神”和“君子六艺”两个概念中体现的体育精神，加深学生对体育精神的理解	1. 平行结构的用法； 2. 应用文（海报）写作； 3. 理解体育精神，培养运动习惯

（三）教材思政内容挖掘

根据教材内容，挖掘整合出三大思政模块：情感教育、素养提升、性格塑造，并根据每个单元涉及的知识点和技能点，锚定课程思政点。

表 3.4 《全新版大学高阶英语综合教程》思政模块一：情感教育

单元主题	课程思政内容补充	知识点	技能点	思政点	课程思政融合方式
B1U2 友谊	课前阅读林觉民《与妻书》与马克思写给恩格斯的一封信	1. 电子邮件格式； 2. 英文书信格式； 3. 虚拟句式用法	1. 写电子邮件； 2. 运用虚拟式句型	1. 理解信件交流对维持感情的意义； 2. 理解真正的友谊； 3. 通过阅读两位革命先驱的信件，深入理解他们的价值观	1. 找出《与妻书》表达内心强烈愿望的句子，教师辅助判断哪些可以用虚拟语气去翻译，并练习； 2. 课堂练习阅读马克思信件中含有虚拟语气的句子； 3. 课后给老朋友写一封电子邮件，表达对他的思念

续表

单元主题	课程思政内容补充	知识点	技能点	思政点	课程思政融合方式
B1U3 爱情	课前了解周恩来和邓颖超的爱情故事	1. 外貌描写; 2. 形容词褒贬用法; 3. 形容词的排序	1. 人物外貌描写法; 2. 恰当使用形容词	1. 树立正确的爱情观; 2. 懂得外貌不是衡量爱情的第一标准	1. 导入帮助学生理解邓周二人的爱情观,并请男生从周恩来的角度描写邓颖超;女生从邓颖超的角度描写周恩来; 2. 课后描写一个你爱的人的外貌
B2U1 代沟	课前访问父辈、祖辈亲人,了解各代人在青春期感受到的代沟异同点	1. 戏剧基础知识; 2. 肢体语言	1. 掌握戏剧阅读方法; 2. 运用肢体语言; 3. 尝试短剧表演	1. 通过访问理解不同年代的代沟异同点; 2. 学会理解父母, 孝顺父母; 3. 学会换位思考, 培养同理心	1. 课堂汇报采访情况; 2. 表演亲子短剧并拍摄视频
B1U4 人性	课前参观社区养老院/医院,去帮助一个老人/病人	1. 环境描写方法; 2. 象征的修辞手法; 3. 文学修辞手法	1. 理解文学作品中的修辞手法; 2. 描写环境	1. 关心陌生人, 帮助陌生人; 2. 关心老人	1. 课堂汇报帮助老人的经历; 2. 课后描写这个医院/养老院的一个场景

表 3.5　《全新版大学高阶英语综合教程》思政模块二：素养提升

单元主题	课程思政内容补充	知识点	技能点	思政点	课程思政融合方式
B2U3 爱上阅读	课前阅读培根名篇《论读书》	1. 环境描写法； 2. 书籍分类和检索	1. 应用环境描写技巧； 2. 应用书籍检索技巧	1. 理解阅读的意义； 2. 培养终身阅读的习惯	1. 课堂讨论自己喜欢哪本书，喜欢什么类型的书； 2. 课后制作英语小视频，介绍自己喜欢的一个书店/书房/图书馆
B2U4 体育精神	1. 课前搜集历届奥运会口号； 2. 课堂讲解“君了六艺”与“骑士精神”	1. 平行结构的用法； 2. 体育精神的词汇； 3. 英文文体分析法	1. 应用文写作； 2. 制作宣传海报； 3. 口号创作	1. 理解体育精神的来源和内涵； 2. 了解“骑士精神”和“君子六艺”与体育精神的联系，进行跨文化对比	1. 导入分析奥运口号； 2. 导入对比分析“君子六艺”和“骑士精神”内涵； 3. 课后为院系参加运动赛事设计制作一个英文口号和宣传海报

表 3.6 《全新版大学高阶英语综合教程》思政模块三：性格塑造

单元主题	课程思政内容补充	知识点	技能点	思政点	课程思政融合方式
B1U1 舒适圈	课前参与就业指导中心“就业诊断”活动，确定个人需要提升的核心技能	1. 提示/建议类文章格式； 2.“软技能”概念和内涵	1. 应用建议/提示类文章； 2. 撰写建议/提示类文章	1. 了解职业核心能力； 2. 学会走出舒适圈	1. 导入核心技能和“软技能”概念； 2. 课后拟定走出舒适圈、提升核心技能的计划
B2U2 克服障碍	1. 课前体验一天残疾人生活； 2. 文花枝、扶婷的故事	1.“残疾”相关词汇； 2. 记叙文的结构与“线索词”及其象征意义	1. 运用记叙文结构技巧； 2. 运用象征手法； 3. 掌握适当的措辞	1. 学会在日常生活中关爱残疾人； 2. 培养坚韧的品格，促进心性成长	1. 导入文花枝、扶婷的自强不息故事； 2. 课后描写残疾人体验经历

五、教学目标

在选择教学目标的时候，本着保障“知识目标、技能目标和课程思政目标同向同行”的原则，设定的思政目标是将语言文本学习的重点、难点挑选出来，设计一个可以达成思政目标的语言学习项目，然后以项目式学习（Project－based Learning，简称 PBL）的方式，完成知识点、技能点和课程思政点的有机融合，同步推进。

表 3.7　“知识目标、技能目标和课程思政目标同向同行”的 PBL 一览表

单元	知识目标	技能目标	思政目标	PBL
B1U1	1. 提示/建议类文章格式； 2. “软技能”	1. 应用建议/提示类文章； 2. 撰写建议/提示类文章； 3. 发展“软技能”	正确认识自身的强弱项，懂得“突破自己的弱项，走出舒适圈就是培养自身应对逆境的能力”	找一件自己一直不擅长的事情，拟定走出舒适圈的计划
B1U2	1. 电子邮件格式； 2. 虚拟句式：should have done 的用法	1. 写电子邮件； 2. 用虚拟句式表达后悔	1. 认识到挚友难觅，友谊宝贵； 2. 学习珍爱朋友，呵护友谊，不留遗憾	给老朋友写一封电子邮件，表达对朋友的思念，回忆旧日时光
B1U3	1. 人物外貌描写； 2. 形容词褒贬用法； 3. 形容词的排序	1. 人物外貌描写法； 2. 恰当使用形容词	1. 树立正确的爱情观； 2. 懂得外貌不是衡量一个人的第一标准	描写一个你爱的人的外貌
B1U4	1. 象征的修辞手法； 2. 其他修辞手法； 3. 环境描写的技巧	1. 发现文学作品中的修辞手法； 2. 进行描写环境	学习关心陌生人，主动体会陌生人的艰难之处，并能给予陌生人帮助	1. 参观医院或诊所，观察环境和病人； 2. 描写这个医院/诊所的一个场景
B2U1	1. 戏剧基础知识； 2. 戏剧里的肢体语言描写	1. 掌握戏剧阅读方法； 2. 运用肢体语言； 3. 尝试短剧表演	1. 学会理解父母，明白父母的苦心，孝顺父母； 2. 学会换位思考，培养同理心	分组表演表现代沟、亲子关系的短剧

续表

单元	知识目标	技能目标	思政目标	PBL
B2U2	1. “残疾”相关词汇； 2. 记叙文的结构与“线索词”及其象征意义	1. 运用记叙文结构技巧； 2. 运用象征手法； 3. 掌握适当措辞	1. 学会在日常生活中关爱残障人士； 2. 培养坚韧的品格，促进心性成长	体验一天残疾人的生活，并描写这段经历
B2U3	1. 环境描写方法； 2. 书籍分类和检索	1. 掌握环境描写技巧； 2. 掌握书籍检索技巧	理解阅读的意义，培养终身阅读的习惯	制作英文小视频介绍自己喜欢的一个书店/书房/图书馆
B2U4	1. 平行结构的用法； 2. 体育精神的词汇； 3. 英文文体分析法	1. 掌握应用文写作技巧； 2. 学会制作宣传海报	1. 理解体育运动的意义，认识体育精神的来源和内涵，将体育精神应用到学习工作中； 2. 了解“骑士精神”和“君子六艺”与体育精神的联系，进行跨文化对比	为院系运动赛事设计制作一个英文口号和宣传海报

六、教学方法

本课程设计主要采用“项目式学习”的方法，设计了一个包含“体验（Experience）+ 体认（Cognize）+ 身体力行（Act）”三大步骤的“三体”模型，实现语言教学知识点、技能点和课程思政点有机融合、同步推进（见图3.2）。

体验（Experience）环节融合到语言教学的课前准备活动和单元导入活动中，包括就某个话题进行听、读、讨论，并开始执行某个真实生活任务，激活学生在某个话题中的预备知识。同时，学生会在体验阶段碰到一些教师预设的知识、技能和价值认知方面的困难。该环节的目的是激发学生学习的动力，带着问题进入单元学习。

体认（Cognize）环节主要在课堂教学中完成，包括教师面授、线上线下讨论，伴随着形成性评价和过程性评价，不断刷新学生认知。该环节目的是系统学习知识点和技能点，并逐步深入理解课程思政点。

身体力行（Act）环节主要是单元即将完结时的项目成果展示，包括语言类成果和行为类成果。语言类成果一般都有一个语言输出任务，而行为类成果一般是一个与真实生活息息相关的活动。

课前体验	课中体认	课后身体力行
用心体验	用脑思考	用身体行动
① 观影 练听力	❶ 分析词句	❶ 制定方案：讨论+书写
② 读文 练阅读	❷ 分析结构	❷ 执行方案
③ 谈感 练口语	❸ 分析主题	
④ 体验 练阅历		

图 3.2　“三体”模型流程图

“三体”模型是一个综合教学模型，包含了项目式学习法、线上线下融合法、产出导向法的各种元素。这个教学模型的设计理念，一是尊重语言学习规律，让语言学习从感性体验到理性认知，再付诸实践；二是契合课程思政的规律，从入脑至走心，再化为行动。

七、课程考核

过程性评价、形成性评价与终结性评价有机结合，既关注知识的理解与技能的应用，又兼顾课程思政的成效。

（1）过程性评价（15%）：对学习过程进行“质性评价”，关注动机、态度、过程和效果。

评价内容：网络与数字平台参与度、活跃度；

评价方式：社交媒体评论、点赞、转发；

评价者：教师 + 同学 + 社交平台好友 + 平台数据。

（2）形成性评价（15%）：对学习过程进行“量化评价”，关注阶段性收获和学习进展。

评估内容：课堂问答、WE Learn 平台和超星学习通积分、项目式学习成果；

评价方式：教师评分 + 组长评分 + 平台评分；

评价者：教师 + 平台数据 + 组长。

(3) 终结性评价（70%）：对学习效果进行“量化评价”，关注产出效果和收获感。

评价内容：听、说、读、写、译能力；

评价方式：教师评分；

评价者：教师。

第二节　全新版大学外语课程思政教学案例

一、基本信息

1. 所在章节：第二册第二单元

2. 教学内容：《全新版大学高阶英语综合教程 2》第二单元课文 A：Overcoming Obstacles："True Height"（克服障碍《真正的高度》）。本单元的主题为“坚持梦想而不断攻坚克难的奋斗精神”，课文基础词句的学习可以由学生在数字平台自主完成。

3. 课时安排：1 课时（45 分钟）

4. 授课对象：非英语专业一年级

二、教学目标

本次教学设计的总原则是：确保知识目标、能力目标与思政目标同向同行（见图 3.3）。

知识目标 1：理解并掌握“时间顺序法”“闪回倒叙法”；

知识目标 2：理解并掌握记叙文中“标题”的“象征”和“主题线索”功能；

知识目标 3：了解描写角色心理变化的词汇。

能力目标 1：熟练运用“闪回倒叙法”和“心理描写”写记叙文；

能力目标 2：熟练运用“时间顺序法”“闪回倒叙法”“心理描写”口头表达个人经历；

能力目标 3：熟练运用社交媒体交流技巧。

思政目标 1：培养共情能力并学会真正关爱残疾人；

思政目标 2：学习残疾人的坚韧品质，意识到努力与坚持对实现梦想的重要性；

思政目标 3：完成项目式学习，培养团队精神，实现知行合一。

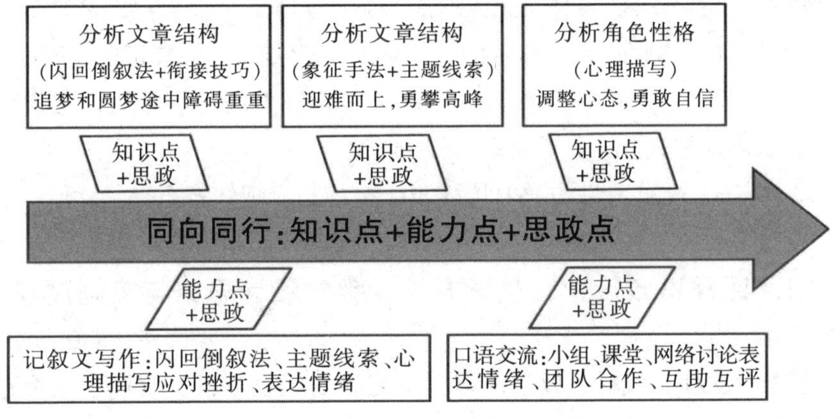

图 3.3　“知识目标、能力目标与思政目标同向同行”的教学目标设计

三、教学重难点

课文 A 是以第三人称视角讲述的“故事”，深入理解一个故事需要解决以下三个问题：

问题 1. 作者如何刻画人物？回答这个问题需要分析文章遣词造句的特点。

问题 2. 作者如何构建文本？回答这个问题需要分析文本谋篇布局的用

意。

问题3. 作者如何升华主旨？回答这个问题需要分析故事主题推进的节奏。

基于以上三个问题，教学活动围绕以下知识点、能力点和思政点展开：

知识点1："时间顺序法""闪回倒叙法"；

知识点2："标题"的"象征"和"主题线索"功能（难点）；

知识点3："心理描写"对角色性格描写的作用（重点）。

能力点1：记叙文写作能力，运用"闪回倒叙法""心理描写"（难点）；

能力点2：口语交流能力，运用"闪回倒叙法""心理描写"（重点）；

能力点3：利用社交媒体交流的能力。

思政点1：体验残疾人的生活，培养共情能力并学会真正关爱残疾人；

思政点2：利用影视资料、文章，学习残疾人的坚韧品质，意识到努力与坚持对实现梦想的重要性；

思政点3：通过项目式学习培养团队精神，实现知行合一。

四、课程思政设计、教学方法、教学设计思路与实施过程

基于对课程、教材、教学内容和学习者的综合分析，设计了一个包括"课前体验""课中体认""课后身体力行"的"三体"模型。

（一）"课前体验"残疾人生活之艰难

（1）观影（听）：请学生观看文花枝、扶婷自强不息的故事。

知识目标：积累与"残疾"相关的英语词汇；

能力目标：提高英语听力能力；

思政目标：认识残疾人自强不息精神的来源。

（2）读文（读）：自主学习课文A，完成快速阅读练习题。

知识目标：掌握课文基础词句；

能力目标：提高自主学习能力。

（3）讨论（说）：观看北京2022年冬残奥会开幕式片段，用英文在超星学习通发布音频或文字，讨论“残奥会感人瞬间”和“体育精神”。

能力目标：训练在网络平台上的书面和口头表达能力；

思政目标：感受残疾人运动员的精神力量。

（4）体验（感）：开始项目式学习，小组合作完成“做一天残疾人”活动，亲身体会残疾人的艰难，并在QQ空间用英文发布视频或图文表达感受。

能力目标：训练在社交媒体上用英文进行口头或文字表达的能力；

思政目标：培养团队精神、共情能力。

（二）“课中体认”文章传达的价值观

（1）分析文章结构（15分钟）：采用启发式提问和课堂分组讨论的形式，完成文章结构分析，主要掌握“闪回倒叙法”在记叙文中的运用及衔接技巧。

知识目标：熟练掌握“时间顺序法”和“闪回倒叙法”；

思政目标：通过分析主人公撑竿跳运动生涯，认识到努力与坚持对实现梦想的意义。

（2）分析文章主题（15分钟）：采用启发式提问和超星学习通问卷调查、讨论等方式，分析记叙文中标题的功能，包括“象征”功能和“主题线索”功能。

知识目标：学会标题的“象征”和“主题线索”功能；

思政目标：通过分析“真正的高度”的象征意义，理解面对困难时，坚持不懈地努力奋斗对于实现梦想的重要作用。

（3）分析文章词句（15分钟）：采用启发式提问和超星学习通随堂练习互动，分析作者描写角色所采用的词汇和句子，塑造了怎样的角色性格。

知识目标：人物的心理描写；

思政目标：通过分析人物心理变化，认识到面对困难时调整心态的重要性。

（三）“课后身体力行”，强化课堂知识，追求知行合一，将价值观外化为行动

（1）（写）作文：完成题为“A Day as a Disabled Person”（做一天残疾人）的记叙文。

能力目标：完成记叙文写作，用到“时间顺序法”“闪回倒叙法”“心理描写”等方法；

思政目标：反思自己的心态变化，以写作方式内省。

（2）（议）方案：各组依据“做一天残疾人”的经历，讨论出一个切实可行的方案去帮助残疾人。利用超星学习通讨论版块和 PBL 版块形成最后的方案。

能力目标：培养面对面口头讨论能力和在社交媒体表达观点的能力；

思政目标：培养团队精神，实现知行合一。

（3）（做）实事：执行各组项目式学习的最后方案。

思政目标：培养团队精神，实现知行合一。

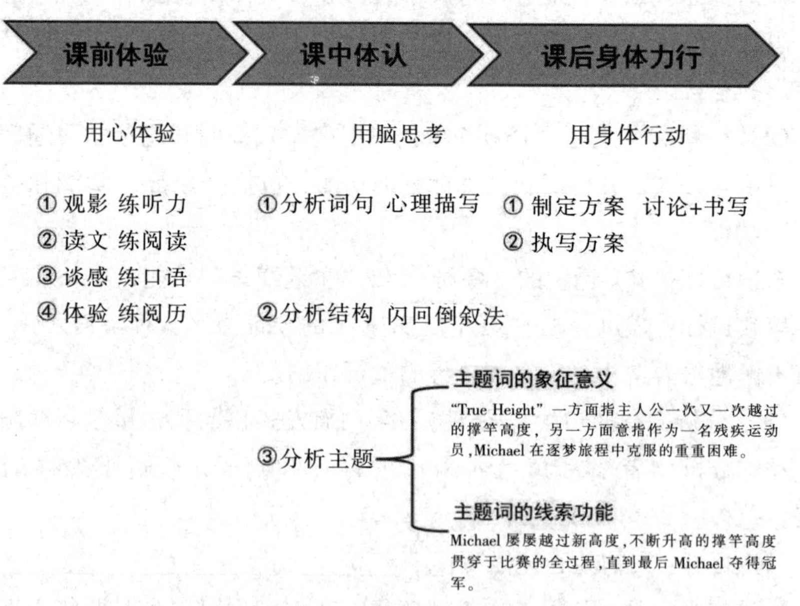

图 3.4 课程思政教学设计与实施过程

五、教学效果

（1）产出“三个一”，提高了学生的获得感。

一次体验：是情感收获，真实体验了一天残疾人的生活，增加了情感体验和生活感悟力；

一篇作文：是智力收获，结合课堂里学到的表达技巧，提高了表达能力；

一个方案：是价值收获，经过反复思考和讨论，把思想外化为行动，增强了社会参与感。

（2）多元评价机制，改变了“分数导向”的学习策略。

评价者多元化：评价人不仅包括教师、组长、同学，还包括平台数据和 AI，甚至还有社交媒体上的好友。

评价方式多元化：形成性评价与终结性评价结合，让学生不再只关注期末考试；过程性评价倡导的“质性评价”让学生不只关注智力成长，也关注心性成长。

评价内容多元化：不仅对完成度进行评价，还对参与度、活跃度进行评价。

（3）教学目标设置紧扣“同向同行”理念，避免了课程与思政“两张皮”。

六、教学反思

（一）教学设计亮点

1. 教学材料处理得当

在学习本单元之前，学生已经初步具备记叙文结构分析能力，但是文章主题分析和角色性格分析能力还需要强化。结合本单元课文 A 主题明晰、角色塑造成功两大特征，决定把教学重点放在主题分析和角色分析上。

2. 教学方法选择合理

在大学第一学期，大部分学生已经具备了“小组合作学习”“线上线下融合式学习”的能力，也进行过一些“项目式学习”，所以本单元选用“小组合作 + 项目式学习”“多媒体面授 + 课堂讨论”“线上线下融合式学习”等几种方法。每种方法解决不同的问题，其中“小组合作 + 项目式学习”可以解决学生共情能力不足的问题；“多媒体面授 + 课堂讨论”使学生在教师和同学的共同努力下，解决阅读记叙文方面的知识技能弱项；“线上线下融合式学习”一方面培养学生的线上学习能力，另一方面利用学习平台记录教学过程。

3. 课程思政内容融于语言教学

把握思政内容的浓与淡：在语言学习中，句子内容有思政元素，但不适合太多，偶尔点睛即可。但是文章主题有较好的思政素材时，则适合在分析主题的时候，把“拼搏奋斗、追逐梦想”这种思政内容着重地提出来。

把握思政方法的精与巧：“项目式学习”和“小组合作学习”，历来都是培养学生团队精神的好办法，具体项目设计和小组任务分工又特别考验教师的能力。一求设计精，二求构思巧。

4. 教学理论依据选取适当

根据课程思政要求，要在课堂教学中实现价值塑造、知识传授和能力培养相融合，教书与育人相统一。我们认为，心理学家罗杰斯的人本主义教学理念提倡的育人目标与课程思政育人目标一致。人本主义教学理念强调教育要培养自我实现的完整的人，注重身体、精神、理智、情感各方面的整体化发展。因此，我们采用人本主义提倡的“非指导性教学”模式，将课程思政内容以“项目式学习”“小组合作式学习”等形式展开，为学生创造全身心、全过程的体验式环境。价值观不是由教师讲授之后再机械地要求学生接受，而是让学生主动感受并参与价值塑造过程，最终追求以潜移默化的方式实现课程思政目标。

（二）不足之处

第一，项目设计方面还要多下功夫，比如学生在执行“体验残疾人生活”的环节会有敷衍的现象，需要考虑今后如何改善。

第二，小组讨论过程中，部分学生依然存在“吃大锅饭”的心理，收获感不足、参与度不高。

第四章　大学英语课程思政教学竞赛与课程思政建设

第一节　大学英语课程思政教学竞赛的推进作用

习近平总书记在主持中共中央政治局第五次集体学习时强调，我们要建设的教育强国，是中国特色社会主义教育强国，必须以坚持党对教育事业的全面领导为根本保证，以立德树人为根本任务，以为党育人、为国育才为根本目标，以服务中华民族伟大复兴为重要使命，以教育理念、体系、制度、内容、方法、治理现代化为基本路径，以支撑引领中国式现代化为核心功能，最终是办好人民满意的教育。建设教育强国，龙头是高等教育。高等院校作为高素质人才的培养基地，承担着培养德智体美劳全面发展的社会主义建设者和接班人，培养在社会主义现代化建设中可堪大用、能担重任的栋梁之材，确保党的事业和社会主义现代化强国建设后继有人的重要责任。因此，以育人为根本，以思政为核心，解决“培养什么人、怎样培养人、为谁培养人”的根本问题，也是建设教育强国的核心课题之一。①

以大学英语为代表的外语教育是高等教育的重要组成部分，承担着立德树人的育人重任。在大学英语课程思政建设中，大学英语教师队伍是

① 新华社．习近平主持中央政治局第五次集体学习并发表重要讲话［EB/OL］．(2023－05－29)［2023－09－02］．https：//www. gov. cn/govweb/yaowen/liebiao/202305/content_ 6883632. htm.

"主力军"，大学英语课程建设是"主战场"，大学英语课堂教学是"主渠道"，所有高校、所有大学英语教师、所有大学英语课程都要承担好育人责任，守好一段渠、种好责任田，使大学英语各类课程与思政课程同向同行，将显性教育和隐性教育相统一，形成协同效应，构建全员、全程、全方位育人大格局。由此可见，要提升大学英语课程思政教学质量，充分发挥大学英语课程的育人功能，就要提升大学英语教师的课程思政教学水平和能力，大学英语课程思政教学竞赛起到了不可忽视的作用。

一、有利于强化教学中心地位，提升教学水平

在当前很多高校"重科研，轻教学"评价机制的影响下，部分教师会把更多的精力投入科研工作中，从而出现一些教师科研能力强，但教学能力不足、教学效果不好的现象。然而，课堂教学是学校教育的主阵地，是学生获取知识的重要渠道，在夯实立德树人根本任务、培养社会主义建设者和接班人方面发挥着关键的作用。大学英语课程思政教学竞赛为广大大学英语教师提供了一个展现风采、切磋课程思政能力、交流课程思政教学方法的平台。在备赛过程中，教师精心整理准备各类教学素材和资料，不断丰富教学内容，及时更新教学理念，探索课程思政有机融入大学英语教学的新方法和新路径。经过长达半年的竞赛磨炼，参赛教师会有不少收获，教学方法会得到较大改进，课程思政教学水平也会得到提升。大学英语课程思政教学竞赛通常以线上或线下公开形式进行，其他教师可以通过观摩优质课堂和专家点评，来对照反思自己的日常教学，吸取更多的教学经验，改进自己的教学方法，从而提升自己的课程思政教学技能。

二、有利于加强教师队伍建设，提高教学质量

大学英语课程思政教学竞赛将现代外语教育理念与课程思政要求融入竞赛规则，在参赛过程中，通过专家和同行们的点拨，教师及团队能够客观地认识自身优劣势，促进其更新教学理念、激发教学热情、探索课程思政教学新方式。赛后，组委会和各院校会组织获奖选手进行教学展示和经

验交流，以获得更大的示范引领效应，进一步扩大竞赛的辐射作用，促进大学英语教师之间相互学习、相互激励，促进更多教师课程思政能力的提升。因此，在大学英语课程思政教学竞赛的引领下，广大大学英语教师紧随新时代发展步伐，努力进行大学英语课程思政教学改革创新，不断巩固提高自身的教学能力，不断提升大学英语教学质量。与此同时，大学英语课程思政教学竞赛不仅能检验教师课程思政教学能力和业务水平，还能全面了解课程思政在融入大学英语教学方面取得的成绩以及应突破的问题，为《大学外语课程思政教学指南》的具体实施提供参考和依据。

三、有利于教研相长，提升育人效果

经过反复的“备赛—参赛—反思—改进”等一系列过程，参赛教师能够将积累和习得的课程思政引领下的大学英语教学新理念和新方法落实到教学设计中，从而开启课程思政教学探索研究之路，建立大学英语课程思政研究项目。当然，高质量的教学设计不能仅仅停留在理念层面，还需要到课堂教学实践中加以验证，教师不断开拓出新的大学英语课程思政教学实践路径，以科研促进教学成果的转化，从而实现科研对教学的反哺作用，最终做到教研相长，进一步提高大学英语课程的教学效果和育人质量，从而带动大学英语课程思政建设，有力推动大学英语学科建设，全面深化大学英语教学改革。

第二节　大学英语课程思政教学竞赛案例

案例1　Get the Job You Want①

Teaching Plan:

Course: College English

Participants: Second - year Students (non - English majors)

Teaching Material: College English Integrated Course 4 (published by Shanghai Foreign Language Education Press)

Unit 3 Job Interview

Text A　Get the Job You Want

Teaching Objectives:

1. Objectives on the knowledge:

Students will be able to

1) grasp the main idea and structure of the text;

2) learn the ways to begin an essay and the ways to conclude an easy;

3) realize the importance of examples in illustrating one's points;

4) acquire the skills to prepare for a job interview.

2. Objectives on the abilities:

1) Students will develop the basic skills of listening, speaking and reading;

2) Students will foster the ability to co - operate with partners in the classroom activities;

3) Students will cultivate the ability of behaving properly in a job interview.

---

① 案例1为根据《2012年湖南省普通高校教师课堂教学竞赛章程》要求提交的授课教案，获2012年湖南省普通高校教师课堂教学竞赛二等奖。

3. Objectives on the emotion:

The teacher will help students to understand that having the four keys in mind, they are approaching success, not only the success in a job interview, but also the success in the whole life!

Teaching Approaches:

Communicative approach and Computer – Assisted Instruction are to be used in the course of this lesson. So during this lesson, emphases are to be laid on:

1. student – centered teaching;

2. task – based learning;

3. activity – based teaching (individual work; pair work; group work; class work);

4. participating teaching (Ss' role – play in the two video clips of mock job interviews).

Main Points & Difficult Points:

1. To train the Ss' ability of behaving properly in a job interview;

2. To learn the ways to begin an essay and the ways to conclude an easy;

3. To guide Ss through the four keys to success.

Teaching Procedures:

Pre – reading Tasks (10 minutes):

Lead – in: Dos and Don' ts in job – interview

1. Mock Job Interview 1:

1) Watch the video clip of the first mock job interview;

2) Ss' task: to find out those mistakes Ada has made.

2. Mock Job Interview 2:

1) Watch the video clip of the second mock job interview;

2) Ss' task: to learn about the keys to a successful job interview.

While – reading Tasks (30 minutes):

Text Analysis

1. How does the author introduce the topic?

1) Stating the topic directly.

2) Posing a question.

3) Quoting a famous saying.

4) Telling a story or an incident. (√)

— There is no single way to begin all essays. The other ways can be used as well.

2. What are the keys to getting hired?

1) "As I see it, there are four keys to getting hired: . . ." (Para. 7)

— Question: Do you know any other expressions similar in meaning?

— Answer:

As far as I am concerned . . . ,

In my view/opinion/mind . . . ,

I believe /feel/consider . . .

As to me, . . .

Personally speaking, . . .

According to . . . ,

From my point of view, . . .

— Purpose: As a result, you may have more expressions at your disposal to state your ideas, hence diversity in your language.

2) Scan the text to get the key:

— Prepare to win.

— Never stop learning.

— Believe in yourself.

— Make a difference.

3. How does the author introduce each key?

1) Group work: Ss work in groups, and each group read one key to find out the answers to the following three questions:

— How does the author introduce the key?

— How does the author illustrate the point?

— How does the example illustrate each key?

2） Key 1：Prepare to win

The way of introducing the key	Examples
Using a quotation	Michael Jordan

Sentence 1："The Michael Jordans of the world have talent, yes, but they're also the first ones on and the last ones off the basketball court." （Para. 9）

— "The Michael Jordans"：those who are the same as Michael Jordan.

— A figure of speech is used in the sentence：synecdoche（提喻）.

E. g.：He is the Newton of this century. （Newton：any person who is as great as Newton, the famous physician）

Ex.：The Bill Gates in China（中国的比尔·盖茨们）should learn how to involve themselves into the cause of charity.

Sentence 2："But it takes no longer to prepare well for one interview than to wander in half-prepared for five. And your prospects for success will be many times better."（Para. 12）

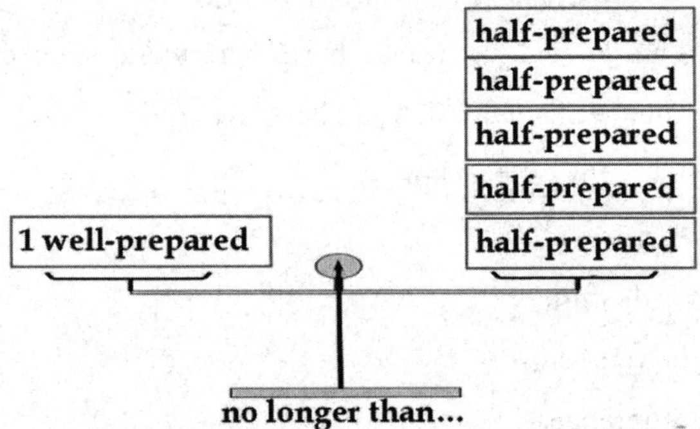

— Sentence pattern：A is no more... than B...

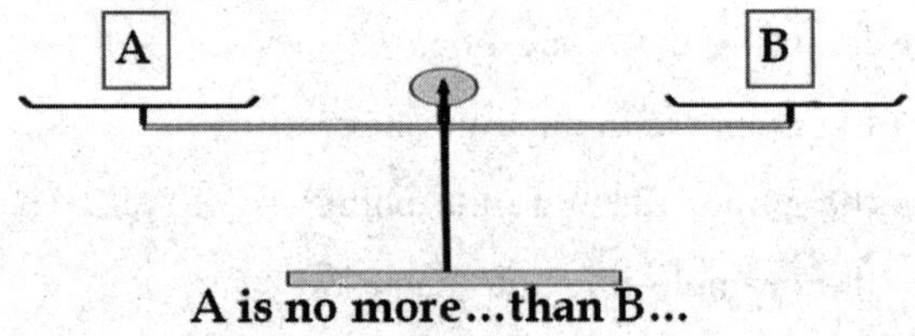

In this sentence:

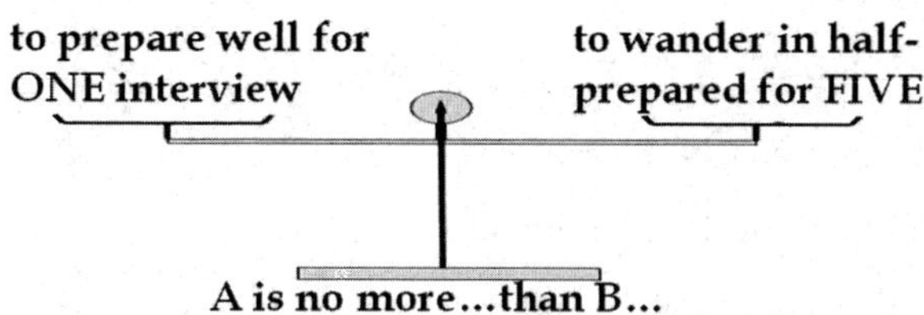

Conclusion: Chances of winning in the well – prepared job interview are much better.

3) Key 2: Never stop learning

The way of introducing the key	Examples
a surprising fact	a 90 – year – old tennis player

Sentence 1: "You can do the same if you work on your weaknesses and develop your strengths." (Para. 16)

— weakness: disadvantage, weak point, minus, demerit ...

— strength: advantage, strong point, plus, merit...

E. g. The pluses and minuses of web – sale of train tickets have aroused the public's attention.

— Conclusion: We could be as much competitive if we keep learning: work on our weaknesses and develop our strengths.

4) Key 3: Believe in yourself

The way of introducing the key	Examples
a question	the four – minute mile; the New York Marathon; the Vietnam veteran

Sentence 1: "You see, a goal is a dream with a deadline: in writing, measurable, identifiable, attainable." (Para. 20)

— Paraphrase: A goal is not a daydream but a dream that could be achieved before a deadline. It could be described as something measurable, identifiable, and attainable.

— -able/ -ible: suff. (后缀), 情态动词 can + 此动词被动式。

measurable: that can be measured.

identifiable: that can be identified.

attainable: that can be attained.

— Conclusion: With self-confidence, your goal will no longer be a daydream. It definitely could be achieved.

5) Key 4: Make a difference

The way of introducing the key	Examples
personal opinions	a New York cab driver

— make a difference: to improve something, to make something significant; to change the situation or outlook; to have an effect.

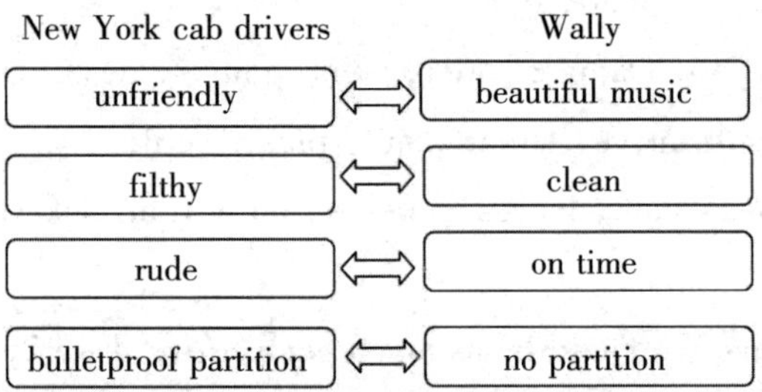

— Pair work: Ss work in pairs to discuss the following question: In what ways can we college students make a difference in your life?

Summary: From what you have said, I think you have realized only by overcoming shortcomings most college students have can you make a difference in your college life. Most students are passive in study and you show more initiative; most students are lazy to use their heads and you try to be active in thinking and learn to say "no" to authorities; most students are self-centered and show indifference to people around and you are always ready to give a helping hand; most students are depressed by difficulties and failures and you keep smiling to them.

You will be making a huge difference for your future.

6) Summary for this part:

— Four keys to getting hired, four ways of introducing the topic, four examples of illustrating the point, all constitute the second part of the passage.

4. How does the author conclude the essay?

1) By restating the main points. (√)

2) By referring back to the introduction.

3) By suggesting a solution, further study, or predicting an outcome.

4) By giving the story a surprising ending.

Sentence 1: "Prepare to win. Never stop learning. Believe in yourself, even when no one else does. Find a way to make a difference. Then go out and make your own tracks in the snow." (Para. 31)

— Question: How do you make your own tracks in the snow?

— Answer: By using the 4 keys.

— Conclusion: Therefore, the author hopes to tell all of us that we should have self-confidence that we can accomplish what is to be done even when no one else does. But self-confidence is far from enough. Before getting down to business, thorough preparation is essential. During the process, keep learning and hence make improvements, be creative and hence make ourselves stand out from the others. Having all in mind, we are approaching success, not only the success in a job interview, but also the success in the whole life! Then go out and make your own tracks in the snow!

Text Structure

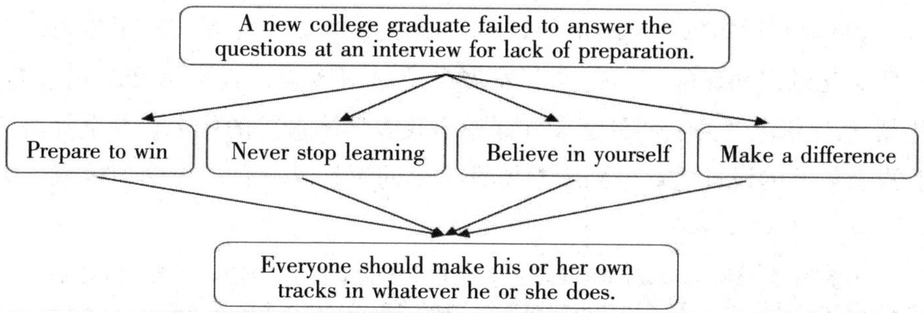

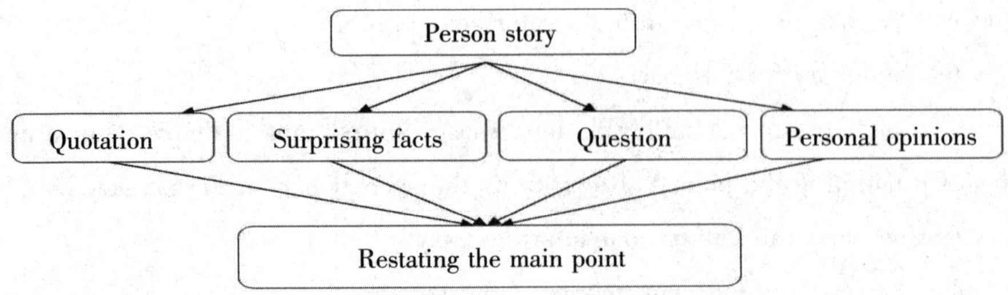

— Conclusion: This essay is well - organized and the structure is very simple, but quite clear. In writing an easy, we should learn this way to develop your point of view. It is a simple but effective way.

Post - reading Tasks (5 minutes):

Assignments

1. Read the following texts, and find the way to begin the essay.

— "What is American about American" (Text B, Unit 4, Book 4)

— "The Normandy Landing" (Text B, Unit 4, Book 3)

— "The Icy Defender" (Text A, Unit 4, Book 4)

— "The Richest Man in America, Down Home" (Text A, Unit 2, Book 2)

2. Read Text A, and underline the words and phrases that are relevant to job and interview.

案例 2　Learning, Chinese Style①

一、教学设计的主要思路

《指南》设定的大学英语的教学目标是培养学生的英语应用能力，增强跨文化意识和交际能力，同时发展自主学习能力，提高综合文化素养。根据《纲要》中关于"科学设计课程思政教学体系"的要求，大学英语课程思政体系的设计应该做到不断提升学生的课程学习体验、学习效果，坚

① 案例 2 为根据《2020 年湘潭大学外国语学院课程思政教学竞赛赛事说明》提交的课堂教学方案阐述和课堂教学设计，获 2020 年湘潭大学外语课程思政教学比赛 一等奖。

决防止“贴标签”“两张皮”。

具体到本篇课文“Learning, Chinese Style”，分析考虑上述因素，并结合课程思政要求，应用团队多年打磨的“沉浸＋层进”式（双CJ式）教学设计理念，对本篇课文教学做了如下设计。

（一）什么是“沉浸＋层进”

1. 什么是“沉浸”

“沉浸”就是把课程思政沉入各教学环节，浸润于所有教学内容，进而实现教学目标（价值塑造、能力培养、知识传授）。

“沉浸式学习”（Immersive Learning）最初是指为学习者提供一个接近真实的学习环境，借助虚拟学习环境，学习者通过高度参与互动、演练而提升技能。具体到第二语言的学习，可以理解为培养学生“英文思维”（Think in English）能力。在课程思政的设计中，借助语言学习，将学生的关注力集中到真实生活情景中，以潜移默化的方式实现对思想道德修养、人文素质、科学精神和认知能力的培养。

2. 什么是“层进”

“层进”就是让不同能力、不同兴趣的学生，在语言能力、跨文化交际能力、思想道德修养方面的提高都是层次分明、层层递进地进行的，让学生容易有获得感。

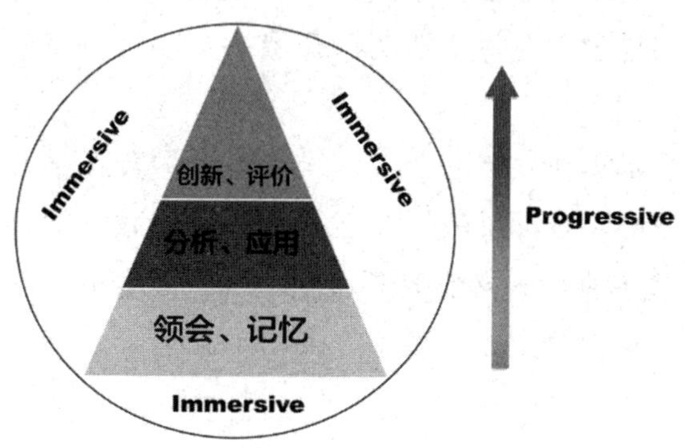

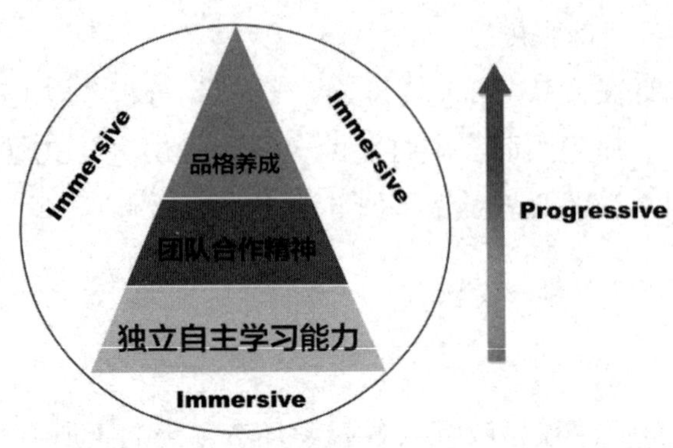

图 4.1 “沉浸 + 层进”式（双 CJ 式）教学设计

（二）如何实现课程思政目标

翻转课堂可以培养学生的自主学习能力和团队精神。分组合作完成课程内容的自主学习，主要培养的是学生的团队精神。组员之间是按照各自的特长和能力分工，然后合作完成一个环节的任务。组与组之间则可以在相互答疑、相互评价、相互质疑的过程中，形成良好的竞合关系。

任务式学习则根据不同能力层次、不同兴趣层次，发布基于同一主题的不同维度的学习任务，如：制作 PPT、上台讲解、答疑、表演、主持讨论等，可以关照到各层次学生的个性需求，激发学习的积极性。

项目式学习主要是为了培养学生的“问题意识”。教师可以根据现实生活、当下时事引导学生在每个学期中开展一个项目，完整地体验一次解决问题的过程。

在现代信息技术迅速发展的今天，线上线下融合式学习已成为教与学的重要方式，各方面声音都反映了线上线下融合式教学的势不可挡。课程思政的“三全”育人目标，必然要通过线上线下融合的方式才能实现，即思政教育的全员、全程、全方位覆盖。

二、教学实施过程

（一）教学目标

根据教育部《关于加快构建高校思想政治工作体系的意见》中第8条“全面推进所有学科课程思政建设”的要求，大学英语作为一门公共课，其课程思政要做到“提高大学生思想道德修养、人文素质、科学精神和认知能力”。因此教学目标从以下三个角度设定。

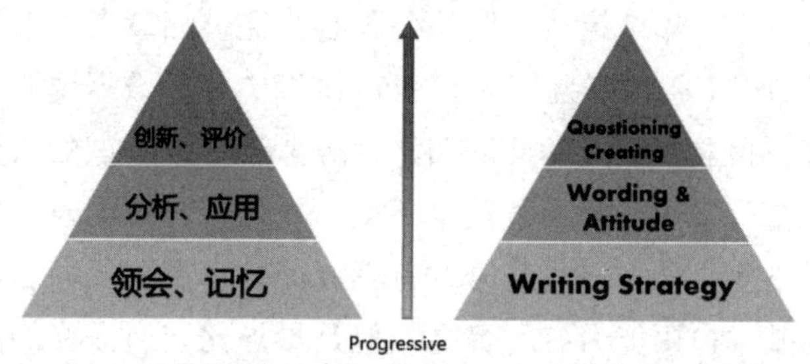

图 4.2　Learning，Chinese Style 教学目标设计

知识目标（领会、识记）：掌握措辞技巧，熟练掌握对比手法，理解并掌握反思型问句。

能力目标（分析、应用）：通过掌握措辞技巧、对比手法提高写作能力；通过理解措辞技巧，培养批判性思考能力，对作者就“中国式学习方法”的论述进行反思；通过理解课文内容，结合课外视听、阅读任务，培养对不同文化中教育理念的认知能力和独立思考能力。

价值目标（创新、评价）：了解多元的教育理念，提升人文素养；深入理解中国教育理念，树立文化自信。价值目标的实现途径如下：

（1）掌握对比手法，运用于阅读和写作，实现认知能力的提高。

（2）分析作者的措辞以及反思型提问，再向作者进行反向提问，培养科学精神和批判性思考能力。

（3）课外补充材料，让学生站在历史的、文化的角度看待多元教育理念如何共存，提升人文素质；补充材料要考虑多维度（视听 + 阅读 + 书写)、多视角（教育专家 + 英文纪录片)、多文化（中、英、美及其他）因素，内容包括：课文 B，关于如何培养孩子的“财商”；BBC（英国广播公司）英文纪录片《中国老师来了》（Are Our Kids Tough Enough? —Chinese School)；中外教育名言对比；学生自行搜索其他感兴趣的素材，为各个素材写一份摘要。

（二）学情分析和预测

1. 学情分析

（1）学生已有知识、技能基础分析

本课程是大学一年级第二学期的公共必修课。湘潭大学近三年学生大一第一学期 CET - 4 通过率为 88%、89% 和 92%，此数据说明大一学生的英语基础较好；报名参加大学英语四、六级考试口语考试的人数较少，参加英语演讲比赛、辩论赛的人数基本不变，成绩稳定；同时，根据对教师的访问调查，学生上课开口说英语的意愿和能力都有所提高。以上情况说明当前学生的基本口语能力有所提高，但是参加比赛所需要的高层次口头表达能力并没有对应提高。因此，现阶段需要加强技能型训练，如公共演讲能力、篇章分析能力、写作能力等。

（2）学生心理特征分析

千禧一代成长在网络时代，信息技术掌握比较早，比较熟练，但也更容易接触到良莠不齐的网络信息，并引发世界观、人生观、价值观的异化。因此，提供给学生的课后阅读和视听素材注重“三多”（多维度、多视角、多文化)，培养他们批判性接受信息的能力。

（3）知识点分析

鉴于学生已经具备较好的语言基础知识，教师采用翻转课堂，以分组 + 合作的方式完成课文基本内容的学习（如表 4. 1）。具体到教材第二册第一单元，课文中语言基础知识的讲解由 C 组同学完成。

表 4.1　翻转课堂安排表①

<table>
<tr><th></th><th>主题讨论</th><th>评价</th><th>单词学习</th><th>答疑</th><th>课文 A</th><th>答疑</th><th>课文 B + 练习</th><th>答疑</th></tr>
<tr><td>第一单元</td><td>A 组</td><td rowspan="4">教师评价生生互评</td><td>B 组</td><td rowspan="4">教师答疑</td><td>C 组</td><td rowspan="4">教师答疑</td><td>D 组</td><td rowspan="4">教师答疑</td></tr>
<tr><td>第二单元</td><td>B 组</td><td>C 组</td><td>D 组</td><td>A 组</td></tr>
<tr><td>第三单元</td><td>C 组</td><td>D 组</td><td>A 组</td><td>B 组</td></tr>
<tr><td>第四单元</td><td>D 组</td><td>A 组</td><td>B 组</td><td>C 组</td></tr>
</table>

A 组同学已经带领同学对课文主题展开讨论，并进行了生生互评和教师评价；B 组同学已经带领同学完成单词学习，教师进行查漏补缺；C 组同学已经带领同学完成课文基本结构、重难点句型讲解，教师即将就课文内容进行答疑解惑。因此本单元知识点掌握有以下特征：

首先，学生具备基本的同义词辨析能力，但是缺乏应用能力，如：在写作和阅读过程中，如何理解措辞，如何从作者的措辞中分析作者的态度，如何在写作中通过措辞表明自己的态度。

其次，学生对写作中的对比论证方法有了一定的认知，但是了解不够系统且缺乏句型输出能力。教师将结合课文对比分析“The block method”和“The point - by - point method”两种模式，并提供常用句型进行示范。

最后，反思型问句是语言知识中较为简单的，但是针对一个现象提出问题是很难的，所以需要在这个环节培养学生的“问题意识”。课文结尾部分，作者的反思是：“Can we gather a superior way to approach education, perhaps striking a balance between the poles of creativity and basic skill?”教师则可引导学生思考：“What makes Chinese - style learning valuable?”

2. 具体措施和预测

（1）采用翻转课堂完成语言基础知识学习，其中包括分组 + 合作式学习模式（如表 4.1）。一方面，学生已经具备了语言基础知识储备，另一方面，这种方法可以培养学生的自主学习能力、团队合作精神。

（2）采用教师答疑 + 课堂练习 + 课后作业的方式提升语言应用能力，

① 本次比赛选取第一单元课文 A 的教师答疑环节，即：C 组完成课文讲解之后。

其中包含：

a. 教师讲解完措辞（Wording）技巧之后，补充一个填词练习；

b. 讲解对比手法之后，要求学生课后观看 BBC 英文纪录片《中国老师来了》（Are Our Kids Tough Enough? —Chinese School），练习听力并使用思维导图做笔记，要求使用对比手法写一个摘要。

（3）采用项目式学习法，把反思型问句“What makes Chinese - style learning valuable”作为切入点，经过 6 个步骤产出一个 2 分钟的演讲视频，并进行生生互评。

步骤如下：

Step 1：教师课堂引导学生提出问题；

Step 2：学生按组查找资料/理解教师提供的资料，写一份摘要；

Step 3：分组讨论；

Step 4：按组合作制作一份 PPT；

Step 5：每人制作个人的演讲视频；

Step 6：采用超星学习通平台，进行线上评分评选活动。

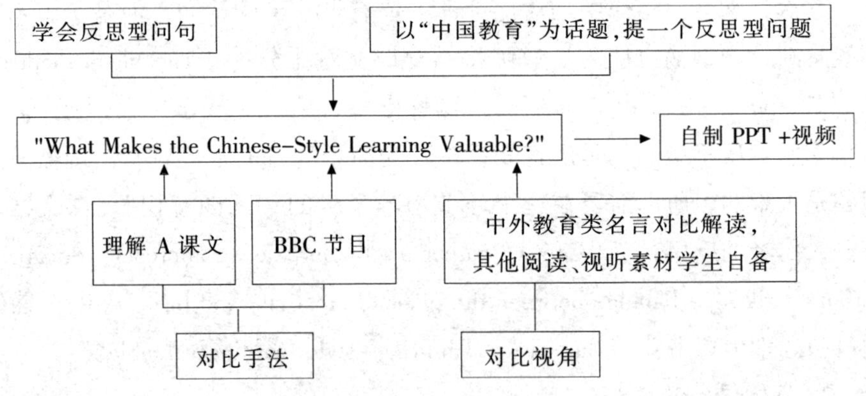

图 4.3　项目式学习流程图

（三）具体实施过程

1. 语言基础知识提升：对比写作策略（15 分钟）

（1）阅读任务：再读第 6 段和第 7 段，总结归纳第一种对比对照写作方法——

the Block Method（对比对象 A 和 B）

对象 A：Point 1，Point 2，Point 3，...

对象 B：Point 1，Point 2，Point 3，...

（2）阅读任务：再读第 11 段和第 12 段，总结归纳第二种对比写作方法——

the Point – by – Point Method（对比对象 A 和 B）

Point 1：A，B

Point 2：A，B

Point 3：A，B

（3）课后作业

作业一：找出课文中作者对于中国式学习方式的长处的阐述，并进行课堂陈述；

作业二：观看 BBC 英语纪录片“Are Our Kids Tough Enough? —Chinese School”，运用对比的写作方法写作纪录片摘要。

2. 批判性思维培养（12 分钟）

（1）区别课文 A 不同语境中近义词的差别

No. 1：Any Chinese staff member nearby would come over to watch Benjamin and, noting his lack of initial success, attempt to assist.（para. 4）

No. 2：He or she would hold onto Benjamin's hand and, gently but firmly, guide it directly toward the slot, reposition it as necessary, and help him to insert it.（para. 4）

No. 3：When our well – intentioned Chinese observers came to Benjamin's rescue, they did not simply push his hand down clumsily or uncertainly, as I might have done.（para. 9）

（2）理解这些近义词使用的意图，发现作者的态度

（3）课堂练习：使用括号里的词填空

教师之为教，不在全盘授予，而在相机诱导。（叶圣陶）

To ________ is not to ________ students with knowledge, but to ________ in due course.（teach, cram, nudge）

3. 品格培养（18 分钟）

（1）复习措辞反映作者态度的要点，重读第 11 段，理解“Possibly”所反映的作者的态度

“. . . , but, over time, possibly evolving to a point equally original. ”(para. 11)

Attitude: The author doesn't think teaching by holding the hand is as good as solving problems by oneself, in terms of fostering creativity.

（2）阅读第 13 段，思考作者写作本段的目的

When considering a problem, people should not:

be stereotypical

be one - sided

be subjective

引出第 14 段结论段的结论句（反思型提问）：

“Can we gather a superior way to approach education, perhaps striking a better balance between the poles of creativity and basic skills?”(para. 14)

（3）项目式学习

针对中国教育，分组进行反思型提问；

制作演讲视频，演讲主题：What makes the Chinese - style learning valuable?

三、教学反思

（一）优点和创新点

1. 将“沉浸 + 层进”的教学理念贯穿始终

（1）沉浸式教学

首先，将课程思政浸润于教学材料的选择中：选择多视角、多维度、多元化的补充教学素材，包括：BBC 英文纪录片《中国老师来了》（Are Our Kids Tough Enough? —Chinese School）、中国教育家名言等，让学生从多视角看问题，具备国际视野，关注文化多样性，提升文化自信。

其次，将课程思政浸润于教学环节设计中：在巩固知识的环节培养自

主学习能力，在提升技能的环节培养团队合作精神，在塑造价值观的环节培养批判精神和独立思考能力。

（2）层进式教学

表 4.2　层进式教学内容设计表

	自主学习	同伴合作	教师引导
措辞技巧	新单词理解：rescue	同义词辨析：help，assist，rescue	措辞技巧的理解和使用
对比手法	了解基本写作手法	对比手法写一份摘要	对比写作能力提升
项目式学习	观看视频、阅读补充资料	讨论、总结汇报，评分	引导学生发掘问题

如表 4.2 所示，对教学内容进行了层次分明的区分，层层推进：第一层任务是基本语言知识和技能，由学生自主学习完成；第二层任务是稍高层次语言知识和技能，由学生与同伴合作完成；第三层任务是价值引领和技能提升，由教师主导和引领完成。

这样的过程设计，从课程思政角度来考量，可以发展学生自主学习能力、团队合作精神，并实现价值观塑造。

2. 教学设计可复制、适应性强

首先，可复制是因为这套教学设计实际上是团队成员多年来不断打磨出来的。它先后融合了任务式教学、翻转课堂、项目式教学，也契合了产出式教学的一些理念，总的宗旨是：激发学生主观能动性，促进学生之间以“合作 + 竞争”的方式学习，重视培养语言输出能力。不论是对待 90 后，还是 00 后，或者是 10 后的学生，这套教学设计都可以随时抓住学生的兴趣点。

适应性强则是因为在疫情防控期间的“停课不停学”背景下，原本单纯的线下教学设计非常好地适应了突如其来的线上教学，并且显现出线上线下融合式教学的巨大优势。

（二）遗憾

为了改变以往教学中由于价值观的对比出现的一种非“中”即“美”的对立倾向，教师原本打算找一些其他文化中关于“教育理念”的文本，但是没有找到。最后教师采用了 BBC 的节目、中国教育家的名言，加上本文作者表达的是美国教育者的态度，也算是实现了多视角教学。今后的教学中，一定尽量选取多文化背景下的素材。

为了实现“全方位育人”的目标，本打算以“德、智、体、美、劳”五个概念，设计五个二次元角色，以当代青少年接受度更高的方式，来潜移默化地传递这些价值取向，但是由于想法还不是很成熟而没有成形。

表 4.3　Learning, Chinese Style 课堂教学设计

课程名称	College English II	学时	1
课程类别	大学英语		
教学内容	Text A　Learning, Chinese Style Unit 1　Ways of Learning New College English (Integrated Course)		
教学目标	1. **Linguistic Knowledge** To learn about 1) wording; 2) the writing strategy of "Comparison and Contrast"; 3) posing reflective questions. 2. **Competence** 1) To improve writing competence by learning how to select a word proper for a context and how to write an essay with the writing strategy of "Comparison and Contrast"; 2) To build critical thinking by questioning the author's narration on the Chinese - style learning; 3) To develop cognitive competence and independent thinking by comparing and contrasting educational ideas in different cultures. 3. **Values** 1) To promote humanistic literacy by learning about diverse educational ideas; 2) To strengthen cultural confidence by fully understanding Chinese educational ideas.		

续表

课程思政教育内容	As a basic course for all college students in China, College English should guide students to strengthen morality, promote humanistic literacy, cultivate scientific spirit and develop cognitive competence. （教育部《关于加快构建高校思想政治工作体系的意见》中第 8 条） 1. To develop cognitive competence by learning about the writing strategy of "Comparison and Contrast" and applying the strategy to reading and writing; 2. To cultivate scientific spirit and build critical thinking by understanding the selection of words and the reflective question in the text and asking the author a reflective question; 3. To promote humanistic literacy by watching the BBC English documentary "Are Our Kids Tough Enough? — Chinese School" and thinking about the coexistence of diverse educational ideas from the historical and cultural perspectives; 4. To strengthen morality by reflecting on the Chinese ways of education and building cultural confidence.
教学方法与举措	1. **Analysis of Students** 1）**Acquired Knowledge and Basic Skills** Firstly, students can understand language materials, identify main themes, grasp the main facts and communicate on familiar subjects. All freshmen in Xiangtan University usually take CET－4 in the first semester, and the pass rate has been 88%, 89% and 92% respectively in the past three years. However, there are not many students who can score high in CET－4. Secondly, students do not show proficiency in English, especially in terms of speaking and writing, which can be seen clearly from the small number of students who register for CET－4 and CET－6 oral tests and who take part in English Speaking Contest and English Debate Competition. Therefore, students have to get more practice so that they can acquire such competence as public speaking, text analysis and advanced writing. 2）**Psychological Characters** Generation Z are tech innate and hyper－informed. They are exposed to many sources of information, which may lead to the alienation of their outlook on life, world and values. Hence, teachers have to offer students after－class learning materials involving different dimensions, various perspectives and diverse cultures in order to gain competence in receiving information critically. 3）**Class－related Knowledge** Considering that students have acquired some competence in English, teachers take the "Flipped Classroom" model to have students learn about language in groups, as is shown in Table 4. 1.

续表

教学方法与举措

For Unit 1, Group A deal with the topic – related discussion; Group B present key points in vocabulary learning; and Group C explain difficult and important sentences in Text A. In this 45 – minute period, the teacher is going to work with students on some complex topics and advanced concepts.

Table 4. 1:

Units	Topic–related Discussion	Assessment	Vocabulary	Q & A	Text A	Q & A	Text B & Exercise	Q & A
Unit 1	Group A	Peer assessment & Teacher's assessment	Group B	Teacher	Group C	Teacher	Group D	Teacher
Unit 2	Group B		Group C		Group D		Group A	
Unit 3	Group C		Group D		Group A		Group B	
Unit 4	Group D		Group A		Group B		Group C	

Before taking this period, students

can discriminate between synonyms used in different sentences but fail to understand the attitude implied in wording while reading and to select a proper word in writing;

know what the "Comparison and Contrast" strategy is but fail to organize a passage with the strategy;

can understand a reflective question but fail to pose one concerning some phenomenon.

2. **Teaching Methods and Procedures**

Step One: the "Flipped Classroom" model, the Task – based Teaching Method, and the "Cooperative Learning" strategy — Students are divided into groups to learn Unit 1 based on assigned tasks before class so that they can learn independently and cooperate with others as well.

Step Two: Teacher's Coaching and Guidance in class — The teacher centers around some complex topics and advanced concepts, including:

1) the selection of words and a drill of filling in the blanks with synonyms;

2) the "Comparison and Contrast" strategy and two tasks:

Task 1: Find out the value of the Chinese – style learning based on the author's narration and present the findings to the whole class;

Task 2: Watch the BBC English documentary "Are Our Kids ToughEnough? — Chinese School" and write a summary with the "Comparison and Contrast" strategy based on the mind – map.

续表

教学方法与举措	Step Three: the "Project - based Learning" approach —a public speech based on the topic "What Makes the Chinese - Style Learning Valuable?" 1) The teacher guides students to understand the reflective question on the Chinese - style learning posed by the author; 2) Students watch the BBC English documentary "Are Our Kids Tough Enough? —Chinese School" and write a summary; 3) The teacher offers reading materials on the Chinese educational ideas and the students search for materials about the same topic and get the main points; 4) The teacher encourages students to put forward a reflective question about the value of the Chinese - style learning; 5) Based on the findings from the text, the abstract of the BBC documentary, and the main points taken from the reading materials, the students make a presentation PPT in groups; 6) Every student makes a speech and uploads the speech video onto the Super Star Learning App and votes for the best one. Procedures: 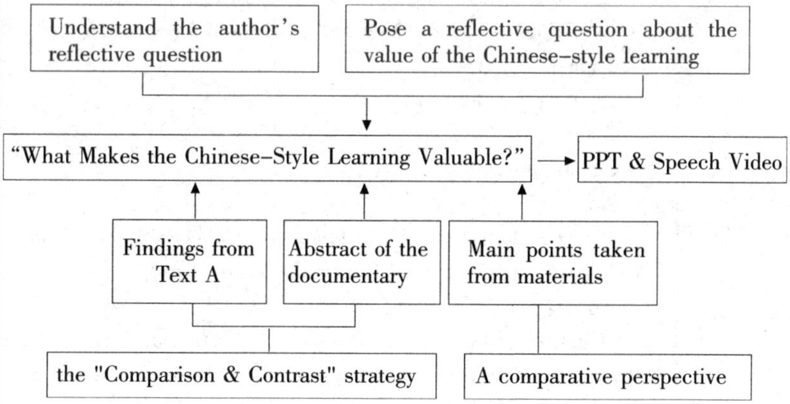 Understand the author's reflective question Pose a reflective question about the value of the Chinese-style learning "What Makes the Chinese-Style Learning Valuable?" PPT & Speech Video Findings from Text A Abstract of the documentary Main points taken from materials the "Comparison & Contrast" strategy A comparative perspective

续表

教学实施过程	In this 45 – minute period, the teacher is going to center around some complex topics and advanced concepts. 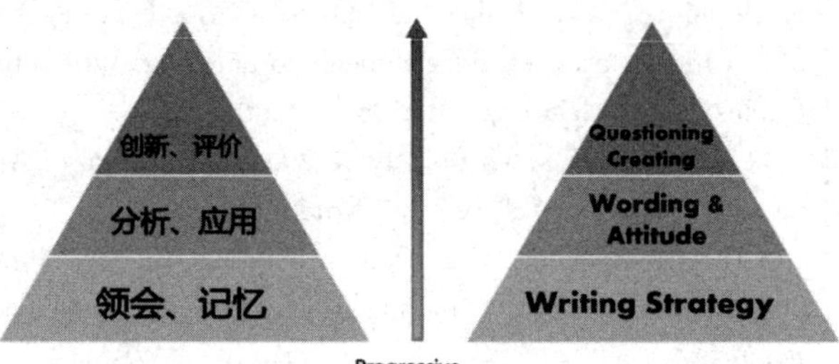 1. **Learning the "Comparison and Contrast": Writing Strategy** (15'): 1) Ask students to reread para. 6 and para. 7 to find out the first method of organizing comparison and contrast in a passage — the Block Method (compare and contrast A and B) A: Point 1, Point 2, Point 3, ... B: Point 1, Point 2, Point 3, ... 2) Ask students to reread para. 11 and para. 12 to find out the second method of organizing comparison and contrast in a passage — the Point – by – Point Method (compare and contrast A and B): Point 1: A, B Point 2: A, B Point 3: A, B 3) Assignments: No. 1: Find out the value of the Chinese – style learning based on the author's narration and present the findings to the whole class; No. 2: Watch the BBC English documentary "Are Our Kids Tough Enough? — Chinese School" and write a summary with the "Comparison and Contrast" strategy based on the mind – map.

续表

教学实施过程	2. **Building Critical Thinking** (12') 1) Discriminate between synonyms in different sentences taken from Text A; No. 1: Any Chinese staff member nearby would come over to watch Benjamin and, noting his lack of initial success, attempt to assist. (para. 4) No. 2: He or she would hold onto Benjamin's hand and, gently but firmly, guide it directly toward the slot, reposition it as necessary, and help him to insert it. (para. 4) No. 3: When our well – intentioned Chinese observers came to Benjamin's rescue, they did not simply push his hand down clumsily or uncertainly, as I might have done. (para. 9) 2) Find out why these synonyms are used here and understand the author's attitude towards the phenomenon; 3) Assignments: A drill of filling in blanks with synonyms. 教师之为教，不在全盘授予，而在相机诱导。(叶圣陶) To ________ is not to ________ students with knowledge, but to ____________ in due course. (teach, cram, nudge) 3. **Molding Outlook of Values** (18'): 1) Reread para. 11 and find out the author's attitude implied in the selection of the word "possibly"; "... but, over time, possibly evolving to a point equally original." (para. 11) 2) Read para. 13 and think about the writing purpose of this paragraph — a reflective question; 3) Project: Pose a reflective question about the value of the Chinese – style learning and make a public speech on the topic "What Makes the Chinese – Style Learning Valuable?"

续表

教学反思	**Merits**: 1. The creative teaching idea "Immersive + Progressive" goes through the whole teaching process. 1) Immersive: First, take the ideological and political education into consideration when selecting teaching materials. Such materials as the BBC English documentary, the famous sayings from educators in China are taken so that students can learn to consider problems from different perspective, develop an international view and build cultural confidence. Second, incorporate the ideological and political education into the design of the teaching process. Independent learning, team work and critical thinking are all designed into different teaching procedures. 2) Progressive: Just as is shown in Table 4. 2, we have all the learning tasks ranked in order of difficulty. In the column of "Independent Learning", the learning tasks are basic linguistic knowledge and skills, which are learned by students themselves. In the column of "Group Learning", the tasks are a little more difficult and students have to complete learning in groups. The most difficult is to help students to build a higher level of competence in English and to have the right outlook on life, world and values, which has to be completed by teachers. Therefore, in the whole teaching process, teachers put much emphasis on independent learning, team work and value fostering.

续表

教学反思

Table 4. 2

	Independent Learning	Group Learning	Teacher's Guidance
Wording	New word — rescue	Synonyms — Help, assist, rescue	Understanding of wording
the "Comparison and Contrast" Writing Strategy	Organization of a "Comparison and Contrast" passage	Writing an abstract with the "Comparison and Contrast" strategy based on the mind-map.	Competence Building in "Comparison and Contrast" Writing
Project-Based Learning	After-class reading of materials	Group discussion and presentation Peer assessment	How to pose a reflective question
Progressive (Easy to Difficult)			

2. The design of the teaching process is replicable and highly adaptive.

First, the teaching process has been designed cleverly to fit different teaching contents and different students. The task – based learning, the flipped classroom and project – based learning are all blended into the design, which even has something in common with the production – oriented approach. The overall teaching objectives are to promote students' initiative, encourage students to learn in cooperation and competition, give priority to competence of language output. Whether it be the post – 90s or the post – 2000s, the design can fit their tastes and interests.

Second, the design has been well adapted to the very unexpected pandemic in the whole world. Originally designed for classroom teaching, the whole teaching process has demonstrated its obvious advantage when offline teaching has to be shifted to online teaching.

Demerits:

1. The whole team failed get more materials on educational ideas in different cultures. What could be offered to students is only the BBC English documentary and some famous sayings from educators in China. Therefore, the desired outcome couldn't be achieved.

2. The idea of creating five two – dimension characters to represent the "moral", "intellectual", "physical", "aesthetical", and "hard – working" aspects has not been well considered and hence been suspended. The five characters are designed to exert a subtle influence on young students so that they can have right values.

续表

使用到的教学资源	1. WE Learn；Super Star；IMOOC；ICourse 2. social media：QQ；Zoom；Tencent；Ding Talk

案例 3　Fourteen Steps①

一、课程概况

1. 课程名称：大学外语（2）
2. 学时学分：48 学时，3 学分
3. 课程类型：全校公共必修课
4. 课程性质：通用英语课程
5. 适用专业：非英语专业本科生
6. 开课时间：大学第二学期
7. 先修课程：大学外语（1）
8. 使用教材：李荫华．《全新版大学高阶英语》，上海外语教育出版社，2021.
9. 数字课程：上海外语教育出版社线上平台 WE Learn

二、课程的性质和作用

大学英语课程的主要内容可分为通用英语、专门用途英语和跨文化交际三个部分，由此形成相应的三大类课程。《指南》明确指出：大学英语课程是高等学校人文教育的一部分，兼有工具性和人文性双重性质。

① 案例 3 为根据《2022 年湖南省普通高等学校课程思政教学竞赛赛事说明》提交的教学方案阐述和教学设计，获 2022 年湘潭大学外语课程思政教学比赛一等奖，2022 年湖南省普通高等学校课程思政教学竞赛复赛排名第四。

就工具性而言，大学英语课程是基础教育阶段英语教学的提升和拓展，主要目的是在高中英语教学的基础上，进一步提高学生英语听、说、读、写、译的能力。

就人文性而言，大学英语课程的重要任务之一是进行跨文化教育。人文性的核心是以人为本，弘扬人的价值，注重人的综合素质培养和全面发展。

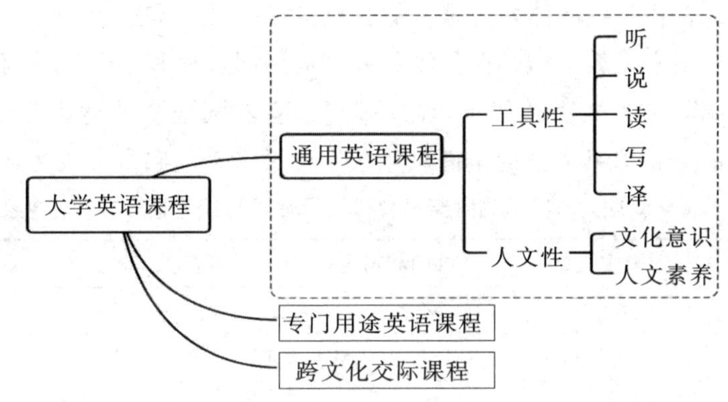

图 4.4　大学英语课程性质

三、教材分析

本教材在“全国优秀教材”《全新版大学英语综合教程》基础上，结合《指南》，对教学目标进行了一些调整，传承了优良基因又紧扣新时代脉搏以及当前我国大学英语教学的实际需求，具备独特而又鲜明的特色。

本教材有两个特点：

特点一，教学素材思政元素充足，有利于开展课程思政教学。充分考虑立德树人的根本任务，选文语言规范、富有文采、富于正能量，将价值观塑造与知识传授和能力培养有机融合。

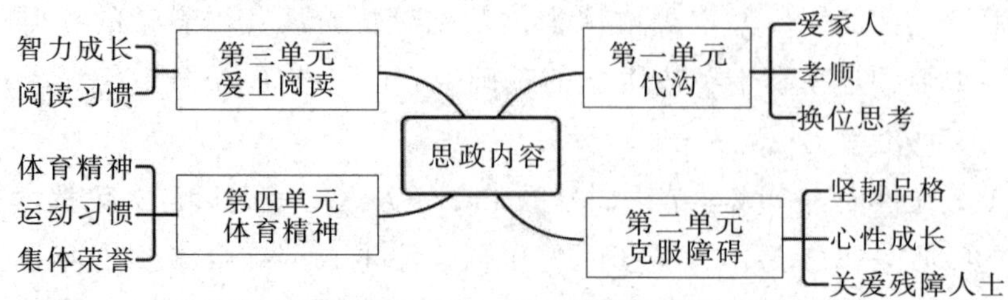

图 4.5 《全新版大学英语高阶英语教程综合教程 2》1—4 单元思政元素

特点二，教学资源体系完整，适合构建“学生主体、教师主导”型课堂。采用折中主义教学法，充分吸收各种有效教学经验，配备“纸质教材 + 数字资源”和“数字教程 + 学习手册”，有着服务“教学信息化 2.0 行动计划”的完整体系，方便全面利用数字化教学手段和资源（见表 4.4）。

表 4.4 《全新版大学英语高阶英语教程综合教程》编写指导方针理念及特点

教 学 法	折中主义教学法（Eclecticism）
教学模式	“课堂教学 + 多媒体/网络”教学模式
教材形式	“纸质教材 + 数字资源”和“数字教程 + 学习手册”并行
学习特点	自主学习、个性化学习（self – study，individualized learning） 多模态下的自主性、移动性学习（multi – model，self – study，mobile learning）
指导理念	学生为主体，教师为主导（student – centered，teacher – leading class）

四、学情分析

目前在校大学生基本上是 00 后。根据 2019 年腾讯发布的 00 后研究报告和相关研究文献，结合日常教学积累的数据，我们对本届学生做了如下分析。

（一）知识基础

第一，80% 以上学生已经通过 CET – 4，具备独立完成文章基本词句的语法分析能力；

第二，具备记叙文赏析的基础能力，通过自主学习可以完成基础词句学习，但是记叙文的深度分析能力不足，写作技巧和口头表达能力有限。

（二）认知特点

第一，务实向上，自信度高。

00后的成长伴随着中国综合国力和国际影响力的不断提升，他们耳濡目染并践行社会主义核心价值观，务实向上，拥有更高的文化认同感和民族自豪感。

第二，原生网民，现实感弱。

00后成长的20年，也是网络飞速发展的20年。网络购物、虚拟社区、虚拟人生都让他们善于网络生存。但是，大量的虚拟生活难免造成00后脱离真实世界，现实感较弱。

第三，对本单元主题认识有待深化。

他们比较熟悉“克服障碍”（Overcoming Obstacles）这一主题，刚闭幕的冬残奥会让大家深深地被残疾人运动员自强不息的精神所鼓舞。但是对残障人士生活之艰难的认识还不够深刻。

（三）学习风格

第一，压力大，评价机制单一。

00后原生家庭的综合条件优于过往代际，家庭、学校及社会全员关注教育。近半数00后学生认为日常学习很有压力，刷题是学校教育中的制胜法宝，他们也渐渐意识到单调的评价机制给这代人带来的巨大“内卷”压力。

第二，刻苦，考试分数高。

在持续高压和竞争激烈的学习氛围中，00后刻苦学习，就英语方面的考试来看，CET－4通过率和高分率都高于以往，考研英语的分数更是有明显提升。

第三，善于使用网络技术和数字资源。

疫情防控期间进入大学的00后，早已习惯网络学习，也善于利用网络资源。他们习惯从数字化、社交化的渠道获取信息，线上线下融合学习是常态。

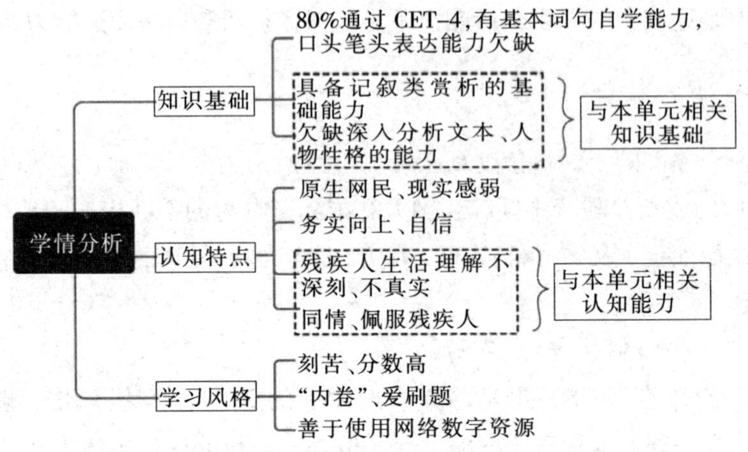

图4.6 学情分析

五、教学内容

《全新版大学高阶英语综合教程2》第二单元课文B：Overcoming Obstacles："Fourteen Steps"（克服障碍《14级台阶》)。课文B是对课文A的内容补充和主题升华，课文基础词句的学习可以由学生在数字平台自主完成。

课文B是第一人称视角讲述的“故事”，深入理解一个故事需要解决以下三个问题：

问题1. 作者如何刻画人物？回答这个问题需要分析文章遣词造句的特点。

问题2. 作者如何构建文本？回答这个问题需要分析文本谋篇布局的用意。

问题3. 作者如何升华主旨？回答这个问题需要分析故事主题推进的节奏。

基于以上三个问题，教学活动围绕以下知识点、能力点和思政点展开：

知识点1：“时空顺序法”“时间词”；

知识点2：“标题”的“象征”和“主题线索”功能（难点)；

知识点 3：“选词”对角色性格描写的作用（重点）。

能力点 1：记叙文写作能力，运用“时空顺序法”“时间词”“心理描写”（难点）；

能力点 2：口语交流能力，运用“时空顺序法”“心理描写”（重点）；

能力点 3：利用社交媒体交流的能力。

思政点 1：体验残疾人的生活，培养共情能力并学会真正关爱残疾人；

思政点 2：利用影视资料、文章，学习残疾人的坚韧品质，促进人格发展；

思政点 3：通过项目式学习培养团队精神、责任感，实现知行合一。

六、教学设计

（一）确定设计原则

本次教学设计的总原则是：确保知识目标、能力目标与思政目标同向同行（见图 4.7）。

知识目标 1：理解并掌握“时空顺序法”“时间词”；

知识目标 2：理解并掌握记叙文中“标题”的“象征”和“主题线索”功能；

知识目标 3：了解描写角色心理变化的词汇。

能力目标 1：熟练运用“时空顺序法”和“心理描写”写记叙文；

能力目标 2：熟练运用“时空顺序法”“时间词”“心理描写”口头表达经历的事件。

能力目标 3：熟练运用社交媒体交流技巧。

思政目标 1：培养共情能力并学会真正关爱残疾人；

思政目标 2：学习残疾人的坚韧品质，促进人格发展；

思政目标 3：培养团队精神、责任感，实现知行合一。

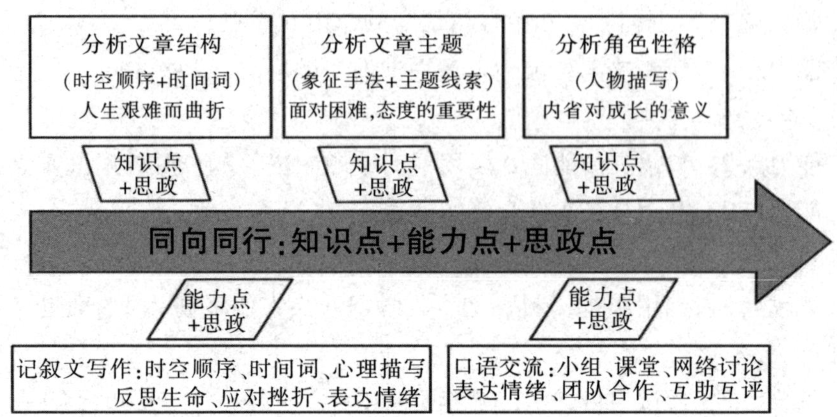

图4.7 “知识目标、能力目标与思政目标同向同行”的教学目标设计

(二) 设计教学流程

基于对课程、教材、教学内容和学习者的综合分析，设计了一个包括“课前体验”“课中体认”“课后身体力行”的“三体”模型（见图4.8）：

1. “课前体验”残疾人生活之艰难

活动包括：

(1) 观影（听）：《叫我第一名》《闻香识女人》《阿甘正传》《触不可及》，任选一部观看，并至少积累5个与残疾人心理感受相关的英文词汇。

知识目标：积累与“残疾”相关的英语词汇；

能力目标：提高英语听力能力；

思政目标：从电影里认识残疾人自强不息的精神。

(2) 读文（读）：自主学习B课文 Overcoming Obstacles：“Fourteen Steps”（克服障碍《14级台阶》），完成快速阅读练习题。

知识目标：掌握课文基础词句；

能力目标：提高自主学习能力；

思政目标：培养学生自控能力、责任意识。

(3) 讨论（说）：用英文在超星学习通发布音频或文字，讨论“冬残奥会感人瞬间”。

能力目标：训练在网络平台上的书面和口头表达能力；

思政目标：感受残疾人运动员的精神力量。

（4）体验（感）：开始项目式学习，小组合作完成“做一天残疾人”活动，亲身体会残疾人的艰难，并在QQ空间用英文发布视频或图文表达正能量感受。

能力目标：训练在社交媒体上用英文进行口头或文字表达的能力；

思政目标：培养团队精神、共情能力。

2. “课中体认”文章传达的价值观

活动包括：

（1）分析文章结构：采用启发式提问和课堂分组讨论的形式，完成文章结构分析，主要掌握“时空顺序法”和“时间词”在记叙文中的运用。

知识目标：熟练掌握“时空顺序法”和“时间词”；

思政目标：通过分析主人公的三段曲折人生，认识到人生之多艰。

（2）分析文章主题：采用启发式提问和超星学习通问卷调查、讨论等方式，分析记叙文中标题的功能，包括“象征”功能和“主题线索”功能。

知识目标：学会标题的“象征”和“主题线索”功能；

思政目标：通过分析“14级台阶”的象征意义，认识到在困难面前，态度的重要性。

（3）分析文章词句：采用启发式提问和超星学习通随堂练习互动，分析作者角色描写所采用的词汇和句子，如何表现角色性格成长和变化。

知识目标：人物心理描写的“选词”；

思政目标：通过分析人物思想变化，认识到成长源于反思和内省。

3. “课后身体力行”，强化课堂知识，追求知行合一，将价值观外化为行动

活动包括：

（1）（写）作文：完成题为“A Day as a Disabled Person”（做一天残疾人）的记叙文。

能力目标：完成记叙文写作，用到“时空顺序法”“时间线索词”“心理描写”等方法；

思政目标：反思自己的思想变化，以写作方式内省。

(2)(议)方案：各组依据“做一天残疾人”的经历，讨论出一个切实可行的方案去帮助残疾人。利用超星学习通讨论版块和 PBL 版块形成最后的方案。

能力目标：培养面对面口头讨论能力和通过社交媒体表达观点的能力；

思政目标：培养团队精神、责任感，实现知行合一。

(3)(做)实事：执行各组项目式学习的最后方案。

思政目标：培养团队精神、责任感，实现知行合一。

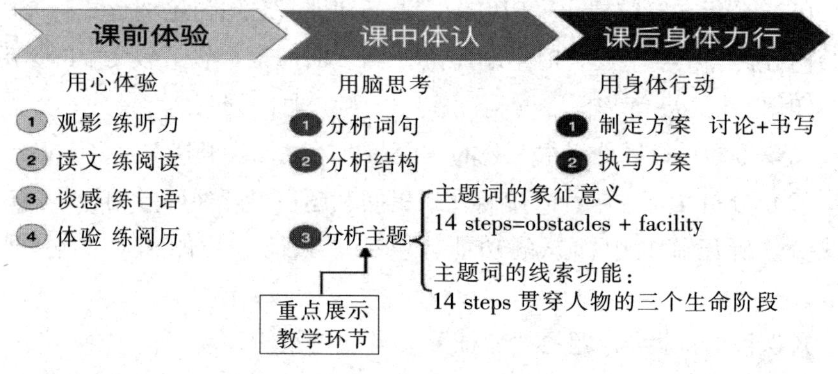

图 4.8 “三体”模型的教学流程

(三) 教学评价方式

过程性评价、形成性评价与终结性评价有机结合，既关注知识的理解与技能的应用，又兼顾课程思政的成效。

(1) 过程性评价(25%)：对学习过程进行“质性评价”，关注动机、态度、过程和效果。

评价内容：网络与数字平台参与度、活跃度；

评价方式：社交媒体评论、点赞、转发；

评价者：教师+同学+社交平台好友+平台数据。

(2) 形成性评价(25%)：对学习过程进行“量化评价”，关注阶段性收获和学习进展。

评估内容：课堂问答、WE Learn 平台和超星学习通积分、项目式学习成果；

评价方式：教师评分 + 组长评分 + 平台评分；

评价者：教师 + 平台数据 + 组长。

（3）终结性评价（50%）：对学习效果的“量化评价”，关注产出效果和收获感。

评价内容：听、说、读、写、译能力；

评价方式：教师评分；

评价者：教师。

七、教学反思

（一）值得推广和宣传的亮点

1. 产出“三个一”，提高了学生的获得感

一次体验：是情感收获，真实体验了一天残疾人的生活，增加了情感体验和生活感悟力；

一篇作文：是智力收获，结合课堂里学到的表达技巧，提高了表达能力；

一个方案：是价值收获，经过反复思考和讨论，把思想外化为行动，增强了社会责任感。

2. 多元评价机制，改变了“分数导向”的学习策略

（1）评价者多元化：评价者不仅包括教师、组长、同学，还包括平台数据和 AI，甚至还有社交媒体上的好友。

（2）评价方式多元化：形成性评价与终结性评价结合，让学生不再只关注期末考试；过程性评价倡导的“质性评价”让学生不只关注智力成长，也关注心性成长。

（3）评价内容多元化：不仅对完成度进行评价，还对参与度、活跃度进行评价。

3. 教学目标设置紧扣“同向同行”理念，避免了课程与思政“两张皮”

（二）需要改进和调整的槽点

改进小组活动环节，提高学生参与度。小组活动中，部分学生存在“吃大锅饭”的心理，参与度不高，需要考虑改进小组分工模式并增设监管环节。

改进项目设计环节，考察任务完成度。学生在执行体验残疾人生活的环节，有因敷衍或者畏难半途而废的现象，需要考虑改善项目设计。

改进语言输入环节，提高语言产出度。根据学生提交的语言产出内容，可以看出某些同学输出能力有限，以后可以在教学中有针对性地设置语言输入环节。如：在描述个人体验的时候，语句偏简单，词汇贫乏，可以考虑在课前活动中提供相关阅读素材。

八、创新之处

理念创新。秉持知识目标、能力目标与思政目标“同向同行”的核心理念，淡化“结果导向”，凸显“过程导向”，在每一个知识点、能力点中挖掘思政点，通过思政点的全过程贯彻和实施，实现思政目标。

方法创新。“三体”模型包含三个步骤：课前体验 + 课中体认 + 课后身体力行。首先，尊重语言学习规律，让语言学习从感性体验到理性认知，再付诸实践；其次，契合课程思政规律，从走心到入脑，再化为行动。这个模型具有可复制、易推广的特点。

九、教学资源

1. 书籍：李荫华：《全新版大学高阶英语》，上海外语教育出版社，2021.

2. 视频：北京 2022 年冬残奥会开幕式

3. 电影：

（1）《阿甘正传》

（2）《触不可及》

（3）《闻香识女人》

（4）《叫我第一名》

4. 平台：超星学习通、WE Learn、QQ

表 4.5　Fourteen Steps 课堂教学设计

课程名称	College English 2	学时	48
课程类别	Fundamental Compulsory Course：College English		
教材分析	**I. Basic information** Li Yinhua, et al. New Advanced College English：Integrated Course (Book 2) . Shanghai Foreign Language Education Press, 2021 **II. Important features** 1. This is a new version of the classic text – book for non – English major students, which is revised to： 1) be rich in moral, ideological, and political education materials； 2) fit a "Teacher – leading & Student – centered" mechanism, which can both better cultivate learners' virtues and improve their language skills. 2. This version adopted "eclecticism" as its basic pedagogic theory, which requires the combination of integrated, efficient, and flexible methods into the designing of the course.		
教学内容	**I. Unit 2 of Book 2："Overcoming Obstacles" —Text B Fourteen Steps** **II. Focuses of this session** Structure analysis：Review the "time – space sequence", "time marker" in the writing of a story, and ask students to analyze the structure of text B. Theme – understanding：In this passage, the writer developed the theme by repeatedly using a symbol of "Fourteen Steps", which also served as the main thread of the story. Character analysis：The main character experienced dramatic changes in his life, so did his attitude to life. The changes in his attitude toward life are reflected in words, which are used to describe his feeling and thoughts.		

续表

教学目标	**Objectives** (Including language teaching and moral, ideological and politic education①) **I. Knowledge** 1. to comprehend the usage of "time - space sequence" and "time marker" in narratives; 2. to comprehend the usage of "symbolism" and "main thread" ; 3. to know the "wording" skills in depicting main characters; **II. Skills** 1. to be skillful in writing a "time - space sequence" and "depicting characters" ; 2. to be skillful in speaking out experience in "time sequence" ; 3. to be skillful in communicating on social media. **III. MIP value (Moral, Ideological, and Political)** 1. to know how to offer real care to the people with disability; 2. to acquire strong willpower and self - esteem from the people with disability; 3. to cultivate team - spirit in Project - based Learning.
课程思政教育内容	1. By experiencing "A Day as Disabled Person" , students are supposed to cultivate team spirits and be compassionate; 2. By understanding the theme, the structure, and wording in the text, students will learn that being brave and courageous will help a lot in overcoming obstacles; 3. By executing a team - plan of "Helping the Disabled Person" , students are supposed to be a man of action, not a man of words.

① 注：综合多个翻译版本，本团队选用 "moral, ideological and politic education"，有时将其缩写为 MIP education，以符合课程思政建设纲要提出的要求。

续表

<table>
<tr><td>教学方法与举措</td><td>I. Project – based Learning：Live as a disabled person
Step one：Experience a day as a disabled person
Step two：Express feeling as a disabled person
Step three：Enact love and respect to the disabled person
II. In – class discussion activities
Group discussion：Analyze the structure of the text；Analyze the character
Answer Questions：Analyze the theme development of the text
III. Course with both on – line and off – line facilities：
The on – line course will help organize after – class discussion and activities，self – study，while off – line course will provide face – to – face interaction.
Ⅳ. Multimedia lecture
A very useful and significantly effective way of source of knowledge for college students.</td></tr>
<tr><td>教学实施过程</td><td>Pre – class Activities
1. Watching English films（Listen）；
2. Self – study the words and sentences of Text B “14 Steps”（Read）；
3. Having a discussion on the feeling of watching the “Opening Ceremony of Winter Paralympics”（Speak）；
4. Experiencing “A Day as a Disabled”（Experience）.</td></tr>
</table>

续表

教学实施过程

In - class Arrangements

Procedures & Contents	Activities	Objectives
Step 1. Lead - in Elements of narrative text	Review (writing strategy in B1U3)	To be aware of the importance of context, organization and selection of details.
Step 2. Task 1 Structure analysis	1. Task: students analyze the organization of text B 2. Skimming and Scanning 3. Peer Assessment 4. Opinion Sharing	1. How to use a time - line to structure a story. 2. Be aware that the dramatic change in life and obstacles are possible for everyone.
Step 3. Task 2 Theme - understanding	1. Discussion: students work in groups and discuss what is the meaning of the title? How many times does " Fourteen Steps" appear? Why does it show up so many times? 2. Online Survey	1. How to develop the theme by repeatedly using symbols. 2. Be aware of that the obstacles in life could also be the opportunity to make a positive change in life.
Step 4. Task 3 Character analysis	1. Group Work: Find out the words and expressions describing the character' s feeling and thoughts in his 3 lives. 2. Skimming and Scanning 3. Opinion sharing: the development of the main character	1. Be aware of that the selection of words and details reflects the character' s attitudes to life. 2. Understand the growth of the character: to care less about yourself, more about other people, and grow into a stronger person.
Step 5. Task 4 Self - reflection	1. Summary 2. Assignment	1. Develop a compassionate heart. 2. Activate students' awareness and motivation to coping with obstacles.

After - class Assignments

1. Individual assignment: Write a passage about the experience of "A Day as a Disabled" and submit on - line.

2. Group task: finish the last phase of the project, include discussing what we can do to make a better world for the people with disabilities and do something for them.

续表

<table>
<tr><td>教学反思</td><td>Reflection on things to be highlighted:
I. Different aspects of improvement are made to enhance sense of fullfillment.
1. From the perspective of emotion, students can have a real life experience with empathy and relatedness to the disabled person, which is helpful for shaping personality;
2. From the perspective of intellect, students will write down their true life feeling and thoughts with the devices learned in this session, which is efficient for gaining language skills;
3. From the perspective of action, students will do something beneficial to the people with disabilities, which will help gain a sense of achievement for having improved the world in pragmatic way.
II. Multidimensional assessments will help students adjust from "examine - oriented" learning strategy to "quality - oriented".
1. Assessor
Instructor, peers, group - leaders, friends in social media and and Big Data & AI.
2. Assessment Types
Formative assessment focuses on the "quantitative" progress;
Summative assessment focuses on the final achievement and outcome;
Process assessment focuses on the "qualitative" progress.
3. Factors assessed
Academic achievement, participation, attitude, motive.
III. Objectives are harmoniously interwoven with each other so that knowledge, skills and MIP education are compatible.
Reflection on things to be improved:
1. More supervisory mechanisms are needed in group work, since some lazy birds are taking group work as a shelter.
2. More details should be modified in the designing of the project " A Day as a Disabled ", because some of the participants quit within 30 minutes.</td></tr>
</table>

续表

教学反思	3. Input more effectively in language so that the output will be easier and more efficient. For example, when describing feeling of experiencing the life as disabled person, students tend to use simple words and simple sentences. **Innovations**: 1. The core notion of the this teaching design is that if the objectives of knowledge, skills and value are interwoven into each other, the MIP education goal will be achieved harmoniously in the process of knowledge and skill teaching. Focusing on how to "interweave objectives", the design of teaching will be more "process - oriented" than "effect - oriented" . 2. The innovation in teaching method isa "Experience - Cognize - Act" Model, which includes an experiencing in the first place, the cognition following, and actions as final outcome. Since both language learning and value education follow the same law of development — if an experience can motivate the heart, the cognition will activate the mind, and action will shape the person — this model will be feasible and practical in many cases.
使用到的教学资源	1. 书籍：李荫华：《全新版大学高阶英语》，上海外语教育出版社，2021. 2. 视频：北京2022年冬残奥会开幕式 3. 电影： (1)《阿甘正传》 (2)《触不可及》 (3)《闻香识女人》 (4)《叫我第一名》 4. 平台：超星学习通、WE Learn、QQ

案例4　Now Is the Moment to Get Children Playing Outdoors Again①

一、基本信息

1. 教学内容：Now Is the Moment to Get Children Playing Outdoors Again
2. 课时安排：1 课时（45 分钟）
3. 授课对象：非英语专业本科一年级学生

二、说课框架

① 案例4获2022年湖南省普通高等学校课程思政教学竞赛二等奖。现场决赛由参赛教师于赛前1.5小时抽取比赛素材，现场制作PPT，以说课形式进行比赛。比赛时长20分钟，分别为10分钟教学设计思路及内容陈述，5分钟课堂教学展示，5分钟问答。本案例主要展示决赛环节中的两个部分：一是PPT及现场说课内容，二是5分钟课堂教学展示。

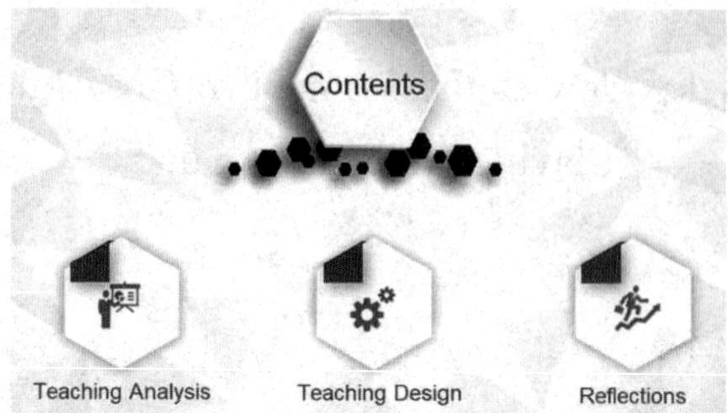

本次说课将从三个方面展开：教学分析（Teaching Analysis）、教学设计（Teaching Design）以及教学反思（Reflections）。

三、说课内容

（一）教学分析（Teaching Analysis）

1. 教材分析

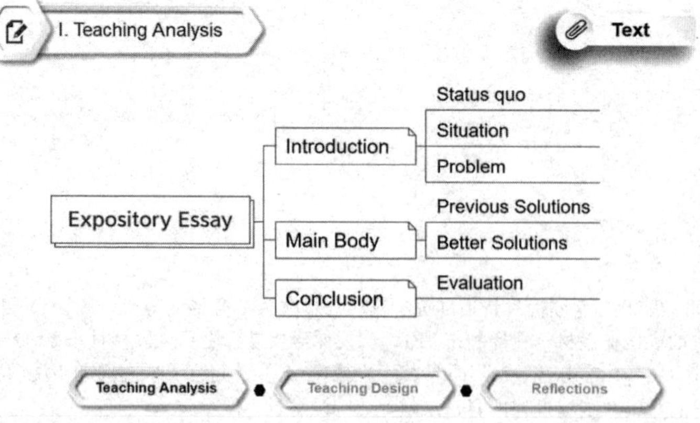

该课文总体上是一篇说明文，作者号召大家要让孩子们亲近自然，多进行户外活动。作者在文章开头以提供现状和数据的方式提出问题，随后在中间部分提供了多个具体的解决办法，最后强调户外活动能让孩子们享受自由，充满活力。

2. 学情分析

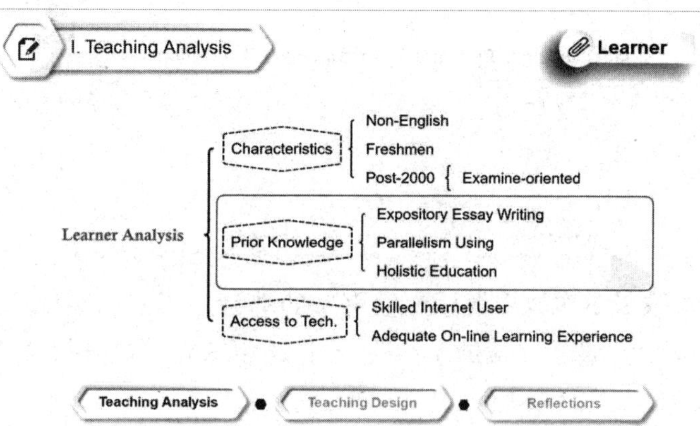

本次授课对象为大学一年级学生，多为2000年以后出生的年轻人。他们以往多采用以分数为导向的学习策略，因此学习自主性有待激发，语言表达能力有待提升。在之前的学习中，学生已经接触过说明文这种文体，但从未进行过说明文写作训练；学习过一些英文修辞手法，如“重复”等，但没有学习过“平行结构”。

3. 教学目标

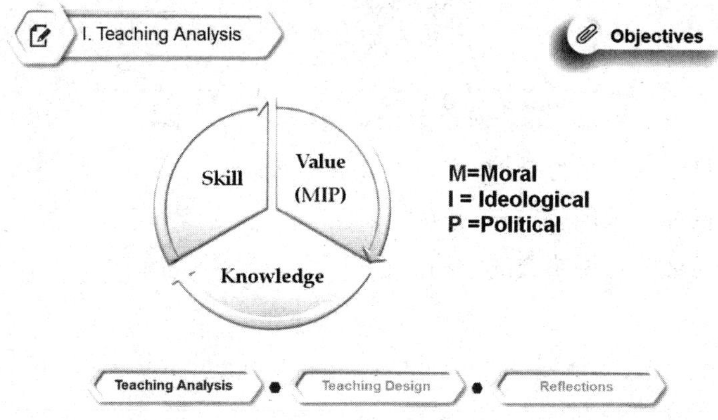

基于对教学材料和学生的分析，我们从以下三个维度设计教学目标：

知识目标、能力目标和思政目标。

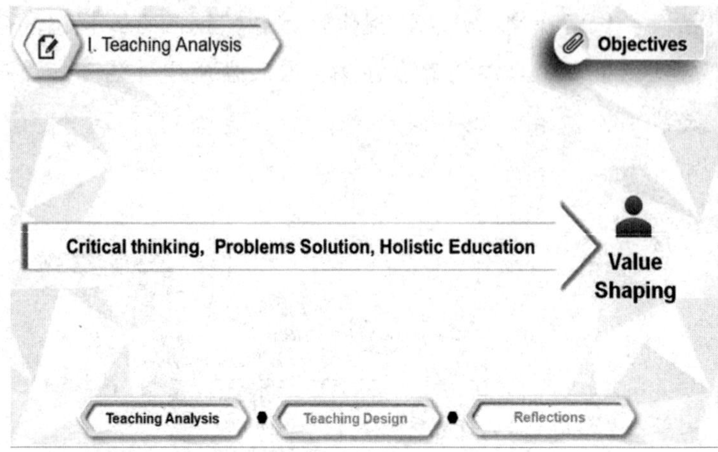

课程思政是本次教学设计中最重要的部分，我们以实现“全人教育”为思政目标，希望能够帮助学生发展批判性思维，提升解决实际问题的能力。

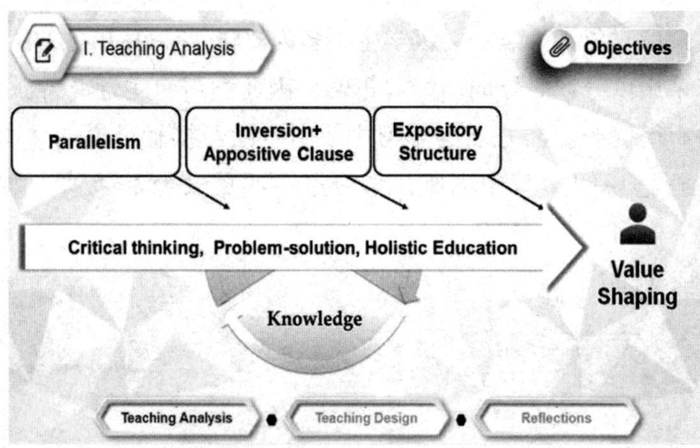

知识目标一：平行结构；

知识目标二：倒装句和同位语从句；

知识目标三：说明文的结构。

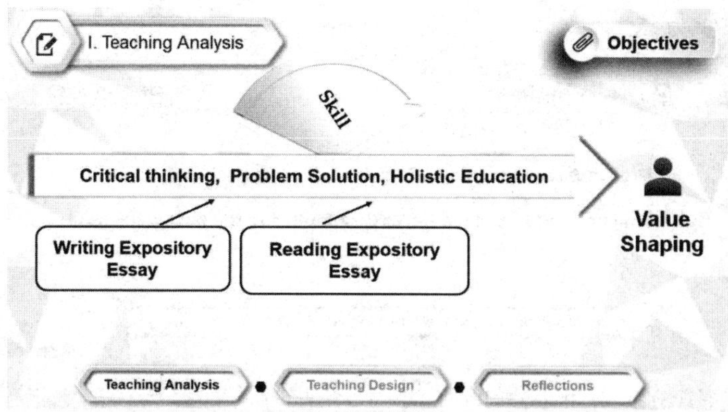

能力目标一：说明文阅读；

能力目标二：说明文写作。

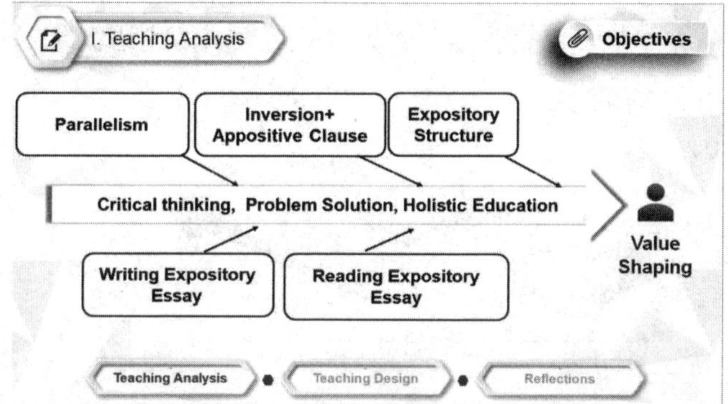

教学目标的设定原则是：确保知识目标、能力目标与思政目标同向同行。

（二）教学设计（Teaching Design）

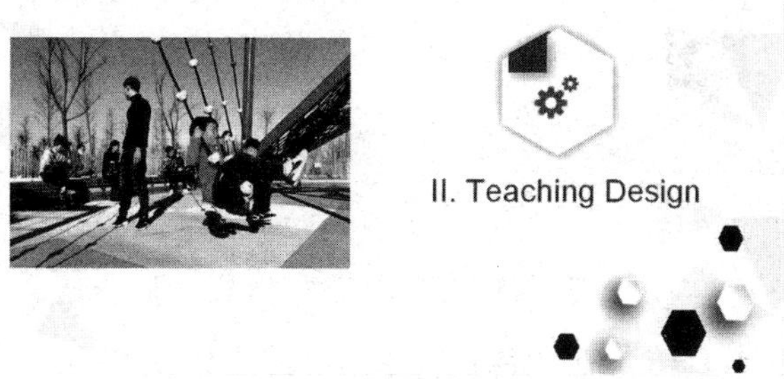

1. 教学方法

Project Based Learning: To solve a real life problem.

On-line & off-line blended: To be adaptive to the new generation .

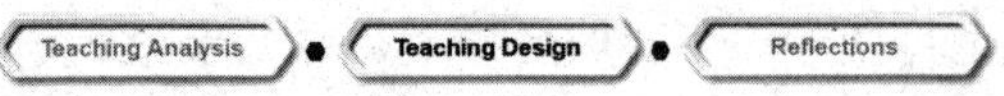

针对学生缺乏生活经验的特点，选择项目式学习法；基于00后都是原生网民这一显著特点，采用线上线下融合模式，开展各种教学活动。

2. 教学过程

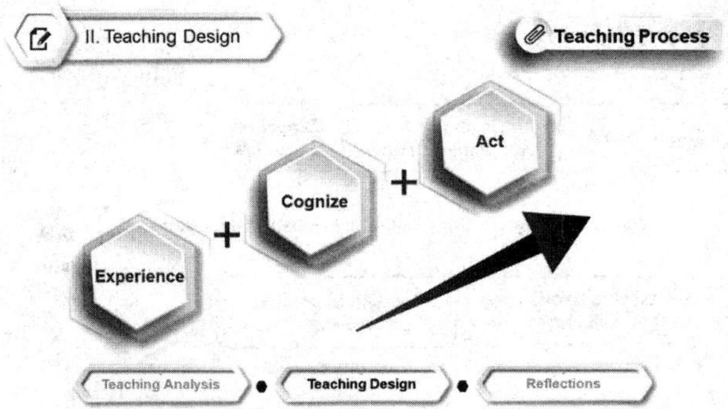

基于对课程、教材、教学内容和学习者的综合分析，我们设计了一个“三体”模型。

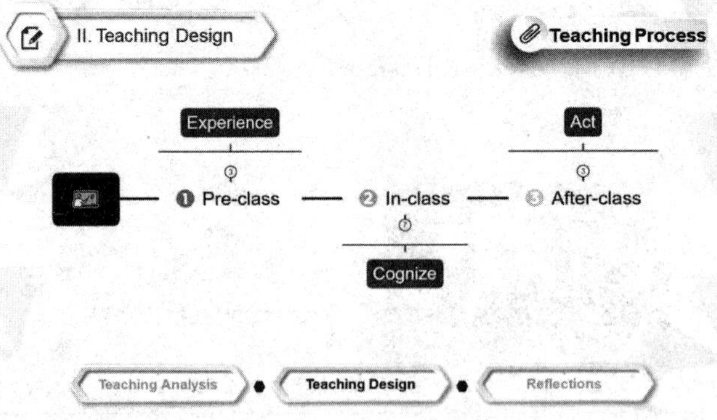

“三体”模型具体包括“课前体验”“课中体认”和“课后身体力行”三个步骤。

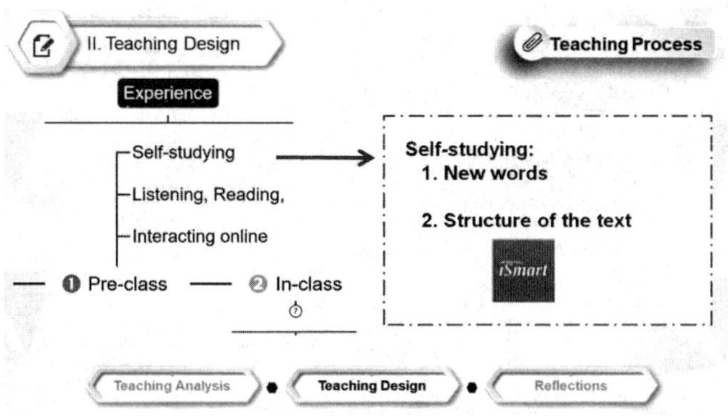

【课前体验】

（1）读文（读）：自主学习课文，在助学平台（iSmart）完成快速阅读练习题。

知识目标：掌握课文基础词句；

能力目标：提高自主学习能力；

思政目标：培养学生自控能力、责任意识。

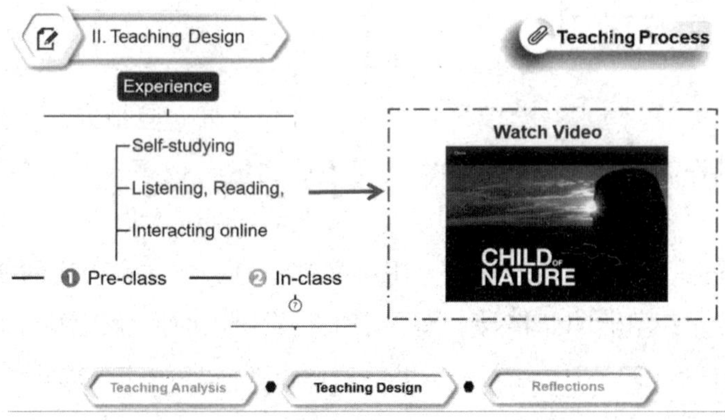

（2）观影（听）：观看纪录片《Child of Nature》，并至少积累 5 个与孩子亲近自然的心理感受相关的英文词汇。

知识目标：积累主题相关英语词汇；

能力目标：提高英语听力能力；

思政目标：从纪录片里认识到亲近自然的益处。

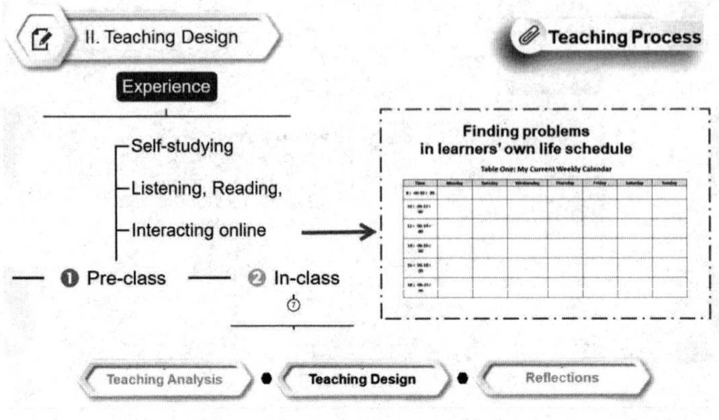

Table One: My Current Weekly Calendar

Time	Monday	Tuesday	Wednesday	Thursday	Friday	Saturday	Sunday
8：00-10：00							
10：00-12：00							
12：00-14：00							
14：00-16：00							
16：00-18：00							
18：00-23：00							

（3）体验（感）：开始项目式学习，结合自身实际情况，小组合作完成“每周日程表”活动，并在 QQ 空间用英文发布视频或图文，记录一周的生活。

能力目标：训练在社交媒体上用英文进行口头或文字表达的能力；

思政目标：培养团队精神，引导学生反思个人时间管理情况。

（4）讨论（说）：用英文在超星学习通发布各自的“每周日程表”，相互讨论，交流心得体会；

能力目标：训练在网络平台上的书面和口头表达能力；

思政目标：引导学生反思个人时间管理情况。

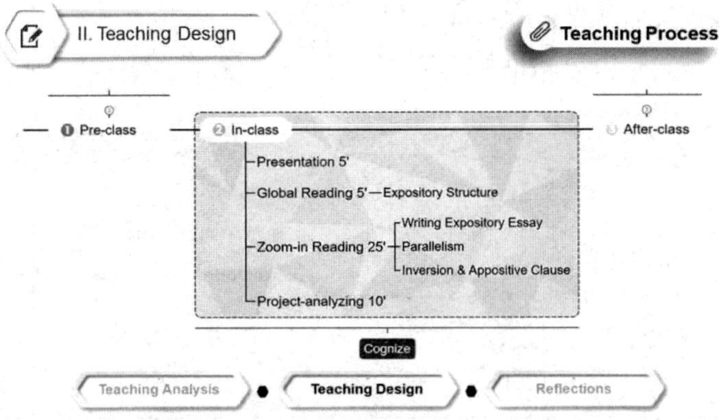

【课中体认】

课中体认由四部分组成。

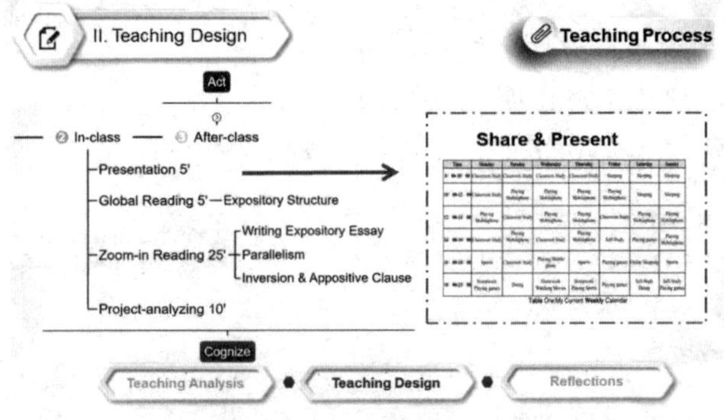

Table One: My Current Weekly Calendar

Time	Monday	Tuesday	Wednesday	Thursday	Friday	Saturday	Sunday
8：00-10：00	Classroom Study	Classroom Study	Classroom Study	Classroom Study	Sleeping	Sleeping	Sleeping
10：00-12：00	Classroom Study	Playing Mobile phone	Playing Mobile phone	Playing Mobile phone	Playing Mobile phone	Sleeping	Sleeping
12：00-14：00	Playing Mobile phone	Classroom Study	Playing Mobile phone	Playing Mobile phone	Classroom Study	Playing Mobile phone	Playing Mobile phone
14：00-16：00	Classroom Study	Playing Mobile phone	Classroom Study	Playing Mobile phone	Self-Study	Playing games	Playing Mobile phone
16：00-18：00	Sports	Classroom Study	Playing Mobile phone	Sports	Playing games	Online Shopping	Sports
18：00-23：00	Homework Playing games	Dating	Homework Watching Movies	Homework Playing Sports	Playing games	Self-Study Dating	Self-Study Playing games

（1）Presentation　邀请一位学生分享展示个人“每周日程表”。经大家讨论发现，目前学生普遍存在“室内学习娱乐时间过长，户外活动较少”的现象。

能力目标：提升英语表达能力和交际能力；

思政目标：提升分析问题的能力。

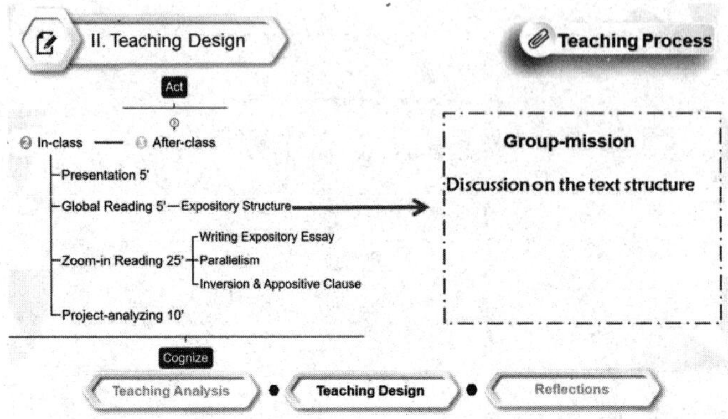

（2）Global Reading　采用启发式提问和课堂分组讨论的形式，完成文章结构分析，主要掌握说明文的结构。

知识目标：熟练掌握说明文的结构；

思政目标：通过分析说明文的结构，提升逻辑思维能力。

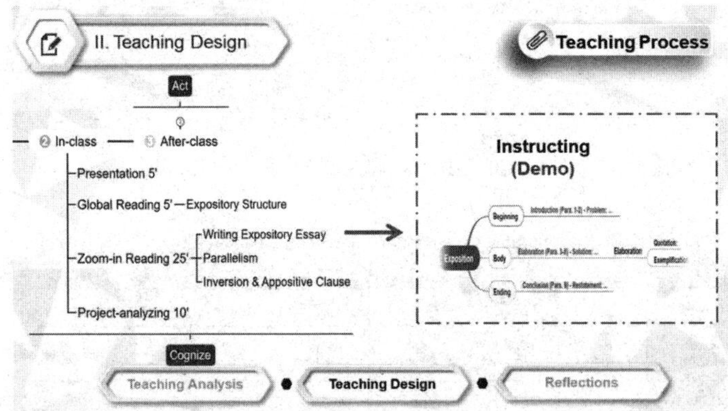

（3）Zoom－in Reading　采用启发式提问、课堂分组讨论和超星学习通随堂练习互动，完成文章精讲，主要分析文章词句并掌握说明文的写作方法。

知识目标：熟练掌握平行结构、倒装句和同位语从句；

能力目标：熟练掌握说明文的写作方法；

思政目标：通过分析文章词句和结构，帮助学生感受英语语言之美，提升批判性思维能力。

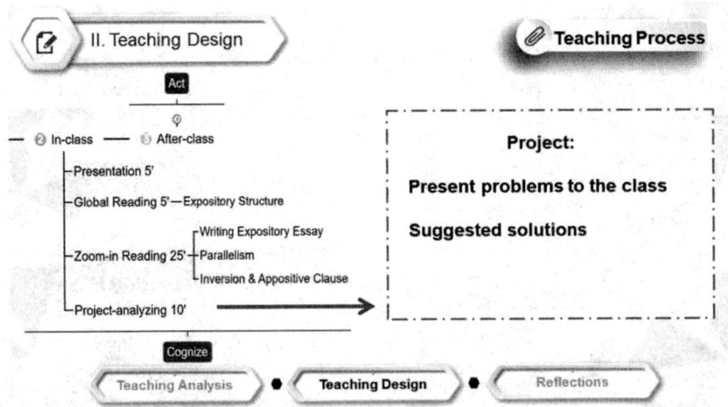

（4）Project－analyzing　布置项目任务：以小组协作和分组讨论的形式，总结归纳出成员“每周日程表”普遍存在的问题，并提出改进的方法和策略。

能力目标：提升语言交流能力；

思政目标：提升发现问题、直面问题、思考问题、解决问题的能力，培养团队协作能力。

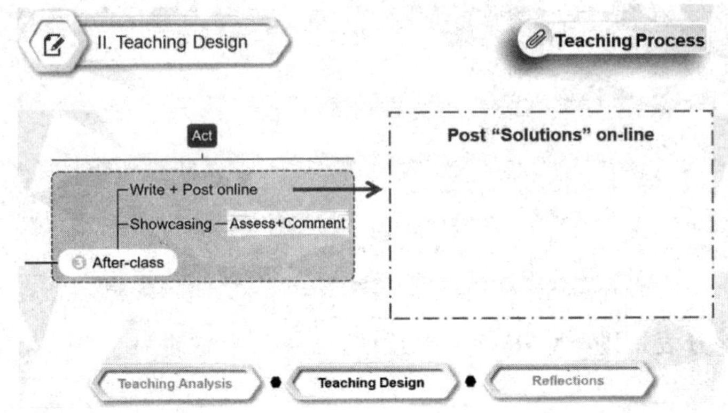

【课后身体力行】

课后完成一篇说明文写作（根据个人“每周日程表”内容，发现问题，并提出改进策略和解决方案），提交至超星学习通，并完成生生互评和主题讨论交流。

能力目标：熟练掌握说明文写作方法；

思政目标：发展逻辑思维能力，引导学生关注社会问题，培养元认知能力。

3. 评价与考核

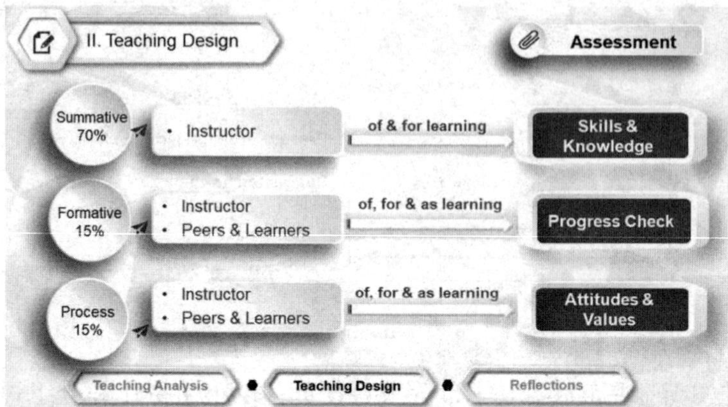

评价主体包括教师和学生，采取总结性评价、形成性评价和过程性评价相结合的评价方式，帮助学生改变考试驱动型学习模式。

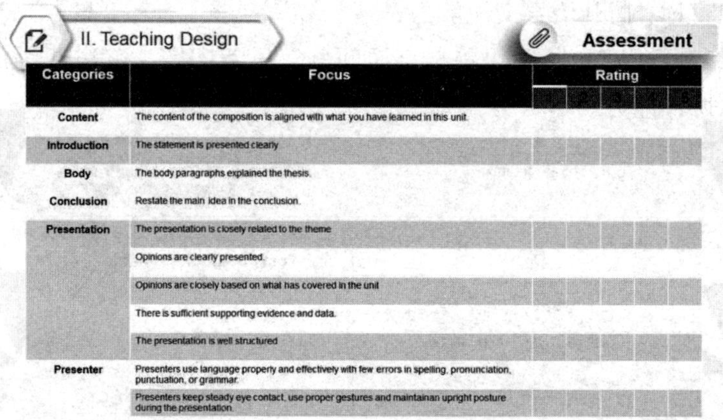

Categories	Focus	Rating
Content	The content of the composition is aligned with what you have learned in this unit.	
Introduction	The statement is presented clearly	
Body	The body paragraphs explained the thesis.	
Conclusion	Restate the main idea in the conclusion.	
Presentation	The presentation is closely related to the theme	
	Opinions are clearly presented.	
	Opinions are closely based on what has covered in the unit	
	There is sufficient supporting evidence and data.	
	The presentation is well structured	
Presenter	Presenters use language properly and effectively with few errors in spelling, pronunciation, punctuation, or grammar.	
	Presenters keep steady eye contact, use proper gestures and maintainan upright posture during the presentation.	

作文评分表帮助学生进行生生互评。

II. Teaching Design　　Assessment

Categories and Items	Questions
Language Learning	
Vocabulary	Did I increase my vocabulary to describe human dignity and cultural diversity more appropriately?
Reading	Do I have a better awareness of ......?
Expository Writing	Did I acquire more knlowedge of the organization patterns of an exposition(e.g., organization, transition, topic sentence)?
	Did I enhance my ability to understand the purpose and essential points of valuing human dignity and cultural diversity?
	Did I enhance my ability to inform the importance of protecting intangible cultural heritage ?
Skill Development	
Presentation	Did I develop skills in presenting my ideas?
Critical Thinking	Did my composition make students better informed of the intangible cultural heritage in my hometown?
Life and Career Skills	Do I feel more confident in my culture and in my ability to communicate ideas or experiences to others in an organized way?
Project Participating	
Collecting and Sharing	Did I actively collect information for the project and share my idea?
Creating the report	in which way did I contribute most to the creation of the report ?
Presenting the Report	in which part or aspect did I contribute most to the presentation of the project?

课后自查表帮助学生反思学习收获，帮助教师了解教学目标完成情况。

（三）教学反思（Reflections）

1. 课程思政特色与创新

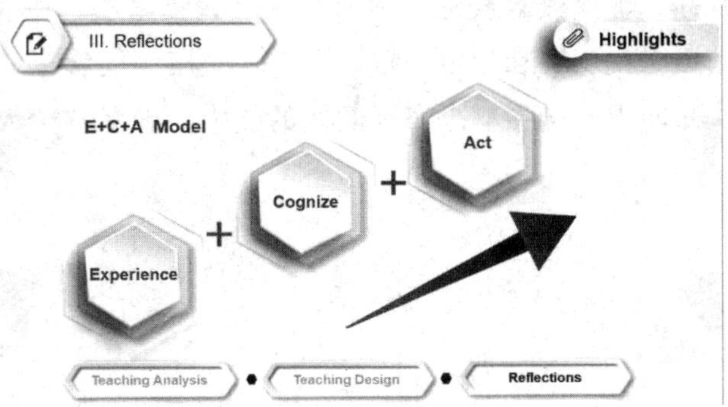

“三体”模型在激发学生学习兴趣的同时提供了大量交流互动的机会，确保学生在完成项目的同时，英语语言交流水平得到有效提高。

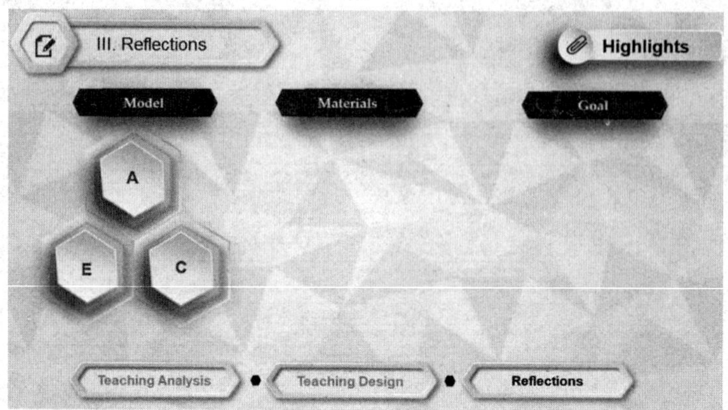

使用“三体”模型开展教学，充分挖掘、有机融入课程思政元素，强化课程育人，实现价值塑造、知识传授和能力培养三者相统一。

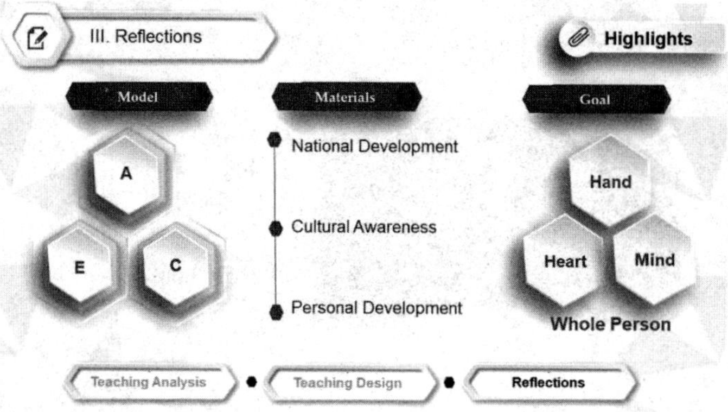

为实现“全人教育”，我们从知识目标、能力目标和思政目标三个维度设置教学目标，确保教学素材兼顾国家发展、文化意识和个人发展三个方面，以此满足时代发展和学生需求。“三体”模型能够丰富学生的生活经历、提升认知能力、增强解决实际问题的能力，确保“全人教育”目标的实现。

2. 问题与改进

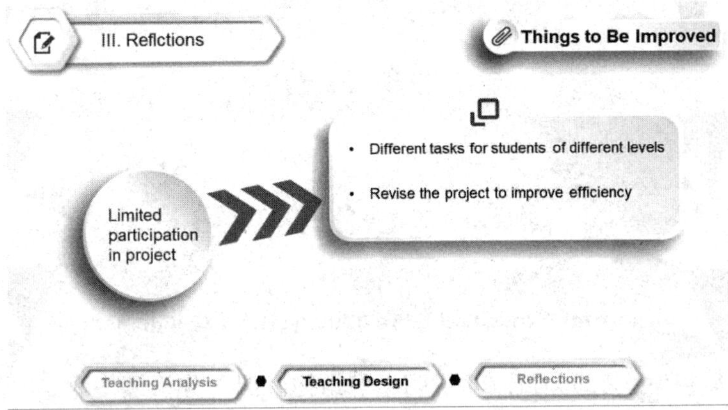

改进小组活动环节，提高学生参与度。小组活动中，部分学生存在“吃大锅饭”的心理，参与度不高，需要考虑改进小组分工模式并增设监管环节。

改进语言输入环节，提高语言产出度。根据学生提交的语言产出内容，可以看出某些同学输出能力有限，以后可以在教学中有针对性地设置语言输入环节。

四、5 分钟教学展示

5 分钟教学展示内容：如何进行说明文写作。

教学过程由三部分组成：说明文的结构、课文分析及作业。

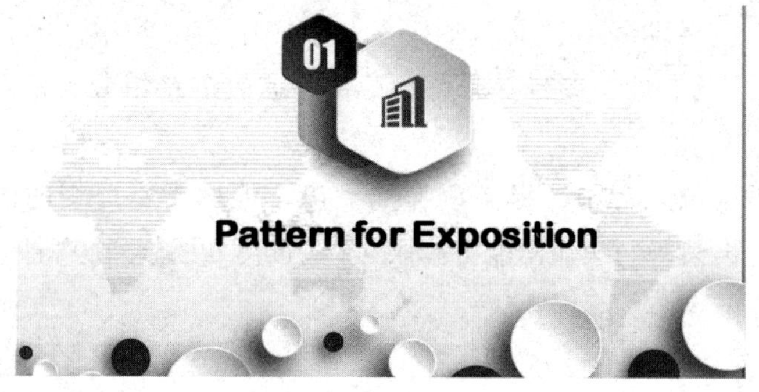

首先是说明文的结构。

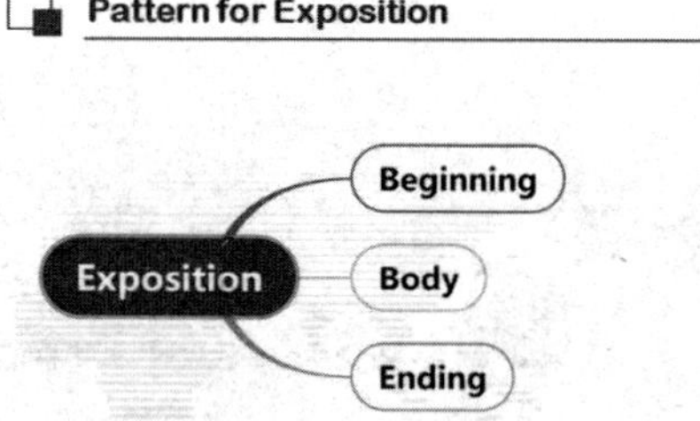

说明文是一种以说明为主要表达方式的文章体裁，其结构可分为三个部分：文章开头、文章主体和结尾。这三个部分组成了一篇说明文的主体框架。

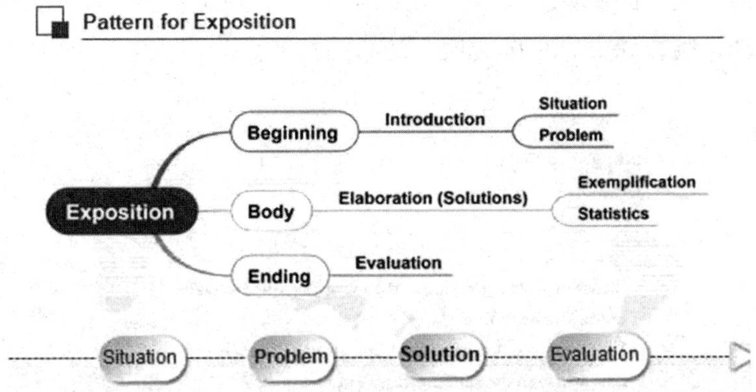

第一部分是文章开头，提出文章的主题，即文章想要说明的主要内容/现状/问题；第二部分是文章的主体，可由若干个段落组成，对文章的主题展开说明，例证法和引用数据是常用的说明方法；第三部分是结尾，对文章的主题作归纳总结。

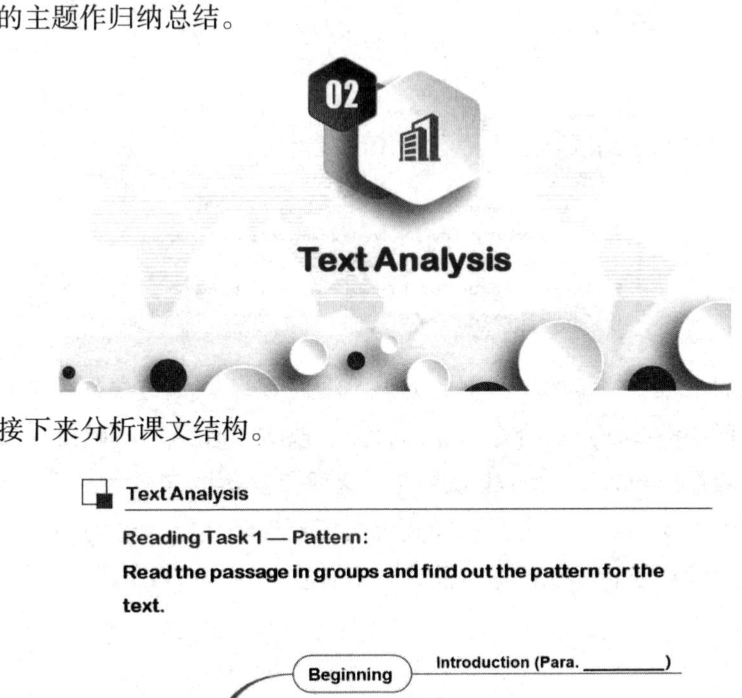

接下来分析课文结构。

以启发式提问和课堂分组讨论的形式完成小组任务。学生积极思考，参与互动，结合课文，理解说明文的结构特征。

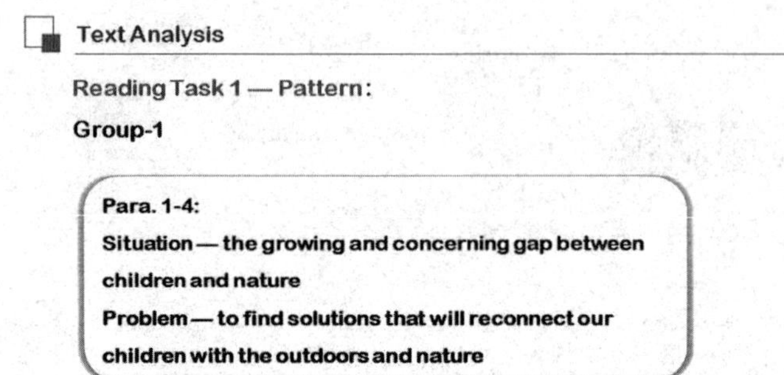
Text Analysis

Reading Task 1 — Pattern:

Group-1

Para. 1-4:

Situation — the growing and concerning gap between children and nature

Problem — to find solutions that will reconnect our children with the outdoors and nature

第一组汇报：文章第一部分为第 1 段到第 4 段，指出目前孩子与大自然日趋远离的现状，提出亟待解决的问题：找出让孩子们重新回归大自然，鼓励孩子们进行户外活动的办法。

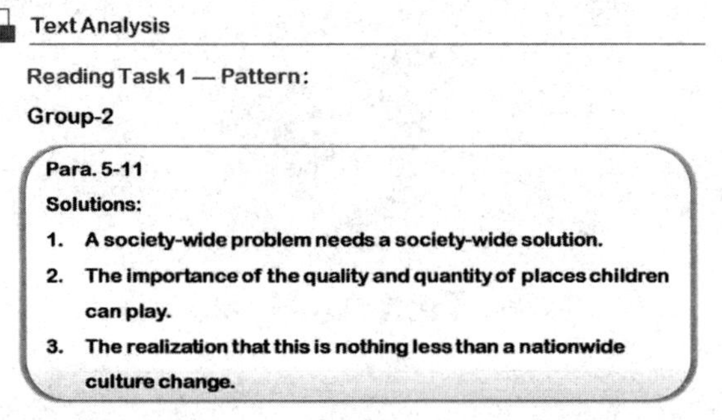
Text Analysis

Reading Task 1 — Pattern:

Group-2

Para. 5-11

Solutions:

1. A society-wide problem needs a society-wide solution.
2. The importance of the quality and quantity of places children can play.
3. The realization that this is nothing less than a nationwide culture change.

第二组汇报：文章的主体部分为第 5 段到第 11 段，主要从三个方面说明解决该问题的办法：联合全社会的合力、改进户外活动基础设施条件以及逐渐培养形成户外运动的社会风气。这部分段落的句式大致分为两类：主题句和论点支撑句。前者是比较笼统的概括性陈述，后者则用具体的事实、例证、解释或者其他论据对前者给予有效支持。

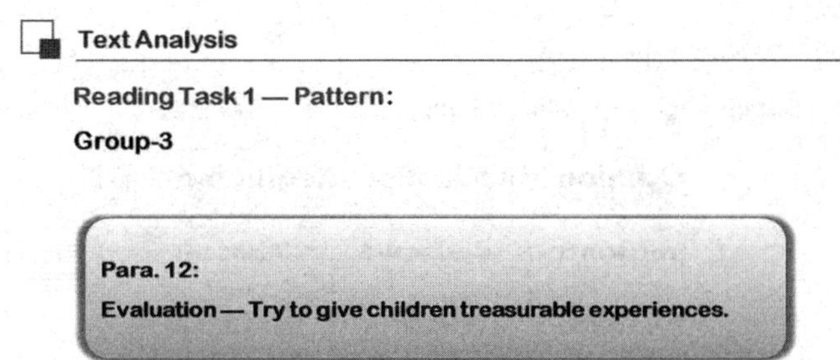

第三组汇报：文章最后一段再次重申、强调并提出号召，要让孩子们回归大自然，多进行户外运动。

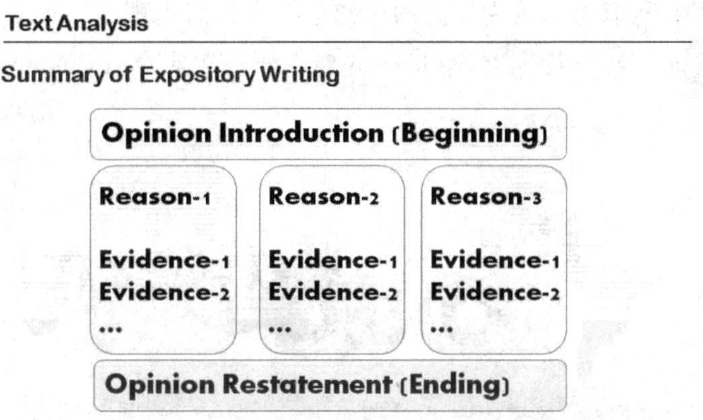

说明文结构特点总结：说明文是以说明为主要表达方式的一种写作文体，由导言段、正文段、结尾段所组成。导言段落即文章的开头部分，主要是提示文章的主题，向读者说明文章的主要内容、事物和对象。正文即文章的主体，一般由一段或若干段组成，主要是对文章的主题、论点、主要说明的事物和事理等诸方面，从不同的角度进行分项具体的阐述、解说。结尾是文章的结束，主要是对说明对象进行总的概括性说明，以达到归纳文章重点和深化主题的作用。

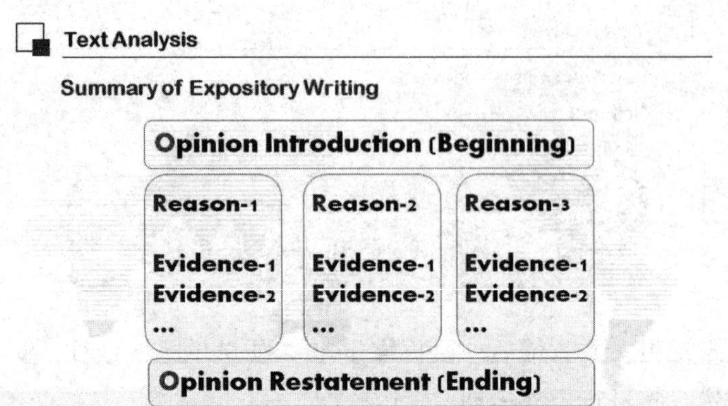

所以，我们可以将说明文的结构总结为：引入观点（Opinion）—分项论证（Reason）—论据（Evidence）支持—重申观点（Opinion）.

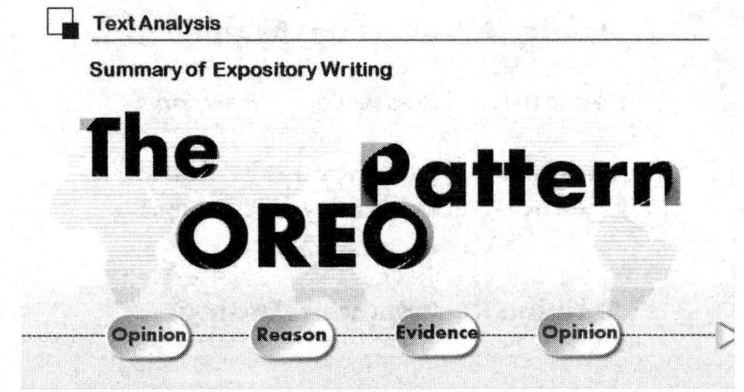

我们叫它“奥利奥”模式（The Oreo Pattern）。

最后，布置作业。

Assignment

Write a piece of exposition based on your weekly calendar, using the problem-solution pattern.

基于个人对“每周日程表”的反思和发现的问题，完成一篇说明文的写作，要求使用课文中“提出问题—解决问题”的说明文结构。

五、课文原文

Now Is the Moment to Get Children Playing Outdoors Again

A quiet revolution has begun. Its aim is simple—to get our children outside and closer to nature.

In March, the National Trust released a report called Natural Childhood. It highlighted the growing and concerning gap between children and nature. Less than 1 in 10 children regularly play in wild spaces now, compared to half a generation ago. This matters, the report argued, because nature is good for mind, body and soul.

There are many good things about the rapid changes that have formed the modern world. An unintended but serious consequence is an equally rapid decline in the freedom our children have to explore and experience nature.

This week, the National Trust hosted a conference with professionals from the worlds of education, health, childcare, planning, conservation and play among many others. Attending were representatives from the public, private and voluntary sectors. Our task: to find solutions that will reconnect our children with the outdoors and nature.

A growing and credible body of evidence shows this disconnection is real and it matters. Natural England has calculated that equitable access to green space would create an estimated saving to the health service of £ 2. 1bn a year. There are many organizations working on the issue, some with decades of experience.

But we recognise that there is a bigger challenge. Much of this work is great but at too small a scale. Activity is fragmented, and the statistics show things are getting worse: for example, the area a child is able to roam unsupervised has shrunk by an astonishing 90% in just one generation—ours. Yet there is almost a universal desire to get our children outdoors again, playing naturally and enjoying the benefits that contact with the natural world can bring.

We are, I believe, at a tipping point. Materialism has taken a knock in the recession and people are turning to simpler pleasures. There is an opportunity, if we can grab it, to show how lives are enriched by children running free. But if we don't seize the moment, we risk bringing up a generation of children that won't have even the memories of playing in nature when it comes to bringing up their own children.

There were three big messages that I took away from our conference. The first is that a society - wide problem needs a society - wide solution. No one organization, or even one sector, can alone reconnect children with nature. Education policy, urban design, health provision, insurance provision, retailers, naturalists and more all have their part to play, working together. We need the right public policies, but no less important is the creativity and resources of the private sector.

Second is the importance of the quality and quantity of places children can play. How do we bring and nurture nature where children are: at school, at home? And how do we improve access for all children to good quality green space in the public realm? It is a simple fact that children closer to green space are much more likely to play outdoors. Improving access to green space is partly a matter of town and country planning. But it is no less a state of mind and attitude—window boxes, gardens and local parks can become wild places if that's how we choose to see them.

Third is the realization that this is nothing less than (completely) a nationwide culture change. We as parents—and as the mother of three daughters, I include myself in this—have ourselves been part of the process of disconnection. Children roam less and have less contact with nature because we, as parents, make that choice. Often we are concerned for their safety: sometimes this is valid; but often those concerns are overstated.

Parents need help to make choices about where and how our children play. Catching tadpoles, flying kites, building dens and climbing trees should be staples of every childhood; things have come to a head when there's a market for plastic nature trail sets.

There's a risk we sound too worthy and preachy: but what we are really talking about is freedom, joy, vitality. Our children come alive in the outdoors in a way they just don't when playing computer games. We owe it to them to do all we can to give them the experiences we treasured so much.

第三节　大学英语课程思政教学竞赛回顾与反思

为深入贯彻习近平新时代中国特色社会主义思想和《纲要》文件精神，落实立德树人根本任务，全面提升全省高校教师课程思政教学能力，高质量推进课堂教学改革，湖南省教育厅自2020年起举办湖南省普通高等学校课程思政教学竞赛。比赛时间为每年3月至9月，分初赛、复赛和决赛三个阶段进行。初赛由各高校自行组织，复赛和决赛由竞赛组委会组织，全省各高校教师以教学团队（不超过5人）的形式参加文科类、理工（医学）类和外语类三个类别比赛，其中外语类分大学英语组和英语类专业组两个组别。

一、大学英语课程思政教学竞赛回顾

每年3月至4月，湘潭大学外语学院会举办外语课程思政教学比赛院内初赛，通过角逐选出代表参加全校课程思政教学比赛。学校每年的课程

思政教学校内选拔赛在4月中下旬举行，校级选拔赛包括课堂教学设计和现场说课展示两部分，各100分，最终成绩按课堂教学设计成绩（占40%）+现场说课展示成绩（占60%）计算。其中课堂教学设计部分，要求教师团队设计一堂45分钟的课，教学内容自定，以汉语（外语类用英语）呈现；现场说课展示时长为15分钟，其中10分钟进行教学设计思路及内容陈述，5分钟进行课堂教学展示。学校通过组织校内选拔初赛，公示初赛结果，择优推荐优秀教师参加湖南省普通高等学校课程思政教学竞赛复赛。

复赛于每年6月举行，大学英语组的选手需要基于一节时长45分钟的课堂授课进行教学设计，教学内容自定，以英语呈现。在复赛环节，选手需要在大赛官方网站提交课堂教学设计（统一格式，用英文填写，字数不限）、课堂教学方案阐述（须为PDF文件，用中文书写。具体格式不做要求，但应该包括教学设计的主要思路、教学实施过程、教学反思和方案的主要创新点等，字数不超过6000字）、课堂教学展示视频（10分钟以内的课堂实录，视频中不能体现选手及学校信息，大小不超过300M）、教学资源（在教学过程中使用的各种辅助材料，可以是音视频文件、PPT或PDF文件等，可在方案阐述中进行说明）。复赛采用专家网络评审的方式，对课堂教学设计作品进行在线盲评。根据2023年最新的官方竞赛通知，评委将根据“复赛评分标准”（见表4.6）进行打分，得分排名前30%左右的作品进入现场决赛，排名前30%至60%左右的作品确定为三等奖。

表 4.6　复赛评分标准（100 分）

评价指标	具体内容	分值
教学内容	教学信息量充足，符合学生认知规律，具有较好的“高阶性”“创新性”和一定的“挑战度”。运用思想政治理论教育的原则、方法处理教材，围绕坚定学生理想信念，以爱党、爱国、爱社会主义、爱人民、爱集体为主线，围绕政治认同、家国情怀、文化素养、宪法法治意识、道德修养等重点优化课程思政内容供给，系统进行中国特色社会主义和中国梦教育、社会主义核心价值观教育、法治教育、劳动教育、心理健康教育、中华优秀传统文化教育。潜移默化地对学生的思想意识、行为举止产生积极影响，实现价值塑造、知识传授和能力培养相融合、教书与育人相统一。	40
教学方法与手段	讲授、讨论、探究、项目、案例、实验等教学方法恰当使用，多媒体、虚拟仿真、计算机网络等教学手段有效运用。	20
教学目标	目标设计恰当，符合课程要求、学科特点和学生实际；目标明确具体、可观察、可测评、可达成；思政目标与知识、能力目标相衔接。	10
教学评价	恰当运用过程、提问、课堂观察、作业、问卷、访谈等多元评价方法，激励学生学习，考察教学成效。	5
教学反思	能够对教学内容（包含课程思政内容）和过程进行梳理和反思，提出改进意见，适时调整。	5
教材分析	对本设计涉及的教材内容及其作用作简明扼要的分析，为教学思路、重难点等内容的确定提供依据。	5
学情分析	对学生学科知识、认知特征和情感态度等内容进行精准分析，坚持问题导向，突出业务教学和思想政治教育的针对性。	5
自主学习	为学生搭建课外学习平台，引导学生进行自主学习和自主评价。	5
教学资源	教学资源推介面广，材料丰富。能有效挖掘课程和教学方式所蕴含的思想政治教育资源。	5

现场决赛一般在同年9月中下旬举行，决赛内容为通过抽取素材以教学设计、说课、课堂呈现的方式展示如何充分发挥课程的育人功能，实现专业能力培养及思想政治教育双重教学目标。其中，大学英语组现场决赛由参赛教师于赛前1.5小时抽取比赛素材，现场制作PPT，以说课形式进行比赛。比赛时长20分钟，分别为10分钟教学设计思路及内容陈述、5分钟课堂教学展示、5分钟问答。组委会组织评委根据“现场决赛评分标准”（如表4.7），采用现场评审方式进行打分，选手比赛最终成绩按复赛成绩（占40%）+现场决赛成绩（占60%）计算。评审专家当场打分排名，所有决赛选手比赛结束后，由工作人员在裁判监管下进行统分，裁判组审定，确定最终获奖等次。随后进行颁奖典礼、优秀选手示范课展示及评委专家点评总结。

表4.7 决赛评分标准（100分）

评价指标	具体内容	分值
教学实施	善于提炼课程蕴含的育人因素，将思想政治教育和专业知识传授相融合，教学内容呈现恰当，教学活动组织合理。	20
	善开综合运用现代信息技术手段和数字资源，把思想政治教育有效融入教学过程，教学方法运用恰当，教学策略使用有效。	15
	注重教学互动，突出学生主体地位，调动学生参与课堂教学积极性。	10
教学效果	注重价值引领，有效达成教学目标，效果明显。	20
	课堂教学在同类课程中特色鲜明，具有较强的示范性。	10
教师素养与创新特色	具有良好的专业素养、科学精神、人文情怀；教态大方，举止得体，精神饱满，综合素质高；个人教学特色突出。	15
现场提问	回答评委问题条理清晰，抓住要点，观点正确，理由充分，见解独到，针对性强。	10

二、大学英语课程思政教学竞赛反思

于个人而言，从 2016 年参加湖南省普通高校教师课堂教学竞赛，到 2020 年和 2022 年参加湖南省普通高等学校课程思政教学竞赛，每一次参赛都是一次磨砺和蜕变。两次参加大学英语课程思政教学竞赛的经历，促使我努力转变教学理念、改进教学方法和提升教学技能，也为我提供了与其他高校教师交流经验、相互学习的良好契机。回想 2020 年初接到学院举办课程思政比赛的通知，心中忐忑不安。什么是课程思政？课程思政和思政课程一样吗？大学英语课程究竟如何开展课程思政？一个个问号出现在脑海中。从 2020 年未入围决赛到 2022 年获得湖南省普通高等学校课程思政教学竞赛二等奖，我感恩这份荣誉，也感谢自己对教师这份职业的热爱与执着。通过两次马拉松式备赛，我磨炼了心智，提高了心性，尤其是对课程思政融入大学英语教学有了全新的理解，收获了许多宝贵的心得和经验。

（一）加强理论学习，总结积累课程思政教学经验

我们团队从 2020 年湖南省第一次举办课程思政比赛以来就一直走在课程思政研究的道路上。第一次虽然止步于复赛，但是我们并没有因此而停止课程思政的脚步。痛定思痛，分析原因，找出症结，不断尝试，才是比赛的意义所在。经过集体讨论、复盘和反思，我们深知自己还有很多缺点和不足，还需要进一步深化对课程思政的认识，于是，我们开始对课程思政进行系统的学习和深入的探索实践。我和团队仔细研读了国家关于课程思政的指导性文件，参加了各种有关课程思政的研讨会和讲座，研读了上百篇与外语课程思政相关的学术论文，报名参加大学英语课程思政专题研修班，观摩了 2020 年和 2021 年优秀选手的现场比赛及视频资料，并且学以致用，在平时的课程教学中反复实践，总结和积累课程思政教学经验，不断提升课程思政设计能力。

（二）加强教学基本功训练，提升专业素养

在漫长的备赛过程中，我得到了“初赛—复赛—决赛”的历练，这对我的专业素养是一次重大提升。根据湖南省普通高等学校课程思政教学竞赛决赛的规则，选手在比赛开始前90分钟才拿到用于授课的文本，每位选手现场比赛的时长为20分钟，其中包括10分钟教学设计思路及内容、5分钟课堂教学展示、5分钟专家问答。在短短90分钟之内必须完成知识目标、技能目标和思政目标的挖掘，并化思政之“盐”于大学英语之“水”中，这对我是一个巨大的挑战。归根结底，决赛较量的重点仍然是教师的基本教学功底和课程思政教学经验，专家评委评定的内容主要也是课程思政教学设计。为了准备决赛，我们从专业基本功练起，进行了大量磨课训练和教学资源储备。从最初的90分钟无头绪，终于练到了90分钟出设计。

（三）注重提炼文本主题，深入挖掘课程思政元素

外语课程因其自身特点，具有无可替代的课程思政意义，在课程思政领域大有可为。同时，外语课程，尤其是大学英语课程，具有量大面广、延续时间长的特点，且多为集中授课，这是其能够长期作为思政教育前沿阵地的天然优势，其“课程思政”功能应该得到充分发挥。因此，大学英语课程思政教学比赛应该避免虚、大、空，体现其人文性和工具性的双重特性。参赛教师要深入分析文本内容，深度挖掘、提炼教学内容中所蕴含的思想价值和精神内涵，以“将思政元素有机融入课堂教学”为原则进行教学设计，在讲授知识的同时，阐述知识背后的逻辑、精神、价值、思想、艺术和哲学，增加课程的知识性、人文性，拓展课程的广度，挖掘课程的深度，提升课程的温度。

（四）注重团队合力，培养合作默契

实行高质量的课程思政，绝非一个人可以做到。团队协作，形成合力，才能真正实现教书育人的目标。比赛取得的好成绩离不开默契的团队合作，尽管主讲教师只有一位，但是教学设计的每一个环节都凝聚了团队成员的智慧和付出。我们团队四人各有所长，统筹设计、分工协作，让每

个人都各尽其才。四人团队中，一人负责主讲展示，一人负责说课版块，一个负责课堂教学版块，一人负责查找资料。备赛期间，我们反复研讨推敲，多次模拟演练，不断地磨合并做相应的调整，做到每个人都得心应手，胜任各自的角色，同时也提升了团队间的默契，提高了比赛中合作的效率。此外，团队精神和凝聚力也十分关键，我们都有共同的信念和追求，在并肩作战中早已结下了深厚的情谊，尽管在备赛的过程中有来自家庭、生活、工作等各方面的压力，但我们从无怨言，互助互爱，共同进步。比赛过程中的所思、所学、所悟和所行，让我们共同成长。通过以赛促教，团队继续坚持在课堂实践中将思政元素内化于心、外化于行，筑牢课堂教学主渠道，践行在课堂中育人、实现立德树人的教育理念。

第五章　大学英语课程思政探索实践成果及瞻望

第一节　大学英语课程思政教学改革项目研究成果

“大学生英语应用能力多维渗透培养模式”教学成果报告书①

一、研究和改革基础

（一）问题的提出

在全球化背景下，国际交流合作日益频繁，英语在高等教育中的地位也日渐提升。大学英语教育历经教育部多次大幅度改革，各种新的教学模式纷纷围绕如何提高语言能力、跨文化交际能力等核心问题而逐步完善，使得大学生的英语语言技能和跨文化交际能力都得到了提高。与此同时，也呈现出新的问题并面临新的挑战：大学生在英语应用能力方面依旧有待提高；文化素养仍然欠缺；学习者主体意识不强。

（二）研究和改革的必要性与可行性

多数大学生过分追求 CET－4 或 CET－6 成绩而不断刷分，不愿沉下心

① “大学生英语应用能力多维渗透培养模式”获 2016 年湖南省高等教育省级教学成果奖三等奖。

来真正理解两种语言背后的文化，导致“高分低能”现象依然存在。更严重的是，即便是听、说、读、写、译各方面技能有所提高，他们在跨文化交往中的表现仍然是机械而死板的。“聋哑英语”变成了“机器英语”。因此，大学生英语应用能力的培养模式仍然需要改进。

因为有了前期的理论研究和教学改革项目的探索，我们在建构主义理论、对话理论、情感策略、语用能力、跨文化交际能力等方面获得了支撑。同时，通过试点班获得了改革经验。2007 年以来，大学英语部在推行分层式教学改革以来，颁布了《湘潭大学大学英语部自主学习中心管理条例》《湘潭大学学生英语辅导员工作制度（试行)》等规章制度，在制度上保障了大学生英语应用能力多维渗透培养模式（以下简称多维渗透培养模式）的成型。随后建设了国家精品课程、省级优秀教学团队、国家共享课程资源、世界大学城等，更搭建了利于多维渗透培养模式形成的平台。

（三）研究和改革所要解决的核心问题

2007 年，湘潭大学对大学英语课程进行了分层式教学改革，让学生保证能在 CET－4 和 CET－6 中取得优秀成绩之后，获得个性化学习的机会，也促成了一个新的大学生英语能力培养模式。经过多年的理论研究和教学实践，有效地解决了以下问题：

1. 语言应用能力低下

虽然大学英语教学历经多次改革，但学生语言应用能力低下依旧是一个最基础、最显眼的问题。究其原因，一方面，长期的高考压力使得长达至少 9 年的中小学英语教育关注考试成绩而忽略语言应用能力，学生因此错过了语言能力习得的最佳时期；另一方面，一直以来，大学英语学习更关注课堂之内的“灌输”，而忽略了语言作为一种交流工具必须得到实践应用才能被完全掌握的特点。多维渗透培养模式则重新把教学目标回归于培养语言技能，削弱应试技巧在教学各个环节所占的时间和空间。

2. 文化适应性差

文化元素存在于语言之中，更存在于语言的应用过程中。但若只是注重语言技能的培养，而忽略语言应用中的文化素养的形成，必然导致跨文化交流出现障碍，甚至是交流失误。多维渗透培养模式提供多层次语言应用环境，在各种应用环境中将文化元素渗透给学习者，让学习者使用的不再是生搬硬套的“机器英语”，而是地道的“鲜活英语”。

3. 主体意识不强

大学教育尤其需要彰显学习者的“主体意识”。现实情况却是，学生的主动性不足，参与程度不高，学习效果欠佳。这与长期以来教师主导型教学模式有关。大学英语教学改革在近年来特别关注这一问题，但是，仅仅在课堂教学环节采用“自主学习”模式，还不足以增强学生的“主体意识”。多维渗透培养模式是从多个维度入手，从教学目标、教学内容、教学方法上进行全面改革，多元化地激发学生学习热情。

（四）相关项目立项情况

从教学改革前期试点摸索改革的理论基础，到教学改革推进期培养模式的探索，再到全新培养模式的提炼和推广，团队成员在湖南省教育厅立项教改课题多项，直接为全新培养模式的成型奠定了基础。

二、研究和改革实践

（一）研究方法和研究过程

在多维渗透培养模式实施之前，团队通过问卷调查、同行座谈、测试、数据分析对部分在校大学生的语用能力进行了研究。同时，设置16个试点班对“自主学习”模式进行了探索研究。

实施初级阶段，在采用试点教学之前，团队制作了大学生英语语用能力问卷，对试点班学生进行跨文化语用能力调查，并对比研究改革前后的差别。实施推广阶段，采用数据分析、专家座谈、出访交流等方法，一边推广，一边改善措施，最终提炼出新的培养模式。

（二）教育教学方案

1. 多维化教学目标，确定多维渗透培养模式的横坐标

突破传统的单一实践教学观，不仅要杜绝“聋哑英语”，还要向语言

应用、语言交际、文化传播、主体人格塑造等领域延伸，从而杜绝“机器英语”，将“语言技能提升、文化品格养成、主体人格塑造”有机统一，最后让学习者习得“鲜活英语”。确立好了目标体系，就是找到了前进的方向，就是找到了整个多维渗透培养模式的横坐标（见图5.1）。

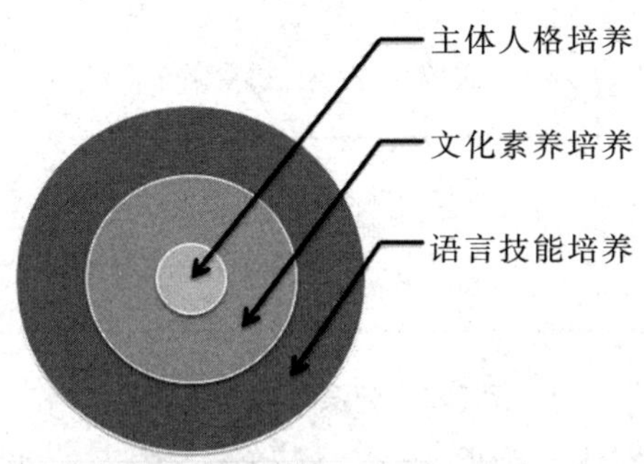

图5.1　多维度培养目标

2. 多样化教学内容，确定多维渗透培养模式的纵坐标

针对学生入学时英语水平参差不齐、个体差异性大的现状，多维渗透培养模式从不同层次入手，尽量满足各个层次学生的学习需求，配合学生的学习能力设置学习任务。“基础平台层”为最广大的有英语学习基本需求的学生提供国家精品课程、国家级共享资源课程、世界大学城空间、各类自制助学型课件、自主学习资源库等。“兴趣培养层”为英语基础较好、英语需求较高的学生提供选修课、英语类协会、兴趣社团等。“能力提升层”为学有余力、有更高语言需求和更扎实语言功底的学生提供演讲、辩论、写作、阅读等各种赛事的长期指导。满足各层级学生的学习需求，就是夯实了基础，就是为多维渗透培养模式的成型确立了纵坐标（见图5.2）。

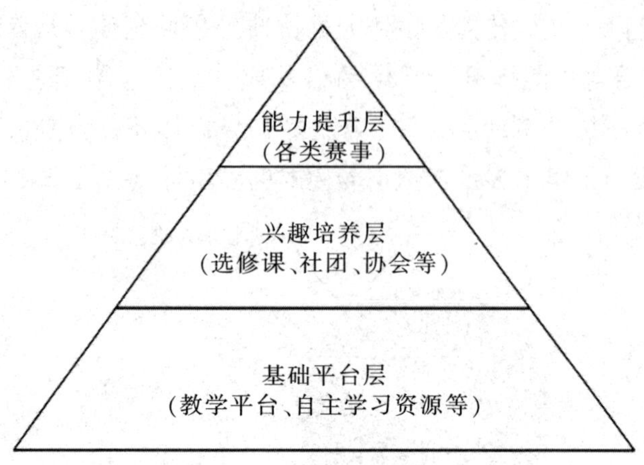

图5.2　分层次教学模式

3. 多元化教学方法，确保教学目标和教学内容的实施与完成

三个维度的教学目标和三个层次的教学分级共同确定了多维渗透培养模式的横坐标和纵坐标，再加上三种教学方法的渗透，形成一个立体培养模型：第一，在课堂教学中，配合每个单元，将教学内容“主题化”，从而围绕统一语域提高各种语言技能；第二，课后设置类似情境作为英语角、作文、网络讨论的主题，以“情境化”方法，增加有效输出；第三，在戏剧社团开展活动，以类似主题，让学习者充分浸入文化氛围，获得“角色化”体验；第四，自制各种“主题式”助学课件（如节日英语，帮助学生对比中西方主要节日），扩展文化知识；第五，开设多种多样的选修课（如影视英语赏析、高级视听说等），以满足学生的个性化需求；第六，举办多台经典英语戏剧晚会、文化沙龙，不仅能丰富校园英语学习方式，更重要的是可以增强学生的文化适应性；第七，利用各种学习平台，唤醒学生自主学习的意识；第八，成立英语类社团、协会，起到扩展个人兴趣的作用，增加学习原动力；第九，为各大赛事配备培训教师，让学生通过参与各级赛事，获得终身受益的“性格教育”（见图5.3）。

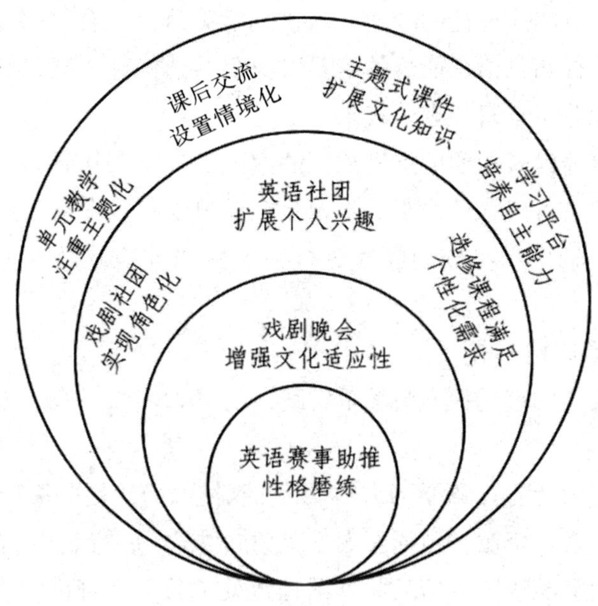

图 5.3　多元化教学方法

（三）实施过程

1. 探索期

为了适应湘潭大学对大学英语教学改革的要求，课题组从 2007 年下学期开始对各个方向的教改实践：首先，尹雪梅老师带领课题组利用卡特尔 16 种人格因素量表对学生进行问卷调查，发现学生的性格差异，并与学生的大学英语四六级考试成绩进行对比，考察学生的性格特征与大学英语四六级考试成绩的正比或者反比关系，从而针对不同性格的学生实施个性化教学；其次，彭逢春老师带领课题组设置 16 个试点班对“自主学习”模式进行探索研究，尝试将传统的课堂由教师主导型转变为学生主导型。在试点班中，学生典型的学习环节包括：主题导入、自主学习、面授答疑、网络交流。

2. 推进期

为了推进全新的科学合理的培养模式的探索研究，成立了由杨柳、彭逢春、尹雪梅、林莉、熊天添等教师组成的课题组。课题组教师先后成功申报了一系列相关教改课题，分别从大学英语自主学习的机制、大学英语视听说基于信息图式理论的教学实施、大学英语自主合作探究学习能力的培养、跨文化视角下语用能力的培养以及公共选修课程建设等方面展开了教学研究，收获了丰富的理论成果。

在全新培养模式探索的推进期，湘潭大学大学英语部自主学习中心成立，并制定了《湘潭大学大学英语部自主学习中心管理条例》以及《湘潭大学学生英语辅导员工作制度（试行）》，为培养模式的成型提供了制度保障。

3. 提炼推广期

经过近五年的理论探索与教学实践，至2012年，多维渗透培养模式已趋于完善。

面对最广大的有英语学习基本需求的学生，搭建了多个优秀的平台，制作了丰富的学习资源，包括：大学英语自主学习平台、大学英语国家级精品课程、大学英语国家精品共享课程建设项目、教育部大学英语教学改革示范点项目、大学英语国家资源共享课、世界大学城空间，以及大学英语系列教学课件、节日英语系列助学课件、大学生英语语音语调问题20讲系列微课。这些平台和资源满足了学生英语学习的基本需求。

面对英语基础较好、英语需求较高的学生，成立了包括英语演讲协会、英语辩论协会在内的各种英语兴趣社团，开设了内容多样的英语通识教育课，使学生能够按照个人兴趣和能力自主选择学习的内容和形式，培养学生的主体意识。

面对部分学有余力、有多元需求的学生，以各类英语赛事为契机，选拔学生进行更高要求的培训，提升学生英语语言应用能力。2015年6月，成立了“大学英语教学部英语技能培养中心”，形成规章制度，对英语赛事的人才选拔、赛事培训、外出比赛以及教师队伍进行规范化管理。

4. 取得的理论成果

多维渗透培养模式摸索、推进、提炼、推广的过程亦即课题组教师积极开展理论研究的过程，由此收获了一系列相关论文成果（见表5.1）。

表 5.1　多维渗透培养模式理论成果一览表

序号	成果名称	作者	时间	成果来源
1	信息图式之于英语视听说训练	杨　柳	2014.5	云南社会主义学院学报
2	大学英语教学人文环境的建构	彭逢春	2013.11	教师
3	机考背景下的大学英语自主学习机制研究	彭逢春	2011.10	当代教育理论与实践
4	图式理论：外语知识性阅读障碍的心理学新探	杨　柳	2011.6	中国特殊教育
5	跨文化交流中的普遍价值追求和民族个性独立	杨　柳	2011.3	贵州社会科学
6	英语知识性阅读障碍	杨　柳	2010.6	学理论
7	二十年来交际意愿研究述评	尹雪梅	2008.9	湘潭大学学报（哲学社会科学版）
8	走向对话与复调的课堂：大学英语教学的理念转变	彭逢春	2005.5	湘潭大学学报（哲学社会科学版）
9	全新版大学英语综合教程学习指南第一册	尹雪梅	2014.7	湘潭大学出版社
10	全新版大学英语综合教程学习指南第二册	杨　柳	2014.12	湘潭大学出版社
11	全新版大学英语综合教程学习指南第三册	熊天添	2014.12	湘潭大学出版社
12	新视野大学英语读写教程学习指南第一册	彭逢春	2014.7	湘潭大学出版社
13	新视野大学英语读写教程学习指南第二册	林　莉	2014.12	湘潭大学出版社

5. 实践成效

多维渗透培养模式削弱了大学英语教学的应试功能，注重语言的实际应用功能、文化熏陶功能、人格塑造功能，在教育教学实践中，让学习者能够在多维度、多方法、多层次的学习环境中实现主体意识的提升，取得较好的成绩。团队教师也在探索培养模式的过程中在教学能力、课件制作、微课制作等方面取得了斐然的成绩（见表5.2、表5.3、表5.4）。

表5.2 团队教师个人获奖成果一览表

序号	获奖成果及奖项名称	获奖教师	获奖时间	授奖单位	级别
1	“节日英语”获第九届全国多媒体课件大赛高教文科组一等奖	彭逢春 杨 柳 尹雪梅 熊天添	2009.11	教育部	国家级
2	湖南省首届微课大赛优秀团队奖	彭逢春 杨 柳 林 莉 熊天添 尹雪梅	2015.6	湖南省教育厅	省部级
3	“大学生英语语音语调问题20讲第3讲中元音”获湖南省首届微课大赛一等奖	彭逢春 林 莉	2015.6	湖南省教育厅	省部级
4	“大学生英语语音语调问题20讲第16讲连读”获湖南省首届微课大赛二等奖	熊天添 尹雪梅 杨 柳	2015.6	湖南省教育厅	省部级
5	“大学生英语语音语调问题20讲第18讲重读与节奏”获湖南省首届微课大赛三等奖	彭逢春	2015.6	湖南省教育厅	省部级
6	“大学生英语语音语调问题20讲第1讲前元音”获湖南省首届微课大赛三等奖	林 莉	2015.6	湖南省教育厅	省部级
7	湖南省普通高校青年教师教学能手	熊天添	2012.6	湖南省教育厅	省部级
8	湖南省普通高校教师课堂教学竞赛（综合组）二等奖	熊天添	2012.6	湖南省教育厅	省部级

续表

序号	获奖成果及奖项名称	获奖教师	获奖时间	授奖单位	级别
9	第二届“外教社杯”全国大学英语教学大赛湖南赛区综合课组三等奖	杨　柳	2011.9	湖南省大学外语专业委员会	省部级
10	第二届“外教社杯”全国大学英语教学大赛湖南赛区听说课组三等奖	林　莉	2011.9	湖南省大学外语专业委员会	省部级
11	“节日英语”获第九届湖南省高等学校多媒体教育软件大奖赛一等奖	杨　柳　彭逢春 尹雪梅　熊天添	2009.7	湖南省教育厅	省部级
12	湖南省普通高校青年教师教学能手	杨　柳	2008.8	湖南省教育厅	省部级
13	全新版大学英语获第七届湖南省高等学校多媒体教育软件大奖赛一等奖	尹雪梅 彭逢春 杨　柳	2007.10	湖南省教育厅	省部级

表 5.3　团队教师指导学生获奖成果一览表

序号	成果名称	获奖学生	获奖时间	指导教师	授奖单位	级别
1	“外研社杯”全国大学生英语辩论赛三等奖	李乐康 华　倩	2015.5	林　莉	中国共产主义青年团中央委员会	国家级
2	“外研社杯”全国英语演讲大赛网络赛场一等奖	冯　帅	2014.12	林　莉	教育部	国家级
3	“外研社杯”全国英语演讲大赛网络赛场三等奖	汤　鑫	2014.12	杨　柳	教育部	国家级

续表

序号	成果名称	获奖学生	获奖时间	指导教师	授奖单位	级别
4	全国大学生英语辩论赛精英赛三等奖	王响婧 宋　索	2014. 5	林　莉	中国共产主义青年团中央委员会	国家级
5	全国大学生英语竞赛一等奖	毛小波	2011. 5	林　莉	教育部	国家级
6	“外研社杯”全国大学生英语辩论赛三等奖	范　迪 曾熳凡	2010. 5	杨　柳	中国共产主义青年团中央委员会	国家级
7	全国大学生英语竞赛一等奖	沈玉婷	2009. 5	林　莉	教育部	国家级
8	全国大学生英语竞赛一等奖	凌淑珍	2009. 5	林　莉	教育部	国家级
9	湖南省第二十届普通高校大学生英语演讲比赛本科二组团体二等奖	梁美婷 汤　鑫 丁　洁	2014. 11	林　莉 杨　柳	湖南省教育厅	省部级
10	湖南省第十九届普通高校大学生英语演讲比赛本科一组团体一等奖	邱钰童 王　嘉 黄至德	2013. 10	杨　柳	湖南省教育厅	省部级
11	湖南省第十九届普通高校大学生英语演讲比赛本科二组团体一等奖	罗令舒 成佳明 朱　迪	2013. 10	林　莉	湖南省教育厅	省部级
12	第十六届“外研社·亚马逊杯”全国大学生英语辩论赛华中赛区三等奖	林雅清 彭小辉	2012. 5	杨　柳	中国共产主义青年团中央委员会	省部级
13	湖南省第十七届普通高校大学生英语演讲比赛本科一组团体一等奖	王宇石 胡圣慧 朱凌清	2011. 11	林　莉	湖南省教育厅	省部级

续表

序号	成果名称	获奖学生	获奖时间	指导教师	授奖单位	级别
14	湖南省第十六届普通高校大学生英语演讲比赛本科一组团体一等奖	黄　妍 刘张凡子 曾煐凡	2010. 10	杨　柳	湖南省教育厅	省部级
15	湖南省第十六届普通高校大学生英语演讲比赛本科二组团体二等奖	孙　曦 沈羽双 熊　壮	2010. 10	杨　柳	湖南省教育厅	省部级
16	湖南省第十四届普通高校大学生英语演讲比赛本科一组团体二等奖	汤　洋 兰　曦 张　舒	2008. 10	杨　柳	湖南省教育厅	省部级

表 5.4　其他实践成果一览表

序号	成果名称	取得时间	主要完成人
1	2009 届大学英语四级考试通过率 92%	2009 年	教学团队所有教师
2	2009 届大学英语六级考试通过率 32%	2009 年	教学团队所有教师
3	2010 届大学英语四级考试通过率 91%	2010 年	教学团队所有教师
4	2010 届大学英语六级考试通过率 36%	2010 年	教学团队所有教师
5	2011 届大学英语四级考试通过率 92%	2011 年	教学团队所有教师
6	2011 届大学英语六级考试通过率 40%	2011 年	教学团队所有教师
7	2012 届大学英语四级考试通过率 93%	2012 年	教学团队所有教师
8	2012 届大学英语六级考试通过率 43%	2012 年	教学团队所有教师
11	英语演讲辩论协会成立	2011 年	杨柳　林莉
12	“英语戏剧之夜”	2009 年	林莉
13	“莎士比亚之夜”	2011 年	林莉
14	“好莱坞之夜”	2012 年	林莉

三、特色和创新

（一）特色

1. 问题症结抓得准

通过问卷调查、同行座谈，准确把握目前大学英语所面临的问题：过分强化应试功能，导致英语学习者没有获得真正的语言应用能力，缺乏学习语言所承载的文化的意识，忽视英语学习者的主体意识，大学英语沦为通过全国大学英语四、六级考试的工具。

2. 教学理念立前沿

深刻认识到大学英语绝非应试工具，正确树立其兼具工具性和人文性双重性质的理念，并将此理念贯穿于大学英语教学的各个方面。

就工具性而言，首先，大学英语在高中英语教学的基础上进一步提高学生的英语听、说、读、写、译能力，使学生具备基本的英语交流能力，可以进行一般交流。其次，学生学习专门用途英语，即学习与专业或未来工作有关的学术英语或职业英语，获得在学术或职业领域进行交流的相关能力。

就人文性而言，语言作为文化的载体，学习语言就必须学习其所承载的文化。因此，跨文化教育成为大学英语不可或缺的一部分，帮助学生掌握英语文化知识，增强学生对中外文化异同的认识，使学生具备跨文化交际能力，促进学生文化品格的养成。另外，人文性的核心是以人为本，大学英语教学也应该体现以人为本：尊重学生的个性差异，满足学生的不同需求，发挥学生的主体意识。通过构建多维的教学目标体系，设置多样化的教学内容，运用多元化的教学方法，学生可以自己决定学什么、怎么学，提升主体意识，完成人格塑造。

3. 培养模式科学化

认清问题，更新理念，多维渗透培养模式应运而生。设置合理的、多维的教学目标，构建完整的教学目标体系；丰富教学内容，满足不同层次学生的不同需求；创新教学方法，充分调动不同需求学生的学习兴趣。科学化的培养模式，有助于打造具有世界眼光、国际意识、人文素养的优秀国际化人才。

（二）创新之处

1. 教学目标多维化，构建完整的教学目标体系

多维渗透培养模式突破传统的单一实践教学观，将英语教学实践从“哑巴英语”向语言应用、语言交际、文化传播、主体人格塑造等领域延伸，构建了一个融“语言能力提升、文化品格养成、主体人格塑造”于一体的英语教学实践大格局。在一般的语言教学观念中，人们关注的基本是语言知识和技能本身，而多维渗透培养模式从关注语言本身出发，在具体的教学实践中引导学生关注语言背后所包含的艺术、美学和思想内容，最终达到促进学生主体人格的进一步塑造。

2. 教学内容多样化，满足不同层次学生的不同需求

传统的整齐划一的教学内容，对有不同需求的不同层次的学生来说，非常缺乏合理性，会导致更多的学生丧失学习兴趣。多维渗透培养模式则完全改变了这种状况：“基础平台层”的学生有基础的学习平台和丰富的助学资源保驾护航；“兴趣培养层”的学生则活跃在各种英语兴趣社团中以及各类选修课的课堂上；“能力提升层”的学生在更高要求的英语赛事的舞台上展现着自己的风采。多样化的教学内容会使更多的学生重新回归，投入大学英语学习。

3. 教学方法多元化，充分调动不同需求学生的学习兴趣

教学方法多元化是教学的制胜法宝，是在同一个课堂上调动所有学生学习兴趣的关键。多维渗透培养模式把课内教学内容和课外交流任务主题化、情境化、角色化，把语言技能学习和文化知识习得融为一体，让学生围绕主题在真实的情境中扮演不同的角色，习得“鲜活”的英语，习得“有文化”的英语。

（三）社会反响

1. 新模式响应了时代要求

多维渗透培养模式最初是响应 2007 年教育部提出的《大学英语课程

教学要求》（以下简称《要求》）而起步的，旨在“培养学生英语综合应用能力，特别是听说能力”。正式成型之后，又正好呼应了2020年出台的《指南》提出的“培养学生的英语应用能力，增强跨文化交际意识和交际能力，同时发展自主学习能力，提高综合文化素养”，正好符合《指南》提出的三个等级的学习目标。

2. 高效率提升了教学效果

多维渗透培养模式有效地提高了湘潭大学CET-4的一次性通过率，同时，通过该模式而培养的学生，在各类各级英语比赛中，成绩斐然。自2007年以来，累计获国家级奖项11项，19人次，其中特等奖1人次，二等奖1人次。累计获省级一等奖22项，35人次；省级其他奖项30余项，100余人次。

3. 硬实力打造了优质团队

团队参与的大学英语课程获“国家级精品课程”。团队获全国总工会颁发的“芙蓉标兵岗”、湖南省级“优秀教学团队”等荣誉称号。团队中两位老师先后获评“湖南省教学能手”。团队成员参加各级青年教师讲课比赛，获得湖南省级、湘潭大学校级一、二、三等奖；参加国家级、湖南省级多媒体课件大赛，多次获一等奖；参加湖南省首届微课大赛，获优秀团队奖和多项个人一、二、三等奖。

4. 厚积累完成了教改课题

从前期准备到模型拟定，再到最后成型、推广，接近10年的时间里，团队成员承担了各级教改课题，并按时顺利结题。发表教改论文6篇、科研论文2篇，完成教材、教辅材料编撰5册。

5. 深挖掘提升了社团质量

随着多维渗透培养模式的进一步推广应用，提升了许多英语社团、协会的质量。“英语戏剧社”“英语辩论社”“英语口语俱乐部”等社团多次获得“湘潭大学优秀社团”称号，其中，“英语演讲与辩论团队”还获得湘潭大学“创新团队”荣誉称号，从整体上有效活跃了校园的英语学习氛围，提升了学生的跨文化素养。

四、需要进一步深化和完善之处

对于基础平台层的学生，应进一步结合信息化教学浪潮，充分利用各种资源，打造良好的学习环境，培养其高效的学习习惯。

对于兴趣培养层的学生，应多加强兴趣社团的组织和活动开展，延展选修课和专门用途英语课的广度，扩展学生的学习视野。

对于能力提升层的学生，应制订个性化的培养方案，利用大学英语部技能培养中心和各项赛事，提高学生的英语语言应用能力，打造更多的高层次英语人才。

“跨文化视角下语用能力培养的研究”结题报告书①

一、研究成果简介

（一）研究的目的、意义

跨文化语用能力是指中国学生在达到一定英语水准的基础上，与外国人进行正常交际所需要的能力。教育部于 2007 年 7 月发布的《要求》明确指出，大学英语是“以英语语言知识与应用技能、跨文化交际和学习策略为主要内容，并集多种教学模式和教学手段为一体的教学体系”，其目标是培养学生的语言综合应用能力，使他们“在今后学习、工作和社会交往中能用语言有效地进行交际，同时增强自主学习能力，提高综合文化素养，以适应我国社会发展和国际交流的需要”。由此可见，学生不仅需要掌握较为丰富的英语语言知识，还应具备较强的跨文化交际意识。这一点在传统的外语教学中因为客观原因恰好是被忽略的部分。

中国学生在本族文化背景下学英语，往往会下意识地套用中文的文化

① “跨文化视角下语用能力培养的研究”为 2010 年湖南省普通高等学校教学改革研究项目，已结题。

背景模式，这对外语学习是个大障碍。尽管他们有较好的语音面貌，语法也正确，可语用知识缺乏，语用能力较弱。因此，在实际交际过程中常常出现语用失误，甚至导致交际失败。随着我国对外交往日益频繁，跨文化交流的机会增多，良好的外语能力成为很多单位人才录用的基本条件。尽管现阶段大部分非英语专业学生已经通过全国大学英语四、六级考试，并能说几句英文，但在对外交往中往往不能用地道的英语进行得体的交际，语用失误行为较为普遍，因而培养学生的跨文化语用能力在现今的大学英语教学改革中显得尤为紧迫。

本研究的理论意义体现在从跨文化交际这个全新的视角出发，研究如何在大学英语教学中提高学生的语用能力。课题组成员对大学生语用现状进行了问卷调查，这些第一手的研究数据将对指导今后的跨文化语用能力研究持续发挥作用。本研究还提出从一个全新的、更人性化的角度，将语用学理论、语用原则以及跨文化交际学知识纳入大学英语日常教学。

本研究的实践价值体现在通过对学生的跨文化语用能力进行客观的测试与评估，分析和总结有关调查资料和数据，搜集有关理论研究资料，全面总结大学英语教学的经验与不足。课题组成员进行了多次研讨，并形成了统一的认识，制订出在大学英语教学中提高语用能力的可行性方案。新的教学模式立足于由传统的、单一的教师讲课型课堂转变为学生自主型及合作型课堂，将跨文化交际能力的培养渗透到大学英语教学的各个环节，以减少语用失误，从而真正实现跨文化交际的最终目标。

（二）研究成果的主要内容、重要观点和对策建议

Leech（1983）把语言能力区分为“语用语言能力”和“社交语用能力”。英国著名语言学家 Jenny Thomas 在《跨文化语用失误》（1983）一文中将语用失误划分为两类，一类是语用语言失误；另一类为社会语用失误。本研究首先客观地调查和评估了大学生跨文化语用能力的现状，然后从跨文化语用的角度对受访者在调查中所犯的错误进行归类，主要归为语言语用错误和社会语用错误两大类。因此，本研究的重点是如何从语言语用能力和社会语用能力这两个方面以及教师本身着手来提高学生的跨文化语用能力：首先，大学英语教学应当在语言知识输入的各个层面（词汇、

句式、语篇）渗透语用知识，加强对学习者跨文化语用能力的培养，使学生了解该语言所反映的语用规则、价值观念及社会思想等。更有效的大学英语教学模式应当将大学英语教学和跨文化语用知识结合起来，通过两种文化、两种语言的对比，发掘并指出它们的差异以避免发生语言语用失误。其次，在交际中，语言的基本单位是语篇，因此要培养学生的交际能力就必须培养其语篇能力。在语言学习过程中，提高阅读水平一直受到高度关注。不论是教师还是学生，在多年的语言学习中，都为之付出了巨大的努力。但是，学生的阅读理解能力还是不尽如人意。阻碍学生英语阅读理解能力提高的一个重要障碍便是知识性障碍。大多数学生在外语阅读中对材料的理解仅仅是对单个单词、短语或一个句子的理解，无法达到对全文的整体理解，更别说对作者的写作意图或者篇章的深层理解。只有解决英语阅读的知识性障碍，尤其是文化背景障碍，才能帮助学生走出阅读的困境。再次，教师应当将语用学理论纳入大学英语教学内容，教授学生如何在语言知识和语言能力有限、不足以充分或合适地表达自己的思想时，利用语用策略以避免社会语用失误，保持交际渠道的畅通。最后，由于跨文化语用能力的培养涉及语用学、跨文化交际学、二语习得研究、外语教学等多个领域的跨学科课题，因此本研究涉及教师如何在教学中引入语用学理论，将语用原则列入教学内容，并充当终生学习者和教学研究者的角色，不断发展自己的语用能力，保证职业能力的适应性，做好学生语用能力的培育者。

（三）教学改革方案和实践过程

（1）本研究采用定性和定量相结合的方法，把语用能力区分为“语用语言能力”和“社交语用能力”，在此基础上设计问卷：大学生英语语用能力现状调查。

（2）从湘潭大学文、理、工各学科专业学生中抽取十多个班级作为调查对象，发放问卷600份，收回有效问卷500多份。通过对学生的跨文化语用能力进行客观的测试与评估，分析和总结有关调查资料和数据，搜集有关理论研究资料，全面总结大学英语教学的经验与不足，客观分析目前大学生的语用能力现状。

（3）课题组成员就“如何将跨文化语用能力的培养渗透到大学英语教学各个环节”的具体实施方案进行了多次研讨，并形成了统一的认识，制订出一套可行性方案。改革后的课堂模式如下：

表 5.5　读写教程课程安排表①

课时	1—2 节	3—4 节	5—6 节
教学任务	相关主题口语话题讨论、背景文化知识导入	课文答疑、讲解	复习巩固单元内容，渗透跨文化语用知识
教学内容	学生在课前分组对相关话题进行研究，课堂上主要以汇报和交流为主	学生课前预习文章，带着问题进入课堂，课堂上教师用答疑方式讲解课文中的难点和重点	模拟真实的语言场景，以检查和巩固本单元内容
教学目标	通过小组课前研究及课堂汇报和交流，培养学生合作能力、自主学习能力以及交际能力	进一步培养学生自主学习语言点的能力，并通过答疑和讲解来提高语言输入效率	在仿真的语言环境中，培养跨文化语用能力与合作能力

表 5.6　视听说教程课程安排表②

课时	第 1 节	第 2 节
教学任务	听力训练	自主学习、分组讨论
教学内容	新世纪大学英语视听说教材	1. 学生从自主学习资源中寻找符合自己能力和兴趣的听力材料做听力训练，并做笔记； 2. 部分学生轮流与教师进行小组讨论； 3. 指定一学生对全班同学自主学习笔记进行检查、评分
教学目标	通过集中的听力训练，讲解提高听力的技巧	1. 通过自选教材，锻炼自主学习、自我管理能力，并根据兴趣提高听力水平； 2. 用小组讨论的方式减少学生口语方面的焦虑感并提高口语水平

① 读写教程每单元教学安排 6 学时。

② 视听说课程每单元教学安排 2 学时。

为了提高学生在视听说自主学习环节的效率，课题组在整合湘潭大学原有自主学习资源的基础上，添加了许多更具时代特色的英语影音资料，让学生从自主学习资源中拷贝所需要的资料以供课后使用。

（4）以提高大学生跨文化语用能力为指导思想，课题组各成员将研究成果用于指导实际课堂教学：在课前的研究中，教师是引导者，学生是研究主体；在课堂答疑中，教师是解决问题的帮手、合作者，同学之间相互解答对方的问题，是答案的探寻者；在任务的检查过程中，教师与学生共同承担评价任务。课题组多个成员从跨文化交际视角，改进教学方法，结合多种媒体资源，在实际教学中引入语用学理论，将语用原则列入教学内容，以培养学生跨文化语用能力为宗旨，彻底打破以往的应试教学模式，并在各类教学竞赛中屡屡获奖，取得了良好的教学效果和成绩。

（四）成果的学术价值、实践意义和社会影响

对目前大学生的跨文化语用能力的现状进行问卷调查，相关的数据和结果被陆续运用到科研论文中，以便于总结目前大学英语教学的不足和缺陷，为今后的大学英语教学改革提供参考。

课题组成员对湘潭大学原有的自主学习资源进行了清查，整合了语音教室已有的上万条自主学习资源，从难度、语言特征、内容方面进行归类，方便其他教师对资源的运用。另外还增加了最新的英语影视资源，有近 80 部最新双语字幕影视作品被添加进来，为学生的大学英语视听说课程自主学习提供了丰富的资源。

将跨文化语用能力的培养渗透到大学英语教学各个环节，经过课题组成员对具体实施方案进行反复讨论，探索出了一种全新的自主型 + 合作型大学英语教学模式。这种改革不需要大刀阔斧地改变原有教学模式，也不需要大规模的资金和技术投入，重点在于在教授语言知识和技能的基础上，利用多渠道向学生讲解文化差异和跨文化语用知识，培养学生的文化意识和语用意识，帮助学生在交际中减少和避免语用失误，从而提高他们的跨文化交际能力。这种全新的教学模式让教师与学生在教与学的过程中得到了全新的体验。

本研究的目标是培养学生的文化意识和语用意识，帮助学生在交际中

减少和避免语用失误，从而提高他们的跨文化交际能力。学习语言最直观和最终的目的便是交际和交流，因此我们不用数据来让研究结果表面化，而是更乐意让这种改革和尝试一直进行下去，让学生的跨文化语用能力在大学英语学习中潜移默化地得到提高，从而让英语学习者终身受益。

（五）研究成果和研究方法的特色与重要贡献

本研究的一个重大突破在于从跨文化语用的视角，对大学生的跨文化语用状况进行了调查，经过分析发现普遍存在的语用语言失误以及社会语用失误。以此为基础，对大学英语教学做出相应调整：在教授语言知识和技能的基础上，利用多渠道向学生讲解文化差异和语用知识，在教学中引入语用学理论，将语用原则列入教学内容，培养学生的文化意识和语用意识，注重学生跨文化交际能力的培养，以减少语用失误，从而提高学生跨文化语用能力，真正实现跨文化交际的最终目标。

课题组成员均从事大学英语教学工作多年，深感语言的掌握不仅是语音、语法及词汇知识的积累，培养学生的跨文化交际意识，提高学生的跨文化语用能力对提高综合应用能力起着举足轻重的作用。本研究的特色在于从一个全新的、更人性化的角度，在大学英语教学中引入语用学理论，将语用原则列入教学内容，以培养学生跨文化语用能力为宗旨，彻底打破以往的应试教学模式，为解决这个长期困扰我国外语教学的问题，提高我国学生的跨文化语用能力做出了有益的尝试。因此通过本研究，教师能更注重学生文化背景知识水平的提高，有意识地改进教学方法，增强学生对文化差异的认识，尽可能避免因文化差异而导致的语用失误或交际失败，多方面地培养和训练学生的跨文化语用能力，最终达到正确使用语言，顺利完成交际的目的。研究成果的推广和运用将在很大程度上改变大学英语教学的现状，有助于培养高素质综合型人才，对一般性高等院校的大学英语教学有重要的参考价值。

二、研究总结报告

本研究基本按照原计划，经历了第一阶段的调查研究，第二阶段的分析总结、方案制作，第三阶段的组织试点和第四阶段的总结与方案推广，课题组取得了良好的实践效果和预期的科研成果。其中论文《英语知识性阅读障碍》发表在省级刊物《学理论》2010 年第 17 期上。课题组负责人以最终提高大学生英语求职面试技巧为教学目的所教授的全新版大学英语第四册第三课“Get the Job You Want”，在 2012 年湘潭大学青年教师讲课比赛中荣获一等奖，在 2012 年湖南省普通高校教师课堂教学竞赛（大学英语综合组）中荣获二等奖，该负责人被湖南省教育厅授予“湖南省普通高校青年教师教学能手”称号。课题组成员从比较中西方学习方式差异出发，旨在提高学生的文化差异意识所教授的全新版大学英语第二册第一课“Learning, Chinese - style”，荣获 2011 年第二届“外教社杯”全国大学英语教学大赛湖南赛区综合组三等奖，该成员被湘潭大学授予“教学科研明星”称号。

通过对大学生的跨文化语用能力进行客观的测试与评估（本课题采用的是从语用语言能力和社交语用能力两个方面来检测学生的跨文化语用能力。语用语言能力主要通过翻译测试来考查，而社交语用能力则主要通过问卷调查来检测），分析和总结有关调查资料和数据，搜集有关理论研究资料，全面总结大学英语教学的经验与不足。课题组成员就如何将跨文化语用能力的培养渗透到大学英语教学各个环节的具体实施方案进行了多次研讨，并形成了统一的认识，制订出在大学英语教学中提高跨文化语用能力的可行性方案。该方案从一个全新的、更人性化的角度，在大学英语教学中引入语用学理论，将语用原则列入教学内容，以培养学生跨文化语用能力为宗旨，彻底打破以往的应试教学模式，让英语学习者终身受益。

在今后的工作中，我们需要进一步提高教师在语用学方面的理论修养及跨文化交际意识，更新和完善教学内容与教学手段，将跨文化语用原则纳入大学英语教学大纲，将传统的课堂教学和基于现代教育技术的多媒体教学相结合，优化基于校园网的英语学习环境，充分利用现代信息技术和网络资源，为学生创造更真实的语言环境，让学生能将所学的跨文化语用原则和策略应用于实践，达到成功进行跨文化交际的最终目的。

“基于世界大学城空间教学平台的看美剧学英语公共选修课程建设方案设计研究”研究报告[①]

一、问题的提出

“网络学习空间人人通”从概念提出到实际运用已取得突破性进展。2012年5月，教育部召开全国教育信息化试点工作座谈会，提出把“三通两平台”作为国家“十二五”教育信息化的核心目标和标志工程，为教育信息化促进教育发展指明了方向。“三通两平台”中的“网络学习空间人人通”是教育信息化的直接落脚点，也是教育信息化深入应用未来的发展方向。有了“网络学习空间人人通”，可以实现教育资源的共建共享，能在最短时间内快速促进教育公平、均衡、可持续发展。有了“网络学习空间人人通”，可以全面实现教学方式与学习方式的深刻变革，从而促进人才培养模式的根本变革。

大学英语必修课是高等学校教育的重要组成部分，但各高校对该课程的设置不完全相同。该课程开设时长基本上为1—2年，主要采用纸质版教材，为语言学习者提供书面语的输入。经过专家学者的精心策划和审慎编排，纸质版材料能很好地满足语言学习者的基本学习需求。但时效性差、内容乏善可陈和与现实严重脱节等缺点，导致教师与学生对教材的抱怨不断。他们普遍认为教材在阅读和词汇的学习方面起到了积极的作用，但对切实提高英语综合运用能力，特别是听说能力的帮助不大。而且目前一些高校对大学英语四六级考试通过率的过度关注，致使大学英语教学在很大程度上仍停留在传统应试教育阶段，大大降低了学习者的学习热情和积极性。另外，大多数学校的大学英语“后四级”时期的课程设置不完善，学习者主观想学但却无课可上，造成了学习“断线”的局面。

云平台教学建设（超星学习通、世界大学城）是一场教育的革命，空间教学时代即将来临。

---

① “基于世界大学城空间教学平台的看美剧学英语公共选修课程建设方案设计研究”为湖南省教育科学“十二五”规划2014年度英语教学研究专项课题，已结题。

二、课题界定

本课题中的云平台是指近年来基于云计算技术的世界大学城（http：//www. worlduc. com）和超星学习通（可在各大手机应用市场下载）。“基于世界大学城空间教学平台”是指借助云平台开展教学。

基于云平台，开设看美剧学英语公共选修课程，结合“空间教学”“翻转课堂”和“建构主义学习理论”，尝试建构“分层渐进式教学”的新型公共选修课教学模式。将先进的云平台技术应用到教学，并且通过网络等方式传递知识，学习者可以自行安排学习时间和学习计划，有利于培养他们的自主学习能力和发现问题的能力，个人自主学习也有利于学习者创新意识的养成，这正符合当今教育信息化对人才的要求。这样的教学模式提高了学生的学习兴趣，也弥补了传统教学的不足，这些优点，正是教学改革的新开始。

三、研究综述

教育部2007年颁布的《要求》对大学英语的教学目标做出了明确的规定，即培养学生的英语综合应用能力，特别是听说能力，使他们在今后学习、工作和社会交往中能用英语有效地进行交际，同时增强其自主学习能力，提高综合文化素养，以适应我国社会发展和国际交流的需要。各高等学校应根据本校实际情况确定教学目标，并创造条件，使那些英语起点水平较高、学有余力的学生能够达到较高要求或更高要求。对于大学英语课程的具体设计，《要求》规定各高等学校应根据实际情况，按照《要求》和本校大学英语教学目标设计出各自的大学英语课程体系，将综合英语类、语言技能类、语言应用类、语言文化类和专业英语类等必修课程与选修课程有机结合，确保不同层次的学生在英语运用能力方面得到充分的训练和提高。根据《要求》的精神和实际教学情况，很多高校开设了各种各样的大学英语选修课，如商务英语、英美国家文化、英语戏剧与表演、英语演讲与辩论等，旨在进一步提高学生学习英语的兴趣，拓展学生的知识面和文化视野，优化学生的知识结构，提高学生的英语实际应用能力，为将来的就业和学术发展拓宽渠道。近几年，国内外开展的关于计算机辅助外语教学及网络教学的热烈讨论层出不穷，从理论到实践，在一定程度上肯定了大学英语网络教学的教学效果。美国新墨西哥州圣胡安学院的高级教学设计师 David Penrose 在 2008 年秋季首创了“微课程”的概念，也就是运用建构主义方法形成的、以在线学习或移动学习为目的的实际教学内容，在翻转课堂的教学过程中起到了良好的辅助与促进作用。近几年，空间教学在各个高等专科院校、职业技术学院中悄然兴起，如长沙民政职业技术学院将职教新干线空间教学引入课堂，对教学资源实行有序管理和充分共享，推动了教学模式、教学方法和学习方式的根本变革，促进了教学现代化进程。国内外已经有许多学者进行了关于英文电影或者电视剧应用于英语教学的研究。Peter Voller，Steven Widdows（1993）提出了实用而详尽地将英文电影应用于课堂教学的模式。顾晓乐、黄芙蓉、王松（2004）提出了英语情景剧表演的理论依据：合作学习，阐述了情景剧表演的几个主要原则，分析了四种情景剧表演的实施方略和优点，证明情景剧表演可有效提高学生的口语交际能力。Dilys Karen Rees（2005）将美剧《人人都爱雷蒙德》应用于巴西外语学习课堂，探讨巴西外语学习者在民族差异、世界体系文化和地方化解释三个层面对美剧的理解。

四、研究意义

本课题将先进的云平台技术应用于教学，通过美剧这种学生感兴趣的方式进行英语教学，融视、听、说、读、写、译于一体，营造良好的氛围，激发学生学习英语的兴趣并且通过网络等方式将知识传递给学生。学习过程既不再是以教师为中心的知识传授过程，也不是以学生为中心的知识建构过程，而是“学友”们在民主平等环境中的交往、互动的过程，参与课程的每个成员都可以是学习资源的建设者。学习者可以自行安排学习时间和学习计划，有利于培养他们的自主学习能力和发现问题的能力，个人自主学习也有利于学习者创新意识的养成，这正符合当今教育信息化对人才的要求。

五、理论依据

（一）云平台教学

云平台教学的主要内容是指在教学领域开发并应用现代信息技术，通过教学信息、教学环境、教学活动的数字化，对教学资源进行有序管理和充分共享，推动教学模式、教学方法和学习方式发生根本变革，促进教学现代化进程。具体而言，就是以“世界大学城”和“超星学习通”为平台，教师用户建立课程，并与学生进行教学互动。

（二）翻转课堂

翻转课堂对知识传授和知识内化作了颠倒安排，将知识传授置于课外，由学生独立完成，知识内化在课堂中实现。

（三）建构主义学习理论

建构主义学习理论认为，学习是学习者在原有知识经验基础上，在一定的社会文化环境中，主动对新信息进行加工处理，建构知识的意义（或知识表征）的过程。学生应该是信息加工的主体、知识意义的主动建构者，教学必须以学生为中心，而不能以教师为中心，不能把学生看成是外部刺激的被动接受者。教师的作用不是直接向学生传授、灌输知识，而是帮助、促进学生去主动建构意义。

（四）布鲁姆“教育目标分类法”

根据布鲁姆“教育目标分类法”，在认知领域的教育目标可分为：记忆（Remember）；理解（Understand）；应用（Apply）；分析（Analyze）；评价（Evaluate）；创造（Create）。

六、研究目标

本课题的研究目标是：基于超星学习通和世界大学城，结合“云平台教学”“翻转课堂”和“建构主义学习理论”，以律政类美剧为教学内容，开设法律英语公共选修课程，探索一条兼顾课前、课中、课后三个学习阶段的新路，尝试建构“分层渐进式教学”的新型公共选修课教学模式。

七、研究内容

（1）本课题的核心研究内容是：基于云平台，如何转变传统课堂模式？翻转课堂教学模式在大学英语教学中的实践探索。

（2）学生在这种新型教学模式下如何自主学习和协作学习？

（3）真实环境下大学英语课堂教学和虚拟网络空间环境下大学英语课堂教学的比较。

（4）在全新的空间教学时代来临之际，教师自身角色的转变及其职业发展。

八、研究方法

文献法：通过查阅有关“云平台教学”“翻转课堂”“建构主义学习理论”的相关著作、期刊数据库及浏览多个云平台课程，以此作为本课题的参考资料，开展研究。

比较研究法：通过对比研究，探讨真实环境下大学英语课堂教学和虚拟网络空间环境下大学英语课堂教学的关系。

经验总结法：总结本次公共选修课程的试点经验，逐步向全校其他公共选修课普及。

九、研究过程和措施

（一）理论积累

进一步查阅最新文献，检索与本课题密切相关的国内外研究动态。课题立项后，为了让成员进一步加强理论学习，提高理论素养，课题组一方面精选理论文章，先后查阅了80多篇相关论文。如：余文森《略谈主体性与自主学习》；王龙、王娟《麻省理工学院开放课件项目经验评述》；张金磊、王颖、张宝辉《翻转课堂教学模式研究》；王湘玲、宁春岩《基于建构主义理论的网络英语教学研究》；陈诗颖、苏桂兰《英语教学与网络信息技术的整合应用：定位与思考》；满颖、侯正良《法律英语教学与国际型法律人才的培养》；朱杨琼、施星君《世界大学城云平台下〈英语视听说〉教学研究》；王瑞华《基于布鲁姆教育目标分类法的多模态教学模式研究》；张法连《新时代法律英语复合型人才培养机制探究》等。另一方面，购置了大量理论书籍，以供成员借阅学习。在认真学习的基础上，课题组还定期举办学习交流活动，为成员的学习交流提供平台，为课题研究奠定坚实的理论基础。通过学习与交流，课题组把握了当前国内各高校大学英语教学改革和从事大学英语教学的教育科研工作者，对空间教学问题作过的有益的探索，积累的经验和存在的问题，为课题研究打下坚实的基础。

（二）组织外出学习交流

为了进一步开阔视野，认真学习各种先进经验，从而为课题研究奠定基础，课题组成员利用寒暑假分别赴桂林、苏州、北京、西安、南京等地参加外教社及外研社组织的“全国高等学校大学英语教学发展与创新研修班”“智赋信息管理 慧启外语教学——U校园智慧教学云平台管理员研修班”“科研项目设计与申报高级研修班”“全国高校外语教学研究与教师发展系列研修班”“高校外语慕课建设：选题、设计与实践研修班”，并集体现场观摩外研社“教学之星”大赛等教学研讨活动，为课题研究广开思路，交流经验。

（三）举办云平台操作培训

为了提高成员的云平台操作水平，课题组先后邀请世界大学城技术部门和超星学习通课程中心对全体成员进行技术培训与指导，并建立了 QQ 群组，为课程开设与维护提供长期的技术支持。

（四）开展专题研讨

自开题以来，课题组先后组织了六次大型的专题研讨。专题研讨的内容充实，形式多样，为课题研究的顺利进行提供了重要保障。

（五）制订课程具体实施方案

课题组研究制订了《基于世界大学城空间教学平台，开设看美剧学英语公共选修课程具体实施方案》和《基于超星学习通教学平台，开设法律英语视听说（看美剧学英语）公共选修课程具体实施方案》。开课前，教师结合学生实际做好云平台资源建设，其中必备要素为：课程建设方案、课程介绍、课程标准、课程设计、教学大纲、授课计划、评价标准等。尝试在“互联网＋教育”的时代背景下，充分利用在线教学和课堂教学的互补优势，结合英语类公共选修课程自身特点，以世界大学城和超星学习通为教学平台，以美剧为教学内容，创建并完善一套提升英语综合能力以及跨文化交际能力的教学模式。

（六）建构“分层渐进式教学”的新型公共选修课教学模式

为积极探索建构“分层渐进式教学”的新型公共选修课教学模式，课题组筹备制作了英语语音纠正系列微课。该系列微课不但能强化学生英语音标的发音和语调，还能帮助学生掌握音阶的组合状况，比如轻重音、弱读或者单词句子的重音以及英美音的区别等。课题组的目的是让学生从课程训练的角度思考问题，在熟练掌握 48 个因素的同时，获得英语语音基础知识，从而能灵活地开展朗读。此系列微课将作为本课程的预备课程，为学生后续语言能力的提高打下坚实的语音基础。

（七）真实开设课程

课题组已经以超星学习通为教学平台，在全校范围内开设公共选修课法律英语（2019 年上学期至今），以法学院、知识产权学院与信用风险管理学院二年级法科学生为主要授课对象，开设专业选修课法律英语（2019 年上学期至今），以法学院非全日制法律硕士为授课对象，开设专业必修课法律英语（2016 年至今）。该课程共计 32 课时，其中法律英语视听说占 8 课时，将美剧与庭审英语结合，以律政类美剧《傲骨贤妻》为主要教学内容，尝试探索出一套通过观看学习模仿美剧提升法律英语视听说能力的教学模式，以期对信息化法律英语教学有所启发。

（八）成果把关

课题组的阶段性成果经过严格把关，已发表论文 2 篇（还有 2 篇待发表）。法律英语课程也持续在超星学习通上线。

十、研究结论及分析

（一）云平台和看美剧学英语结合的必要性

传统的英语视听说课堂教学以教师为中心，教学资源以教学光盘和课件为主，课堂教学组织形式单一，以传统的大班授课制为主。大班英语教学最为突出的问题是不可能为同一教室内所有学生提供均等的学习机会，学习者的个性化需求往往难以得到满足，个性化见解得不到充分展示，参与课堂的机会和时间有限。在云平台时代，这种时间和空间的两难困境可以得到较好化解。云平台既可以作为教学的课程平台，又可以作为课堂的延伸和拓展，最大程度地消除大班英语课存在的弊端。

随着现代教学技术的普及和多媒体的广泛应用，美剧在英语教学中的应用越来越深入。美剧融文本字幕、语音、图像等多种信息传播介质于一体，让学生不仅能在真实生动的语言环境中接触到地道的英语，还能全面直观地了解语言文化和西方社会的风土人情，创造轻松的学习氛围，激发学习的兴趣。美剧对白可以使学生置身于英语环境中，训练听力的概括和通过关键词抓大意的能力，培养用英语思考和即席讲话的能力，以及提高深入分析影片中人物性格的能力。不仅如此，标准地道的语言，能激发学生强烈的求知欲，增强学生的文化意识，提高学生的跨文化交际能力。

（二）法律英语教学和看美剧学英语结合的必要性

1. ESP 教学的兴起

随着经济与科学技术的迅速发展，英语在世界各国日益频繁的交往中成为最普及的交流工具之一。人们不再只是将英语看作一门语言技能，而是将其与职业、学业和就业等各种需求联系起来。正是为了满足不同学习者的多种学习需求，专门用途英语（English for Specific Purposes，简称 ESP）应运而生。Tom Hutchinson 认为，ESP is an approach to language teaching in which all decisions as to content and method are based on the learner' s reason for learning. 可见 ESP 是为满足学习者某种目的或（职业）需求而开设的英语课程。著名学者，如蔡基刚教授、刘润清教授等，均在各自论著中多次表示 ESP 将成为 21 世纪英语教学的主流。随着社会对复合型人才的需求越来越大，高校开设专门用途英语的趋向性更为明确。在这一趋势的影响下，国内很多大学都开设了专业英语课程，如商务英语、法律英语、科技英语、旅游英语等。

2. 复合型法律人才需求对法律英语教学提出新要求

在国际交往日益频繁的大背景下，培养出高层次的国际型法律人才成为我国法学教育的目标之一。我国司法部早在《法学教育“九五”发展规划和 2010 年发展设想》中就明确指出要“重点培养高层次的复合型、外向型法律人才和职业型、应用型法律人才”，这里的“复合型”和“外向型”显然强调的是学科的交叉性及法律英语素养的提高，为我国法学教育和专业英语教育提出了新的教学要求。上述的各项目标和要求必须通过 ESP 教学来实现。由此可见，ESP 是 21 世纪经济、政治、文化发展对法律人才素质要求的必然，是法律全球化、法律教育全球化的必然，是法学教育改革的必然。只有顺应时代需求，认真思考、勇于创新，才能培养出优秀的复合型法律人才。随着中国的“入世”，中国与世界各国在科学技术和商贸经济各领域有了更广泛的合作与交流，越来越多的经济和政治纠纷需要通过法律途径解决，法律英语作为一门“培养复合型、外向型法律人才”的新兴专业课程在中国迅速发展，全国除了多所政法院系在法学本科生、研究生等不同层次开设法律英语课程外，外交、国际贸易、国际金融、国际政治等专业也相继开设了法律英语课程，有的院校还利用自身优势开设了法律英语专业，使法律英语教学趋向系统化、专业化。然而迄今为止，能够熟练处理涉外法律事务的复合型法律人才仍然十分紧缺，这促使我们对目前的法律英语教学模式作一些必要的反思。

3. 法律英语教学现状

随着我国改革开放的深入和“入世”后所面临的各种问题的增多，学校教学对于 ESP 的需求越来越大，但我国现在的 ESP 教学却与当前的需要不相适应，“重知识、轻能力”的倾向严重。为满足社会对法律英语人才数量以及人才素质的需求，很多高校法学院系甚至其他部分院系，如英语学院或者英文系都相继开设了法律英语课程。就该课程的教学模式而言，肖鹏在《基于 ESP 需求分析的高校法律英语教学模式研究》中指出，目前我国高校法律英语的教学已经自然形成了几种不同的模式：“法学专业（汉语讲授）＋法律英语阅读课程”模式、“英语专业＋法学课程（汉语讲授）”模式、“法学专业＋英文教材（英语讲授）＋基础英语课程”模式。以上三种模式都以培养复合型人才为目标，各有特色。但实际上，这些法律英语教学模式缺乏应用性和针对性，依然不能满足学生对该课程的需求，与快速发展的经济态势和法治社会趋势相距甚远，同时也给我国高校的法律英语教学与法学复合型人才培养提出了更高的要求和挑战，因此，我们亟需探索有效的法律英语教学模式。

4. “双＋”“双重”法律英语教学模式

课题组致力于 ESP 教学和法律英语教学的发展与研究，采用“双＋”“双重”的 ESP 教学模式教授法律英语。其中“双＋”指的是：“线上＋线下”“语言＋专业”，即云平台与传统课堂授课相结合，课程设计围绕英语与法学展开；“双重”指的是：运用语言学尤其是应用语言学的基本原理和方法研究法律科学和法律实践的英语语言特点，重问题意识的培养、重文化视野的构建。这种“双＋”“双重”的 ESP 教学模式在教学内容的组织、教学设计、教学资源、教学方法、教学手段、组织教学等方面均有独特的创新之处。本课程希望达成的目标是培养具有优秀语言和文化底蕴、有国际视野的法学专业学生，形成跨学科的教学与科研合作，并逐步将这种新型的 ESP 教学模式推广到其他专业英语领域，如商务英语、科技英语、医学英语等，将“用专业学外语”和“用外语学专业”这两种方法结合起来开展教学活动，从而探索出一条复合型、外向型、专业型、国际型人才培养的新模式。

5. 法律英语课程设置与看美剧学英语

作为一门交叉学科课程，法律英语既具有 ESP 课程的普遍特征，又有其特殊性。该课程设置的目标是满足学习者以英语为工具学习法律专业知识，进而增强从事涉外法律事务能力的特定需求。在教学手段方面，互联网时代为学生提供了更多的选择，给教师带来了更多的挑战，因此一方面我们充分利用云平台（超星学习通、世界大学城），做好线上课程建设；另一方面，法律专业教师与公共英语教师协同合作，做好线下的面对面交流和互动，形成优势互补的跨学科合作。

法律英语教学内容分为 4 大模块：法律文书写作、法律英语视听说、法律文献阅读、法规法条的英汉互译。这 4 大模块在语言能力方面涵盖了听、说、读、写、译，在法学专业技能方面同时涵盖了学术与实务领域。目前，课题组已经以超星学习通为教学平台，在全校范围内开设公共选修课法律英语。该课程共计 32 课时，其中法律英语视听说占 8 课时，将美剧与庭审英语结合，以律政类美剧《傲骨贤妻》为主要教学内容。揽获 2010 年艾美奖和 2015 年人民选择奖的美剧《傲骨贤妻》（The Good Wife），讲述了一位政客的妻子在丈夫被揭发丑闻后，如何在律所自力更生、重拾希望的故事。该剧集内容源于真实案例和社会热点，完整地呈现了诉讼过程的各个环节，女主角 Alicia 是一名出色的辩护律师，剧中大篇幅地描绘了她在庭审中的精彩表现，因此该剧很适合作为法律英语视听说的教学内容。

（三）法律英语视听说能力提升实践研究——云平台和看美剧学英语的结合

开课前，教师结合学生实际做好教学平台资源建设，其中必备要素为：课程建设方案、课程介绍、课程标准、课程设计、教学大纲、授课计划、评价标准等。同时将与课程匹配的视频资源、图文资源、课件资源、网络资源等上传至平台，分类要清晰，查找简单方便，资源实时更新。选课成功后，学生进入云平台实名注册，并加入本课程。

下面以《傲骨贤妻》第一季第一集为例进行详细说明。

按照布鲁姆的“教育目标分类法”，将《法律英语》视听说课程分为课前、课中、课后三个学习阶段。

1. 课前学习

原本在课堂讲授的内容，现在在云平台上展示，教师发布任务，学生按要求自主学习：记忆（Remember）→理解（Understand）。

（1）关注通知、导学及注意事项

教师通过云平台向学生推送通知、导学及注意事项。

本次课前导学：仔细阅读文本资料，观看视频，自学学习手册。

（2）图文资料

该剧集中涉及的背景介绍、法律文化知识、法律文献阅读、法规法条、法律实务等。

本次课前阅读：Jury（陪审团）、Rules of objection（庭审中提出“反对”的理由）。

（3）视频资料

云平台资料库提供美剧视频，学生按要求进行自主学习。

本次观看内容：《傲骨贤妻》第一季第一集。

观看步骤：

第一步，观看无字幕版视频，旨在了解影片大意；

第二步，结合英文版字幕，精看精听；

第三步，再反复观看无字幕版视频，提升听力理解能力。

（4）学习手册

云平台资料库提供视频内容配套的英文字幕文本，供学生下载。云平台教案库提供重难点词汇讲解、文化背景及语言点注解。

本集学习手册:《傲骨贤妻》第一季第一集英文剧本、重点法律英语词汇注音讲解、庭审术语和常用句型及讲解。

（5）留言板，主题讨论，学生反馈

学生可以通过云平台在线讨论、交流互动或者线上提问教师。

2. 课中学习

原本布置的任务和作业，学生在活动中研讨解决：理解（Understand）；分析（Analyze）→应用（Apply）；创造（Create）。

课堂教学活动以学生学习为中心，通过以下方式开展：

（1）知识点回顾与归纳

教师根据课前互动和学生的线上提问了解学生的语言失误和学习困难，对学生课前阅读完成情况进行检测，按照法律英语的语言特点和职业特征，对难点进行讲解和深度拓展，设计有针对性的语言应用任务。

本集课前阅读完成情况检测（根据关键词和问题在文本资料中找答案）：Jury（What、Verdict、Who、Pros、Cons）；Rules of objection（What、When、Ruling、React、Objections generally、Summary judgment、Continuing objection、Proper reasons for objecting to a question asked to a witness、Proper reasons for objection to material evidence include、Proper reasons for objecting to a witness' s answer）。

（2）情景模拟，角色扮演（听、说）

采用按情节内容划分的方式播放美剧视频，还原情景对话，教师对该情景下的常用表达进行讲解。给出特定场景，请学生模仿并进行情景模拟、角色扮演。教师还可以设计如电影情节讲述、模拟记者采访、英文配音等教学活动充分调动学生的积极性。

本集庭审情景模拟：Alicia 重返职场的第一单案件是为一名被控谋杀前夫的年轻女教师 Jennifer 的案件重审做法律援助，请学生分别扮演 Alicia（辩方律师）、Jennifer（被告）、Judge Richard（法官）、Mantan（检察官）、Cindy（检方证人，Jennifer 前夫即本案被害人的现任妻子）、Detective Briggs（检方证人）、Mr. North（检方证人），重现剧中多个庭审场景。

（3）精听台词（听、读）

将美剧音频做成复合式听写材料，帮助学生在提高听力水平的同时兼顾词汇习得。

本集精听内容：将本集里案情陈述场景、抗辩式庭审片段做成复合式听写材料，要求学生听写出重要法律英语词汇和短语。

（4）学习翻译技巧（译）

让学生尝试将美剧台词翻译成中文，批判地看待目前互联网上水平参差不齐的美剧字幕翻译。旨在让学生了解翻译的异化与归化，逐渐积累英汉互译的方法与技巧，品味语言的魅力。

3. 课后学习

加深拓展学习内容：应用（Apply）；分析（Analyze）→评价（Evaluate）；创造（Create）。

（1）提交相关主题写作作业（写）

通过句酷批改网（www. pigai. orz）对学生的写作作业进行批改，实现网络批改和教师批改相结合。

本集写作作业：案件综述（Case Brief Writing）。

（2）团队协作，成果交流

通过云平台，发布分组任务。以 8 人为一个学习小组，学生自行开展线上和线下分组学习。学生经过独立探索、协作学习之后，完成个人或者小组成果集锦。成果交流的形式多种多样，如在线视频报告（PPT 汇报、故事重构）、小型比赛（演讲、小组辩论赛）等。学生可以将自己的汇报过程进行录像，上传至空间平台，教师和学生在观看完汇报视频后，在平台或课堂上进行讨论、评价。

本集小组作业：利用湘潭大学模拟法庭庭审录播系统，拍摄一段模拟庭审视频，学生提交作业后，教师将作业汇总归纳并上传至世界大学城云平台“学生作品展示”栏目，各小组观摩互评讨论。

（3）参与讨论版议题和群聊互动

师生在云平台积极参与讨论版议题和群聊互动，甚至可以开直播，真正实现“因材施教”，有针对性地指导学生，实现个别化指导。

本集讨论版议题：请根据《傲骨贤妻》第一季第一集中的庭审场景，

列出律师对对方提议提出反对的理由（Proper reasons for objections）。

4. 过程跟踪与评价

强化激励机制，监督学习过程，本课程采取定量和定性、形成性和总结性相结合的评价方式。评价的内容涉及独立学习过程中的表现、空间建设、互动频率、在小组学习中的表现、学习计划安排、学习进度、学习效果和成果展示等方面。

（四）云平台和看美剧学英语的结合有利于自主、合作、探究学习能力的培养

随着当今社会经济和文化的高速发展以及知识内容和结构日新月异的变化，教育的目标也在悄然发生着变化。从传统的知识的系统传授到学生认知能力和学习能力的提高，教育的目标在于培养具备终身学习能力的人才。为了实现这一目标，培养学生自主、合作、探究学习能力是极其必要的。《国家中长期教育改革与发展规划纲要（2010—2020 年）》也指出，学校要“注重学思结合。倡导启发式、探究式、讨论式、参与式教学，帮助学生学会学习。激发学生的好奇心，培养学生的兴趣爱好，营造独立思考、自由探索、勇于创新的良好环境”。文件中所提到的“探究式”“讨论式”“独立思考”“自由探索”正是自主、合作、探究学习的精髓之所在，更是目前国内大学英语教学培养的首要目标。

1. 自主、合作、探究学习能力的本质

自主学习的本质是学习者的自觉性。自觉性又叫独立性和目的性，是指人们行动的目的和动机，或在对感情和行为的支配过程中，不屈服于外人的压力而根据自己的认识、情感、态度或价值观，独立自主决定并付诸行动。因此，学习者的主体地位是自主学习的基本特征。合作精神即小组成员间明确的相互依赖是合作学习的本质。同时，这样的合作并不排斥“合理竞争”，竞争可以激励学生的学习热情和主动学习的斗志。另外，合作学习还具有社会互动和人际交往等特征。探究学习具有问题性、开放性和批判性的特征。探究学习的理论基础是建构主义理论（Constructivism）。建构主义认为，“知识不是通过教师传授得到的，而是学习者在一定的社会文化背景（一定的情境）下，借助其他人（教师或者学习伙伴）的帮

助，利用必要的学习资源，通过意义建构的方式获得”。因此，探究学习的本质是“学生建构知识、形成科学观念、领悟科学研究方法的活动”。

2. 云平台与看美剧学英语的结合对于自主、合作、探究学习能力提升的积极影响

通过对自主、合作、探究学习的本质和含义的分析，课题组认为，自主、合作、探究学习不是“自学”，也不是个别的和孤立的学习，而是一个互动合作，不断探究创新的过程。师生之间、学生之间的协商、合作和监督，以及学生和周围学习环境的相互作用都会影响到自主、合作、探究学习的效果。通过云平台（超星学习通、世界大学城）开设法律英语课程，将美剧作为法律英语视听说教学内容，课题组认为：云平台与看美剧学英语的结合在学习者能力因素、教师因素和环境因素三方面对于自主、合作、探究学习能力的提升有积极作用。

（1）学习者能力因素

对于“能力”一词，教育家、心理学家和语言工作者有不同的阐释。高艳（2000）认为，学习能力是学生在学习活动中形成和发展起来的，是学生运用科学的学习策略去独立地获取、加工和利用信息，分析和解决问题的一个个性特征。课题组认为，学习能力主要包括学习背景、学习技能和学习策略。

学习背景是指学习者在进入大学之前的学习经历和对英语语言知识的掌握程度。对语言知识掌握得比较好的，在接受和学习新知识时，也就比较自如，接受和消化程度高；反之则会困难重重，从而降低其自主学习能力。课题组积极探索建构“分层渐进式教学”的新型公共选修课教学模式，筹备制作了英语语音纠正系列微课。

学习技能特指英语语言学习中听、说、读、写、译五大技能。这些技能不是独立的，而是相互影响、相互依存的。以法律英语视听说课程为例，世界大学城和超星学习通既可以作为教学的课程平台，又可以作为课堂的延伸和拓展，以律政美剧中的庭审场景开展教学，兼顾课前、课中、课后三个学习阶段，在语言能力方面涵盖了听、说、读、写、译五大技能，在法学专业技能方面同时涵盖了学术与实务领域。

学习策略是学习者通过对所学语言的存储、记忆和利用新信息来增强

学习效果所采取的行动和步骤。O’Malley 与 Chamot 将策略分为认知策略、元认知策略、社会情感策略三大类。认知策略直接作用于具体的任务，以促进学习的方式去处理信息，包括重复、归纳、推断、转换、提问等；元认知策略是为了圆满完成学习任务而采取的管理方式与手段，如制订学习计划、监控学习过程和评估学习效果；社会情感策略是指学习者为与其他学习者进行交际而采取的行动，如与同学合作参与活动、调节情绪等。在组织教学活动时，课题组采取：视频课堂讲授知识要点，借助云平台，以视频微课形式将知识点细化讲解，以便于学生利用碎片时间学习；任务式学习法，在云平台提前发布课程任务，分组完成相关任务，培养学生的团队意识、合作意识、问题意识；云平台和真实课堂相结合，展示任务成果并讨论互评，课程考核的重心从终结性评价转移到过程性评价；语言教师和专业教师合力指导，使得学习者实现在语言和专业方面的双倍提高。

经过近几年的研究实践，课题组发现：基于云平台开设法律英语课程，将美剧作为法律英语视听说的教学内容，不仅能为学生提供良好的学习背景，即打下良好的语言基础，又能提供适当的学习技能的训练，配合相应的、适合学习者个人风格的学习策略，能有效提高学习者自主、合作、探究学习的水平。

（2）教师因素

我们强调在自主、合作、探究学习的过程中突出学生的主体地位，但并不等于完全否认教师在整个学习过程中的作用。

一名优秀的法律英语教师，不仅有良好的语言素养，还必须具备丰富生动的教学策略。教学策略对学生的影响是潜移默化的，既可以是消极的，也可以是积极的。在法律英语视听说教学中，如果教师经常用翻译的方法帮助学生理解课文，那么就会造成学习者把母语作为中介语的不良影响，这样的策略对学习者的影响是负面的。相反，借助云平台，经常在线上和线下开展小组活动，给小组成员分配不同的学习任务，那么在学习者心中很可能形成一种积极的合作学习的观念。例如课题组成员在实际教学中经常给学生布置相关的课后庭审情景模拟任务，并以视频展示的形式进行效果检查，鼓励学生针对其他组的展示视频进行评述，那么学习者的探究学习精神和批评性思维可以得到很大程度的挖掘，这些策略对于学习者的影响都是积极的。

（3）环境因素

基于云平台开设法律英语课程，将美剧作为法律英语视听说的教学内容，不仅能打破传统课堂教学在时间和空间上的局限，还能为学生提供灵活性、针对性更强的教学流程设计、教学内容设置和学习资源，真正做到“因材施教”，从而提高学习者的学习效率，满足学习者综合素质培养的需求，促进自主、合作、探究学习能力的提升，这是学生未来职业发展和终身学习的关键。

十一、课题研究的成果及反响

（一）研究实践成果促进了选修课的改革

课题组以超星学习通为教学平台，在全校范围内开始公共选修课法律英语，在法律英语视听说部分，将美剧与庭审英语结合，以律政类美剧《傲骨贤妻》为主要教学内容，尝试探索出一套通过观看学习模仿美剧提升法律英语视听说能力的教学模式。积极探索建构“分层渐进式教学”的新型公共选修课教学模式，开发制作了大学生语音语调问题 20 讲系列微课，强化学生的英语音标的发音和语调，帮助学生掌握音阶的组合状况。在教学设计方面，形成“双 +”“双重”的教学模式。在教学手段方面，互联网时代为学生提供了更多的选择，给教师带来了更多的挑战，因此我们一方面充分利用云平台（超星学习通、世界大学城），做好线上课程建设；另一方面，法律专业教师与公共英语教师协同合作，做好线下的面对面交流和互动，形成优势互补的跨学科合作。在组织教学活动时，采取：（1）视频课堂讲授知识要点，以视频微课形式将知识点细化讲解，以便学生利用碎片时间学习；（2）分组完成相关任务，培养学生的团队意识、合作意识、问题意识；（3）课堂展示任务成果并讨论互评，课程考核的重心从终结性评价转移到过程性评价；（4）语言教师和专业教师合力指导，使得学习者在语言和专业方面获得双倍提高。该课程在语言能力方面涵盖了听、说、读、写、译，在法学专业技能方面同时涵盖了学术与实务领域。

截至本学期，已经有超过 280 名学生选修了该课程，学生对该课程的整体满意度评分为 95. 623 分（满分 100）。

（二）研究理论成果得到了社会认可

课题组获湖南省首届微课大赛优秀团队奖。“大学生英语语音语调问题 20 讲第 3 讲中元音”获湖南省首届微课大赛一等奖，“大学生英语语音语调问题 20 讲第 16 讲连读”获湖南省首届微课大赛二等奖，“大学生英语语音语调问题 20 讲第 18 讲重读与节奏”获湖南省首届微课大赛三等奖，“大学生英语语音语调问题 20 讲第 1 讲前元音”获湖南省首届微课大赛三等奖。法律英语课程获得 2017 年湘潭大学第二层次课程资源建设项目立项。自 2017 年 10 月起，课题组一直认真开展网络课程资源建设，利用线上资源辅助开展线下教学，在优化教学设计、改革教学方法、发挥信息化教学改革的示范引领作用、全面提升信息化课程建设水平方面发挥了积极的带头作用。

公开发表论文 4 篇，分别为：

（1）熊天添《〈法律英语〉视听说能力提升实践研究——论世界大学城云平台和看美剧学英语的结合》载《校园英语》2019 年第 50 期。

（2）熊天添《基于需求分析的“分层渐进式”ESP 教学模式——以〈法律英语〉视听说为例》载《校园英语》2020 年第 18 期。

（3）熊天添《“双 +”“双重”的 ESP 教学模式研究——以〈法律英语〉为例》载《校园英语》2020 年第 18 期。

（4）林莉《大学英语自主、合作、探究学习能力培养的影响因素研究》载《海外英语》2018 年第 14 期。

十二、问题讨论

规划课题有时限，科学研究无止境，本课题受时间空间限制，尚有许多问题需要讨论：其一，本课程目前率先在超星学习通上线，是否有可能尝试在世界大学城也上线运行，开展线上授课，具体实施方案和细节有待讨论；其二，本课程对于学生今后学习的促进作用，有待进一步跟踪调查与研究；其三，课题组建构的“分层渐进式教学”的新型公共选修课教学模式以及“双+”“双重”的教学模式对于其他公共选修课程是否有借鉴价值？是否能逐步将这种新型的教学模式推广到其他专业英语领域？其四，目前课题组主要研究律政类美剧用于法律英语视听说教学，其他题材主题的美剧在教学中的应用依然是空白，值得进一步探讨和研究。

“后疫情时代的大学英语‘课程思政’教学模式探索与实践”研究报告①

一、问题的提出

（一）课程思政是新时代中国特色社会主义高等教育的理论创新与实践创新

2016年12月，习近平总书记在全国高校思想政治工作会议上指出：“要用好课堂教学这个主渠道，思想政治理论课要坚持在改进中加强，提升思想政治教育亲和力和针对性，满足学生成长发展需求和期待，其他各门课都要守好一段渠、种好责任田，使各类课程与思想政治理论课同向同行，形成协同效应。”这被学界普遍认为是课程思政育人理念的首次提出。党的十九大召开后，习近平总书记在北京大学师生座谈会上强调要“形成更高水平人才的培养体系”，并指出“人才培养体系涉及学科体系、教学体系、教材体系、管理体系等，而贯通其中的是思想政治工作体系”。这一指示把对课程思政的认识提升到新的层面，是对课程思政认识的深化。在全国教育大会上，习近平总书记对新时代高等教育作了全面阐述，强调要“深化教育体制改革，健全立德树人落实机制”，使课程思政建设方向更坚定、目标更明确，课程思政的认识最终成型。

2020年6月1日，教育部印发《纲要》，目的是深入贯彻落实习近平

① “后疫情时代的大学英语‘课程思政’教学模式探索与实践”为2020年湖南省普通高等学校教学改革研究项目，在研。

总书记关于教育的重要论述和全国教育大会精神，贯彻落实中共中央办公厅、国务院办公厅《关于深化新时代学校思想政治理论课改革创新的若干意见》，使思想政治教育贯穿人才培养体系，全面推进高校课程思政建设，发挥每门课程的育人作用，提高高校人才培养质量。《纲要》明确提出，课程思政建设是全面提高人才培养质量的重要任务，必须将思想政治工作体系贯通其中，必须抓好课程思政建设，解决专业教育和思政教育“两张皮”问题。《纲要》还明确了课程思政建设目标要求和内容重点，对科学设计课程思政教学体系、结合专业特点分类推进课程思政建设、将课程思政融入课堂教学建设全过程、提升教师课程思政建设的意识和能力、建立健全课程思政建设质量评价体系和激励机制、加强课程思政建设组织实施和条件保障等方面给出了具体清晰的指导意见，成为高校全面、系统开展课程思政教育的抓手和指南。近年来，全国高校遵循习近平总书记关于教育的重要论述，逐步深化对课程思政的认识，形成生动实践，结出可喜成果。习近平总书记关于教育的重要论述带来了中国高等教育的实践创新，开创了中国高等教育事业发展新局面。

（二）大学英语中实施课程思政的必要性

《指南》指出，大学英语课程兼具工具性和人文性，人文性的核心是以人为本，弘扬人的价值，注重人的综合素质培养和全面发展，并且明确提出“社会主义核心价值观应有机融入大学英语教学内容”“课程设置应围绕立德树人根本任务，将课程思政理念和内容有机融入课程”。在国家全面推进高校课程思政建设，要求充分发挥每门课程育人作用的形势下，大学英语课程作为高等教育和高校课程的重要组成部分，自然应当充分发掘课程及其教学方式中所蕴含的思政教育资源，使大学英语课程与思政课程同向同行，形成协同效应。一方面，学生在大学英语课程中可以接触到大量的英文材料，了解西方国家的历史、政治、文化、风俗等内容，通过这些丰富的内容，接受跨文化教育，了解国外的社会与文化，增进对不同文化的理解，加强对中外文化异同的认识。在跨文化教育当中最重要的一点是树立文化自信，培养对中国文化的理解和阐释能力，并由此提升道路自信、理论自信和制度自信。另一方面，面对世界多元文化，教师要帮助学生认识思想文化和语言知识之间的深刻关联，帮助他们学会辨别是非和分清真假，对外国思想和文化要有选择地接受，通过中外文化交流和比较，强化对中国文化的认同，树立文化自信，形成正确的世界观、人生观和价值观，坚定社会主义理想信念。

（三）后疫情时代大学英语课程采用线上线下融合式教学模式是必然趋势

对于大学英语教学而言，疫情防控期间的线上教学，师生克服了重重困难，完成了在线学习任务。后疫情时代，线上线下教学的开展已具备足够的条件和经验，与此同时，师生也获得了许多新技能，实现了完全网络化教学的大跨步。但是，在线上教学的过程中，由于缺乏必要的监督和有效的交流平台，学生的学习效果并未取得显著提升。时代的新变化，为大学英语教学带来许多挑战，同时也带来了很多新的机遇。后疫情时代，基于线上教育常态化和线上资源的开放性，各大高校都从传统的线下面授，转向以网络平台为基础的线上线下相结合的教学方式。线上线下融合式教学模式，是以网络平台为依托，将大学英语课堂教学和网络技术相结合，以提高学生的学习能力和大学英语教学效果。以线上线下融合式教学模式教学，学生是学习的主体，通过合作学习，提高对课堂教学内容的掌握。这不仅能满足各阶段学生的学习需求，还能激发学习兴趣，提升学生的自主学习能力；教师根据学生的不同水平，设计不同层次的情景对话，将更多具有现实教育意义的资源引进课堂。线上线下融合式教学模式，既避免了单纯线上教学学生学习效果欠佳的问题，又避免了线下课堂教学形式枯燥，学生配合不积极，教师反馈滞后等问题。这种新型的教学模式，引领学生体验教学的各个环节，帮助他们提高了英语技能。

因此，在后疫情时代，英语教学应该立足于传统的线下教学，结合具有更多学习资源的线上平台，共同发挥优势，取长补短，以达到更优化的学习成效。

二、研究综述

“课程思政”的概念最早是由上海市委、市政府于 2014 年提出的，旨在“将立德树人作为教育的根本任务，深入发掘各类课程的思想政治理论教育资源，使各类课程与思想政治理论课同向同行，形成协同效应”。随着2016年高校思想政治工作会议的召开，“课程思政”概念逐渐为人们所熟知，并很快成为高校思想政治教育工作的方向和学者研究的热点。以“课程思政”为主题词，在CNKI（中国知网）中搜索到7173篇有关高校各类课程和“课程思政”相结合的论文。然而与“大学英语课程思政”相关的文章仅有169篇，占总数的2.35%。学者们从不同视角探讨了大学英语“课程思政”实施的可行性、存在的问题、实施策略及培养路径：安秀梅探讨了实现大学英语“课程思政”功能的有效途径；李平等在对“大学英语”课程向“课程思政”拓展的可行性进行分析的基础上，提出创新“大学英语”课程的理念、内容、方法和路径，以期实现课程协同、全程育人和全方位育人的目标；刘晓阳在《大学英语“课程思政”的实施路径研究》中认为，应该从提高大学英语教师的思想政治教育意识和中国文化素养、完善大学英语教材编写和课程设置、注重思想政治教育与大学英语课堂教学活动有机融合等方面来实现大学英语的思政功能；黄佰宏从提升教师思政素养、调整课程设置、优化教学内容方法和评估“课程思政”成效四个方面详细阐述了浙江理工大学的大学英语课程改革以及取得的成效；陈菲菲认为在当今信息化环境中，以双互模式（师生之间、生生之间的互动）为特色的大学英语课堂，能最大程度上激发学生的创新意识和自主学习意识，从而更好地将课程思政元素嵌入学生群体的认知模式中。

总体看来，在如何把“课程思政”与大学英语教学有机地结合起来的问题上，学者们探讨了较宏观的实施路径，但未提供详细的实施方案。本项目将探索在大学英语教学中融入“课程思政”的具体实施路径，尤其是如何有机融合线上线下融合式教学模式，实现“三全育人”目标。

三、研究意义

2020年5月28日，教育部印发《纲要》，要求把推进高校课程思政建设工作覆盖到所有专业、所有课程。大学英语作为一门公共基础课，学分多、课时多、时间跨度长、师生覆盖面大，且教学内容无可避免地与西方文化相关，是大学生与国外思想文化碰撞最为激烈、最易受外来思潮和文化影响的课程之一。根据《指南》，大学英语课程的性质兼具工具性和人文性，这一学科属性为开展思政教育提供了良好的学理基础和逻辑前提。

2020 年上半年疫情防控期间，突如其来的教学模式变化给大学英语课程带来了前所未有的挑战与全新体验。线上教学仓促上阵，在实践中暴露出如下不足：其一，线下课堂向线上简单转移，没有进行教学理念的有机融合；其二，课程思政局限于课堂思政，有些教学设计只关注课堂45 分钟内的思政教育，没有形成全员、全程、全方位的育人格局。如何切实提升学习体验和学习效果？如何把思政小课堂与社会大课堂结合起来？如何将课程思政贯穿于课前、课中、课后的教学全过程？这是课程思政设计者要解决的难题。

本项目将深挖课程思政元素，打造特色教学团队，搭建线上线下相结合的大学英语课程体系，实现思政教育全覆盖，着实提升课程思政教育效果，形成可推广的外语类课程思政教学模式。

四、理论依据

（一）云平台教学

云平台教学的主要内容是指在教学领域开发并应用现代信息技术，通过教学信息、教学环境、教学活动的数字化，对教学资源进行有序管理和充分共享，推动教学模式、教学方法和学习方式发生根本变革，促进教学现代化进程。具体而言，就是以“超星学习通”为平台，教师建立课程，与学生进行教学互动。

（二）翻转课堂

翻转课堂对知识传授和知识内化作了颠倒安排，将知识传授置于课外，由学生独立完成，知识内化在课堂中实现。

（三）建构主义学习理论

建构主义学习理论认为，学习是学习者在原有知识经验的基础上，在一定的社会文化环境中，主动对新信息进行加工处理，建构知识的意义（或知识表征）的过程。学生应该是信息加工的主体、知识意义的主动建构者，教学必须以学生为中心，而不能以教师为中心，不能把学生看成是外部刺激的被动接受者。教师的作用不是直接向学生传授、灌输知识，而是帮助、促进学生去主动建构意义。

五、研究目标

根据《纲要》中关于“科学设计课程思政教学体系”的要求，大学英语课程思政体系的设计应该做到不断提升学生的课程学习体验、学习效果，坚决防止“贴标签”“两张皮”。应以上要求，本项目结合线上教学带来的学习空间变化、课堂结构变化、资源供给变化、学生心态变化、评价机制变化、教师角色变化、育人价值变化、运行管理机制变化等现状，探索线上线下教学相结合的“三全育人”模式。

六、研究内容

本项目结合疫情防控期间的全面线上教学经验，根据新时代大学生的个性特征，采用合作式学习、任务式学习、项目式学习等方法，实现全员、全程、全方位育人。

（一）如何全员育人

大学英语课程内容涉及大学生活学习的方方面面：有关于亲情、爱情、友情的内容；有关于专业知识和科普知识的内容；有关于个人价值、家国情怀的内容。采用项目式学习，可以培养学生的问题意识，以英语技能学习的视角关注人、关注社会、关注国家，实现学校教育与家庭、社会有机联合，让“育人平台”无限延伸。

（二）如何全程育人

大学阶段是学生专业知识的储备期，也是世界观、人生观、价值观塑造的关键阶段。大学英语的学习时间至少持续一年，一方面是小学、中学英语教学的延伸；另一方面是进入研究生阶段学习或者走入社会的储备。采用合作式学习，让学生习惯小组合作、同辈互评的模式，培养合作精神、团队精神；采用任务式学习，让学生根据现有能力和兴趣、专业需求等不同因素领取不同层次的任务。既激活中小学阶段的英语基础知识，又完成大学阶段英语听、说、读、写、译能力的提升，实现科学精神、团队精神的培养，为研究生阶段学习储备学术能力，为适应社会奠定基础，实现学习阶段的纵向衔接。将育人成果着眼于学生终生教育，最终实现人格教育。

（三）如何全方位育人

在大学英语教学中，实现德智体美劳的全方位发展，主要依靠各个部门、各个环节协同发力。采用线上线下相结合的方式，拓展教学空间，改变传统教学只能将育人环节局限于课堂的平面化现象，让师生互动实现7/24全时段覆盖，教学空间立体化延伸到网络课程的建设、教学团队的建设、师德师风的建设等方面，全方面营造德育格局。一方面要发挥课堂教学的主渠道作用，教师就是价值观的引领者，因此要提升教师课程思政素养：让教师团队具备政治定力，成为社会主义核心价值观的践行者和先进文化的传播者；不断增强政治敏锐性和鉴别力，理性对待中西方文化差异，坚守社会主义意识形态主阵地，自觉抵制西方敌对思潮和不良文化。另一方面，加强第二课堂、第三课堂建设：第一课堂是价值引领的主渠道，第二课堂、第三课堂是文化育人、实践育人的主战场。实现课堂空间的拓展和横向贯通，将思政小课堂与社会大课堂、理论教学与实践教学结合起来，引导学生走出校门、接触社会、了解国情，在实践锻炼中积累智慧，学以致用，用以促学，实现全方位育人。

七、研究方法

教师工作坊：分主题、分模块从“课程思政”角度、信息化教学角度开展教学研讨。除了大学英语教师之间的交流，还要展开校内院系间的交流合作，紧跟各专业的人才培养和学科发展步伐；开展与校外专家的交流合作，紧跟英语教育领域发展的步伐。

文献研究法：通过搜集、整理和研究国内大学英语教学改革与“课程思政”的相关文献资料，仔细研读党中央和教育部各项相关重要文件纲领，对大学英语“课程思政”探索实践有指导作用。

对比实践法：根据不同的大学英语教材的内容特征和教学模块差异，选取几种教学模式，在教授语言知识和技能的基础上引入中国文化或社会主义核心价值观，探索如何让大学英语教学和“课程思政”建设同向同行。

八、研究过程和措施

本项目依托涵盖通用英语必修课、专门用途英语及其他文化素质拓展选修课等多种课型的大学英语课程体系，以所有选课学生和授课教师为主要研究和实施对象。课程本身覆盖面广的特点，让学校在开展“双一流”建设过程中，无论如何都不能忽视大学英语在培养拔尖创新人才、提升科研水平、拓展国际化视野和开展国际交流方面的功能。在全校范围内开展后疫情时代大学英语的课程思政研究，是学校“双一流”建设不可或缺的一部分。

（一）研究措施

第一部分为课程思政内容研究，主要以教师团队分工方式，通过外出调研、定期开展教师工作坊等，对大学英语课程的教学内容进行“课程思政”元素的挖掘，确立兼顾知识、技能、价值三个维度的教学目标。

第二部分为有效教学模式研究，通过总结前期的精品课程建设、各级教学改革经验交流、疫情防控期间线上教学经验总结等活动，提炼出有效的大学英语课程思政教学模式。

第三部分为教学模式实践操作，在全新版大学英语、法律英语和 CET 听力口语实训与能力提升三类大学英语课程中开展课程思政教学模式的实践教学，进行后续比较研究，检验课程思政教学模式的效用，对其进行质量提升、优势整合。

（二）研究过程

2020 年 9 月—2020 年 12 月，多次开展“教师工作坊”，研讨大学英语课程思政进展，交流线上教学经验。同时进行文献研读，提升思政教学素养，跟进前沿研究；建设线上助学平台，交流教学信息。

2021 年 1 月—2021 年 2 月，总结一学期的教学经验，设计大学英语课程思政教学方案与教学模式。

2021 年 3 月—2022 年 7 月，在全面考虑课程思政建设需求的基础上，建设完整的线上大学英语课程，涵盖通用英语必修课全新版大学英语、专门用途英语课程法律英语及文化素质拓展选修课 CET 听力口语实训与能力提升等多种课型的大学英语课程体系。

2022 年 9 月—2023 年 7 月，全面实施线上线下相结合的大学英语课程，并从课程思政角度验证教学改革之效用。

2023 年 7 月—2023 年 8 月，总结，反思，进一步完善内容。

九、研究结论及分析

本项目结合线上教学带来的学习空间变化、课堂结构变化、资源供给变化、学生心态变化、评价机制变化、教师角色变化、育人价值变化、运行管理机制变化等现状，探索线上线下教学相结合的“三全育人”模式。

（一）跟进人才培养方案的修订，调整教学目标，寓价值观引导于知识传授和能力培养之中

根据《纲要》的要求：高校要有针对性地修订人才培养方案，构建科

学合理的课程思政教学体系。大学英语课程覆盖了各院系各专业的人才培养，因此本项目根据各专业人才培养方案，调整了教学目标，将价值塑造、知识传授和能力培养三者融为一体，落实立德树人的根本任务。以语言为载体，在语言学习的过程中巧妙地把思政教育的内涵融入大学英语教学之中，以优美的语言文字和音视频资料感染学生、打动学生，对学生进行潜移默化的影响。让大学英语课程与思政课程同向同行，将显性教育和隐性教育相统一，形成协同效应，构建全员、全程、全方位育人大格局。

（二）以大学英语课程体系为依托，充分挖掘课程思政元素，不断提升学生的课程学习体验和学习效果

根据《指南》，大学英语教学的主要内容分为通用英语、专门用途英语和跨文化交际三个部分，由此形成相应的三大类课程。大学英语课程由必修课、限定选修课和任意选修课组成。本项目依托大学英语课程体系，开展大学英语课程思政探索与实践，从日常课程教学出发，潜心探索大学英语各类课型的课程思政教学方案设计与实施。着力研究如何坚持“学生中心、产出导向、持续改进”，不断提升学生的课程学习体验、学习效果，发挥课程的隐性价值引领作用，以潜移默化的方式在大学英语课程中进行思政教育。

（三）涵盖大学英语三大类课程，调整教学环节，设计新的线上线下融合型教学方案

本项目结合《纲要》对公共基础课程提出的“思想道德修养、人文素质、科学精神和认知能力”四个维度的要求，设计出能够借助语言学习过程，将思政内容浸润于语言知识、语言技能学习的课程方案。全新的线上线下融合型教学方案包括：通用英语必修课全新版大学英语课程思政教学方案、专门用途英语法律英语课程思政教学方案及文化素质拓展选修课 CET 听力口语实训与能力提升课程思政教学方案，并配有课程思政教学案例。

（四）以“沉浸＋层进”式教学设计理念和“三体”模型开展大学英语课程思政教学实践

“沉浸”就是把课程思政沉入各教学环节，浸润于所有教学内容，进

而实现教学目标（知识传授、能力培养、价值塑造）。借助语言学习过程，将学生的关注力集中到真实生活情景中，以潜移默化的方式实现对思想道德修养、人文素质、科学精神和认知能力的培养。“层进”就是让不同能力、不同兴趣的学生，在语言能力、跨文化交际能力、思想道德修养方面的提高都是层次分明、层层递进的，让学生容易有获得感。“三体”模型是指基于对课程、教材、教学内容和学习者的综合分析开展的教学流程，包含课前“体验”主题内容相关生活场景；课中“体认”文章传达的价值观；课后“身体力行”，强化课堂知识，追求知行合一，将价值观外化为行动。

（五）搭建线上助学平台，创建多元的大学英语课程思政教学与学习环境

项目组已在超星学习通完成三门大学英语课程的建设，分别是通用英语必修课全新版大学英语、专门用途英语课程法律英语及文化素质拓展选修课 CET 听力口语实训与能力提升，并已真实开展线上线下融合型教学 6 个学期。将现代信息技术应用于大学英语课程思政教学，打破了传统的教学模式，利用网上优质的教育资源改造和拓展课程思政内容，有利于增强大学英语课程思政教学的针对性和实效性。

（六）打造教学团队，实现大学英语教师“课程思政”素养和信息技术能力双提升

虽然近些年大学英语课程学分断崖式削减，但是依然有着学分多、课时多、时间跨度长、师生覆盖面大的特点。教师队伍存在年龄跨度、职称跨度带来的能力层次差异。年龄大的教师信息技术能力滞后，青年教师的教学科研能力稍逊。如果要进行全面的线上线下课程改革，必然要对教师进行团队建设。第一，开展集体备课、“教师工作坊”，弥补青年教师教学科研能力方面的不足，资深教师带动青年教师，使其教学科研能力获得提升。第二，进行分组分工合作，让青年教师发挥自己思想活跃、紧跟信息时代的特点，带动年纪偏大的教师点亮线上教学新技能。在课程思政方向的把握上，分组分工有助于突破教师单兵上阵带来的视野局限。开展大学英语教师“课程思政”的理论研究，建立“课程思政”常态化研讨机制。

第三，积极参加各类课程思政教学竞赛，以赛促教，以赛促研。备赛的过程既能培养团队默契，提升教学水平和课程思政能力，也能为科研积累大量素材和经验。

十、课题研究的成果及反响

（一）研究实践成果促进了大学英语课程思政建设

项目组以超星学习通为教学平台，在全校范围内开设通用英语必修课全新版大学英语（2020 年下学期至今）、专门用途英语课程法律英语（2019 年上学期至今）以及文化素质拓展选修课 CET 听力口语实训与能力提升（2020 年下学期至今），实施线上线下融合型教学。

通用英语必修课全新版大学英语共计 96 学时（两学期），6 学分，授课对象为本科一年级学生。根据教材内容，挖掘整合出三大思政模块：情感教育、素养提升、性格塑造，并根据每个单元涉及的知识点和技能点，锚定课程思政点。本着保障“知识目标、技能目标和课程思政目标同向同行”的原则，采用“体验（Experience） + 体认（Cognize） + 身体力行（Act）”三大步骤的“三体”模型教学流程，实现语言教学的知识点、技能点和课程思政点有机融合、同步推进。截至本学期，已经有超过 1500 名学生学习了该课程，学生对该课程的整体满意度评分为 95.623 分（满分 100）。

专门用途英语课程法律英语共计 32 学时，2 学分，授课对象为全校本科生。项目组积极探索建构“分层渐进式教学”的新型公共选修课教学模式，在教学设计方面形成“双 +”“双重”的教学模式。其中“双 +”指的是：线上 + 线下，语言 + 专业；“双重”指的是：重问题意识的培养、重文化视野的构建。通过课程学习，学生在潜移默化中坚定理想信念，提升法律思维，建构家国情怀与国际视野。截至本学期，已经有超过 300 名学生选修了该课程，学生对该课程的整体满意度评分为 94.38 分（满分 100）。

文化素质拓展选修课 CET 听力口语实训与能力提升共计 64 学时（线

上32学时，线下32学时），4学分，授课对象为全校本科生。该课程以线上线下结合的方式授课，弥补英语听说能力短板，在提高学生CET-4和CET-6通过率的同时，让学生具备用英语交流的能力。帮助学生提升用英语讲好中国故事、传播中华优秀传统文化的能力，同时也让学生了解世界先进文化，提升跨文化交际能力。截至本学期，已经有超过450名学生选修了该课程，学生对该课程的整体满意度评分为94.76分（满分100）。

（二）项目研究成果得到了社会的认可

项目组成员多次参加外语类课程思政教学比赛，指导学生参加各类英语类演讲辩论赛。其中，熊天添老师获2022年湖南省普通高等学校课程思政教学竞赛二等奖、2022年湘潭大学外语课程思政教学比赛一等奖、2020年湘潭大学外语课程思政教学比赛一等奖、2020年湘潭大学本科教学荣誉体系“青年教学标兵”称号，彭毅老师获2020年湖南省普通高等学校外语课程思政教学比赛二等奖、2020年湘潭大学外语课程思政教学比赛二等奖。林莉老师、杨柳指导学生参加湖南省第二十六届普通高校大学生英语演讲比赛，分获省级一等奖和二等奖。自2020年起，项目组成员一直认真致力于大学英语课程思政教学探索和实践工作，优化课程思政教学设计，改革课程思政教学方法，调整课程思政教学环节，发挥信息化教学的示范引领作用，在全面提升大学英语课程思政水平方面发挥了积极的带头作用。本项目以综合性重点大学湘潭大学为例，在大学英语课程思政教学方面做出积极探索和实践，为大学英语课程思政提炼出基于价值观引领的“沉浸+层进”式（双CJ式）教学设计理念和“三体”模型（课前“体验”—课中“体认”—课后“身体力行”）的课程思政教学流程，具有可复制、可推广的特点。

公开发表教改论文1篇，《后疫情时代大学英语课程思政教学探索与实践——基于价值观引领的“沉浸+层进”式（双CJ式）教学设计理念》载《校园英语》2022年第47期。

十一、问题讨论

教改项目有时限，而课程思政研究无止境。本项目受时间和空间限制，尚有许多问题需要讨论：其一，三门大学英语课程目前已率先在超星学习通上线，是否有可能尝试在学银在线上线运行，开展线上授课，具体实施方案和细节有待讨论；其二，课程思政融入大学英语教学，对于学生人格塑造的促进作用以及课程的育人功能是否得到充分发挥，立德树人的根本任务是否落实，有待进一步跟踪调查和研究；其三，项目组建构的基于价值观引领的“沉浸 + 层进”式（双 CJ 式）教学设计理念和“三体”模型（课前“体验”—课中“体认”—课后“身体力行”）课程思政教学流程对于其他大学英语课程是否有借鉴价值，是否能逐步将这种课程思政设计理念和教学模式推广到其他语言类课程领域，以上问题值得我们进一步探讨和研究。

第二节　大学英语课程思政教学改革论文成果

语用观念下的大学英语教学

摘　要：本文指出学生在跨文化交际中常出现的语用失误现象，从而提出在大学英语教学中加强语用能力培养的策略。

关键词：跨文化交际；语用失误；语用能力

一、引言

传统的外语教学活动中，无论是教师还是学生，都很少将视线投向语言文本以外的范围。注重传授语言知识的教学方法在很大程度上促成了以获取词汇、语法知识为主要目的的学习方法，以至于造成这样的结果：学生掌握了大量的词汇，谈起语法也头头是道，但一旦要用英语进行交流，就出现了用词不准或者使用语言不得体等语用失误现象。这里有一个真实的例子：一位学生出国后联系上学事宜，于是致电某教授："I want to speak to professor XX"，结果对方拒绝接电话。

这种语用失误现象在现实交际中并不少见，究其根源，是因为教师在教学中广泛存在"语用意识缺席"（Absence of pragmatic awareness）的状况，从而导致学生无法获得英语的语用内涵，在运用英语时只好按照自己已经形成的汉语语用能力来套用课堂上学到的英语语言知识。然而，语法正确的话语并非都是得体的。正如上面所提到的例子，在英语国家人们的日常生活交往中，即使是家人或密友之间，也尽量避免使用直率的、简短的陈述方式而多用委婉语。如"I' d like you to ..." "I am wondering if you could ..." "Would you mind ..." 等。外语教学专家 Wolfson（1983）曾指出："在与外国的交往中，讲本族语的人对语言和句法错误一般都比较宽容。然而违反讲话规则往往被理解为粗鲁无礼。"由此可见，语用失误在交际中有很大的危害。而在对我国大学生语用能力的活的问题的调查研究中，我国外语研究专家何自然（1997）说了这么一段话：语用学与外语教学的研究成果表明，英语作为外语的语用能力不会随着学生的英语能力（遣词造句能力）的提高而自然提高，语用知识是要教的，培养语用能力有赖于在语言实践中运用学来的语用知识。由此看来，大学英语教学的任务不仅是要培养学生的听、说、读、写、译等语言能力，而且还要培养学生的语用能力。

二、语用学与语用能力

语用学是语言学的一个新领域，它研究在特定情境中的特定话语，特别是研究在不同的语言交际环境中如何理解语言和运用语言。学习外国语言的目的是获得使用外语进行交际的能力。衡量交际能力的标准有两个：一是准确，二是流利。就交际的效果而言，准确是流利的前提，因为离开准确的流利是毫无交际价值的。Bechman（1990）认为，语言能力（linguistic competence）包括语言组织能力（linguistic organizational competence）

和语用能力（pragmatic competence）。语法能力指语言系统中的语音、语调节奏、词汇、句法以及抽象的语义中或脱离语境的知识，而语用能力则指语言使用者在具体的语境下准确理解别人和表达自己的能力。它与语言使用者的多层知识和驾驭语言的能力有关，是交际能力的基础，是达到交际目的的前提。从语言表达方面看，仅仅掌握了词汇和语法，并不意味着就能在任何场合下都能自如、得体地运用语言。语用能力低会导致语用失误。语用失误不是遣词造句中出现的语言结构错误，而是说话不合时宜的失误，或者说话方式不妥、表达不合习惯等导致交际不能取得预期效果的失误。英国著名语言学家 Jenny Thomas 在《跨文化语用失误》（1983）一文中将语用失误划分为两类，一类是语用语言失误（Pragmatic - linguistic failure）；另一类为社会语用失误（Socio - pragmatic failure）。语用语言失误指学习者将本族语言对某一词式结构的语用意义套用在外语上造成的语用失误。如英语老师称赞一学生做了出色的工作，学生回答道："Never mind"；社交语用失误指由于文化背景不同而犯的语用错误，牵涉到哪些话该讲，哪些话不该讲，人际关系的远近，人们的权利和义务等，与人们的价值观念有关。如一位学生给上了年纪的 Green 太太让座时说："Please sit down , Mrs. Green, You are old"，这个学生没有意识到西方人忌讳别人直言自己年老，从而让 Green 太太觉得受到了冒犯。我国英语初学者在跨文化交际中还往往出现第三种失误，即既是语用语言失误又是社交语用失误，如售货员问外国顾客："What do you want?" 就是不懂相应的表达式："Can I help you ?" 因此，语言表达中一个很重要的问题就是要防止语用失误，提高语用能力。

三、语用能力的培养

要提高学生的语用能力，只着眼于教会学生理解和分析规范的语句，或者只要求他们多听多说是不够的。我国外语教学研究人员洪刚（1991）的研究表明：目前我国高校大学生中，大一学生与大四学生的语用能力没有多大差异，这说明语用能力不会随着学生遣词造句能力的提高而自然提高。因此，英语的语用知识不但要教，而且要引入教学计划，可以从以下几方面入手。

（一）通过课堂教学渗透语用意识

大学英语课程设置分为精读课教学和听力课教学两种。课堂教学中，教师应根据教学的实际内容，适时地介绍相关的语用知识，如语境、指示语、合作原则（包括量的准则、质的准则、关系准则、方式准则及其相关次准则）、礼貌原则、关联理论、顺应理论等。

1. 精读课教学

大学英语精读课几乎占去了大学英语总学时的四分之三，传统的大学英语精读课教学却又始终把重点放在语音、语法、词汇、篇章结构等基础语言点的分析上，课堂上基本还是以教师讲解为主。然而大学英语教学的根本目的是培养与不同文化背景的人进行交流的人才。因此，为了满足时代的需要，精读课教学要注意培养学生的英语思维能力，注重课堂上的“交际活动”，给学生创造一个全方位运用语言的空间，使学生能在一个模拟但又“真实”的语境和氛围中学习英语，进行逻辑思维能力和交际策略能力的训练。这样就能在较短的时间内提高学生的英语交际能力，就能对学生语用能力的培养产生直接的影响和积极的作用。

（1）文化教学

新的英语课程标准明确提出了对学生文化意识和跨文化交际能力培养的要求，因此文化意识是正确理解和得体运用语言的保证。为使跨文化交际不出现障碍，教师要让学生了解与交际密切相关的中西方文化知识，如打招呼、告别、恭维与称赞、道歉、道谢、称谓、敬语与禁忌、价值观念等。如《大学英语》第二册第四课的课文中有这样一个句子“This was the last straw”。教师不能只讲解这一短语的字面意义即“最后一根稻草”，更应该向学生揭示其文化背景：“The last straw”引自一个谚语，有一峰骆驼经过长途跋涉已经精疲力竭，可主人还是不停往骆驼身上装稻草，总有一个时刻，即使再加上一棵稻草的重量也会将骆驼压倒。此语用来形容使人无法容忍的最后一击，导致严重后果的不利因素的最后一个。同时可以附上练习，加强学生对该短语的理解，以求达到能运用自如的目的，如造句练习：旅馆贵、饮食又差，更让人无法忍受的是糟糕的天气——The hotel was expensive , the food poor , and the bad weather was the last straw.

（2）语法教学

在语法教学中加入语用知识的教学，以时态教学为例，时态用来表示事件发生时间和说话时间的相对关系，说话时间之前的状态或事件用过去式；与说话时间同时的状态用现在式，表示正在进行的动作用现在进行式等。但教师如果仅仅告诉学生这些是不够的，还应该告诉学生语法形式所能体现的言外行为和前提，如“to be + inf.”这个结构常与第二人称主语连用，表示说话人与听话人处于上下级关系，语境是发出指令，如“You're to be here by eight”；用一般现在时可以表将来，但其前提语境必须是该未来事件早已计划好，为时间表中预定的，如“We get paid tomorrow”，表示说话者有意将之视为必然的事实，再如“I leave tomorrow”，言下之意是“No one can stop me”。

再看代词教学。英语中代词系统的规律十分简单而清楚：I、we、you、he/she/it、they 的用法依其人称、单复数等语意属性而各不相同，但实际语用中会出现许多不符合这些语意规律的用法。例如在学术性文章或客观报告中，作者尽管只有一人，也常用 We 来自称而不用 I，如 we think、we believe、we find，目的是摆脱作者个人主观看法的印象，用复数代词营造出“群体共同的意见式主张”的效果。

教师应该把这些因前提语境不同而相异的或不符合语法规则的用法作为语用现象融合到教学中，帮助学生提高运用语言的能力，从而达到语法教学的根本目的。

（3）词汇教学

在词汇教学中，要注重英语词汇在英汉语中不同的语域（Register），以及它们所包含的文化内涵，如 privacy 、independence 、individualism 等。还要让学生了解某些词汇，如 shepherd、sea、castle、nightingale 等所产生的联想意义并进行英汉比较，掌握从一种语域转入另一种语域的“代码转换”（coding - switching）的能力，思考所处的具体语境与语言形式，选择准确贴切的词语。如管理水平——art of management，指管理“能力”和“艺术”，科学文化水平——scientific and cultural level，指“层次”，把教学质量提高到一个新的水平——to raise the quality of teaching to a new height，指“高度”。

（4）角色扮演

角色扮演是一种模拟真实语言情景的外语课堂活动。在这种活动中，学生扮演某个语言情景中的不同人物角色，并把在那一情景下可能发生的事情用语言动作表现出来。讲述一篇课文时，依据课文内容，将情节性较强的课文改成短剧，让学生分角色扮演是非常必要的。适合改编的课文如“A Miserable，Merry Christmas”“Big Bucks the Easy Way”，或者教师可以根据课文内容结合现实生活设计一些情景和人物，让学生运用所学语言来自由表达自己的思想。实践证明，角色扮演这种仿真的交际性课堂活动不仅可以帮助学生复习巩固所学的知识点，活跃课堂气氛，增强学习英语的兴趣，而且可以使学生学会一些交际策略，提高灵活运用所学语言知识的能力，培养团结协作精神和交际能力。

2. 听力课教学

语用学研究的是语言在特定的语境（Context）中是否合适、得体，研究如何通过语境来理解和使用语言。可以说，语用学就是对语境的研究，关联理论（Principles of relevance）是西方近年来有很大影响的认识语用学理论。在言语交际中，既然要确定交际者的真实意图，说话者和听者就需要寻找话语与语境之间的最佳关联，通过推理得出语境隐含，取得语境隐含，达到交际目的。从本质上讲，听力理解是一种交际行为，交际自然要看说话者的意图和听者的期待。听力材料正是依据意图和期待进行取舍的：听者从说话明示的交际行为中寻找最佳关联性，再把这种关联性加以理解，从而为听力理解目的服务。听者脑海中语篇连贯的重构过程实际上就是一个寻找关联的过程，而一旦找到关联，则听力材料的暗含意义在听者眼里也就明晰化了。教师应有意识地着手培养学生寻找最佳关联点的能力，请看对下面一组对话的理解过程：

M：Oh – Oh，look，I’m going to be a little late for class . I hope professor Clark doesn’t start on time today.

W：Are you kidding? You can set your watch by the start of his class.

Q：What can be inferred about Professor Clark?

A：He was been unpredictably ill lately.

B：He is usually punctual.

C：He advised his students to wear watches to class.

D：He suggests his kid set his watch.

学生听完该对话后，在交际情况不确定的情况下，会不自觉地运用逻辑知识、百科知识以及语言知识等进行推导，而这种系统化的知识性推导主要依靠的就是认识语境假设，为了填补“希望 Clark 教授今天不会准时上课”和“你可以在他开始上课的时候调表”两个话轮之间的认识空隙，读者至少要激活“准时上课”和“调表”两个知识草案，“准时上课”草案作为一个知识结构单元，内部包括“准时”“正点开始”“上课”“教学”等成分，这些成分和成分之间有先后、因果、主次等结构关系，这些关系建立在人的经验、自然顺序和自然逻辑之上，是人对世界现象的经验化、知识化、内在化的结果，只要一提到准时上课，这些内容就会激活并协助推理，而“调表”知识草案包括“对时”“调整”“准时”等成分，因此就形成了和“准时上课”草案内部成分的共同特征，即“准时”，所以在该语境里只能选 B，“Clark 教授总是很准时”。

（二）开展丰富多彩的第二课堂活动

语用知识的传授和理解相对容易，但要让学生在跨文化交际中运用自如却并非易事，因此除调整课程设置、改变教学观念和改进课堂教学模式外，还应开展丰富多彩的第二课堂活动，加强学生的交际运用能力。目前，湘潭大学精读课以教学内容为纲，以 Power Point（演示文稿软件）设计制作课件，教师可以从网上下载文化背景材料，如图片、flash 短片、影片节选、电视节目等，以链接的形式插入到课堂教学中，有目的地营造文化氛围。又如利用外籍教师的优势，开展英语角活动；开办讲座，介绍英美国家的概况、文化、习俗；收听英语电台，学习原汁原味的表达方式，提高听说能力；开展原版读物的读书活动，在学习中不断积累有关文化背景、社会习俗、社会关系等方面的资料；开展逆向翻译活动，克服套用汉语思维表达英语的习惯，形成“地道英语”的表达方式。

四、结束语

总之，跨文化交际中的语用失误现象，对大学英语教学提出了更高的要求，教师要掌握基本的语用知识，改变教学观念，改进课堂教学模式，在教学各个环节渗透语用意识，提高学生对文化差异的敏感性，从而减少语用失误，有效地提高学生的语用能力和跨文化交际能力。

法律英语视听说能力提升实践研究

——论世界大学城云平台和看美剧学英语的结合

摘　要：在“互联网＋教育”的时代背景下，充分利用在线教学和课堂教学的互补优势，结合法律英语视听说课程自身特点，以世界大学城云平台为教学平台，以律政类美剧《傲骨贤妻》为教学内容，创建并完善一套提升法律英语视听说能力的教学模式。

关键词：世界大学城云平台；法律英语；视听说；美剧

在国际经济一体化的大背景下，培养出高层次的国际型法律人才成为我国法学教育的目标之一。我国司法部对法律人才培养提出了“重点培养高层次的复合型、外向型法律人才和职业型、应用型法律人才”的要求。这里的“复合型”和“外向型”显然强调的是学科的交叉性及法律英语素养的提高，对我国法学教育和专业英语教育提出了新的教学要求。随着中国的“入世”，中国与世界各国在科技和经济等领域有了更广泛的合作与交流，越来越多的经济和政治纠纷需要通过法律途径解决，法律英语作为一门培养“复合型、外向型法律人才”的新兴专业课程在中国迅速发展，法律英语教学趋向系统化、专业化。然而，我国现在的法律英语教学重知识轻能力、重读写轻听说的倾向严重，法律从业人员英语听说能力普遍低下，针对法律英语听说能力提升的研究几乎为空白。据统计，全国能熟练运用外语和法律知识处理涉外法律文件、与国外客户洽谈业务签订合同、参与涉外法律事务谈判的法律人才数量仅为2000人左右，这促使我们对目前的法律英语视听说教学做一些必要的反思。

一、世界大学城云平台和看美剧学英语结合的必要性

传统的英语视听说课堂教学以教师为中心，教学资源以教学光盘和课件为主，课堂教学组织形式单一，以传统的大班授课制为主。大班英语教学最为突出的问题是很难为同一教室内所有学生提供均等的学习机会，学习者的个性化需求往往难以得到满足，个性化见解得不到充分展示，参与课堂的机会和时间有限。世界大学城云平台是以网络交互远程教育为核心，综合了远程教学、网络办公、实时通讯、商务管理、全民媒体、个性化数字图书馆等功能的一座既虚拟又真实的大学社区平台。在世界大学城云平台中，这种时间和空间的两难困境可以得到较好的化解。世界大学城云平台既可以作为教学的课程平台，又可以作为课堂的延伸和拓展，最大程度地消除大班英语课存在的弊端。

随着互联网的普及，美剧作为原汁原味的教学资源在英语教学中得到了广泛运用。美剧集合文本字幕、语音、图像等多种信息传播介质于一体，不仅能为学生提供语言层面的视听语音输入，还能帮助学生全面直观地了解语言文化和西方社会的风土人情，了解英语国家价值观念和思维方式，缓解学习英语的紧张感，激发学生学习的原动力。不仅如此，各种主题的美剧可以使学生置身于真实的社交场景中，培养用英语思考和即席讲话的能力，提高学生的跨文化交际能力。获得2010年艾美奖和2015年人民选择奖的美剧《傲骨贤妻》（The Good Wife），讲述了一位政客的妻子在丈夫被揭发丑闻后，如何在律所自力更生、重拾希望的故事。该剧集内容来源于真实案例和社会热点，完整地呈现了诉讼过程的各个环节，女主角Alicia是一名出色的辩护律师，剧中大篇幅地描绘了她在庭审中的精彩表现，因此该剧很适合作为法律英语视听说的教学内容。

本研究以布鲁姆“教育目标分类法”为理论指导，以世界大学城云平台为载体，以律政类美剧《傲骨贤妻》为教学内容，探索出一套提升法律

英语视听说能力的教学模式，以期对信息化法律英语教学有所启发。

二、理论基础

基于世界大学城云平台开展法律英语视听说教学，其理论基础为布鲁姆“教育目标分类法”。根据布鲁姆“教育目标分类法”，在认知领域的教育目标可分为：记忆（Remember）；理解（Understand）；应用（Apply）；分析（Analyze）；评价（Evaluate）；创造（Create）。这六个层次的教育目标是由易到难的，体现了从初级到高级的认知发展过程。“记忆”是指对具体知识或抽象知识的辨认，也可以是对观念或现象的回忆。“理解”是指对事物初步的理解，能把握材料的意义。“应用”是指对所学习的概念、法则、原理的运用，在新情境中使用学会的材料。“分析”被定义为把材料分解成各个组成部分，从而使各要素间的相互联系以及各部分与整体之间的关系更加明确。“评价”要求学习者通过调查、比较、鉴别等手段以及综合内在与外在的标准，对材料的价值作出有说服力的理性判断。“创造”则要求学习者根据所学材料和经验，在前五个层次的基础上有所创新，改造或重建出新的材料或意义。根据布鲁姆“教育目标分类法”的六个层次，学习知识可以有多种不同的认知过程，并形成不同的教学目标和不同的教学过程。传统的视听说教学往往集中在前三个层次（语言知识层面），然而后三个层次“分析”“评价”“创造”作为更高维度的认知目标，才能引导学生运用掌握的知识进行创造和发明，进一步提高学生的语言技能和实际应用能力。该理论有助于重新审视法律英语视听说教学过程，从而制定多维度、多层次的教学目标，改进教学方法和教学模式，最终促进学生法律英语视听说能力的提升。

三、基于世界大学城云平台的法律英语视听说教学实例

法律英语为专业选修课，以法学院、知识产权学院与信用风险管理学院为主要授课对象，在第三学期开设，分为法律英语阅读、法律英语翻译、法律英语写作、法律英语视听说和英美法体系五个部分，共计32课

时，其中法律英语视听说占 8 课时。开课前，教师结合学生实际做好空间资源建设，其中必备要素为：课程建设方案、课程介绍、课程标准、课程设计、教学大纲、授课计划、评价标准等。同时将与课程匹配的视频资源、图文资源、课件资源等上传至平台，分类要清晰，查找简单方便，资源实时更新。选课成功后，学生进入世界大学城实名注册个人空间，并与教师空间互加为好友。

下面以《傲骨贤妻》第一季第一集为例进行详细说明。

按照布鲁姆的“教育目标分类法”，将法律英语视听说课程分为课前、课中、课后三个学习阶段。

1. 课前学习

原本在课堂讲授的内容，现在在教师空间上展示，发布任务，学生按要求自主学习：记忆（Remember）→理解（Understand）。

（1）关注通知、导学及注意事项

教师通过世界大学城云平台以及腾讯 QQ 学习群向学生推送通知、导学及注意事项。

本次课前导学：仔细阅读文本资料，观看视频，自学学习手册。

（2）图文资料

该剧集中涉及的背景介绍、法律文化知识、法律文献阅读、法规法条、法律实务等。

本次课前阅读：Jury（陪审团）、Rules of objection（庭审中提出“反对”的理由）。

（3）视频资料

教师空间提供美剧视频，学生按要求进行自主学习。

本次观看内容：《傲骨贤妻》第一季第一集。

观看步骤：

第一步，观看无字幕版视频，旨在了解影片大意；

第二步，结合英文版字幕，精看精听；

第三步，再反复观看无字幕版视频，提升听力和理解能力。

（4）学习手册

教师空间提供与视频内容配套的英文字幕文本，供学生下载。同时还提供重难点词汇讲解、文化背景及语言点注解。

本集学习手册:《傲骨贤妻》第一季第一集英文剧本、重点法律英语词汇注音讲解、庭审术语和常用句型及讲解。

(5)助学平台

学生可以通过世界大学城云平台留言板、教学微博、QQ 学习群，在线讨论、交流互动或者线上提问教师。

2. 课中学习

原本布置的任务和作业，学生在活动中研讨解决：理解（Understand）；分析（Analyze）→应用（Apply）；创造（Create）。

课中教学活动以学生学习为中心，通过以下方式开展：

(1)知识点回顾与归纳

教师根据课前互动和学生的线上提问了解学生的语言失误和学习困难，对学生课前阅读完成情况进行检测，按照法律英语的语言特点和职业特征，对难点进行讲解和深度拓展，设计有针对性的语言应用任务。

本集课前阅读完成情况检测（根据关键词和问题在文本资料中找答案）：Jury（What、Verdict、Who、Pros、Cons）；Rules of objection（What、When、Ruling、React、objections generally、Summary judgment、Continuing objection、Proper reasons for objecting to a question asked to a witness、Proper reasons for objection to material evidence include、Proper reasons for objecting to a witness's answer）。

(2)情景模拟，角色扮演（听、说）

采用按情节内容划分的方式播放美剧视频，还原情景对话，教师对该情景下的常用表达进行讲解。给出特定场景，请学生模仿并进行情景模拟、角色扮演。教师还可以设计如电影情节讲述、模拟记者采访、英文配音等教学活动充分调动学生的积极性。

本集庭审情景模拟：Alicia 重返职场的第一单案件是为一名被控谋杀前夫的年轻女教师 Jennifer 的案件重审做法律援助，请学生分别扮演 Alicia（辩方律师）、Jennifer（被告）、Judge Richard（法官）、Mantan（检察官）、Cindy（检方证人，Jennifer 的前夫即本案被害人的现任妻子）、Detective Briggs（检方证人）、Mr. North（检方证人），重现剧中多个庭审场景。

（3）精听台词（听、读）

将美剧音频做成复合式听写材料，帮助学生在提高听力水平的同时兼顾词汇习得。

本集精听内容：将本集里案情陈述场景、抗辩式庭审片段做成复合式听写材料，要求学生听写出重要法律英语词汇和短语。

（4）学习翻译技巧（译）

让学生尝试将美剧台词翻译成中文，批判地看待目前互联网上水平参差不齐的美剧字幕翻译。旨在让学生了解翻译的异化与归化，逐渐积累英汉互译的方法与技巧，品味语言的魅力。

3. 课后学习

加深拓展学习内容：应用（Apply）；分析（Analyze）→评价（Evaluate）；创造（Create）。

（1）提交相关主题写作作业（写）

通过句酷批改网（www. pigai. orz）对学生的写作作业进行批改，实现网络批改和教师批改相结合。

本集写作作业：案件综述（Case Brief Writing）。

（2）团队协作，成果交流

以5—8人为一个学习小组，学生自行开展线上和线下分组学习。学生经过独立学习、协作学习之后，完成个人或者小组成果汇报。成果交流的形式多种多样，如在线视频报告（PPT 汇报、故事重构）、小型比赛（演讲、小组辩论赛）等。学生可以将自己的汇报过程进行录像，上传至世界大学城云平台，教师和学生在观看完汇报视频后，在平台或课堂上进行讨论、评价。

本集小组作业：利用湘潭大学模拟法庭庭审录播系统，拍摄一段模拟庭审视频，学生提交作业后，教师将作业汇总归纳并上传至世界大学城云平台“学生作品展示”栏目，各小组观摩互评讨论。

（3）参与讨论版议题和微博、QQ 互动

师生在平台积极参与讨论版议题和微博、QQ 互动，真正实现“因材施教”，有针对性地指导学生，实现个别化指导。

本集讨论版议题：请根据《傲骨贤妻》第一季第一集中的庭审场景，

列出律师对对方提议提出反对的理由（Proper reasons for objections）。

4. 过程跟踪与评价

为强化激励机制，监督学习过程，本课程采取定量和定性、形成性和总结性相结合的评价方式。评价的内容涉及独立学习过程中的表现、空间建设、互动频率、在小组学习中的表现、学习计划安排、学习进度、学习效果和成果展示等方面。

四、结语

由于法律英语是法学与英语的交叉学科，具有法学和英语两种学科的双重属性，形式单一的传统课堂教学很难激发学生的学习原动力，也无法满足学生的个性化学习需求。世界大学城云平台资源丰富，针对性强，师生互动不受时间和空间限制。为了更好地向法律行业输送高层次的复合型、外向型法律人才，基于世界大学城云平台开设的法律英语视听说课程，以律政美剧为教学内容，整合课堂教学和在线教学，提高了课堂学习效率，加强了学生主观能动性，提高了学生法律英语视听说能力，对信息化教学有借鉴意义。

基于需求分析的“分层渐进式”ESP 教学模式

——以法律英语视听说为例

摘　要：在 ESP（English for Specific Purpose）理论框架下对法律英语课程进行需求分析，以此建构出“分层渐进式”ESP 教学模式，并应用于法律英语视听说教学。

关键词：需求分析；法律英语；视听说

一、引言

结合《指南》和司法部对法律人才培养提出的“复合型”“外向型”

人才要求，高校法学专业的专业定位和发展方向正在发生改变，并影响着课程设置和教学，其特征之一就是法律英语教学趋向系统化、专业化。在法律英语领域，对于从业人员的语言技能要求较高，然而迄今为止，能够熟练处理涉外法律事务的复合型法律人才仍然非常紧缺。因此，在 ESP 理论框架下反思和探讨法律英语的教学模式是非常必要且有积极意义的。

二、调查对象及研究方法

在 ESP 理论框架下的需求分析有多种分析模型，如目标情景分析模型、目前情景分析模型等。我们分别从三个方面对法律英语课程进行需求分析：首先，着眼于法律专业学生的语言水平和专业知识，了解分析他们的学习障碍和差距；其次，调查学生对于法律英语课程的学习动机、学习态度以及学习目标等；最后，宏观分析教育部、司法部的权威文件和法学院人才培养方案，调查相应就业机构从市场角度提出的需求。研究方法包括文本研读、问卷调查、访谈、测试、观察等。

三、调查结果及“分层渐进式”ESP 教学模式的提出

调查结果表明：无论是学习者的主观需求还是客观需求，有 95.3% 的受访者认为开设法律英语课程很有必要。而学习者在学习动机、学习现状以及学习目标等方面则差异性较大。值得注意的是，64.2% 的受访者希望在法律英语视听说方面有所侧重。经过探究性访谈调查，我们发现听说方面的需求位居首位的根本原因在于：视听说教学的目标与 ESP 教学目标一致，都是为了学习者能够更好地用英语在专业领域进行交流。根据上述结果，我们在 ESP 理论框架下，提出“分层渐进式”法律英语教学模式，下面以法律英语视听说为例进行说明。

四、“分层渐进式”ESP 教学模式在法律英语视听说教学中的应用

（一）课程设置

法律英语课程以湘潭大学法学院二年级法科学生为主要授课对象，授课内容包括法律文献阅读与翻译、法律文书写作、法律英语视听说和法律文化四个板块，共 32 课时，其中法律英语视听说占 8 课时。通过课前在线问卷调查、测试等方式对学生进行需求分析，将学生分为三个不同的层次，分别授课。第一层次的学生英语基础一般，学习动机不明确。已经通过大学英语四六级考试，希望通过学习这门课，以英语为工具掌握更多的法律知识，提升未来职业发展空间的同学将被分在第二层次。英语和法律知识基础较扎实，涉外法律知识储备较充足，有从事涉外法律工作意向的同学属于第三层次。

（二）授课方式

采取线上线下相结合的课堂模式，以世界大学城和超星学习通为授课平台，课程设计围绕“英语＋法学”，即开展“语言＋专业”的跨学科合作。一方面，充分利用超星学习通和世界大学城，做好线上课程建设；另一方面，法律专业教师将与英语教师协同合作，做好线下的面对面交流和互动，形成优势互补的跨学科合作。

（三）授课内容

为第一层次的同学开发制作大学生语音语调问题 20 讲系列微课，为学生后续语言能力的提高打下坚实的语音基础，帮助学生通过视听材料习得法律英语专业高频词汇和表达。针对第二层次的同学，将美剧与庭审英语相结合，以律政类美剧《傲骨贤妻》为主要教学内容，通过模拟剧中的庭审场景提升学生的法律英语听说能力。运用全程庭审录播系统，针对第三层次的同学，采用以产出为导向的教学方式，以模拟法庭、模拟国际商事仲裁为教学内容，实现模拟法律程序教学的电子化和信息化。

综上所述，通过 ESP 教学探索和实践，基于需求分析的“分层渐进式”教学模式突破了传统英语视听说教学，在教学过程中实现了内容多样化、资源全球化、教学个性化。由于时间和水平有限，本研究的深度和广度还有待在今后进一步拓展和深入。

“双 +”“双重”的 ESP 教学模式研究

——以法律英语课程为例

摘　要：通过对我国法律英语教学现状及存在的问题进行探讨，提出“双 +”“双重”的 ESP 教学模式，并应用于法律英语课程教学，以提高法学专业学生的培养质量。

关键词：法律英语；双 +；双重

一、引言

我国司法部对法律人才培养提出了“重点培养高层次的复合型、外向型法律人才和职业型、应用型法律人才”的要求。这里的“复合型”和“外向型”显然强调的是学科的交叉性及法律英语素养的提高。《指南》中指出：高校开设大学英语课程，一方面，应满足国家战略需求，为国家改革开放和经济社会发展服务；另一方面，应满足学生专业学习、国际交流、继续深造、工作就业等方面的需要。英语学习者的多元化需求和涉外法律人才的缺口，催生并带动了法律英语课程的蓬勃发展。

二、“双 +”“双重”的 ESP 教学模式的思路

在实际的教学实践中，法律英语教学模式重知识轻能力的倾向严重，缺乏应用性和针对性，不能满足学生对该课程的需求。依据相关 ESP（English for Specific Purpose）理论，ESP 课程是满足学习者的特定目的和特定需要而开设的。在经济全球化过程中，中国与其他国家在各

领域的交往日益扩大，随之而来的各种法律争议也越来越多，因而当前法学教育的重要任务之一就是要培养出既懂中外法律，又能熟练运用英语开展涉外业务的高级法律人才。因此，本课题尝试建构“双＋”“双重”的ESP教学模式，并应用于法律英语课程教学。其中“双＋”指的是：线上＋线下，语言＋专业；“双重”指的是：重问题意识的培养、重文化视野的构建。

三、“双＋”“双重”的ESP教学模式在法律英语教学中的运用

（一）ESP视角下法律英语的课程设置

作为一门交叉学科，各专门用途英语课程既具有ESP课程的普遍特征，又有其特殊性。以法律英语课程为例，该课程的目标是满足学习者以英语为工具学习法律专业知识、提升从事涉外法律事务能力的特定需求。在“互联网＋教育”的时代背景下，空间教学技术为学生提供了更多的选择，因此，一方面我们充分利用世界大学城和超星学习通，做好线上课程建设；另一方面，法律专业教师与公共英语教师合作授课。教学内容分为4大模块：法律文献阅读、法律文书写作、庭审视听说、法规法条的英汉互译。这4大模块在语言能力方面涵盖了听、说、读、写、译，在法学专业技能方面同时涵盖了学术与实务领域。

（二）ESP视角下法律英语的教学方法

本课程主要打破以往以概念和术语为核心的课程结构，以任务为核心，在教学方法方面，把“任务式教学法”和“体演文化教学法”结合起来。“任务式教学法”认为掌握语言大多是在活动中使用语言的结果，而不是单纯训练语言技能和学习语言知识的结果。在教学活动中，我们将围绕法学专业学生可能面临的职业活动，设计出具体的、可操作的任务，学生通过表达、沟通、交涉、解释、询问等各种语言活动形式来完成任务，以语言为手段，达到专业能力训练的目的；“体演文化教学法”认为学生

在学习外语时，需要强调对文化的“体演”，以构建学习者的跨文化视野。在组织教学活动时，我们将采取线上线下相结合的模式：（1）在线课堂讲授知识要点，以视频微课形式细化讲解知识点，便于学生利用碎片时间学习；（2）分组完成相关任务，培养学生的团队意识、合作意识、问题意识；（3）课堂展示任务成果并讨论互评，课程考核的重心从终结性评价转移到过程性评价。

四、结语

综上所述，将“双+”“双重”的ESP教学模式应用于法律英语教学，探索出一条符合湘潭大学实际情况和法学院本科生特点，适应社会和经济发展需求的教学模式，对于提高湘潭大学法学专业学生的培养质量有积极作用。

后疫情时代大学英语课程思政教学探索与实践

——基于价值观引领的“沉浸+层进”式（双CJ式）教学设计理念

摘　要： 在后疫情时代，如何通过有效的教学目标设定与实施，实现课程思政的育人目标，并将价值观引领寓于知识传授与能力培养之中，是大学英语课程思政建设亟待探索的重要课题。本文提出一个基于价值观引领的“沉浸+层进”式（双CJ式）教学设计理念，以《全新版大学英语》（第二版）第二册第一单元为例，聚焦教学目标的设定与实施，旨在为后疫情时代的大学英语课程思政教学提供可借鉴的参考路径。

关键词： 课程思政；大学英语；后疫情时代；价值引领；“沉浸+层进”式（双CJ式）

一、引言

《纲要》明确指出，落实立德树人根本任务，必须将价值塑造、知识传授和能力培养三者融为一体、不可割裂。要求大学英语课程思政体系的设计应该做到不断提升学生的课程学习体验、学习效果，坚决防止“贴标签”“两张皮”。

2020 年，新冠疫情给教学工作带来了前所未有的影响和挑战。进入后疫情时代，对于大学英语教学而言，如何在在线教学中开展课程思政也是值得我们思考和探索的课题。

因此，在后疫情时代全面推进课程思政建设，就是要将价值观引领寓于知识传授与能力培养之中，设立新目标，探索新路径，重构教学内容，将课程思政落实到大学英语教学全过程。

二、基于价值观引领的“沉浸 + 层进”式（双 CJ 式）教学设计理念

（一）什么是“沉浸 + 层进”

“沉浸”就是把课程思政沉入各教学环节，浸润于所有教学内容，进而实现教学目标（价值塑造、能力培养、知识传授）。“沉浸式学习”（Immersive Learning）最初是指为学习者提供一个接近真实的学习环境，借助虚拟学习环境，学习者通过高度参与互动、演练而提升技能。具体到第二语言的学习，可以理解为培养学生“英文思维”（Think in English）能力。在课程思政的设计中，借助语言学习，将学生的关注力集中到真实生活情景中，以潜移默化的方式实现对思想道德修养、人文素质、科学精神和认知能力的培养。

“层进”就是让不同能力、不同兴趣的学生，在语言能力、跨文化交际能力、思想道德修养方面的提高都是层次分明、层层递进地进行的，让学生容易有获得感。

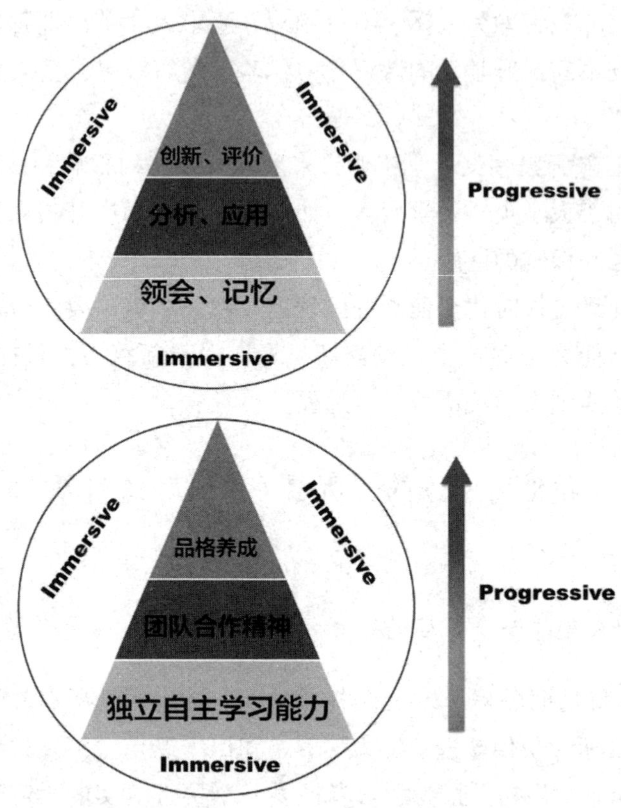

图 5.4　基于价值观引领的“沉浸 + 层进”式（双 CJ 式）教学设计理念

翻转课堂可以培养学生的自主学习能力和团队精神。分组合作完成课程内容的自主学习，主要培养的是学生的团队精神。组员之间是按照各自的特长和能力分工，然后合作完成一个环节的任务。组与组之间则可以在相互答疑、相互评价、相互质疑的过程中，形成良好的竞合关系；任务式学习则根据不同能力层次、不同兴趣层次，发布基于同一主题的不同维度的学习任务，如：制作 PPT、上台讲解、答疑、表演、主持讨论等，可以关照到各层次学生的个性需求，激发学习的积极性；项目式学习主要是为了培养学生的“问题意识”。教师可以每个学期根据现实生活、当下时事引导学生在整个学期开展一个项目，完整地体验一次解决问题的过程；线上线下融合式教学在后疫情时代已成为教与学的重要方式，课程思政的“三全”育人目标，必然要通过线上线下融合的方式才能实现。

三、大学英语课程思政教学的探索与实践

（一）教学目标的设定

《全新版大学英语》（第二版）是目前我国各大高校广泛使用的一套大学英语教材，选材与时俱进，颇具文化内涵和思想深度。其中第二册第一单元课文 A Learning, Chinese Style 出自美国哈佛大学著名教育学家 Howard Gardner，他通过回忆自己和儿子在中国的一段经历，对比了中西方在教育方面的差异。结合课程思政的要求，采用“沉浸 + 层进”式（双 CJ 式）教学设计理念，对该篇课文教学目标做了如下设定：

根据教育部等八部门《关于加快构建高校思想政治工作体系的意见》中第 8 条“全面推进所有学科课程思政建设”的要求，大学英语课程思政要做到“提高大学生思想道德修养、人文素质、科学精神和认知能力”。因此教学目标从以下三个角度来设定（如图 5.5 所示）。

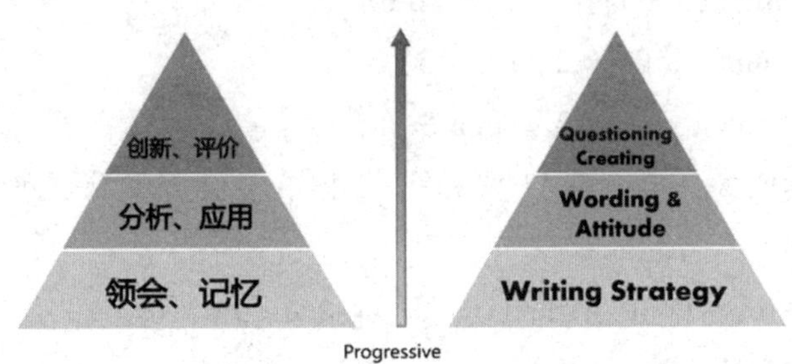

图 5.5　课文 Learning, Chinese Style 教学目标

其中，知识目标（领会、记忆）如下：掌握措辞（Wording）技巧，熟练掌握对比手法（Comparison & Contrast），理解并掌握反思型问句（Reflective Question）。能力目标（分析、应用）是通过掌握措辞（Wording）技巧、对比手法（Comparison & Contrast）提高写作能力；通过理解措辞（Wording）技巧，培养批判性思考能力，对作者就“中国式学习方法”的论述进行反思；通过理解课文内容，结合课外视听、阅读任务，培养对不同文化中教育理念的认知能力和独立思考能力。价值目标（创新、评价）

是了解多元教育理念，提升人文素养；深入理解中国教育理念，树立文化自信。价值目标的实现途径如下：首先，掌握对比手法（Comparison & Contrast），将其运用于阅读和写作，实现认知能力的提高；其次，通过分析作者的措辞（Wording）以及反思型提问（Reflective Questioning），再向作者进行反向提问，培养科学精神和批判性思考能力；最后，课外补充材料，让学生站在历史的、文化的角度看待多元教育理念如何共存，提升人文素质；本次补充材料考虑多维度（视听 + 阅读 + 书写）、多视角（教育专家 + 英文纪录片）、多文化（中、英、美及其他）因素，内容包括：课文 B，关于如何培养孩子“财商”；BBC 英文纪录片《中国老师来了》（Are Our Kids Tough Enough? —Chinese School）等。

（二）具体实施过程

1. 语言基础知识提升：对比写作策略（15 分钟）

（1）阅读任务：再读第 6 段和第 7 段，总结归纳第一种对比对照写作方法——

the Block Method（对比对象 A 和 B）

对象 A：Point 1，Point 2，Point 3，...

对象 B：Point 1，Point 2，Point 3，...

（2）阅读任务：再读第 11 段和第 12 段，总结归纳第二种对比写作方法——

the Point - by - Point Method（对比对象 A 和 B）

Point 1：A，B

Point 2：A，B

Point 3：A，B

（3）课后作业

作业一：找出课文中作者对于中国式学习方式的长处的阐述，并进行课堂陈述；

作业二：观看 BBC 英语纪录片“Are Our Kids Tough Enough? —Chinese School”，运用对比的写作方法写作纪录片摘要。

2. 批判性思维培养（12 分钟）

（1）区别课文 A 不同语境中近义词的差别

No. 1：Any Chinese staff member nearby would come over to watch Benjamin and，noting his lack of initial success，attempt to assist.（para. 4）

No. 2：He or she would hold onto Benjamin' s hand and，gently but firmly，guide it directly toward the slot，reposition it as necessary，and help him to insert it.（para. 4）

No. 3：When our well－intentioned Chinese observers came to Benjamin' s rescue，they did not simply push his hand down clumsily or uncertainly，as I might have done.（para. 9）

（2）理解这些近义词使用的意图，发现作者的态度

（3）课堂练习：使用括号里的词填空

教师之为教，不在全盘授予，而在相机诱导。（叶圣陶）

To ________ is not to ________ students with knowledge，but to ________ in due course.（teach，cram，nudge）

3. 品格培养（18 分钟）

（1）复习措辞（Wording）反映作者态度的要点，重读第 11 段，理解 "Possibly" 所反映的作者的态度

"...，but，over time，possibly evolving to a point equally original."（para. 11）

Attitude：The author doesn' t think teaching by holding the hand is as good as solving problems by oneself，in terms of fostering creativity.

（2）阅读第 13 段，思考作者写作本段的目的

When considering a problem，people should not：

be stereotypical.

be one－sided.

be subjective.

引出第 14 段结论段的结论（反思型提问）：

"Can we gather a superior way to approach education，perhaps striking a better balance between the poles of creativity and basic skills?"（para. 14）

（3）项目式学习

针对中国教育，分组进行反思型提问；

制作演讲视频，演讲主题：What makes the Chinese - style learning valuable?

四、结束语

“沉浸+层进”式（双CJ式）教学设计理念将课程思政浸润于教学材料的选择中，让学生从多视角看问题，具备国际视野，关注文化多样性，提升文化自信；将课程思政浸润于教学环节设计中，在巩固知识的环节培养自主学习能力，在提升技能的环节培养团队合作精神，在塑造价值观的环节培养批判精神和独立思考能力；对教学内容进行了层次分明的区分，层层推进。该教学设计理念先后融合了任务式教学、翻转课堂、项目式教学，也契合产出导向法教学的一些理念，在后疫情时代的背景下，以线上线下融合的方式将课程思政融入大学英语教学中，最终实现“立德树人”的根本目标。

第三节　大学英语课程思政教学实施路径

课程思政的目的是构建全员、全程、全方位育人格局，使各类课程与思想政治理论课同向同行，形成协同效应，实现“立德树人”的根本任务。简而言之，课程思政就是高校的所有课程都要发挥思想政治教育作用，将思政的种子植入课程的土壤之中。从目前大学英语课程思政建设的实践情况来看，课程教学环节仍然以知识传授和技能培养为主，价值引领与知识技能培养“两张皮”、课程思政乏力甚至缺位的现象仍然较突出。大学英语课程是实现立德树人目标的有效载体，要通过课程思政教学实现育人目标，具体可以从教学内容、教学方法、教学平台、教学场地和评价体系等方面着手。

一、教学内容

教材作为教学三大要素之一，是教师进行教学的主要依据，是落实立德树人根本任务的重要抓手。要充分发挥大学英语教材所承载的德育功能，教师需要深入细致地挖掘和提炼单元主题及其蕴含的德育思政元素，并且把这些内容巧妙地融入到课堂教学设计中，秉承“基于主题”的教学设计原则，实现每个单元都以思政主题统领教学目标、教学内容、教学活动、练习、作业等。例如，根据《全新版大学英语综合教程》，挖掘整合出三大思政模块：情感教育、素养提升、性格塑造，并根据每个单元涉及的知识点和技能点，锚定课程思政点，使大学英语课程思政教学更具系统性和延续性。

二、教学方法

为实现课程的育人效果，在大学英语教学中，教师应根据单元思政主题、教学内容和教学目标，采取不同的教学方法，如项目式教学法、任务式教学法、产出导向法、交际教学法等。大学英语课程的性质（人文性和工具性）决定了大学英语教师应有机融合显性教育与隐性教育两种教学方法：一方面，在语言教学中直接系统地教授知识；另一方面，将思政元素融入教学，引导学生进行更深层次的思考和探究。显性教育与隐性教育互为补充，有利于充分调动学生的学习兴趣和积极性，发挥教育教学的育人成效。

三、教学平台

信息化时代，网络技术的变革不仅推动了大学生思想政治教育的发展，同时也为大学英语课程思政教学模式的改变提供了载体。大学英语课程思政教学可采用线上线下融合的新模式，灵活运用在线教学资源及平台，如：学习通、WE Learn、iSmart、U 校园等，以图片、视频、微课、慕课等多种方式对教学内容进行重构，利用在线教学平台发布通知和相关学习任务，结合任务点设置讨论、问卷、抢答等活动，促进师生互动、生生互动。要积极拓展网络教学平台建设，开展“云”课程思政教育，将语言学习与网络媒体引领深度融合，形成引领青年学生成长、独具特色的新媒体育人模式，构建网络育人生态系统。①

四、教学场地

为拓展育人维度，丰富学生的生活体验，大学英语课程思政的教学场地可以从课堂延伸至现实生活的各个场景，结合学校配备的资源以及授课对象的专业特色，让学生从实践中学习、学以致用、边做边学。如开展残疾人生活体验项目，培养学生的共情意识和坚韧不拔的品质；组织湖湘红色文化翻译实践活动，培养学生讲好中国故事、传播好中国声音的能力，让学生更好地了解当地优秀传统文化的精髓，彰显社会主义核心价值观，帮助学生树立文化自信等。

五、评价体系

考核与评价体系健全与否关系到课程思政的推行效果，大学英语课程思政要坚持评价主体、评价内容以及评价方式多元化。一方面，评价体系需要将学生的认知、情感、价值观、理想信念、家国情怀等与思政相关的内容纳入其中。采用过程性评价、形成性评价与终结性评价有机结合的方式，制定出更为精细和系统的评价标准，既关注知识的理解与技能的应用，又兼顾课程思政的成效；另一方面，要对课堂育人效果进行评估，即学生对教师实施大学英语课程思政的接受认可度，反映大学英语课程中知识传授、能力培养与价值引领的融合程度。

---

① 朱敏，曹杰. 基于“互联网 +”新媒体育人创新研究［J］. 中国高等教育，2017，22：16 – 19.

第四节　大学英语课程思政教学建设前景瞻望

一、《大学外语课程思政教学指南》的具体实施

为推进大学外语课程思政建设，充分发挥大学外语课程立德树人的育人功能，引导全国高校大学外语课程思政正确发展方向，教育部高等学校大学外语教学指导委员会于2021 年 10 月开始着手制定《大学外语课程思政教学指南》(以下简称《课程思政指南》)。《课程思政指南》对大学外语课程思政教学目标、教学内容、教学设计、教学方法与手段等均提出明确要求，为大学英语课程思政建设提供了指导意见。高校一线教师如何更好地理解和落实《课程思政指南》要求，如何厘清《指南》与《课程思政指南》的关系，如何将《课程思政指南》要求落实到大学英语课程思政教学目标、教学内容、教学方法、教学评价、教学组织、课堂活动、第二课堂、作业布置、考试安排等各个环节，如何结合大学英语课程体系中的通用英语、专门用途英语和跨文化交际三大类课程的特点，将“政治认同、家国情怀、文化素养、专业知识、道德修养”有机融入教学全过程，系统开展中国特色社会主义和中国梦教育、社会主义核心价值观教育和中华优秀传统文化教育等，都将是未来大学英语课程思政教学改革的研究方向。

二、大学英语课程思政教材建设

教材是教学内容的主要载体，也是实现教学目标的基本保证。在教育强国和课程思政的战略方针指导下，大学英语需要接受新任务，树立新目标，探索新路径，加强教材建设和管理，将价值引领寓于知识传授和能力培养之中，牢牢把握正确政治方向和价值导向，用心打造培根铸魂、启智增慧的精品教材。以下是大学英语课程思政教材建设亟待解决的问题：如何多方面、多渠道深入挖掘现有教材中的思政元素；如何将文化内容与语

言内容有机结合；如何改变大学英语教学的“中国文化失语”现象；如何通过重构教材帮助学生提升文化素养，构建文化自信；如何通过教材内容和单元主题的设置，强化大学英语的文化性、人文性和育人功能；如何通过教学设计坚持中华文化的主体性，帮助学生循序渐进、由表及里地讲好中国故事、传播中国经验、发出中国声音、站稳中国立场；大学英语教材如何体现新时代新要求，有机融入社会主义核心价值观和中华优秀传统文化，引导学生树立正确的世界观、人生观和价值观；如何推进习近平新时代中国特色社会主义思想进教材、进课堂、进脑袋；教材内容如何立足中国，面向世界，拓宽视野，为培养有国际视野的人才提供有力支撑；如何通过教材系统化建设和教学内容改革创新，推进大中小学英语课程思政一体化建设等。

三、大学英语课程思政师资队伍建设

教育大计，教师为本，强教必先强师。习近平强调，要把加强教师队伍建设作为建设教育强国最重要的基础工作来抓，健全中国特色教师教育体系，大力培养造就一支师德高尚、业务精湛、结构合理、充满活力的高素质专业化教师队伍。大学英语课程思政的育人理念需要通过大学英语教师才能落实到各个教学环节，教师的素质、水平和能力是直接影响课程思政育人效果的关键因素。各高校要重视大学英语教师队伍建设，创建大学英语课程思政虚拟教研室，建立和完善大学英语课程思政培训体系，为教师提供定时定量的课程思政培训，组织教学研讨，开展大学英语课程思政教学竞赛，鼓励并支持大学英语教师开展课程思政研究，突出课程思政研究在大学英语教学改革、大学英语课程思政建设等方面的引领作用，切实提高大学英语教师业务能力和专业水平，从整体上增强大学英语课程思政研究与教学团队的实力和竞争力。育人先育己，大学英语教师必须主动适应高等教育发展的新形势，主动适应大学英语课程思政的新要求，主动适应信息化背景下大学英语教学的新发展，除不断提高自己的业务水平和育人能力外，更要不断提升个人的思想政治素养，注重自身的师德师风建设，将主动参与大学英语课程思政研究和教学改革作为自身发展的主要途径，探索具有中国特色的大学英语课程思政教学理论和方法，最终实现大学英语课程与思政教育同向同行，形成协同效应。

四、大学英语课程思政教学平台建设

现代信息技术应用于大学英语课程思政教学，不仅使教学手段实现了现代化、多样化和便捷化，也促使教学理念、教学内容、教学方式发生变化。信息化时代为大学英语课程思政教学提供了全新的方法和前所未有的丰富资源，因此，我们应该主动适应新时代大学生的学习特点和学习方式，积极创建多元的大学英语课程思政教学与学习环境，大力推进大学英语课程思政教学平台建设。一是要打破传统的教学模式，拓展实践教学空间，将大学英语教学搬到实践中来，如开展项目式学习等，利用本校已具备的资源，在实践中育人铸魂。二是各高校应充分利用信息技术，积极推进大学英语课程思政网络精品课建设。一方面鼓励教师建设和使用微课、慕课，利用网上优质的教育资源改造和拓展课程思政内容：向内深入挖掘教材中的思政元素，结合单元主题，将思政元素巧妙地融入语言教学的各个环节；向外实时拓展教学内容，结合最新的时政资源，引导学生通过了解世界各国优秀文明，理解中国文化，提高思想道德修养、人文素质，培养文化自信和家国情怀。进一步整合优质课程思政资源，实施基于大学英语面授课堂和在线课程的翻转课堂等混合式教学模式，形成引领大学生成长、独具特色的育人新模式。另一方面，通过搭建网上交互学习平台，为师生提供涵盖教学设计、课堂互动、教师辅导、学生练习、作业反馈、学习评估等环节的完整教学体系，拓展学生的学习空间，促进学生个性化学习，开展交互学习和自主学习，最终实现思想政治工作与信息技术深度融合，切实增强大学英语课程思政教学的针对性、实效性和亲和力。三是要积极创建大学英语课程思政资源库，以资源共建、共享为目的，形成集资源处理、存储、管理和评价为一体的数字化大学英语课程思政资源管理平台，实现资源上传、归档、检索，并运用到教学中。密切关注学生的思想动向与需求，实时更新大学英语课程思政教学素材，与时代和国际接轨，为个性化学习、终身学习、扩大优质大学英语课程思政资源覆盖面和教育现代化提供有效支撑，确保育人质量，提升育人水平。各高校可以共同开发和建设大学英语课程思政数字化教学资源库，并形成有效的大学英语课程思政教学资源建设共建共享机制。

五、大学英语课程思政教学评价与测试体系建设

评价与测试是检验教学质量、推动大学英语课程思政建设与发展的重要手段，关系到课程思政的推行效果。大学英语课程思政教学评价应涵盖课程体系的各个环节，评价主体要师生双向并行，评价方法应灵活多维。一是在大学英语课程思政全过程中搭建动态评估框架，将教学与评估联合一体，将学生的认知、思维、情感、价值观等纳入考核内容，采用形成性评价和终结性评价相结合的多元考核方式，最终实现“教、学、育、评”的深度融合。二是要对教学效果进行“双向评估”，即让学生对教师实施大学英语课程思政进行反馈，反映课程中知识传授、技能提升与价值引领的融合程度；三是学校教学管理部门可以根据本校的教学需求和现状，制定适合本校的大学英语课程思政评价标准和切实可行的评价指标体系，建立常态化的评价数据库，并定期更新和公布数据，促进课程思政的规范化和科学化建设。一方面，校本考试应紧密结合课程思政教学内容，如增加中英文化知识的考核比重，同时，充分利用信息技术，跟踪和采集学生的学习行为等信息数据，为不同类型的学生提供个性化的评价反馈；另一方面，积极鼓励大学生参加各种英语能力竞赛和水平考试，以此检验学习成效。总之，大学英语课程思政应建构专业化的评价与测试体系，健全大学英语课程思政教学基本状态数据常态化检测和反馈机制，深化新时代教育评价改革，更好地实现大学英语课程思政的总体目标，构建多元主体参与、符合中国实际、具有世界水平的教育评价体系，满足国家和社会对国际化人才培养的需求。

参考文献

[1] 陈霞，王晓彦，王晓霞. 新时代背景下的大学英语教学改革与创新思维［M］. 北京：中国书籍出版社，2021.

[2] 何自然. 语用学概论［M］. 长沙：湖南教育出版社，1998.

[3] 何自然. 语用学概念与英语学习［M］. 上海：上海外语教育出版社，1997.

[4] 胡瑞霞. 大学英语教学改革与创新研究［M］. 北京：中国书籍出版社，2016.

[5] 湖南省教育科学研究院. 课程思政教学设计 文科卷［M］. 长沙：中南大学出版社，2022.

[6] 李秉德. 教学论［M］. 北京：人民教育出版社，1991.

[7] 李凤，宋学东，万瑾. 高校外语学科课程思政教学设计案例选编［M］. 天津：天津人民出版社，2022.

[8] 李观仪. 具有中国特色的英语教学法［M］. 上海：上海外语教育出版社，1995.

[9] 刘润清. 中国高校外语教学改革现状与发展策略研究［M］. 北京：外语教学与研究出版社，2003.

[10] 加涅. 教学设计原理［M］. 皮连生等，译. 上海：华东师范大学出版社，1991.

[11] 上海大学课程思政教学研究中心. 课程思政教学设计［M］. 上海：上海大学出版社，2022.

[12] 孙静. 大学英语教学及改革新思维［M］. 北京：中国水利水电

出版社，2017.

［13］孙志远．新时代大学英语教学改革与英语教师专业发展［M］．郑州：河南大学出版社，2021.

［14］唐德根．跨文化交际学［M］．长沙：中南工业大学出版社，2000.

［15］王淑花，李海英，孙静波，等．大学英语教学模式改革与发展研究［M］．北京：知识产权出版社，2018.

［16］王淑花，潘爱琳．大学英语课程思政教学实践与反思研究［M］．北京：首都经济贸易大学出版社，2022.

［17］文旭，唐瑞梁．新时代外语教育课程思政案例教程［M］．北京：中国人民大学出版社，2022.

［18］文旭，徐天虹．外语教育中的课程思政探索［M］．重庆：西南大学出版社，2021.

［19］习近平．在庆祝中国共产党成立 95 周年大会上的讲话［M］．北京：人民出版社，2016.

［20］熊学亮．认知语用学概念［M］．上海：上海外语教育出版社，1998.

［21］严文庆．大学英语课程思政教学指南［M］．上海：华东师范大学出版社，2021.

［22］张喜华．北京高校大学英语课程思政报告［M］．北京：旅游教育出版社，2021.

［23］Clare Kramsch. Language and Culture［M］. Shanghai：Shanghai Foreign Language Press，2003.

［24］Holec. H. Autonomy and Foreign Language Learning［M］. Oxford：Pergamon，1981.

［25］Geory Yule. Pragmatics［M］. Shanghai：Shanghai Foreign Language Education Press，2003.

［26］艾晴．混合式教学与课程思政在外语教学中的互促关系及实现路径［J］．吉林省教育学院学报，2022，38（02）：67－70.

［27］敖祖辉，王瑶．高校“课程思政”的价值内核及其实践路径选

择研究［J］．黑龙江高教研究，2019，37（03）：128－132.

［28］蔡基刚．基于需求分析的大学 ESP 课程模式研究［J］．外语教学，2012，33（03）：47－50.

［29］蔡基刚．课程思政视角下的大学英语通识教育四个转向：《大学英语教学指南》（2020 版）内涵探索［J］．外语电化教学，2021（01）：27－31＋4.

［30］蔡基刚．课程思政与立德树人内涵探索——以大学英语课程为例［J］．外语研究，2021，38（03）：52－57＋112.

［31］陈诗颖，苏桂兰．英语教学与网络信息技术的整合应用：定位与思考［J］．外语电化教学，2003.

［32］陈雪贞．最优化理论视角下大学英语课程思政的教学实现［J］．中国大学教学，2019（10）：45－48.

［33］成矫林．以深度教学促进外语课程思政［J］．中国外语，2020，17（05）：30－36.

［34］程凤林，崔红芳，李伟达等．高校教学竞赛驱动下的“教师－学生－课程”三位一体守正出新模式［J］．科技资讯，2023，21（09）：119－122.

［35］崔戈．“大思政”格局下外语“课程思政”建设的探索与实践［J］．思想理论教育导刊，2019（07）：138－140.

［36］杜洪晴，潘冬．布鲁姆教育目标分类理论下英语视听说课程思政教学设计［J］．牡丹江教育学院学报，2021（10）：48－51.

［37］方子纯．语篇宏观结构分析与听力教学——一次行动研究［J］．外语电化教学，2006（04）：52－57.

［38］付正玲．后疫情时代大学英语教学的改进路径——基于产出导向法的教学反思与创新［J］．教师教育学报，2022，9（03）：145－152.

［39］甘伶俐．基于布鲁姆教育目标分类理论的高校英语课程思政建设研究——以重庆移通学院精品课程《英语听力》为例［J］．海外英语，2023（07）：105－107.

［40］高德毅，宗爱东．从思政课程到课程思政：从战略高度构建高校思想政治教育课程体系［J］．中国高等教育，2017（01）：43－46.

［41］高国希．教师课程思政意识与能力的提升［J］．教育研究，2020，41（09）：23－28.

［42］高宁，王喜忠．全面把握《高等学校课程思政建设指导纲要》的理论性、整体性和系统性［J］．中国大学教学，2020（09）：17－22.

［43］高燕．课程思政建设的关键问题与解决路径［J］．中国高等教育，2017（Z3）：11－14.

［44］高玉垒，张智义．大学英语教师课程思政教学能力的结构模型建构［J］．外语电化教学，2022（01）：8－14＋102.

［45］郭剑晶．ESP 课堂教学实践探索［J］．宁德师范学院学报（哲学社会科学版），2012（01）：97－103.

［46］郭靖．改善大班教学提高教学质量［J］．天津市教科院学报，2010（6）．

［47］郭薇，骆莲莲．外语课程思政教学设计探析——聚焦首届全国高校外语课程思政教学比赛［J］．外语与翻译，2021，28（03）：77－82.

［48］何克抗．建构主义——革新传统教学的理论基础［J］．电化教育研究．1997，（3）．

［49］何玉海．关于“课程思政”的本质内涵与实现路径的探索［J］．思想理论教育导刊，2019（10）：130－134.

［50］何兆熊，蒋艳梅．语境的动态研究［J］．外国语（上海外国语大学学报），1997（06）：17－23.

［51］贺武华，王凌敦．我国课程思政研究的回顾与展望［J］．学校党建与思想教育，2021（04）：26－30.

［52］洪岗．英语语用能力调查及其对外语教学的启示［J］．外语教学与研究，1991（04）：56－60.

［53］胡杰辉．外语课程思政视角下的教学设计研究［J］．中国外语，2021，18（02）：53－59.

［54］胡萍萍，刘雯静．大学英语教师课程思政教学能力现状调查［J］．外语电化教学，2022（05）：11－17＋106.

［55］胡壮麟．大学英语教学的个性化、协作化、模块化和超文本化［J］．外语教学与研究，2004（36）：345

[56] 华裕涛. 基于需求导向的法律英语课程建构研究 [J]. 外语学刊, 2017 (06): 95-99.

[57] 黄彩霞, 刘畅, 程小雨. “课程思政”在大学英语教学中的实施路径 [J]. 考试与评价 (大学英语教研版), 2020 (04): 68-71.

[58] 黄国文, 肖琼. 外语课程思政建设六要素 [J]. 中国外语, 2021, 18 (02): 1+10-16.

[59] 黄国文. 思政视角下的英语教材分析 [J]. 中国外语, 2020, 17 (05): 21-29.

[60] 黄国文. 挖掘外语课程思政元素的切入点与原则 [J]. 外语教育研究前沿, 2022, 5 (02): 10-17+90.

[61] 黄河, 林芸.《大学英语》课程思政教学探索与实践——以江西经济管理干部学院为例 [J]. 湖北开放职业学院学报, 2019, 32 (21): 154-155+158.

[62] 黄兰. 课程思政融入大学英语新闻听力教学的路径探索 [J]. 江苏外语教学研究, 2022 (04): 17-20.

[63] 汲蕊, 王益光. 以教学竞赛为抓手的地方医学院校青年教师教学能力培养模式探究 [J]. 西北医学教育, 2014, 22 (06): 1154-1156.

[64] 孔标. “大思政”格局下大学英语“课程思政”的落实研究 [J]. 长春师范大学学报, 2020, 39 (03): 179-182.

[65] 李凌. 将美剧《老友记》(Friends) 运用到大学英语教学中 [J]. 科技信息, 2010 (24): 536.

[66] 李美英, 刘洋. 外语线上线下混合式教学模式中课程思政路径探索与实践 [J]. 佳木斯大学社会科学学报, 2023, 41 (01): 186-188.

[67] 李睿. 混合式环境下大学外语课程精准思政模式构建与实证研究 [J]. 语言与翻译, 2021 (04): 67-74.

[68] 李丝贝. 课程思政背景下地方应用型高校大学英语听说教学中的思辨能力培养研究 [J]. 遵义师范学院学报, 2022, 24 (06): 139-142+151.

[69] 李星明, 赵建楠, 韩晶晶. 试析高校教学竞赛与教学改革 [J]. 高等函授学报 (自然科学版), 2013, 26 (02): 8-10.

[70] 林众，冯瑞琴，罗良．自主学习合作学习探究学习的实质及其关系［J］．北京师范大学学报，2011（6）：30－36

[71] 刘鹤，石瑛，金祥雷．课程思政建设的理性内涵与实施路径［J］．中国大学教学，2019（03）：59－62.

[72] 刘建达．课程思政背景下的大学外语课程改革［J］．外语电化教学，2020（06）：38－42.

[73] 刘建军．课程思政：内涵、特点与路径［J］．教育研究，2020，41（09）：28－33.

[74] 刘可里．多媒体和网络环境下的英语教学模式探析［J］．丽水学院学报，2005

[75] 刘淑慧．“互联网＋课程思政”模式建构的理论研究［J］．中国高等教育，2017（Z3）：15－17.

[76] 刘思阳．“新时代”背景下大学英语“课程思政”教学格局构建［J］．吉林化工学院学报，2020，37（02）：1－4.

[77] 刘晓阳．大学英语“课程思政”的实施路径研究［J］．吉林工商学院学报，2018，34（05）：126－128.

[78] 刘艳．“课程思政”建设背景下，大学英语教师“思政发展”的创新研究［J］．辽宁科技学院学报，2020，22（03）：89－90＋57.

[79] 刘正光，岳曼曼．转变理念、重构内容，落实外语课程思政［J］．外国语（上海外国语大学学报），2020，43（05）：21－29.

[80] 陆道坤．论课程思政的教学设计与实施［J］．思想理论教育，2020（10）：16－22.

[81] 罗仲尤，段丽，陈辉．高校专业课教师推进课程思政的实践逻辑［J］．思想理论教育导刊，2019（11）：138－143.

[82] 马川．“00后”大学生心理健康水平的实证研究——基于近两万名2018级大一学生的数据分析［J］．思想理论教育，2019（03）：95－99.

[83] 马文婷．高校教师教学竞赛推进教学改革的价值效应［J］．淮南职业技术学院学报，2023，23（02）：97－99.

[84] 满颖，侯正良．法律英语教学与国际型法律人才的培养［J］．

北京第二外国语学院学报，2004（02）：31－36＋42.

［85］潘海英，袁月．大学外语课程思政实践探索中的问题分析与改进对策［J］．山东外语教学，2021，42（03）：53－62.

［86］庞海才，陈明明．大学英语网络教学——以学生为中心的主题教学模式［J］．玉林师范学院学报（哲学社会科学），2005.

［87］蒲清平，何丽玲．高校课程思政改革的趋势、堵点、痛点、难点与应对策略［J］．新疆师范大学学报（哲学社会科学版），2021，42（05）：105－114.

［88］邱仁富．“课程思政”与“思政课程”同向同行的理论阐释［J］．思想教育研究，2018（04）：109－113.

［89］邱伟光．课程思政的价值意蕴与生成路径［J］．思想理论教育，2017（07）：10－14.

［90］曲明姬．Participatory Workshop 授课模式在法律专业英语课程中的运用研究［J］．中国多媒体与网络教学学报（上旬刊），2022（02）：208－211.

［91］任晓涛，许家金．语篇理论在英语听力教学中的应用［J］．外语界，2002（02）：25－29.

［92］孙笛．案例教学法在法律英语教学中的应用及具体策略探索［J］．英语广场，2021（08）：121－124.

［93］田鸿芬，付洪．课程思政：高校专业课教学融入思想政治教育的实践路径［J］．未来与发展，2018，42（04）：99－103.

［94］王笃勤．大学英语自主学习能力的培养［J］．外语界，2002（5）：17－23

［95］王键．“课程思政”视角下大学英语中的“文化自信”教育［J］．英语广场，2021（16）：76－78.

［96］王利利．教学学术视域下高校教师教学能力提升与教学竞赛研究［J］．吉林省教育学院学报，2019，35（02）：49－53.

［97］王龙，王娟．麻省理工学院开放课件项目经验评述［J］．开放教育研究，2005（04）：89－93.

［98］王瑞华．基于布鲁姆教育目标分类法的多模态教学模式研究

[J]．太原城市职业技术学院学报，2017（06）：106－108.

[99] 王瑞华．基于布鲁姆教育目标分类法的多模态教学模式研究[J]．太原城市职业技术学院学报，2017（06）：106－108.

[100] 王守仁．《大学英语教学指南》要点解读[J]．外语界，2016(03)：2－10.

[101] 王湘玲，宁春岩．基于建构主义理论的网络英语教学研究[J]．外语电化教学，2002.

[102] 王学俭，石岩．新时代课程思政的内涵、特点、难点及应对策略[J]．新疆师范大学学报（哲学社会科学版），2020，41（02）：50－58.

[103] 王雪梅，霍炜．高校外语课程思政研究综述（2018—2021）[J]．上海理工大学学报（社会科学版），2021，43（04）：309－314.

[104] 王岳喜．论高校课程思政评价体系的构建[J]．思想理论教育导刊，2020（10）：125－130.

[105] 王占青，尹亮，王虹等．以赛促教—专业课程开展课程思政的探索与实践——以青海大学课程思政教学竞赛为例[J]．绿色科技，2018(23)：244－245.

[106] 魏冉．“互联网＋”背景下大学英语课程思政混合式教学模式研究[J]．浙江外国语学院学报，2023（01）：10－19.

[107] 文秋芳，王立非．影响外语学习策略系统运行的各种因素评述[J]．外语与外语教学，2004（9）：28－32

[108] 文秋芳．大学外语课程思政的内涵和实施框架[J]．中国外语，2021，18（02）：47－52.

[109] 文秋芳．英语学习者动机、观念、策略的变化规律与特点[J]．外语教学与研究，2001（2）：105－110

[110] 吴旭．“青教赛”提升高校青年教师教学能力的实践与思考[J]．教育理论与实践，2018，38（09）：41－42.

[111] 夏纪梅．首届“外教社杯”全国大学英语教学大赛决赛述评[J]．英语教师，2011（03）：2－4.

[112] 夏文红，何芳．大学英语“课程思政”的使命担当[J]．人民

论坛，2019（30）：108－109.

［113］向明友．基于《大学外语课程思政教学指南》的大学英语课程思政教学设计［J］．外语界，2022（03）：20－27.

［114］肖安宝，谢俭，龚付强．雨课堂在高校思政课翻转教学中的运用［J］．现代教育技术，2017，27（05）：46－52.

［115］肖凌猛，黄洪玲．英语听力语篇的连贯与衔接［J］．外语电化教学，2002（06）：28－32.

［116］肖鹏．基于ESP需求分析的高校法律英语教学模式研究——以对中南财经政法大学硕士生的问卷调查分析为视角［J］．湖北警官学院学报，2015，28（09）：137－142.

［117］肖琼，黄国文．关于外语课程思政建设的思考［J］．中国外语，2020，17（05）：1＋10－14.

［118］徐锦芬．论外语教学中的批判性合作自主学习［J］．外语教学，2012（6）：30－36

［119］许洲．大学英语有效教学对外语教师发展的启示——基于第十届“外教社杯”全国高校外语教学大赛［J］．海外英语，2022（21）：102－103＋106.

［120］杨华．我国高校外语课程思政实践的探索研究——以大学生“外语讲述中国”为例［J］．外语界，2021（02）：10－17.

［121］杨金才．新时代外语教育课程思政建设的几点思考［J］．外语教学，2020，41（06）：11－14.

［122］杨婧．大学英语课程思政教育的实践研究［J］．外语电化教学，2020（04）：27－31＋5.

［123］杨祥，王强，高建．课程思政是方法不是“加法”——金课、一流课程及课程教材的认识和实践［J］．中国高等教育，2020（08）：4－5.

［124］杨洋，宋妍．混合式教学中高校外语课程思政资源建设的“瓶颈”和“策略”研究［J］．北华航天工业学院学报，2021，31（04）：48－50.

［125］余文森．略谈主体性与自主学习［J］．教育探索，2001，

(12).

[126] 俞建耀. 大学英语自主学习发展的限制因素分析 [J]. 广东外语外贸大学学报, 2006 (1): 81-84

[127] 岳曼曼, 刘正光. 混合式教学契合外语课程思政: 理念与路径 [J]. 外语教学, 2020, 41 (06): 15-19.

[128] 张法连, 赵永平. 法律英语教学中苏格拉底教学法适用研究 [J]. 语言与法律研究, 2021, 2 (02): 110-122.

[129] 张法连. 新时代法律英语复合型人才培养机制探究 [J]. 外语教学, 2018, 39 (03): 44-47.

[130] 张金磊, 王颖. 翻转课堂教学模式研究 [J]. 远程教育杂志, 2012 (4).

[131] 张敬源, 王娜. 基于价值塑造的外语课程思政教学任务设计——以《新时代明德大学英语综合教程 2》为例 [J]. 中国外语, 2021, 18 (02): 33-38.

[132] 张敬源, 王娜. 外语"课程思政"建设——内涵、原则与路径探析 [J]. 中国外语, 2020, 17 (05): 15-20+29.

[133] 张凯功. 英美影视作品在法律英语教学中的运用 [J]. 公关世界, 2022 (08): 127-128.

[134] 张文霞, 赵华敏, 胡杰辉. 大学外语教师课程思政教学能力现状及发展需求研究 [J]. 外语界, 2022 (03): 28-36.

[135] 赵继伟. "课程思政": 涵义、理念、问题与对策 [J]. 湖北经济学院学报, 2019, 17 (02): 114-119.

[136] 赵雯, 刘建达.《大学外语课程思政教学指南》内容重点研制与阐释 [J]. 外语界, 2022 (03): 12-19.

[137] 周丽敏, 祁占勇. 大学外语课程思政教学评价量表开发研究 [J]. 外语界, 2023 (03): 71-77.

[138] 周珊. "大思政"背景下中国文化翻译"失语"的教学对策研究 [J]. 成都师范学院学报, 2021, 37 (09): 74-80.

[139] 朱剑虹. 对标《指南》构建大学英语课程思政生态模式——基于省级外语课程思政教学比赛的反思 [J]. 科教文汇 (上旬刊), 2021

(31)：184 –186.

［140］朱世美，邹霞．移动学习教学设计模式的建构与应用［J］．现代教育技术，2008（10）．

［141］朱杨琼，施星君．世界大学城云平台下《英语视听说》教学研究［J］．浙江工贸职业技术学院学报，2012，12（03）：22 –25.

［142］Benson，P&Lor，W. Making Sense of Autonomous Language Learning：Conceptions of Learning and Readiness Autonomy［J］. English Center Monograph，No. 2 The University of Hongkong，1998.

［143］J，Thomas. Cross –cultural Pragmatics Failure［J］. Applied Linguistics，Oxford University Press，1983（2）.

［144］Krathwohl D R. A revision of Bloom's Taxonomy：An Overview［J］. Theory Into Practice，2002（4）：212 –218.

［145］Little，D. Learning as Dialogue：The Dependence of Learner Autonomy on Teacher Autonomy［J］. System，1995，23（2）：175

［146］进取的00后：2019腾讯00后研究报告（附下载）［EB/OL］.（2014 –08 –21）［2023 –09 –12］. http：//www. 199it. com/archives/960156. html.

邵荃麟全集

SHAO QUANLIN QUANJI

第八卷

剧本　散文　序跋　书信　附录

武汉出版社
WUHAN
PUBLISHING HOUSE

(鄂)新登字 08 号

图书在版编目(CIP)数据

邵荃麟全集.8,剧本、散文、序跋、书信、附录/邵荃麟著.
—武汉:武汉出版社,2013.10
ISBN 978－7－5430－7887－1
Ⅰ.①邵…　Ⅱ.①邵…　Ⅲ.①中国文学－当代文学－作品综合集　Ⅳ.①I217.2

中国版本图书馆 CIP 数据核字(2013)第 233022 号

著　　者:邵荃麟
责任编辑:李艳芬
封面设计:刘福珊
出　版:武汉出版社
社　址:武汉市江汉区新华路 490 号　　邮　编:430015
电　话:(027)85606403　85600625
http://www.whcbs.com　　E-mail:zbs@whcbs.com
印　刷:武汉精一印刷有限公司　　经　销:新华书店
开　本:880mm×1240mm　1/32
印　张:11.25　　字　数:234 千字　　插　页:7
版　次:2013 年 12 月第 1 版　　2013 年 12 月第 1 次印刷
定　价:480.00 元(全套八卷)

邵荃麟笑貌

1979年，胡耀邦和宋任穷同志参加邵荃麟追悼会

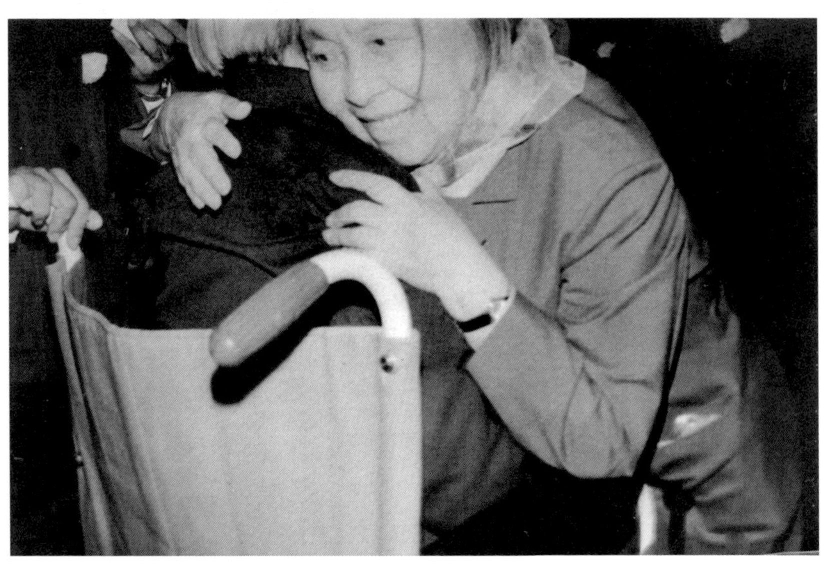

在邵荃麟追悼会上丁玲与葛琴拥抱

2006年，邵荃麟同志百年诞辰纪念座谈会合影

轻烟清茶——邵荃麟油画像（秦龙，2006年作）

1963年6月3日邵荃麟致茅盾信手迹，旁注为茅盾所加

团结就是力量

荃麟

邵荃麟为香港三联书店成立题字

邵荃麟签名

目　录

剧　本

散　文

序　跋

书　信

附　录

剧　　本

吉　　夕（一景两幕）

地

某沦陷区域内一个市镇。

时

现代。

人

李福堂—当地维持会副会长

李妻

李素珍—李福堂的侄女儿

素珍母—李福堂的寡嫂

刘二爷—当地维持会干事

张大雄—李福堂的外甥

日本联队长

日卫兵

老王—李家仆人

汉奸　甲，乙

景

李福堂家里的客堂，小市镇上旧式中等家庭的布置。正面有门通院子和大门，左侧一门微开，露出楼梯下端，可通楼上，右侧有一走廊通后院及厨房，另有一门通内室。

第一场

幕启

素珍母坐在客堂近门处的小凳上捣枣泥，她很苍老，又着得很褴褛，像一个老妈子似的，一壁捣，一壁咳嗽着。她的妯娌，一个近四十岁头光脚净的女人，捧着一支水烟袋，坐在一张藤椅上布鲁布鲁地吸着。仆人老王在院子里瑟啦瑟啦扫地，和素珍母捣枣泥的沉重声音互相配合，时间是早上九十点钟，初秋的太阳光从客堂门外晒进来。

老王 （在院子外边，看不见，唱着大鼓词儿）岳王爷，率领着，八员大将，在朱仙镇上，杀得那番子兵，叫爷喊娘，又谁知，贼秦桧，暗起反意，相府内，定奸计，要谋害忠良！冬谷儿隆冬隆冬锵锵……

李妻 （自言自语）嘿，这老东西！

老王 （在内）啊，大小姐，你菜洗好了吗？快烧饭了！

（素珍拎着一篮洗净的菜，从院子里进来。）

素珍 妈，你该歇歇了，已经十点多钟，快烧饭了。

素珍母 不打紧，我一会儿就好了。（咳嗽）

李妻 （瞥了素珍一眼，讥讽地）大伯娘，我说，你也该享享福了，放着素珍这样出色的姑娘，明儿出了嫁，你还怕不是一位有福气的老太太吗？

素珍母 （沉郁地）享福，我可不想享什么福！

（素珍瞥了她婶娘一眼，拎着菜从走廊上进去。）

李妻 （走近素珍母旁边，在一把椅子上坐下来）真的，大伯娘，你也该打算打算了，姑娘一年小，两年大，再耽搁下去，到什么时候呢？

素珍母　你说的是昨天那话吗？那可不成！

李妻　那又有什么呢，人家也是一片诚意，何况新姑爷还是皇军的联队长呢，他爱怎么就怎么的，谁敢跟他别扭呀。素珍的二叔叔总算在地方上有点声名，承他瞧得起，才派人来说亲呢。你想，要是成功了，往后别说你做了老太太，就是她二叔，也着实沾光呢。

素珍母　（忿然）我们家虽穷，素珍究也是清白人家的女儿，我干吗要卖她给鬼子当小老婆呀了！

李妻　你这个人，真是，谁说卖她给人家做小老婆呐。现在可比不得从前了，日本人又有什么不好呀，告诉你吧，人家连巴结也巴结不上呢！（吸烟）你没有听过说旧书的吗，昭君娘娘还送去和番呢，难道素珍比昭君娘娘还强？

素珍母：我不懂，我可不能让素珍给人家这样糟蹋！

李妻　（生起气来）糟蹋！哼！人家还希罕你宝贝女儿哩。多少女人给日本兵糟蹋了，咱们能够平平安安过去，可不是亏她二叔，不是她二叔在联队长面前有一句话分，我看你娘儿两个还不知道怎么一回事呢！

素珍母　（怯怯地）我不是说你呀，婶娘。

李妻　……而且她二叔又不要你赔一个大钱的嫁妆，你只要现成的做老太太，将来吃大菜，住洋房，享你的福，难道还不够你便宜吗？不然的话，姑娘大了起来，我看你拿什么钱去陪这付嫁妆呀？

素珍母　嫁妆吗，这个乱世年头还不是到什么山砍什么

柴！只要对得起她死去的爸爸，就够了。她爸爸临死的时候——（想着自己丈夫，呜咽地哭起来）

李妻 （把烟筒一放，冷笑着站起来走开去）啊唷唷，老太太还没有做，腔儿倒先拿出来了，你哭给谁听呀？……真笑话，人家听来，倒像是我们欺侮了你啦！（老王气忿忿地跑进来）

老王 太太你说，这是什么世界呀，早上两只鸡刚放出去，一会儿又给鬼子兵捉去杀了啦！倒像在东洋，前世没吃过鸡似的，嘿，这些强盗！

李妻 别乱叫！谁叫你把鸡放出去的，几只鸡也看不住！

老王 （低声自语）看不住！鸡自个儿也有腿呢。嘿！这些王八羔子。（转向素珍母）唷，大太太，看你累得这个样儿，放着吧，让老王等会儿跟你来捣吧。

（李福堂从外面进来，他是一个四十开外的人，满脸绅士气，蓄着小须，穿着长袍马褂，他后面跟着刘二爷，一个滑头滑脑二十七八岁的人，穿着不称身的洋服，说话时候，两只眼睛时常东溜西溜的）

李 请坐，请坐。老王，你又在嚷些什么？

老王 老爷，两只下蛋的大母鸡，又给鬼子捉去杀了啦！

李 胡说，皇军会捉你的鸡吗？你自己不小心把鸡丢了，乱嚷些什么，下次再叫“鬼子”，送你到联队长那里去打屁股！懂得没有？去倒茶来！

老王 是，是！（退到走廊口忿忿地低声诅咒着）皇军，皇军是你的祖宗，哼！（进去）

刘 哈哈，其愚不可及也……唷，大太太，你老人家好哇，这捣的是什么呀，哦，枣泥，枣泥不错的，联队长最喜欢吃那枣泥豆沙做的枣糕，想来又是二哥送的了。

李　是的，他们日本人是最爱吃甜点心的，我想联队长如果能过来的话，这一道点心是决不可少的。

刘　（摇头摆尾地）想得周到，想得周到，唔，大小姐怎么不见呢？

素珍母　谢谢刘二爷，她在灶下忙着呢。

刘　我说嘛，大小姐最能干，又聪明，又长得好，老人家的福气哪，哈哈，呃——二嫂子，你说对不对呀？

李妻　（轻浮地）去你的吧，老是这么油嘴滑舌的，一大清早又是哪儿去灌了黄汤来？

刘　（得意地）我吗，我才去见了联队长出来，特地替大太太、二太太来道喜的。

（老王捧茶进来，奉给主人客人）

李　坐下来谈吧（素珍母搬着捣臼想进去）大嫂子，你也别进去，老王，把大小姐也去叫来吧。

李妻　原来是大媒老爷到啦！

刘　说来灵得很，今年大正月里，关帝庙的赵瞎子替咱们李二哥排了一个八字，说他今年八月里鸿运当头，还说府上要出一位贵人，现在这话可应了……

（素珍进来，向客人点点头，傍着她母亲站着）

刘　（谄媚地）唷，大小姐，你贵忙哪，我刚才还跟大太太说起，大小姐真能干呢。

李妻　（亲热地）素珍，到这边儿来坐坐吧。

刘　二哥，你说这赵瞎子的话可不是有点道理，所以古人说，凡事都是一个缘分，这一点儿也不错，这一次，皇军的联队长驻到咱们马市镇上来，总算承他瞧得起咱们几个老弟兄，把地方事情都办起来了。这位联队长，年纪挺轻，脾气又好，官又很大，只是一件事，他在中国打了一年仗，身边竟没有一身女人，这可未免有点那个，（干笑）……而且就咱们来说，也似乎少了这么一个通通关节的人，因此呐，（咳嗽，素珍想离开又站住听下去）……我们就想起跟联队长做一个媒，把大小姐许给联队长做位太太，昨天向联队长提了，联队长也满高兴，还答应给二哥升官啦……

李妻　那末你这位大媒老爷也少不得升升官啦，不过——（向素珍母歪歪嘴）事情怕没那么容易吧。

刘　哪里的话，我们二嫂子是挺开通的，这事一成功，大太太跟大小姐是不必说了，咱们李二哥跟二太太也就够威风，至于我老二呢，大媒酒是喝定了，将来只消大小姐在联队长前面带上这么一两句，这就……哈哈……是不是？

李　别说笑话了，这件事本来是老二的好意，他跟联队长着实有点交情，我看素珍也该找婆家了，这兵荒马乱的年头儿，难得有这么一门亲，这是好极的了。

刘　那还消说吗，这一嫁出去，你老哥就是联队长的叔岳了，别说这马市镇上，就是四乡八镇，哪一个敢不尊你一尊，哈哈！

李　论理呢，大哥过世了八九年，素珍的事，我做二叔的就作得主，不过终也得问一声大嫂子，至于嫁妆的事，我做二叔的一手担任了，不劳你大嫂子费一点心。唔，怎么样？

素珍母　（站起来）二老爷，别的事我不敢说，至于这件事，是素珍的终身大事，我可要请二老爷看顾看顾我这老婆子，她爸爸只生了这么一个女儿，难道就这样……（声音呜咽起来）下场不成！

（突然坐了下去）

李　（凶横地）什么？

刘　慢着，大嫂子，你这可弄错了。联队长比不得什么人，人家是大学毕业，有上千上万家私的人呐。脾气，品貌，地位，都不必说，还会说几句中国话，这样的姑爷，往哪儿去找呀。至于说是外国人，现在文明世界，那些大老官，讨外国老婆的多得很呢，难道外国人就不讲究这些道理吗？

李妻　可不是呀，我说的不信，刘二爷南京北京跑惯了的，见过大世面的人难道也不懂吗？

素珍母　（气得窒息地）刘二爷，我们穷苦人家，不敢比什么南京北京的大老官，素珍的事总得由我做主的。

李　哼，由你？！

素珍　（按捺不住，红着脸站起来）二叔，我女孩儿家本来不该来多嘴，可是今天我得老一老脸皮了，要我嫁给日本鬼子，我可办不到！

李　（忍耐着把声气和缓下来）素珍，你总该比你娘明白哪。你要晓得，我们家里近来一年不是一年了，地租又收不起，你大哥终年在上海混，非但没有一个大钱寄回来，还得我贴出去。你娘儿两个又要我操心，我在地方上混点地位，是为的什么，你是明白人，也得替我想想呀！

素珍　（激怒地）我想明白，妈妈这么一把年纪，起早落夜地整天做，连一件干净衣服也没有，这算是操了二叔的心了。

老实说，如果二叔是嫌着咱娘儿两个，我跟妈妈走就得了。

李妻　啊唷唷，这倒是养活你们养错了，怪不得人家说，养狗容易养人难！

（素珍母抽抽噎噎地哭起来）

李　（极力地忍耐着）唉，你这又是闹小孩儿脾气了。大哥死了以后，你就是我亲女儿一样，你二叔难道还亏待你不成？总怪我过去时运不济，也许叫你受了些委屈，可是这一回喜事你答应了，你还怕没有好日子过吗？就是嫁妆上面，你要体面一点，要办些什么心爱的东西，尽量跟我说，包二叔身上，一定替你办到。

刘：对呀，大小姐爱什么，没有办不到的，我们联队长手头是最宽大不过的，什么金钢钻呀，金手表呀，他全有，将来他还可以让大小姐去坐飞机，玩上海呢。乖乖，坐飞机多好玩哪，呜——就到了上海啦……

素珍　（愤激）做了亡国奴还不够，难道一定要做了鬼子的奴才才甘心！

李　（勃然大怒）你在嚷些什么，什么叫鬼子，谁又鬼子的奴才？

素珍　中国人的心并没有死，中国人总有一天要复仇！

素珍母　天呀……素珍的爸爸呀！……

李　（跳过去要打素珍，被刘二爷急忙制止了）反了！反了！你也学会这一套来跟老子捣乱吗？

李妻　这是你让她上学念书念出来的呀，好清高的大小姐！做媒还得由她自个儿挑呢！

李　笑话，我们李家就不许有这种规矩，嫁鸡随鸡，嫁狗随狗，我做长辈的决定了，谁敢违背我，瞧吧！

素珍　（亢奋地）我办不到！杀了我头也办不到！

李　（冷笑）我看你娘儿两个有本领跳得出我手去，哼！

刘　好了，好了，大家别闹别扭了，再慢慢儿商量吧。

李　我一句话，商量什么，好就好，不好报告联队长，一条索子捆去当慰劳队！

素珍　我不怕！

刘　大小姐，不是这么说的，如果这事闹翻了，联队长是不肯答应的，那时别说大小姐，就是二哥脸上也不好看，你们李府上在这马市镇是赫赫有名的，这个脸怎么丢得下，你得再想想看哪。

素珍　丢谁的脸呀？

李　闭嘴！（在椅子上，气呼呼地坐下来，李妻恶狠狠地盯着悲泣的素珍母女，刘二爷在屋内踱来踱去，极焦灼的样子。舞台上沉寂片刻，空气异常沉重。）

老王　（从院子里进来）老爷，张家庄的张少爷来了。

李　他来干吗？回他都出去了。（但是张大雄已经进来了，他是一个魁伟的二十五六岁的青年，穿着普通乡村的服装，胸前挂一块良民证，手里还拎着一包礼物。）

大雄　舅舅，大舅母，二舅母。

李　（冷淡地）你来做什么？

大雄　我昨天到城里来，听说舅舅当了这边维持会的副会长了，特地带了些东西来瞧瞧舅舅跟二舅母。

李　（颜色稍霁）听说你近来到处乱跑，是不是？这个年头儿，你们年轻人得小心点儿哪！

大雄　是，我知道，这儿是些火腿月饼，请舅舅赏收了。唔……

刘　（向张大雄打量了半天）二哥，这一位……

李　这是我的外甥张大雄，原来是在张家庄小学里教书的。这位是刘二爷，本来是在日本做买卖，现在也在会里办事。

大雄　久仰久仰，刘二爷，（走过去见他的大舅母）大舅母，你老人家好哇，上回听说您身体不大好，我老记挂着您，这回跟您带了一些枣子来，请您收着吧，大妹妹你也好……（感觉空气有点异样，怔了一怔，低声的问素珍）怎么啦？

素珍　（难过地摇着头）谢谢你，表哥。

大雄　（望望众人，踌躇地）有什么事吧，我来得不巧了。

李　没有什么，（向其妻）你陪大雄到后边去歇歇吧。

大雄　哦，不算事，自己去。

李妻　大雄，你过来，我告诉你吧，你跟你大妹妹很说得来的，你来劝劝她吧。

大雄　大妹妹，什么事？

（素珍母叹口气又抽抽噎噎地哭，李妻拉着大雄低声地告诉他这回事，大雄咬紧下唇沉思了半晌，望望素珍又望望他大舅母）

大雄　（踌躇了很久，决断地说）这件事大妹妹是应该答应的。

素珍母　（惊呼起来）大雄！

（李福堂出于意料地吐了一口气，李妻得意地同刘二爷丢个眼色）

大雄　这件事关系太大了，如果不答应的话，联队长那边怎么过得去，舅舅舅母怕都有干系吧。

李妻　可不是呀，究竟你们读书的人懂道理，你舅舅说了半天了，你大妹妹还不肯呢。

大雄　（果敢地）不打紧，包在我身上去劝她。

李　你瞧，大雄总是你们新派的人了，他的头脑怎么倒比你清楚，现在年轻人切不可受人家诱惑，煽动，去做人家的工具，那些革命党的话能信得的吗？

大雄　舅舅别说了，让我跟大妹妹说吧。

素珍　（声色俱厉）大雄，我不用听你的话，你以后也别叫我大妹妹了。（愤然地闯入内室）

大雄　大妹妹！素珍！（赶进内室去）

（素珍母抱着脸坐在小凳上低泣。内室传出素珍愤怒的叫声"我不要听，出去！"）

李　唉，这成什么世界，做姑娘的，老着脸皮来议论自己的婚姻，做娘的也不懂得教训，让女孩儿混着口乱说，简直家教都没有了。你瞧，人家日本以王道治天下，讲究贤妻良母，哪里有这种规矩，怪不得人家一天一天地强起来，中国谈什么革命革命，倒弄得姑娘都要革起长辈的命来了，真是岂有此理！

刘　对呀，对呀，中国人真得要皇军来教训教训，我最瞧不惯那些女学生，平时耀武扬威的，动不动就是抵制日货，那一年我一票白糖生意，可不是活活丧在这批妖精手里。上回在南京捉到了两个女学生，给皇军剥光了衣服奸了一夜，他妈的！这才痛快呢。

李妻　去你的吧，灌醉了黄汤，连混话都说出来了，当心你的妹妹吧！

刘　（下流地耸耸肩）可惜我没有妹妹，要是有的话，刘二也不止当一个维持会的干事了。

李妻　（淫荡的笑）得了吧。

（内室传出素珍的哭声）

刘　李二哥，这事你究竟有没有把握啊？

刘　（沉思着）……

李妻　（向其夫）看你成天地吹，自己家里的事都做不下主，亏你还能办地方上的大事情呢！

李　（被她激怒了）哼！瞧吧！硬做也要做它下来。（素珍母哭得更凄惨）等生米煮成了熟饭，还怕她强到哪儿去？

刘　（来回地踱着）唉！这真是……

（半晌，内室的门开了，大雄扶着素珍出来）

大雄　舅舅，大妹妹已经答应了。

素珍母　（突然身体挺起来，气喘喘地）什么？素珍，你答应了？

李　（出乎意料的）哦，素珍，这才是好孩子呐，你要什么，二叔全替你办到！

刘　事不宜迟，趁今天吉夕良辰就办起来，我马上去报告联队长。

素珍母　（大声地）素珍，这怎么说的呀？

素珍　（望望她母亲，咬紧牙关，顿一顿足）随他们去摆布罢！

素珍母　（号啕大哭，疯狂地乱撞起来）啊，天呀！大雄，你这没良心的小子呀!

（大雄极难受地跑过去想去扶她，给她推开了）

素珍 （望望她母亲、又怨恨地望望大雄，突然惨号起来）啊！妈呀!

（幕下）（第一幕完）

第二场

幕重开时，已经是晚上十点多钟，舞台上挂着红灯，燃着大红蜡烛，壁间张挂着红喜幛子和日本国旗，另有一番气象。右侧的门开着，里面灯烛辉煌，不时传出胡琴声音，夹着刘二爷、日本联队长及其他人酒后的喧笑声和劝酒声。

李福堂和李妻站在左首门口说话。她穿戴得整整齐齐，手里拿着一包喜果，似乎刚从楼上下来。

老王端了一只盛着菜的盘子，从走廊里出来，腮子帮得急急的，向内室进去。

李妻 别让他喝醉了，停会儿他两口子还要说话呢。

李 不打紧，今晚上联队长兴致好得很。告诉你，他刚才已经答应把正会长的差使给我呢，你瞧。我这一着可不是就应了!

李妻 （卑鄙地笑）得了吧！你真的就算是联队长的叔岳大人了吗？呃，我问你，素珍怎么样，还过得去吗？

李 还可以，她能这样总算听话了。这丫头好像很听大雄的话呢。

李妻 唔，大雄这小子也真想不到，你该提拔提拔他。（刘二爷在内室尖着喉咙唱起京调来）

刘 （在内）……孤王酒醉桃花宫，……韩素妹生来好貌容……

众人 （在内）好哇……哈哈哈……

李妻 （笑起来）刘二这鬼灵精儿真要得！

刘 （在内）请联队长再喝一杯，联队长今晚也要“酒醉桃花宫”咧……哈哈，呃，李二哥呢？二哥，二哥，快来喝酒呀！

李妻 进去吧！

李 （急急赶进去）在这儿，在这儿，大家喝呀！

（笑闹声骤起，老王出来。）

李妻 老王，把这地下来扫一扫。你瞧，这儿全是瓜子壳儿。进进出出，一点儿也不晓得收拾收拾。

老王 （不服气地）喔——（找了一柄扫帚来瑟瑟地扫着，李妻从走廊内进去。）

老王 （把扫帚重重地一顿，吐了一口气）嘘——老子再也不吃这碗饭了！奶奶的，没良心的王八羔子才瞧得惯呢。老子明儿找张家庄赵老大去！

李 （在内）今天晚上是联队长吉夕良辰，咱们再来敬上几杯吧！

日联队长 （在内）好得很，好得很，大家喝！

（内室传出猜拳和叫闹的声音，素珍穿着雪亮的缎旗袍，装饰异常美丽，从内室轻轻溜出来）

素珍 （瞧见老王，好像亲人似的，向后望了望，低声地）老王，（跑过来）告诉我，妈妈在哪儿呀？

老王 哦，大小姐；（难过得说不出话来）你说大太太吗？唉，真可把老王气死了，二太太找了几个女人，硬把她关在下

房里，不准她出来，也不料理她吃饭。大太太只是哭呀，哭呀，哭得我真受不住……（自己也几乎哭出来）

素珍 （痛苦地）呵，妈呀！……

老王 大小姐，我问你，你怎么就答应了他们呢？

素珍 （难过地望望老王，半晌说不出话）唉，你去问张少爷吧。

老王 张少爷？张少爷？我看他除了想升官发财以外，他懂得什么？哼，还不是一窠子里的鬼！（忽然发现张大雄不知什么时候已经走出来了，正远远地站在他们背后暗暗地点头。他翻了翻眼睛，忿忿地走开了。）

大雄 （跑过来）大妹妹，你怎么出来了？

素珍 （怨恨地瞥了他一眼）大雄，我真受不了。跟那些人混在一块儿，你知道吗，妈妈……

大雄 怎么啦？

素珍 简直跟强盗一样，把她关在下房里，你瞧！

大雄 （顿了一顿足）唉！你这位婶娘……不过，现在你还得忍耐一下。

素珍 忍耐？

大雄 （坚毅地）是的，非忍耐不可！

素珍 （迟疑地）可是……

大雄 不打紧，你放心好了。现在你还得进去坐坐，你出来太久了。

老王 （讥讽地）大小姐，进去吧，别耽误了人家的大事啊！

大雄 （笑笑）是的，一点儿也不错，老王真是忠心耿耿的好汉！

老王　老王算得什么，像张大少爷这样巴结，明儿怕不是……

（刘二爷忽然在内大声地叫起来，把他话头打断了）

刘　（在内）新娘子呢？大小姐，（从门口赶出来）大小姐快进去喝酒呀！

日联队长　（在内）新娘子，唔，新娘子……

（素珍叹了一声气，匆匆地进去了）大雄也慢慢地跟着过去，走到门口回过头来望望老王。

大雄　（跷起一个拇指）唔，好老王！（进去）

老王　（忿忿地朝他背后瞪了半天！突然低声地骂起来）呸！不要脸的小王八……老子就把你这小子认错了。他妈的，黄毛还没有脱干净，就干这种伤天害理的勾当了，卖掉你的表妹，我看鬼子就给你当一个什么狗头官？去他妈的，老子再不干了！明儿准走！不走就不姓王！

李妻　（在走廊里面叫）老王！老王！拿酒来呀！

老王　（忿忿地）来啰，人家还不曾醉死咧！（提着酒壶进去，内室里发出一阵哄笑）

李　（在内）联队长酒多了，咱们送联队长进新房去吧！

日联队长　（在内）唔唔，大大的有，大小姐，我们睡觉去，哈哈哈……

（李福堂刘二爷汉奸甲乙张大雄簇拥着日联队长和素珍出来，日联队长已经醉得七冲八跌，挽着素珍的手，穿过舞台向左首门口冲去）

日联队长　大小姐，我的小宝贝呀！唔！呃呃……（拉着

素珍的手，猥亵地笑着，众人哄笑着凑趣）

刘　春宵一刻值千金，我们不要耽误联队长的洞房花烛吧，哈哈……

（众人拥着日联队长向左首门内的楼梯上走去，楼梯震得格登登地响。老王拿了一壶酒从走廊内进来，看见众人都上去了，气得发怔）

老王　好吧！都给我滚上去吧！老子自家儿有酒不会喝？（把酒壶在桌上一放，呆呆地站着。张大雄从楼上下来。）

大雄　（沉思了一会，到院子外面望望又回进来）老王，你干吗在这儿发呆呀？

老王　（没精打彩的）没有什么。

大雄　（凝视着他）大太太怎么啦？

老王　（厌恶地想避开他）还问我呢。

大雄　唉！

老王　唉！

（楼上传出一阵猥亵的笑声）

大雄　老王，大小姐嫁给那个联队长，你不高兴吧？

老王　……

大雄　你有点儿恨我吧？

老王　（益发厌恶）我怎么敢恨张少爷，我恨那些不要脸，不要祖宗的王八羔子！

大雄　好老王，有骨气！

老王　（冷笑）哼，老王有骨气值个屁！

（李福堂刘二爷及汉奸甲乙从楼上登登的跑下来，走入客堂）

刘　联队长有点醉了。

李　今晚上他兴致着实不错呢，总算难得的。

（大家拉过几把椅子坐下来）

汉奸甲　那还说吗，大小姐是咱们马市镇上第一个美人儿呢。现在你老哥是叔岳大人了，咱们明儿还得贺贺你哩。

李　哪里，哪里，这全靠诸位帮忙。

刘　嘿，早上我抓了一把大汗呢，这可全亏咱们这位张先生，呃，张先生，恭喜你，刚才联队长还提过要委你差使呢。

大雄　那全仗刘二爷帮忙。（老王在旁边嗤鼻）

李　现在我们来谈谈正经吧，这一次事情，刘老二是出了不少的力，明儿联队长一定就会有新差使委下来的。我想咱们这维持会得改组一下，诸位以为怎么样？

汉奸乙　听说上头要把维持会都改组政府，有这话吗？

刘　不错，大概下月就打算改组吧，所以现在咱们更得要把这里会务抓过来，这正会长一定要请咱们叔岳大人家来干一下，才对！

汉奸甲　那当然啰，现在那赵老头儿简直不成话，非得推倒他不可。

刘　现在这一条内线安排好了，还怕他什么呢，只消大小姐轻轻地咬一下耳朵，万事都在俺小诸葛的锦囊妙计之中呀。

汉奸乙　老兄这一条美人计，要算咱们出手第一功哩。

李　（打了一个呵欠，烟瘾发作了）咱们还是到里面烟铺上慢慢儿商量吧。

刘　妙极了，忙了这一整天，也该好好儿抽上它两口才对劲儿。

汉奸甲乙　那末我们少陪了，明儿再来贺喜吧。

李　再坐一会儿去吧？

汉奸甲乙　不坐了，不坐了，明儿再见！

李　（送他们出去）那末不送了。明儿见。（大家哄着走入通内室的门去，台上依旧剩着大雄和老王）

大雄　（机警地向四周侦察了一下子，旋过来望着老王）老王，你们老爷快升官了，你知道吗？

老王　我知道，并且知道你张少爷也要升官呢。

大雄　你老爷升了官，你也有好日子过呢，你知道吗？

老王　我不配！

大雄　不配？

老王　是的，我也不要！

大雄　那你要什么呢？

老王　我吗，哼，我要做一个中国人！

大雄　（竖起一个大指头）好，老王！这才不愧是一条好汉子！不过，你一个人在这里能做得出什么呢？一个人空口说白话有什么用呢？你瞧，千千万万的中国人在那里给鬼子杀了，千千万万的娘儿们给鬼子强奸了，千千万万的好男儿在前线上拼命！你一个人呆在家里光生气，有什么用呢？

老王　（被激动得兴奋起来）张少爷，你以为我不中用吗？哼，瞧着吧，我老王有一天会不吃这碗饭，咱要找赵老大去。

大雄　赵老大？那个当游击队的赵老大？

老王　（感觉失言，张皇起来）我可不知道，少爷！

大雄　（四周瞧了一下，亲切地拍拍老王的肩膀，低声地说）老王，别慌张，我知道你挺靠得住的，告诉你实话吧，我就是赵老大那边的人，我就是游击队！

老王　（愕然）你？（退却一步）不对，不对，少爷别开老王的玩笑哪！

大雄　（紧逼一步）怎么不对呀？

老王　你挂着良民证，你要升官啦！又骗我干什么呀！

大雄　（紧张）老王，你瞧吧！（从衣服里面露出手枪给他瞧）

老王　（惊愕）哦！

大雄　（急止之）别嚷！我今天有特别要紧的命令来的，千万不要露风，你要找赵老大，跟我去！

老王　（狐疑地）那你为什么又逼着大小姐嫁给那王八羔子呢？

大雄　告诉你吧，大小姐比你强得多呢，今天晚上我们游击队来袭击这马市镇，我带了几位弟兄来侦察的，刚巧碰上了大小姐这回事，我就利用这机会，让大小姐把那王八羔子绊住了，今天晚上那些鬼子没有人指挥，他妈的，还不容易解决吗？

老王　（惊悦地）这话当真吗？少爷？

大雄　你以为我张大雄是那种卖国求荣的下流种子吗？

老王　哦，张少爷，我错怪你了，你向来是最体谅大太太跟大小姐的。

大雄　现在不是说话的时候，你如果有胆量的话，帮我来干一下。

老王　王八蛋没有胆量！妈的，老王的气憋够了。

大雄　好，外面还有那个鬼子的卫兵，你先去哄他进来喝酒，然后……（低声地听不清楚）……懂得吗？

老王　懂得了。（兴奋地进去）

（大雄向四周小心地侦察）

老王　（在内）请进来，咱们也来乐一会儿。（端了两碗菜，从走廊上进来，后面是个日本卫兵，骄气纵横地大踏步走入，他腰间佩着一支盒子枪）

日兵　唔……这里好，……你们两个人，……陪我喝酒，好来些……好来些。

大雄　请坐，请坐，这儿有菜呢；……天气冷起来了，多喝几杯暖暖身体，哈哈……

日兵　（喝酒）好来些……好来些……你们两个中国人很好，你们主人也好，你们主人把大姑娘给我们联队长……唔……唔（作猥亵的手势）……哈哈……你们还有没有姑娘？姑娘，懂得？

大雄　好好，请你先喝了酒再说。

日兵　喝酒？好，好！（狂饮）你们也喝。

老王　联队长的喜酒，你应该多多的喝，让我再敬上你一大杯。

日兵　好的，好的，这个酒好得很，唔，好得很，（狂饮）……找一个花姑娘来一块儿喝，好得很……

（接连喝了几杯，渐渐有点醉了）

大雄　（突然拔出手枪对住日兵的鼻子）举手！

（日兵吓了一跳，要叫出来，大雄急扪住他的嘴巴）不许响，老王，把他枪解下来！

（老王缴了日兵的枪，从口袋里，拿出一块布塞入日兵嘴里，把口扎起来，接着又拿出绳子把日兵捆倒了，一切动作均

极机警）

大雄　把他抬到马房里去！

（两人抬着那日兵从院子里出去，随着又回来）

老王　（卷着袖子）妈的，你们也有这一天！

大雄　别忙，（小心地侦察四周，看看表，然后拿出一个雪炮交给老王）现在已经十二点一刻了，你马上到后面那个山坡上去放这个信号，我们队伍立刻就要进攻了，小心一点儿，别莽撞！

老王　是，是。（向门外走去）

大雄　立刻就回来！快！

（大雄一个人查验着枪机，又听听内室和楼上的声音再到客堂门口去望着天空。外面有狗叫的声音）

大雄　（低声地叫出来）成啦！（老王从外面匆匆地跑进来）

老王　成啦，成啦，告诉我，还要做什么？

（大雄将一支枪交给他，放在身边，低声地跟他说些什么，忽然远处发现枪声数响，夹着更多的狗吠起来，老王突然兴奋起来，紧紧地抓着大雄）

老王　呵，来啦！来啦！少爷！

大雄　（沉着而机警地止住他的兴奋）快些！别嚷！（迅速地奔到楼梯那边门旁，做手势叫老王站到门的那边去，拿出枪来，这时楼梯上起了一阵急促的脚步声，接着日联队长穿着睡衣，拿着手枪，急急地冲出来）

日联队长　（在内）哎，枪声！枪声！（刚冲出来，大雄和老王从门角两边举起枪来对住他的额角）

老王
大雄　举起手来！

日联队长　（出乎意外）啊！（举起手来，素珍跟着从楼上赶下来，穿着小衣，立刻把联队长手里的枪摘下来对着他）

大雄　（把联队长逼到墙壁前面）向后转！

（联队长面壁举手直立着，颤抖，素珍拿枪对着他背，这时又起了更多几响枪声，李福堂、刘二爷及李妻都披着衣服，趿着鞋，惊惶地从通内室的门奔出来）

李　什么呀？

老王
大雄　举手！

李　啊！大雄！你……

大雄　不许嚷！站过来！你们这些汉奸！

李妻　天哪！怎么一回事呀！

大雄　（厉声）不许嚷！站到那边去！（把一行人全逼到壁前站着，三个人拿枪对着。外面枪声渐近）

大雄　你们这批不要脸的汉奸，也有今天的日子，你们想出卖大妹妹，做你们当奴才的工具。哼，你们心里可还有天良，可还有你们的祖宗，可还有中华民国！

（素珍母突然疯狂地从走廊上奔出来，两眼通红，衣服凌乱，看到这光景，呆了半晌，突然狂叫起来）

素珍母　啊！天有眼睛哪，你们这批没良心的狗才，你们想欺侮我们寡妇孤儿，你们想逼死我这老婆子，我把你这不要脸的老畜生，老娼妇！（奔过去想去打李和李妻）

李妻　饶命哪，不敢了！

大雄　大舅母，别污了你的手，让游击队的枪来解决他们！

素珍　（一天的愤怒一下子爆发出来了）强盗！你们这可满足了吧，我说这中国人的心没有死，中国人要复仇！中国人要复仇！

老王　天呀！老子这可痛快死啦！毙了他！（砰的一声，把联队长打死了，外面枪声大作，杀声连天，汉奸们在三个人的枪声中，一一倒下去。）

——幕急闭——

（全剧完）

（本剧曾在龙泉民众剧场公演三次）

代用品（独幕讽刺剧）

时

昭和×年

地

东京

景

某军官家

人

吉冈大尉　老太婆　脚夫　警察　秘密警察

幕启

前线受伤归来的日本下级军官吉冈大尉，笑嘻嘻地进来，后面跟着一个跛脚的脚夫，掮着一只皮箱。

官　喂，搁在那儿好了。

脚　是的，先生。（很吃力地放下箱子）

官　（发现他受伤的脚）伙计，你的脚怎么了？

脚　受了伤，先生。

官　受伤？

脚　是的，是炮弹打伤的。

官　炮弹？

脚　我是三个月以前从火线上退下来的。

官　你是当兵的？

脚　上等兵，先生。

官　你怎么不住在医院里？跑来干这个？

脚　我是“代用品”！先生。

官　“代用品”？

脚　是的。

官　甚么叫“代用品”！

脚　大日本帝国的人力、物力都被政府用到战争上去了；因此，不能不用“代用品”来代替。

官　呵！

脚　东京的脚夫都征去当兵去了，所以把前线受重伤的拿来“代用”！

官　……嘿，怪事！……呵，好了，你去吧！

脚　先生，请你赏几个钱给我。

官　哦对了。（拿出纸币给脚夫）

脚　（接过来一看）先生这……

官　怎么？

脚　这不是……

官　军用票呀！

脚　这是东京呀，先生。

官　东京？这是大日本的军用票呵！

脚　您换一张吧！

官　……（在口袋里找了半天，找不出另外的）就是这个！

脚　这不能用……

官　（自语）……这不能用？……笑话，（突然暴躁地）……这是军部发的！不能用？岂有此理！去！去！

脚　先生！……

官　去！这是——“代用品”，大日本军部的“代用品”……去！

脚　……（无可奈何下）

官　（自语）“代用品”……哈哈……真是笑话！……（四周打量自己的屋子，发现大有改变）咦，怪事！这是我的家吗？……怎么的？……改了样儿了！……不管它，我得先安慰我的年轻的太太。我打了三个月的仗，可怜，她一定急得不像样了。（走近内室门）喂，我的芳子！快来瞧！是谁回了！（微笑自语）她要发现是我，一定会高兴得跳起来了！（来回踱着），怎么还不出来呵！……唔，是的，她一定是在打扮，搽点粉，套点胭脂，梳好头，……哈哈哈，年轻的女人，总是这样的，尤其是见出征刚回的丈夫。……哈哈哈……好容易，我总算逃出了战场，虽然受了伤，也不算什么！……我可以陪着我的漂亮的芳子度过这个夏天了！呵，天哪！我真幸福呵！……咦，怎么还不出来呀！喂，芳子，芳子……呵，来了！可不是，这不就是她美丽的脚步声吗？我得要要她。（翻过身，背对着内室门）

老　（弯腰驼背地走出来）

官　（仍背着身子）芳子姑娘你猜一猜，是谁回来了？

老　……

官　（仍背着身子）咦，说话呀！别怕羞，猜猜看！

老　……

官　我知道你猜不出来的！漂亮的太太啊，你的丈夫回了！（翻身欲拥抱，见是一个老太婆，大惊）啊！

老　你……

官　你是谁？哦，我明白了。我的芳子，太忙了，请了一个老妈子。可不是，她可不是太忙了吗？又是弄饭，又是照料孩子，我可怜的芳子，又是忙，又是担心着在前线的丈夫，呵！真不知道急成个什么样子！……咦，她为什么还不出来呀！……是了，她还在那个小嘴上涂口红呢！喂，老婆子，去请太太来！听见没有，我的芳子姑娘！

老　太太？芳子？

官　是呀！这个老家伙，真笨，一定是乡下来的！芳子这傻孩子，怎么弄这么个糊涂虫来做事！……咦，去呀，叫你去请太太来，懂了吗？太太，我的太太，这个屋子的女主人！

老　呵，先……生……我就是的。

官　你是的！我知道你是的！你是新从乡下来的！我的太太找你来的！糊涂虫！

老　不，先生，我是这屋子的……女主人……

官　什么？我看你不仅糊涂，简直就是个神经病！

老　我不是……神经病，先生！我是……

官　别说废话，赶快跟我走开！哼，你别看错了人，你当我是来的客人，或者要账的！收军火捐的！派公债的！抽壮丁的！告诉你，你可得小心一点，我有权叫你滚蛋的！我是这个屋子的主人吉冈大尉！你知道吗？

老　（高兴）呵！主人？吉冈大尉？

官　你现在明白了吧？快去，老婆子！我看你识相一点，快去请太太来。

老　（大乐）呵，我的大尉（近前欲拥抱）。

官　咦！干什么？

老　（眼泪都乐出来了）大尉，我就是你的太太呀！

官　你？

老　是我呀！我的大尉！我就是你的太太呀！

官　你？我看见你简直是一个疯子！

老　我不是疯子，大尉。我真是你的太太！我已经来了两个多月了！

官　（又急又气）放屁！放屁！我的芳子，今年还不过二十岁，你，六七十岁的老太婆，不是的，你发疯了！我的丈母娘还比你年轻呢！

老　（从袋里拿出文件）大尉，你瞧。

官　（接过来念）"兹派藤田菊子暂代吉冈大尉夫人"……暂代吉冈大尉夫人……这是怎么回事，我是在做梦吗？

老　你不是做梦，这是真的。

官　真的？荒唐！荒唐！喂，我问你，我的太太呢？

官　军部弄走了。

官　军部弄走!?

老　送到支那去做慰劳队去了！

官　慰劳队？慰劳队？呵！天哪！

老　都去了。

官　都去了？

老　年轻的女人都送去了。

官　那末，你？……

老　我是军部派来的。

官　军部派来的？

老　做你的太太的。

官　笑话，你做我的太太？

老　是呀！我是“代用品”呀！

官　“代用品？”（气极了）该死？该死！

老　（亲热地）你要我侍候你吗？大尉！

官　不要！滚！滚！滚！

老　那末？我进去了？大尉，我还得替我们的孩子冲奶去呢！（欲入）

官　哦，对了。我的孩子呢？

老　呵，你问我们的孩子吗？大尉，我告诉你，你该高兴了。

官　怎么？孩子长得很好看？长大了？会说话了？

老　唔，他整天乖乖地坐在小凳上，不吵也不闹。

官　是吗？那当然哪！吉冈大尉的孩子呀！老太婆，他在哪儿呀？快抱来给我看看。

老　喏，（指右凳上坐的）你瞧，那不是吗！你瞧，多乖呀！

官　（走到小凳旁一把抓起）这，这是我的孩子？

老　可不是，多乖呀！

官　老婆子这究竟是怎么回事？我的孩子呢？

老　这不就是我们的孩子吗？

官　这破布做的？不是的，这是我宝贝的玩具，我问的是我的那个刚满两岁的宝贝！

老　那个吗？军部弄去啦！

官　军部弄去啦！

老　是呀。

官　军部要小孩子干什么?

老　输血呀!送到伤兵医院去输血去了!

官　输血?(用力摔掉布孩子)呵!气死我了!

老　哎哟!大尉!这是我们的宝贝呀!(捡起孩子)

官　甚么宝贝!滚!快滚!

老　这是“代用品”!“代用品”!(入内)

官　滚!(气得浑身发抖,来回跑着,忽然发现窗门没有了)咦,我的玻璃窗呢?(走过去,一摸窗帘,窗帘掉了下来)呵,这也是“代用品”!(气冲冲走到台中坐下,连椅子也坐坍了)呵,这又是“代用品”!(把桌上的花瓶、茶杯一古脑儿扔在地上)“代用品”!“代用品”!“代用品”!我的天哪!我要疯了!(往衣橱上一靠,衣橱也坍了)呵!……(气得一言不发)……(好半晌)这还成什么世界?这就是大日本帝国?我的天!简直是地狱!简直是猪圈!我受不了!我替他们打仗,在前线拼命,受伤回来,太太没有了!孩子没有了!家也没有了!这还成什么世界!我非死不可!我非死不可!(身上找)唉!我的枪呢?……唔,受伤的时候,他们拿去了。……对,家里还有一杆,(走进内门)老婆子,把我的手枪拿出来!(自语)我非死不可!

老　(由内出)大尉,你轻点声音好不好?我们的宝贝睡着了。

官　别发疯了!把我的枪拿来!

老　呵,在这儿。(递过一杆)

官　(接过)不是这个,这是我孩子的玩具。要真的。

老　就只这个了。大尉！

官　我的枪呢？

老　军部弄去了。

官　军部弄去了？

老　拿去杀支那人去了。

官　混账！混账！……那末你把这个拿出来干什么？

老　“代用品”呀！

官　又是“代用品”？（狠命一摔）

老　还要什么吗？

官　不要了。快请！快请！

老　呵！（下）

官　连自杀都不可能了！……不成，我非死不可！……（想了一会）呵！有了！有了！我记得咱们家里有毒老鼠的药……对……毒老鼠的药！（四处找）哈哈！找着了！（在屋角找出一包）谢天谢地，这一下子，我可死定了。（望着药）你不用毒老鼠了，你帮帮我的忙吧！（吃了一半）对，吃一半差不多了。（走到另外一个椅旁）这该不又是“代用品”吧！还好，还剩下了这一张唯一的破椅子！（坐下）我幸福了！我可以离开这混账世界了！（哼起歌来）……（过了半晌）咦？怎么？没有动静！药性走了吗？吃得不够吗？（拿起药来看）混账东西！喂，老婆子！老婆子！

老　（入）甚么？大尉。

官　你把毒老鼠的药弄到哪儿去了？

老　军部弄去了！

官　军部弄去了？

老　送到兵工厂去了。

官　这是……

老　这是“代用品”呀！大尉。

官　气死我了！可耻的军部呵！可耻的大日本帝国呵！

老　大尉，轻声一点！

官　怕甚么？

老　别给外面听见了！

官　听见了？我就是要他听见？（突然跑到窗口）打倒天皇！打倒军阀！反对战争！

老　（一把抓住他）大尉，他们会枪毙你的！

官　（推开她）滚开！（自语）枪毙我，谢天谢地！我正在找死呢！来吧！我等着你们来吧！（坐下）

（有敲门声）

老　呵！来了！

官　是哪个王八蛋！进来！

警　（系着头，吊着手，像个伤兵，走进来）哦，先生。刚才是你在叫吗？

官　（气势汹汹地不望他）是我，是我叫，打倒天皇！打倒军阀！反对战争！怎么样？你枪毙我好了！你这走狗！

警　先生，请你冷静一点。这不是好玩的！

官　怎么样？你打算把我怎么样？你说呀！

警　我说，请你小声一点，别给秘密警察听见了。我是好话，先生。

官　咦，（转面）你是谁？

警　我是警察！

官　你是警察！你这个样子！

警　我是三个月以前从火线上退下来的伤兵。

官　那你怎么还不去养伤呢？

警　原来的警察，开到支那打仗去了，没有人维持治安，就派我们来当警察了。

官　是谁派你们的。

警　是军部呀！

官　军部？

警　是呵！先生。我们是“代用品”呀！

官　啊！

警　先生，东京是个可怕的地方，你得当心点！像你这样，是很危险的！

官　你为什么不抓我去呢？“代用品”！

警　（小声）我，我，（四边望）我也反战呀！先生！（下）

官　（来回地走，突然狂叫起来）天哪，大日本帝国完了！大日本帝国完了呵！

（又有敲门声）

官　谁？

秘　（进来）你刚才在叫甚么？

官　哈哈！又来了一个“代用品”！又来了一个“代用品”！

秘　胡说！你打算干甚么？

官　我倒要问问你，你打算干甚么呀？

秘　我来抓你！

官　抓我？哈哈！可怜的“代用品”别装腔作势的吧！

秘　疯子，你知道我是干甚么的吗？

官　“代用品”呀！

秘　放屁！我是“刑事课”来的！

官　“刑事课”？不是“代用品”？

秘　（拿出枪）你瞧瞧！这是甚么？

官　呵，假手枪，先生，这我也有呀！别拿“代用品”来吓人吧！我的“刑事课”先生！大日本帝国全都是“代用品”！

秘　唔，只有“刑事课”的爷们不是“代用品”！你瞧瞧。（拉动枪机）

官　你是真的？

秘　对啦。喂，跟我走！

官　上哪儿去呢？

秘　兵工厂的工人调了一部分到支那作战去了，找你去当当“代用品”！

官　（大声）我当“代用品”？

秘　对了。（一把抓住）走！

老　（赶着叫）他是我的丈夫呀！他是我的丈夫！……

秘　（顺手送过去一个衣架）喏，拿去！你的丈夫！（拖军官下）

老　（抱着衣架）这是我的丈夫？这是我的丈夫？（大声）这是“代用品”呀！

（老太婆抱着纸做的衣架倒下，幕随落）

（本文系与冼群合作）

麒　麟　寨

剧中人物

邓九太爷——一个快六十岁的绿林豪侠，在麒麟山做了二十几年寨主，生平喜欢讲江湖义气，劫富济贫，交纳豪侠。自从萧子青来到山寨以后，更不肯轻易扰民，因此山寨里弄得日益穷困。他气宇轩昂，富有正义感，自尊心颇强，但头脑简单，缺乏主见，却又有点刚愎固执，常凭情感用事。在山寨中，有很高威信。

胡二太爷——四十余岁，邓九太爷多年的伙伴，现在山寨中当邓的参谋，是一个残忍、阴狠、凶横的恶霸型人物，体格魁梧，肌肉横生，山寨里的弟兄对他很愤恨，但又有点怕他。

萧子青——三十岁左右的青年，某游击队的政治工作人员，秘密混入山寨中做政治工作，现充山寨里的大头目。他是个干练、机警、坚定、诚挚的青年，在弟兄们中间耐心地做着教育工作，建立了极大的威信。

邓秀姑——二十岁左右，邓九太爷的爱女，具有她父亲同样的侠义的气质，热情，活泼，带着一种江湖女子的作风。她很能影响他的父亲，对于萧子青颇有爱慕之意。

李得标——山寨里的头目，三十岁左右，是个当兵出身的人物，除萧子青外，他在头目中间算是一个大哥哥，性格粗直，勇敢，喜欢抱不平，是一个老粗。

牛二胡——山寨里的头目，二十七八岁，是个农民气味很浓的人物，矮琐，愚蠢，滑稽可笑，常常被人欺侮，但却是挺忠厚的好人。

张大麻子——山寨里的头目，近三十岁，生活行动有点吊儿郎当，说话喜欢油腔滑调，嘴角上常常叼着一支香烟，懂得一点外科土法。

刘大鼻子——在头目中，他年纪最轻，也最活泼，有点傻里傻气，但颇天真可爱。也很热心，有个挖鼻孔的老习惯。

钱顺生——汉奸派来的代表，四五十岁，是个堕落的穷秀才之类，獐头鼠目，面目可憎，很会卑躬屈节，巧言令色，迎合人家心理，偶然喜欢掉几句文，表示他的渊博，和胡二太爷是老朋友。

赵寡妇——山下洗衣服的老百姓。

赵寡妇的女儿——同。

胡七——胡二太爷的心腹，凶暴刁诈不亚于其主子。

守卒——甲，乙，丙，丁。

群众——若干人。

故事发生的地点，是淮北一个土匪的山寨上，时间是现代。

第一幕

登场人物

李得标 牛二胡 刘大鼻子 张大麻子 萧子青 邓秀姑 赵寡妇 胡二太爷 邓九太爷 钱顺生 守卒甲

景

山顶上，一座古庙的大门口，（这所古庙就是邓九太爷住的），庙门的位置略靠舞台的左角，有石阶通到平地，门前一支红漆剥落的旗杆。背后可以看到重叠的山峰，有一条山路从庙的左边通到山下去，右首下端露出一间平屋，是头目休息的地方。这是一个秋季的傍晚，离天黑还有一些时间，太阳从山后反射过来，照着古庙斑剥的红墙和旗杆，四周山峰和天空上渲染着艳红的晚霞，隐约可听到山谷里呼啸的松涛风声。

幕启

一个守卒，穿着农民的服装，荷着枪兀立在山路的口子上，向远山眺望着，山风刮着他的衣襟飒飒作响，右首下端的平屋内传出呼五喝六和翻牌的喧声，接着许多声音吵了起来。

李得标的声音　妈拉巴子！天九王，这一回可着了！

张大麻子的声音　狗食的，碰到鬼啦！

（钱币在桌子上跳跃的声音）

李声　哈哈哈……通吃一庄啦……呃，什么，牛二胡你想赖老子吗？

牛二胡的声音　我……我……我没有呀（倾跌的声音）。

刘大鼻子的声音　瞧啊，牛二急了！

李声　吓，家伙，你跟老子装傻！拿出来！

张声　不拿出来揍他，李大哥。

（牛二胡踉跄地逃出来，手里的钱撒落了一地，李得标紧紧地追出来，牛二胡一壁闪躲，一壁拾钱。刘大鼻子、张大麻子跟在后面发笑，连守卒也笑了）

李　老子看你逃，逃到哪儿去？孬种！

牛　（窘急地）不了，不了，好李大哥，牛二……（吃了一拳头）啊唷，牛二有话说呀……（被打倒在地上）喔呀我的妈！

刘　（笑得弯腰）喔呵！李大哥这一下可够了本！

张　（挑衅地）牛二胡，别那么丢人哪，勇敢点儿斗一下呀！

李　（按着牛二胡的头在地上碰了两下）怎么说！怎么说！

牛　（急得直嚷）好了，好了，我的李大哥。

李　叫一声大叔！

牛　喔，大叔，大叔，李大叔，饶了牛二吧。

李　（抓他起来）嘿，经不起揍的小子，你有什么话说呀？

牛　（可怜的）好大哥，牛二胡只剩这一把钱了，还该着张大麻子两吊呢。

李　呸！老是那么穷酸相，别丢了咱们麒麟寨的脸！

（牛二胡在地下找着散落的钱）

张　（讥讽地）喂，牛二胡，你也让老子揍一顿，两吊钱就不要你还了，好不好？

（众人大笑起来）

牛　（窘急）他妈的，老子斗不过李大哥，怕你这麻子怎的？你来！

张　唷，牛二爷牛劲发作了吗，好。来啊！

（两个又扭作一团）

刘　哈哈，打得好，打得好，喂，使点儿劲啊，牛二胡！

（萧子青出现在庙门口，英武而热情地望着众人，打架立

刻停止了）

萧　兄弟们！

刘　（欢呼）啊，萧大哥来啦！

萧　（从阶石上矫捷地跃下来）怎么啦，兄弟们，又犯了规矩呢。

牛　张大麻子欺侮了我。

张　狗食的，怎么我欺侮了你，你给谁打的？我看你就不敢提李大哥！

萧　好啦，好啦，自家儿弟兄打架，谁都不应该！

刘　唔，萧大哥，我说这一条规矩定得不好。

萧　怎么？

刘　譬如说，哪一位大哥欺侮了我，就该怎么样呢？

萧　由大家来公评呀，谁不对就罚谁。

刘　那末，大伙儿欺侮了我呢？

萧　大伙儿之外还有大伙儿呀！难道大伙儿就不讲理吗？而且还有邓九太爷。

李　还有你萧大哥，你说一句咱老李就服。

刘　好，咱们就来公评吧！牛二胡赌输了钱不给不应该，李大哥打人也不对，张大哥跟牛二胡开玩笑也该罚。萧大哥，你说对不对？

张　妈的，就是你这小子最干净。

萧　哦，你们又在赌钱了，是不是？

牛　大伙儿全赌呢？

张　刘大鼻子也在内，喂，刘小子，这可抵不干净了吧？

萧　这就是了，赌钱跟吵架是亲眷，赌了钱就离不了吵架；碰上牛兄弟这么一副别扭相，可就挨了打呢（大家笑起来）。兄弟们！咱们可不学那些老夫子，讲假仁假义。咱们不反对赌，咱们只赌输赢，就不赌钱。咱们也不赌牌九、麻将，咱们讲赌本领，赌爬山，赌打靶，赌偷营，再不然就赌猜谜子，赌下棋。上回我教的一套“捉鬼子”玩意儿，大家会了没有？

刘　会了，好吧，咱们来玩捉鬼子吧。

牛　那有什么意思呢？

萧　总该比挨老李的拳头好玩吧！（大家又哄笑）兄弟们，听我说，我跟邓九太爷商量过了，咱们山寨里要盖一间房子，置一些玩意儿，专门给弟兄们没事时候玩儿，好像人家什么俱乐部似的，你们说好不好？

众　啊，那好极了。

刘　萧大哥，什么时候开办呢？

萧　现在就是钱的问题，你们知道，山寨里近来很穷呢。

张　萧大哥，这桩事件办起来，让咱老张来管，一定行。

刘　你麻子不行。

张　狗食的，难道倒是你刘大鼻子行？

刘　我也不行，有一个人挺合式。

张　哪一个呀？

刘　秀姑娘，你说怎么样呀？

张　不错，秀姑娘顶呱呱，比咱们都行！

萧　那么大家可别再赌了，兄弟们，告诉你，我萧子青从前也在赌场里经过不少时候，什么麻将牌九我全会，可是终究吃了亏，几乎性命都丢了。

刘　啊，那是怎么一回事？

萧　那是在满洲的时候，有五六年了。

刘　唔，又是满洲的故事，那一定怪有味的。

（众人在旗杆石旁边围着萧子青听故事，有的站着，有的坐着，连守卒也混在一起听）

萧　我不告诉你们过吗，我在满洲干过义勇军，对了，那次义勇军要攻沈阳城，就派了我跟一位弟兄到城里去打听消息。咱们装作一对走江湖的朋友，混进了城。你晓得那些鬼子部下的军官，他妈的整天的都在窑子里、白面馆里、赌场里厮混，要打听军情就得混到那里边儿去。咱们就混进了一家高丽人的大赌场里。……

李　对了，我知道，咱从前在军队里干活的时候，就在沈阳呆过。那些鬼子跟着高丽人多开着些什么洋行公司，专门赌钱卖大烟，全是些骗人的玩意儿。那末萧大哥，你们该输光了吧？

萧　不，起先赢了不少呢，这一赢可就赢坏了。

李　怎么？

萧　这一赢，咱们那位同去的朋友可就着了迷，他瞧着那些花花绿绿的钞票，简直就忘记是来干什么的了。这样混了几个礼拜，不但赢来的钱带本都输光，咱们的秘密也给鬼子瞧出来了。这一下可了不起，鬼子的宪兵特务全出动啦……

众　（惊）啊！那怎么办？

萧　还不是亏咱们会一点儿本领，好容易才翻城出来。那次攻城可也不成功了，兄弟们，这可不是吃了赌钱的亏。

众　（怃然）……

萧　所以咱们带弟兄的人最忌赌，今天赌，明天赌，手赌痒了，可就要像咱那位朋友着了迷。

刘　对，萧大哥，咱刘大鼻子今天起，再也不赌钱了，再赌你揍我。

张　啃啃啃，刘大鼻子总是顶漂亮。

萧　刘兄弟，你刚才不说人家欺侮了你怎么办吗？我告诉你，现在不是谁欺侮谁，现在咱们大伙儿都在受人家欺侮呢，你知道是谁吗？

刘　我知道，日本鬼子！

萧　对呀，鬼子在欺侮咱们大伙儿，欺侮全中国老百姓，咱们自家是为着一点小事情还打架吵嘴，你说这能够得上英雄好汉吗？

刘　那，他妈的小人，咱们要做好弟兄，好弟兄……

李　对了，好弟兄。

（大家合唱“好弟兄歌”）

麒麟寨上的好弟兄，
三百个弟兄一条心，
守护山寨保百姓，
鬼子兵来我跟他拼。

莫吵嘴来莫打架，
咱们的枪杆对敌人，
抖擞精神好威风，
那怕鬼子百万兵。

赌钱喝酒我不干，
要嫖婆娘你滚开，
个个都是英雄汉，
杀退鬼子保江山。

张　(滑稽地)牛二胡子最不行，唱起歌来哼里哼。

(众大笑)

牛　妈的，你们又拿老子来开心！

李　去你的，你还不是只会哼！

(山下砰然一声枪响)

萧　喂？又是谁在打枪？

守卒　秀姑娘在对山打野味呢。

刘　哦，秀姑娘！(跑到山崖边上扬着手大声叫)喂，秀姑娘！秀姑娘！

秀　(在远远的山下)喂，刘大鼻子，你在干吗呀？

刘　喂，全在这儿啦，萧大哥也在这儿呢，来呀！

萧　(扬手)喂，秀姑！

秀　(在内)哦，我来了！

(歌声自远而近)

…………

我们在太行山上
我们在太行山上
山高林又密
兵强马又壮
敌人从哪里进攻
我们就要他在哪里灭亡

李　妈的，唱得真好听，唱歌就是娘儿们会，咱们这些老粗，简直笨得跟老鸦一样，只会哇里哇啦乱叫。

牛　（冷冷地）这就得啦。（回到小屋里去）

张　你别瞧秀姑娘，我看她做事情出主意比他（伸两个指比一比）还强哩！

李　谁？

张　咱们那位狗头军师呀。

李　你说胡二爷吗？（鄙夷地）呸，跟他比，他算得什么东西！

（邓秀姑，江湖女儿的打扮，头上扎着一块青纱，拿着一支鸟枪，左手提着一只死山鸡，从山下上来）

秀　啊！刘大哥，萧大哥，你们瞧，我打了一只山鸡呢。

刘　嘿，多肥的山鸡！

张　嘻嘻，秀姑娘，你拿来请客吧。

李　妈的，麻子嘴又馋了。

秀　不，这一只我送给爸爸吃，明儿再打一只大的送大家吃，好不好？（把枪跟山鸡放在地上）喂，你们在干什么呀？

刘　咱们在唱歌儿呢。

秀　啊，好极了，萧大哥，你再教我一个吧。那个“太行山上”我已经会了呢。

萧　你比我唱得还好呢。

张　对了，秀姑娘，咱们都要拜你做老师呢。

秀　不，（向萧）我要你教我。

李　萧大哥的歌真多，你打哪儿学来的这许多？

萧　外边儿人家全会唱呢，自从鬼子打了来，老百姓全学会了唱救亡歌呢。

秀　唉，真想到外边儿去溜溜，人家打鬼子打得快两年了，咱们就老呆在山寨子里，真闷死人！

萧　终有那么一天吧！

刘　真的，萧大哥，咱们老呆在这儿要呆到什么时候去呀？

李　就呆到他妈的鬼子来的时候！

刘　老子的骨头眼里就呆得发痒呀，他妈的，说不定里边儿就长了虱子啦。

张　骨头眼儿里发痒吗，要不要咱给你揍一顿，杀杀痒。

刘　滚你妈的，你只配去惹牛二胡。

秀　萧大哥，你来，我跟你说句话……

刘　慢着，秀姑娘，我正要告诉你，刚才萧大哥说，咱们又要盖一所什么房子，又是置些什么玩意儿，要你来管这一件事呢，你说好不好？

秀　你叽里呱拉的说些什么呀？

萧　（笑起来）就是说那俱乐部的事情。

刘　对啦，俱—乐—部，俱乐部。

秀　那什么时候办哪？

萧　还不是钱的问题，现在山寨里真穷，连房子也盖不起。

李　可不是，山寨里什么都好，就是闹穷荒，一点儿油水也没有。我说，九太爷不要那么古板。咱们就去发他妈的一票洋财，把山寨好好儿兴旺一下，准备去打鬼子。

张　这话挺对！

萧　兄弟们，话不是这么说的，鬼子在欺侮咱们中国人的时候，咱们再去榨老百姓的油水，这说得过去吗？

李　那么这穷荒闹到什么时候去呢？

萧　鬼子那儿有的是钱，有的是枪，咱们有本领去夺过来用呀。

李　一点儿不含糊。老李就等着这一天。

刘　哎，萧大哥，那我们这俱—乐—部—怎么办哪？

萧　现在先要想法子，腾出一间房子来才好办。

秀　提起房子，可不是——哦，萧大哥……（忽然不说下去）

萧　什么呀？

秀　（瞪了他一眼）你搬到我们庙里边去住好不好，里边还有一间房子空着呢。

萧　谢谢你，我还是跟弟兄们一块儿住吧。

秀　（赌气地）你老是弟兄弟兄的（又不好意思地笑了起来）。

张　对啦，萧大哥就是只管弟兄弟兄的，秀姑娘，我替你不服气！

秀　去你的吧，你这个大麻子！

张　（扮一个鬼脸儿）哈……哎，你说正经，秀姑娘，我告诉你一句要紧的话（鬼头鬼脑地），昨天胡二爷又在九太爷面前说你两个的坏话呢，是胡七告诉我听的。

秀　胡二爷？哼，我怕他干吗？他仗着是爸爸的老朋友，当了一名狗头军师就了不起呢。

李　这家伙，咱第一个就瞧不入眼。算是他多跑了几年江湖，有什么了不起！咱老李跟着军队，码头还比他跑得少？

咱就不理会他！

张　你李大哥自然啰！

萧　不管人家说什么废话，咱们还是做出来给人家看。

李　对啦，咱老李就是透顶儿佩服你萧大哥。

（这时山下有人在叫大哥）

守卒　（向山下）喂，你干什么？你找谁呀？

萧　谁呀？

守卒　山脚下那个洗衣服的赵寡妇。

赵　（在山下）大哥，让我上去吧，我要求见邓九太爷呢。

萧　让她上来。

守卒　是。

（赵寡妇上，一个褴褛的老婆子。乞乞索索的很可怜的样子。）

赵　各位大爷。

秀　赵大妈，你来干什么呀？

赵　啊，大姑娘，你也在这儿，我要求见九太爷呢。

秀　你找他老人家干什么？

赵　我……我……

秀　（温和地）你尽管说好了。

赵　（吃吃地）就是为了胡——（四顾踌躇）

秀　不要紧，你说吧！

赵　就是为了胡二太爷……

秀　胡二爷？他什么事？

赵　秀姑娘，胡二太爷看上了我们那丫头，昨天打发人来说要我三天里头把丫头送到他屋子里去，那丫头晓得了，寻死觅活的跟我闹。

萧　哦？——那你打算怎么办呢？

赵　好萧大爷，你知道咱们这丫头已经许了婆家呢，我怎么能舍得呢，我特地求求九太爷跟你各位大爷，总得看顾看顾我这老婆子。九太爷是最仁慈不过的，他老人家一定会开恩的……

李　妈的，可不又是他，吃饱了喝饱了，就要想女人，哼！

张　笑话，麒麟寨没有这种规矩！

秀　好，赵大妈，你就进去见我爸爸吧，他不管还有我呢！

李　秀姑娘真痛快！

萧　胡二爷在不在里边？

秀　不管，让她进去，赵大妈，你大胆进去好了！

赵　哦，哦，谢谢大姑娘跟萧大爷，你们心肠儿真好，回头来再给你们磕头。（颤颤栗栗地向庙门口进去）

秀　简直越来越笑话了，上回敲诈人家的事情还没有了，倒又弄起小老婆来呢，真是个地头蛇。这三百里周围谁不知道我们麒麟寨的规矩，每一回破坏的总是他！

萧　这绝对不能够。咱们常常跟老百姓讲，鬼子怎样糟蹋娘儿们，现在咱们自己倒先犯了，这怎么说呢！

李　我真不懂，九太爷干吗去相信这么一个人。

秀　爸爸嘛，他就是一味讲交情，看胡二爷跟他跟了十几年，就是这么一点儿功。

李　什么功，咱老李就瞧不起他。

张　这一下可有戏文瞧呢，狗食的，这还不是胡七那小子帮他干的鬼。我告诉你，听说他跟外边儿还有联络呢。

萧　（注意地）唔！这话怎么说的？

（张大麻子还没有回答，庙门内吵闹起来）

胡二爷 （在庙门内）滚！老丐婆，你敢是不要命！

赵 （在内）啊，二太爷，求你开开恩！

胡 （在内，暴怒地）你滚不滚？（扑击之声）

赵 （在内）啊，啊……太爷，饶饶我老婆子吧！

胡 （声愈近）妈拉臭×！你跟谁捣鬼？二太爷要你的狗命！

赵 （惨叫一声）啊——（从门内跌出来，胡二爷追着用足踢她，骂她，赵寡妇从石阶上滚下来）

萧
秀 （跑过去扶住她）啊，赵大妈！

（赵寡妇凄惨地哭着，胡二爷跟萧子青打了一个照面，大家愣了半晌不说话）

胡 （凶狠地对躺在地下的赵寡妇）哼，不要命的老太婆！

秀 （厉声地）胡二爷！

胡 （冷冷地）什么？

秀 （愤怒地）这是怎么一回事？

胡 好姑娘，这事用不着你来管。

萧 胡二爷，这事我们已经完全知道了。她的女儿已经许了人家呢。我劝你……

胡 （狂傲地冷笑）哈哈……原来是你们干的玩意儿呀……哈哈哈，这倒有趣得很。（一壁说，一壁大摇大摆地走下来）

萧 胡二爷，咱们在江湖上还得讲一点儿义气呀，她又是咱们山脚下的老百姓。

胡 （冷笑）哼哼，江湖上的义气！

秀　(忿怒地)胡二爷,请你放明白点儿,这件事我爸爸不能答应你。

胡　(狂妄地)你爸爸,你爸爸,哈哈……你爸爸就给你们支使糊涂了。告诉你吧,你爸爸和我一起打了一二十年江山,什么事情咱们没有干过?早呢,我的大姑娘,什么大不了的事,别拿着鸡毛当令箭,了不起啊!

秀　(怒极)你简直侮辱我爸爸!

胡　(冷笑)哼哼……(转向赵寡妇)老婆娘,你小心点儿,在这麒麟寨底下,看你逃得出我的手?(转眼看见张,李,刘)喂,你们站在这儿干什么?

李　(岸然)没有什么,溜达溜达。

胡　溜达溜达?

刘　胡二爷,你饶了这老婆子吧。

胡　放屁!谁要你管,替我进去!

张　(悄悄地向赵寡妇)快走吧!

(赵寡妇擦眼抹泪地下去)

萧　(坚毅地)胡二爷……

胡　(打断他的话头,讥讽地)……萧子青,你真能干,我姓胡的佩服你!

秀　胡二爷,你用不着这一套!

胡　(狞笑)哼哼,大姑娘,我说你瞧得很准!

秀　(愤极)你!……

(邓九太爷出现在庙门口。态度威严,但又和蔼可亲,他一出来,大家立刻肃然立正,守卒向他敬礼)

邓　唔,全在这儿呀,(安详地走下石阶)刚才好像有谁在这儿吵闹呀？

胡　没有谁。

邓　（对秀姑）孩子，你怎么这样面红筋赤的？（看见枪跟山鸡忽然误会了）吓，原来你又在顽皮了，把你爸爸的枪又拿出去打野味呢。（拿起山鸡来瞧。又拿起枪察看着）

秀　爸爸，我一枪就打了一只，送给爸爸下酒，好不好？

邓　哈哈，瞧你这副劲儿。告诉你，孩子，爸爸像你这么大的时候，还没有洋枪呢，那时候，咱们就只讲究打镖，嘶的一镖出去，不打它一只，也打它成对。

刘　吓！了不起。

邓　那算得什么，从前的人就全靠真实本领。哪像现在只凭洋枪洋炮。就是打得准也不算稀奇。

萧　可不是，打仗究竟要靠本领，譬如说，鬼子单靠枪炮好，打进咱们中国来，可是咱们还是靠本领才拼得过他。

李　九太爷，我说，咱们就跟鬼子去拼他妈的一下！

胡　（在旁暗暗冷笑）哼！

邓　唉，这是你们年轻人的事了。咱干了这几十年，现在靠你们弟兄，能够把这山寨着实的兴旺起来，我邓老九也就算不枉活这一辈子。

李　可是，九太爷……

守卒　（这时下去又上来）报告，下面有位客人要见胡二爷。

胡　谁呀？

守卒　说是城里来的，这儿有名片。

胡　哦，他来了，快请！（匆匆下去）

邓　（自语）谁呀？

秀　爸爸，胡二爷要抢赵寡妇的女儿做小老婆呢。

邓　没有的话。

秀　真的呢，刚才吵闹就是为了这个。

邓　那不成，麒麟寨有我的规矩！

胡　（在山下）就在这上边，请上去！

（胡偕钱顺生上来）

胡　这位就是邓九太爷。

钱　哦，哦，九太爷，久仰您老人家的英名，是咱们淮北的第一位英雄豪杰。

邓　不敢！这位是……

胡　这就是小弟常常谈起的钱顺生钱大哥，这一回特地从临淮关来晋谒九太爷来的。

邓　哦，钱先生，幸会，幸会。

胡　钱大哥是小弟二十年的把兄弟，这回特地替咱们带来了一桩好买卖。

钱　岂敢，岂敢，小弟是久慕大名，特来晋谒的。

邓　现在临淮关的情形还好吗？

钱　很不错，去年日本人进来时候乱了一阵子，目下老百姓依旧是安居乐业，很太平了。……这儿诸位都是贵寨的头领吧？

邓　是的，这都是在下的朋友，这是咱的小女。

钱　哦哦，好极了，这儿真是山明水秀，人杰地灵，小弟能有缘登山，真乃三生有幸；哈哈哈！（胡向邓作耳语）

邓　唔唔，钱先生辛苦了，咱们里边儿坐吧。

钱　岂敢岂敢，各位请。

（邓、胡、钱向庙门进去）

刘　嘿，哪儿来的这么一位酸溜溜的客人，（学着钱顺生的姿态）"岂敢""岂敢"，倒像唱小花脸儿似的。

张　来头不小啦，不是说打临淮关来的吗？

李　管他哪儿来，反正与咱们不相干……秀姑娘，刚才我真替你气不过，不是九太爷出来，老李真要对他不客气。

秀　唉，真气死了我。爸爸还要说没有的事。萧大哥，咱们到赵寡妇家里去瞧瞧吧。

萧　（始终在那儿沉思着，突然严肃地）慢着，秀姑娘，你先到里边儿去看看。

秀　什么意思？

萧　兄弟们，你们看那姓钱的是什么样人？

众　（莫名其妙）什么样人？

萧　哼，我看他……他是（声音低得听不清楚）。

众　（大惊）啊？

（幕急落）

好弟兄

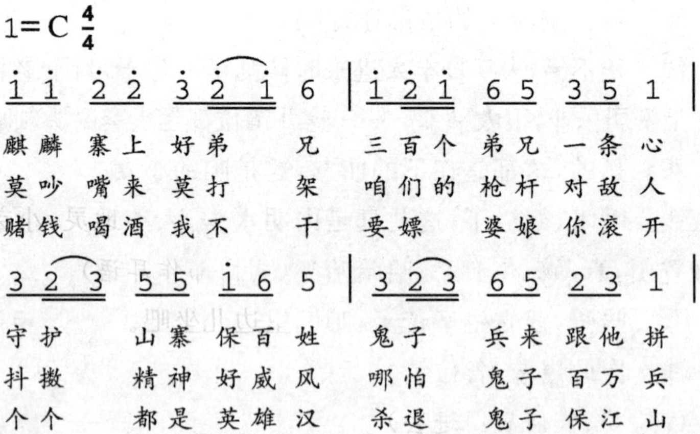

1=C $\frac{4}{4}$

i i　2 2　3 2 i　6 | i 2 i　6 5　3 5　1 |

麒麟　寨上　好弟　兄　三百个　弟兄　一条　心

莫吵　嘴来　莫打　架　咱们的　枪杆　对敌　人

赌钱　喝酒　我不　干　要嫖　婆娘　你滚　开

3 2 3　5 5　i 6　5 | 3 2 3　6 5　2 3　1 |

守护　山寨　保百　姓　鬼子　兵来　跟他　拼

抖擞　精神　好威　风　哪怕　鬼子　百万　兵

个个　都是　英雄　汉　杀退　鬼子　保江　山

第二幕

人

刘大鼻子　张大麻子　邓秀姑　牛二胡　李得标　钱顺生　胡二爷　赵寡妇女儿　胡七　赵寡妇　萧子青

时

第一幕后三天，也是一个黄昏。

景

山腰上，后面一座山坡，靠右边有一道石阶，路从这里弯下来，穿着山坡下首一座半露出的凉亭通到山下去，亭子外面靠着土坡有一条石凳，旁边放着几个可以坐人的大石头。舞台右首有一簇树木，穿过树有一条小路通到外面去。

黄昏以前，满天的彩霞，照耀着天空。

秀姑在幕后唱歌。幕徐启，歌声随止。秀、刘、张、牛均在亭子外面休息，有坐着的，有站着的，歌声一止，张、刘等拍手叫好。

牛　妈妈的，真好听，秀姑娘你怎么会的？

秀　我就是这么会的。

牛　唉，真刮刮叫！

刘　谁像你这么傻头傻脑的呀！

牛　你不傻，你倒唱给我听听看，我看你就跟我半斤对八两吧！

刘　我比你总行一点儿，你呀，只会你的山东梨膏糖。

张　对了，牛二胡的梨膏糖挺刮刮叫的，喂，老牛，来一个吧。

牛　得了，麻子哥哥，别开玩笑了。

张　真的，不开玩笑，来一个。

秀　牛兄弟，你唱一个梨膏糖，我陪你一个梨膏糖，怎么样？

刘　哎，秀姑娘还会梨膏糖呢，好，牛二胡，快一点儿唱！

牛　（红着脸）我……我……

张　哎，别你呀我呀的，唱！唱！（牛红红脸，呐了半天，唱了两句，众人大笑起来）

刘　得了得了，还是听秀姑娘的吧。

秀　好，我这个梨膏糖比牛兄弟那个有意思多了，我这个是打鬼子的梨膏糖。

刘　哈，哈，梨膏糖也有打鬼子，这怪有味的。

秀　对了，怪有味的，（唱抗战梨膏糖，唱着自己笑起来，李得标匆匆地从山坡上下来。）

李　好热闹呀？什么玩意儿哪？

刘　李大哥，快来听秀姑娘的梨膏糖啊！

秀　（敛住笑）李大哥，你有什么事吧？

李　你们看见萧大哥吗？我要找他。

秀　他到山下去了，一会就来的，你找他什么事？

李　（在石凳上坐下来）唉，我真佩服萧大哥，他瞧得真准……

秀　什么？

李　前天他不说过吗？胡二爷的那个朋友，一点儿也不错，那家伙一定是个汉奸。

秀　你怎么知道？

李　刚才那个伺候姓钱的弟兄告诉我，那客人的箱子里满装着簇新的钞票，他还跟胡二爷在商量，要送给咱们九太爷呢，你瞧这不是汉奸是什么？谁愿望把钱送给人家花呀？

牛　他这钱哪儿来的呀？

秀　真傻瓜，鬼子的呀！

刘　他妈的，钱扣下来，把他轰出去，不就完事了吗？

李　说得那么容易，没有连手他会跑到山寨里来吗？告诉你，他是胡二爷的把兄弟呢！有了那样的主人，才会有那样的客人。这叫做防贼容易防鬼难，家里有了汉奸坯子，咱们还不知道吗！

秀　哼，他不去当汉奸，还有谁去当汉奸？咱们一提打鬼子，他就冷笑，哼，他可不是鬼子的奴才？

张　我早说过，他跟外边有了联络，胡七就是替他通消息的，他们看见咱们就是乌眼鸡似的，到处找咱们的错儿，在九太爷前面，讲萧大哥的鬼话，恨不得把萧大哥跟咱哥儿俩一下子轰了出去，才惬了他的意呢。

秀　轰咱们出去？他有多少力量呀？

牛　告诉你，胡七这家伙还想来拉我呢，他当我是个老实人，他前天跟我说“你去跟胡二爷包有你的好处”。哼，老子就死死的瞪了他几眼，老子吃的邓九太爷的饷，老子认识他是谁？（忿然）妈的。他要拉我牛二去当汉奸，这可不气死人！

秀　牛兄弟，真有种！

牛　可不是，太阳在头上，萧大哥这样对待我，难道叫我帮那家伙去抗萧大哥吗？

刘　(指着山下)呃,萧大哥上来啦。

秀　(大家都拍着手欢迎他)萧大哥,萧大哥。(萧子青从亭子里进来)

萧　兄弟们,怎么样?

秀　咱们正要找你呢。

萧　什么事?(大家坐下来)

李　嘿,萧大哥,你的话应了,一点儿不含糊,那姓钱的狗东西是个汉奸!

萧　(注意地)找到什么证据了吗?

李　是的,伺候他的那个弟兄告诉我,他跟胡老二在商议着,想拿一大票钱来收买我们呢。他妈的,他要麒麟寨去投鬼子!

牛　萧大哥,他们在想把咱们轰出去呢!这些汉奸!

萧　(眼光扫视着众人的脸孔,把大家兴奋的情绪沉静下来。)这件事我早知道了,昨天那姓钱的还送了邓九太爷一支新式左轮手枪呢。他们知道山寨里穷,特地拿钱来哄九太爷,这可不是胡二干的鬼?(声音突然强硬起来)兄弟们,咱们麒麟寨是抗日的,要咱们去投鬼子,办得到吗?

众　办不到!办不到!

李　这一回可得闹翻了,咱们就干脆先下手把他们轰出去!

萧　(沉毅地)把他们轰出去,那一点儿不费力气,哪一个弟兄愿意去当汉奸?可是兄弟们,我们知道这事非得通过九太爷不可,九太爷跟姓钱的关系比咱们长久,他老人家又是一个很讲交情的人,他的态度究竟怎么样,咱们现在还没有摸清楚，这是第一点。第二，咱们还没有拿到他们汉奸的证据。第三，胡老二虽是个草包，可是那姓钱的却是个挺阴险的家伙，你晓得他们不在摆布咱们吗？所以咱们先要把事情拿稳，再来对付，凭着性子胡干是不济事的。

秀　那你说怎么办呢？萧大哥？

萧　听我说，咱们第一要让九太爷明白这件事，不上他们的圈套，要是九太爷能站出来说话，什么都容易解决。第二，咱们要抓住弟兄们，让他们明白这是怎么一回事，弟兄们的力量是最大的，他们能够决定这件事情。可是咱们又不能让弟兄们太兴奋了，事情还没有弄妥，就闯出乱子来，那才糟糕，要是这点办到了，那就有把握，咱们再从旁注意着汉奸们要的是什么花头。

李　哎，说得真对，我说萧大哥就有办法。

萧　咱们做事得要快，一慢就不行。

秀　那我马上去找爸爸！

张　我去找胡七，打听他们点消息。

刘　我去找弟兄们（都站起来）

萧　慢着，九太爷那里得我亲自去，秀姑娘可以帮我的忙，李兄弟到兄弟中间去说话，可是别太使性子，张兄弟去注意着姓钱的跟胡老二两个的行动，牛兄弟就不妨跟胡七去撩撩，你就跟他装傻好了。

张　对了。（拍拍牛二胡的肩膀）牛二胡，你就跟他傻里瓜气地，他一定弄不清楚你。

牛　噢，噢，我一定去。

李　好，那么咱们马上走。

刘　走！

萧　别那么莽撞，弟兄们记住，咱们做事情得耳听四面，眼观八方，机警点儿，那姓钱的可不是好惹的东西。好，我先走吧，我要去看九太爷。

秀　我呢？萧大哥。

萧　你——你等会儿再进去吧，看形势帮我说话。好，兄弟们，再见！（向山坡上进去）

李　嗳，萧大哥真了不起，能文能武，什么都来，咱们这些老粗，简直就是两个肩头架着一颗脑袋，一点儿办法都没有。他一来，妈的，是一是二，满是头绪，嘿，我说萧大哥是岳少保，咱李得标就是牛皋！

张　得了吧，哪有你这么一个牛皋！

李　怎么？将来萧大哥打鬼子打成了名，可不是岳少保一样，那时咱们就是他的八员大将啰！哈哈哈！那才够抖呢。

（众人笑）

秀　少说废话吧！咱们来正经的，李大哥，你说胡老二究竟有多少力量？

李　他有什么力量，一共就是胡七手下那几个蠢家伙，老子一个人就能解决他。

张　狗食的，解决掉了，咱们去打鬼子。

秀　对了，去打鬼子，那时咱们不打鬼子，鬼子就会来打咱们呢！

刘　嘿，那老子痛快死哩，牛二胡，咱们回山东去！

张　别嚷了，来啦，来啦！

秀　谁来了？

张　（指着山下）你瞧，他们来了！

李　（望着亭子外面，咬牙切齿地）妈的，汉奸！

秀　咱们快走吧，到那林外边的亭子里去！

（众人到树林子去）

钱　（在亭子外面）哎唷！这山路多陡，跑的我累极了。

胡　在这儿歇一歇吧，吃晚饭还早呢。（两人在石凳上坐下来）

胡　你说下去，上头怎么一个意思。

钱　（站起来，向四周侦察了一下）这儿没有人吧？

胡　没有关系，你说吧！

钱　上头的意思，是让那老头儿先尝一点儿甜味，给他一个保安司令。你老弟名义上暂时委屈一下，等这一带江湖上朋友都转了过来，那时把这边游击队肃清了，老弟你的一个司令，就包在我做大哥的身上。

胡　那要等多久呢？老子就没有这个耐性儿。

钱　别那么性急，大丈夫做事，不在眼前，等大事一定，这麒麟寨还不是咱哥儿们的江山吗？难道我作大哥的还会膊子往外弯，去帮那不相干的老头儿吗？可是现在他有点势力，咱们可不能不哄他一哄！

胡　你知道，大哥，我在这气可受够了，妈的，什么事情，都跟你碍手碍脚的，什么规矩啦，打鬼子啦！全是胡说八道，放狗屁，老子又不是到山寨里来当和尚，守他妈的清规！

钱　老弟，你放心，大丈夫报仇，三年不迟，你忍耐一点儿，等大事一定，你什么气都不出了吗？告诉你，我在日本人前面常提起了你，上头很明白，下个月也许要你上临淮关去走一趟呢！

胡 要我去干什么？

钱 酒井中将要亲自接见你，就是说要给你好处呢……老实说，你这次好处也已经不少了。

胡 （搔头挠耳的）要见我，嘻嘻……

钱 所以，咱们眼前，先得要下点功夫，把老头子拉过来，这一点儿最要紧，非得忍耐一下不可。

胡 这老头子，哼，我看有点儿别扭，他就给那批小伙子迷住了，整天的讲假仁假义，近来老给我碰钉子，山寨里都快没有吃了，我看他还糊里糊涂。

钱 老弟，你错了。你跟了他这许多年，简直连他的脾气都没有摸到。这老头儿别扭确实是有点儿别扭，可是他就是那么一点儿硬劲，头脑里简直傻得一塌糊涂，他在想做黄三太呢！这可不是笑话，哈哈哈！他就爱人家摸他的顺毛，他讲义气，你就跟他讲义气，顺着他的眼色走，包管什么话都说得进去。你老一味跟他死顶，那有什么办法呢？

胡 哟哟，谁比得上你那一付工架呢？

钱 那可不是，你们会使枪，我就会用嘴，凭我这三寸不烂之舌，我就要打下江山。邓老头子就全在我的身上，要叫他乖乖地上我的钩。我看找麻烦的倒不是他。

胡 你说，是谁？

（胡七从山坡上下来）

胡七 哦，钱大爷跟二爷原来在这儿，我还到处找呢。（摸出烟卷儿替钱点燃着了）打山下上来吗？

钱 是的，你也坐下来。

胡七　谢谢，二爷，我正要报告你一件事。

胡　慢着，等咱们谈完了再说吧。大哥，你说是谁？

钱　我说是那姓萧的小子，那家伙挺厉害。

胡七　哼！

胡　萧子青？那小子算什么东西，他就会说些漂亮话，哄哄李得标那一批傻瓜。

钱　不，老弟，你别见怪，我说他比你还强呢！你瞧，你地位比他高，怎么弟兄们反倒去听他的话呢，他就有这种本领。

胡　真泄气，那算得什么本领！

钱　不，你听我说，他就摸着老头子脾气，他跟老头子的女儿搅得挺好，那姑娘就给他迷住了。你瞧，他这一条内线走得多好，你老弟自然吃亏了。

胡　（冷笑）

钱　再说，这家伙挺机警，四面八方，他全顾得到，他一眼瞧着你，就像全明白了似的。我来的那一天，他老盯着我，我疑心他已经明白了咱们的道儿了呢！

胡七　钱大爷你的话不错，那小子确实够厉害，可是要说机警，哼，我看他还差呢……

钱　不，不，我看他是很干过一点事情的。呃，这家伙究竟怎么到山寨里来的？

胡　鬼知道老头子哪儿找来的这么一个好宝贝，他跟咱们就是对头冤家！

钱　他那样子，好像不是江湖出身的！

胡　听说他在关东当过胡子，又干过义勇军。

钱　义勇军，我说他是有点路数的！

胡七　对了，二爷……（急于说完，但被胡二爷打断了）

胡　（忍不住）真泄气，你老兄也把他看的那么了不起，什么东西，二太爷明儿大事一成，首先就干掉他！

钱　不，老弟，你不干掉他，大事就不容易成功！

胡　（暴躁地）嘿！泄气！

胡七　（忽然哈哈笑了起来）钱大爷二太爷，你们全弄错了，可以让我胡七说一句话吗？

钱　（吃惊）你？怎么说？

胡七　（很有把握似的）要说萧子青那小子厉害嘛，确实是厉害，可是要干掉他，嘿，可不费吹灰之力！

胡
钱　你?!

胡七　对了，是我，他的那条小命就在我的手里！

胡　你说什么？别他妈乱吹了吧！

胡七　（又是一阵得意的狂笑）我就要告诉你们！你二太爷老打断我，（从衣袋里翻出一些文件）你知道他是什么样人吗？你瞧！

（钱胡抢着看，胡七叉着膀子挺立着）

胡　（大惊）啊！他是——

（钱急急阻止之，向四周一瞧）

钱　小声点儿！好极了！好极了，胡七，你这一功可不小！

胡七　（卑谦地笑）胡七算得什么呢？

胡　嘿，他妈的，好小子，这一回可落在我手里了。

钱　听我说，我马上去找老头子，先把他说稳了，随后你老弟进去，把证据当场一宣布，咱们俩一吹一打，不怕老头子不动火，命令一下来，马上就干掉他，省得夜长梦多。这一下事情可快了，两个月之内，老弟，包你弄到一个少将司令。

胡　两个月？嘻，嘻……

钱　胡七你去准备好！里面一有动静，外面就逮人，下手愈快愈好，千万别让他跑了。

胡七　（把枪一露）我早准备了，哈哈哈……

钱　事不宜迟，我马上去。

胡七　呃，萧子青在里边呢，我刚才下来时候在路上碰见他。

钱　没有关系，我就去。老二，你等半个钟点就来，别误事。胡七，准备好，别走了风！（匆匆向山坡上进去）

胡　（得意地狂笑）哈哈，这一下可成啦！（拍拍胡七肩膀）好机灵鬼，这玩意怎么给你找到的？

胡七　（机警地瞧瞧背后）我呀，我跟了他两天了，我早疑心他有什么花样。今天他一出去，屋子里没有人，我就从窗子里翻进去，拿出从前做买卖的那套功夫，把箱笼子一打开，那小子藏的真秘密，找了好半天，终究还是给我找出来了。

胡　嘿！你这一手可真帮了咱们不少的忙，明儿你二太爷当了司令，你就是参谋长。

胡七　参谋长，嘻嘻……胡七算得什么呢，我就是一辈子伺候着你老人家（献媚地替胡二爷燃烟）

胡　嘿，咱们这一口气也憋够了，从姓萧的小子到了山寨里来，整整半年了，老子没有痛痛快快地吐过一口气！

胡七　可不是，我说日本人早点过来就好了，你瞧，钱二爷可不是做了官——呃，我得去准备了吧！

胡　慢着，等我走了，你再去。

胡七　是（站住，吹吹枪），妈的，老子今天要开开荤了……等会儿逮了人，就送到关帝殿去，怎么样？

胡　好的，说不定我今天要把李得标那一伙解决了。

胡七　对了，这些臭小子准得解决。

（赵寡妇的女儿，一个朴质而美丽的乡村姑娘，提着一篮要洗的衣服从山坡上下来）

胡七　呃，小姑娘，来得巧，二太爷正要找你。

（赵女吃了一惊，返身欲逃）

胡七　（抢过去拦住她）呃，别跑，别跑。

赵女　（惊慌地望望胡和胡七）二太爷什么事呀？

胡　没有什么，叫你过来谈谈。

赵女　我有事，我要回去。（想走过去）

胡　（拉她）嗳，怕什么？我又不是老虎，会吃掉你？

赵女　啊……

胡七　（笑嘻嘻地跟上去）喂，赵姑娘，二太爷瞧得起你，叫你谈谈是赏你的脸呀，别怕难为情。

赵女　我有事。

胡七　哟哟，你有什么事？难道有谁等着你吗？

赵女　我要去烧饭，让我走吧。

胡七　哟，好大的架儿，胡二太爷有好处给你呢，你瞧，秋天了，你还穿得这样单薄。

胡　胡七，你动手动脚干什么，小姑娘，你过来！

赵女　我不！

胡　你不！老实告诉你，二太爷看上了你，要你来陪陪我

（过去把她拉过来）

赵女　（惊恐地叫起来）哎！

胡　你依不依？你想逃出你二太爷的手心，那没有的事！

胡七　赵姑娘，乖乖的听二太爷的话吧，不依怕你吃不消。

（赵女哭泣起来）

胡七　哟哟，哭什么呢，二太爷喜欢你还不好？

（赵女哭得更惨）

胡　妈的，你哭，哭你妈的丧，贱骨头！

胡七　好了，好了，赵姑娘，马虎点了吧，有吃有穿过好日子，跟着你那老不死的娘有什么好呀？

赵女　太爷，饶了我吧。

胡　不成，你说，你依不依？今天要你说个明白！你别想仗什么人腰子，来下胡二太爷脸！究竟怎么样，你说！

胡七　答应了吧。

胡　你瞧上那个姓萧的小白脸了，是不是？臭丫头，你别做梦，我迟早就要收拾他！

赵女　（愤怒地）让我过去！

胡　（粗暴地一把抱住她）让你过去？看老子先宰了你。

赵女　（锐声地叫起来）啊！

（秀姑突然出现在林子旁边，昂然一站，眼睛望着高空，胡二爷的手不自觉地松了开来）

胡　（嘻皮笑脸地走过来）呃，秀姑娘哪儿来呀？

秀　（忿恨地不看他一眼）……

赵女　（突然奔过去，好像看到救星似的）啊，大姑娘……

秀　你从哪儿来的？

赵女　我刚到你房子里去收衣服。

秀　你的妈呢？

赵女　妈就来了，她走得慢，掉在后面去了！

秀　你怎么不陪着她，这么慌慌张张地干什么？跟我来！

赵女　（跟着秀姑向亭子里走去）

胡　（气愤之至）哼！

秀　（冷冷地向他点头）胡二爷！（偕赵女从亭子里下）

胡　（愣愣地望着亭子外面，半天不说话，突然拔出枪来）妈拉巴子，老子总要宰了你这贱丫头！

胡七　这……这是什么话？

胡　什么话，看明儿一个个宰掉他们，连他老子……

胡七　（吃了一惊急止之）小声点儿！

胡　怕什么？

胡七　二爷，这也犯不着生这么大气，一个娘儿们算什么？咱们明儿大事一成，怕没有十个八个娘儿们来伺候您，这个乡下娘儿们算什么一回事？

胡　我倒不在乎一个娘儿们，我受不了那个贱丫头的这一口气！二太爷没有这一点本领，算不得姓胡的。

胡七　那不算一回事儿，包在胡七身上，把那姑娘弄到手。你瞧，她的娘过来了，二太爷，姑娘们都听妈的话的，让我跟那老太婆说，她一答应，不就成了吗？

胡　（把枪收起来）哼。

（赵寡妇从山坡上一颠一拐地走下来）

赵　（叫她的女儿）丫头喂，丫头喂。

胡七　（又是挺客气地迎上去）呃，赵老奶奶你好？你找谁呀！

赵　（愣了一愣）啊，胡大爷，啊，胡二太爷。

胡　（退坐在凳上）

赵　我，我，我的丫头呢？

胡七　你姑娘刚过去，你瞧，那山脚拐角儿坐着可不是她。

赵　呵！（又叫起来）丫头喂，等着我呀！

胡七　赵老奶奶，你近来挺忙吧，嘿，老人家真健康。（燃着一支烟）你抽吧？

赵　谢谢，胡太爷，我不会，我要回去呢！

胡七　坐一会儿去吧！咱们来谈谈！

赵　我要去烧饭呢！

胡七　哎，又是烧饭，你家里有什么菜等着下锅哪？

赵　胡大爷别笑话了。

胡七　我问你，上回我替姑娘做的那个媒怎么说呵？

赵　哪，胡大爷，我的闺女已经许了婆家呢！

胡七　那没有关系，许了婆家，给他几两银子一打发，不就完事了吗？

赵　那不成，那不成。

胡七　那有什么不成？胡二太爷有的是钱是势，还怕什么吗！

赵　对不起，胡大爷。请你回复二太爷，我姑娘没有这个福气，不会伺候二太爷。

胡七　什么会不会？二太爷赏识了，还不就有她的福气吗！你瞧，你姑娘一送过去，吃的穿的都有你。还告诉你吧，二太爷马上就要发财了，你瞧多阔气。不是的话，你这么一把年纪，又是三孤四寡的，招一个穷女婿，你将来靠谁呀？

赵　我，我，我没有这种福气，胡大爷，快黑了，我要走了。

胡七　忙什么？你难道不贪图一个下半生么？胡二太爷是什么样人，你当然知道，你能拗得过他么？

赵　请胡大爷替我求求吧，老婆子不会说话。

胡七　哎，你这个人怎么的？有福不享要往虎口里闯，二太爷一翻脸你吃得消吗？别说你姑娘逃不了，连你这老命也有点儿难保！告诉你实话吧！

赵　总要求二太爷看顾我可怜老婆子，哦，我要回去了。

胡七　你这个人简直拗得不成话，我问你胡大爷对你怎么样？

赵　胡大爷好啦！

胡七　那么好，胡大爷在二太爷前面拍了胸，把这个媒做成了。你这一来，可不是跟我为难吗？

赵　对不起胡大爷，哦，我，我要走了。

胡七　（变色）看你这个！

胡　（突然怒叫起来）叫她过来！跟她啰嗦些什么？

胡七　你瞧，这可让你自己去见了，不听好人言，吃亏在眼前。

赵　二……太……爷……

胡　你过来！

赵　噢……噢……老婆子不会说话。

胡　我只问你，你答应不答应？干脆地说！

赵　求求二……太……爷开恩吧！

胡　什么开恩不开恩！你把人送过来万事皆休，要不然——小心你的老命。

赵　我……姑娘……已经许了婆家了……

胡　放屁，我问你，你仗着谁的腰跟你二太爷顶！

赵　我……不……敢……

胡　萧子青，是不是？

赵　萧大爷……

胡　什么萧大爷、萧二爷，告诉你，你别瞎了眼，认错了人，（突然一把抓住她，拿出枪来威胁她）你答应不答应？

赵　（惊叫起来）啊！

（李，刘，张，牛一字儿在林子旁边站出来）

李　（准备决斗似的，轻轻地点一点头）胡二太爷。

胡　（更加火上浇油，把赵寡妇推开，走到李等前面去一站）李得标，怎么样？

李　没有怎么样！

胡　哼！瞧不过吗？胡二太爷就是这么一个人，怎么说就怎么做，天王老子也管不了我，怎么样？

李　（突然厉声地）你不敢！

胡　不敢！我就做给你们看！（砰的一枪向赵寡妇打去，赵寡妇惨叫一声倒了下去）

（幕后脚步声四起，山坡上出现一部分惊慌的群众，李刘等都拔出枪来准备决斗）

胡七　怎么样？（掏出枪，双方挺立着，形势危急，群众惊呼，秀姑从亭子里狂奔进来，奔到双方中间一站，向双方威严地扫射着目光，大家怒目相视，赵女继上）

赵女　妈呀！（惨叫一声，扑伏在赵寡妇尸身上面。）

（幕急落）

第三幕

人

邓九太爷　钱顺生　萧子青　牛二胡　李得标　胡二太爷　胡七　张大麻子　刘大鼻子　邓秀姑　赵女　卒甲　群众若干人(不上场)

时

与第二幕同,开幕正是在萧子青第二幕下场的时候。

地

山寨里的客厅

景

山寨内一所客厅,上首有纸窗格和门。可以转到外面走廊上去,走廊面前,有红栏围住,纸窗打开着,可以望到外面的天空树顶和远峰。厅上右手一门通邓九太爷住室,左首壁上挂着字画,陈设很简单,仅有桌椅等物。

幕启

邓九太爷坐在桌子旁边,擦那支汉奸送给他的左轮手枪,室内光线较室外暗,走廊上一个守卒来回地踱着。萧子青从外面匆匆进来。

萧　九太爷!

邓　啊,子青,我正要找你。

萧　有什么事吗?

邓　(忽然又把话撇开去)嗯,你瞧,这家伙真不坏,比我那支旧的好得多了。

萧　这是新式的左轮。

邓　是的，这个年头儿，弄到这样的枪，可不容易呢？

萧　这是那钱客人送的吧？

邓　是的。

萧　（讥刺地）可不是，这样的枪落到咱们山寨里来，也确实不容易。

邓　（望了萧一眼）子青，咱们山寨里这些枪支，我看都太旧了。我正要跟你商量，咱们要去弄他一批新的，弹药也得补充一点，把山寨兴旺起来。你说怎么样？

萧　那是好的，可就是钱的问题。

邓　钱也许有办法……

萧　就是说姓钱的那笔款子吧？

邓　（点头）唔。

萧　这件事还得请你老人家审慎一下，这关系太大了。

邓　怎么呢？

萧　这中间有阴谋。

邓　阴谋！什么阴谋呀？

萧　汉奸的阴谋。

邓　（不耐地）哎，你又是那么大惊小怪的，人家情愿把钱孝敬咱们，咱们又干吗那么傻不拿呢？

萧　（坚决地）我敢说，这钱是鬼子的。

邓　又来了，谁说是鬼子的钱呀？他说是什么和平协会的人，和平协会是吴大帅吴佩孚主持的，吴大帅是顶括扬的人物，民国十三年八月里我在洛阳还见过他老人家呢。

萧　什么和平协会，还不是汉奸的组织！

邓　难道吴大帅也是汉奸？

萧　根本没有那么一回事，吴佩孚跟和平协会没有一点儿关系。因为他听说你老人家会过吴佩孚，就胡扯一泡的说是什么和平协会，其实还不是鬼子派来的，吴佩孚哪儿管这些事！

邓　你比胡老二更清楚他？

萧　胡二爷——我不敢说。

邓　（牢骚地）子青，你别以为我邓某人是没有骨气的，你晓得我邓某人二十八岁起就跑码头，从满清手里到民国，南北十五省我全跑过。我要抓抓印把子的话，不吹牛，什么师长军长，真不算一回事。就是说钱财吧，这几十年里如果昧昧良心的话，现在还怕弄不到他妈的几十万？可是我姓邓的就是这一点儿硬气，（亢奋）你瞧，我可曾干过一回昧良心的事？

萧　那自然啰。你老人家的义气，别说江湖上，就是这周围三百里的老百姓，哪一个不透顶儿佩服你呐。

邓　可不是呀，江湖上就全凭一个“义”字。我干吗弄到胡子都白了，连弟兄们的伙食钱都为难呢？难道我还会去投鬼子？

萧　九太爷的话叫我们感动极了。我萧子青老远来投奔你老人家，还不是为这个缘故。你老人家一举一动，这淮北一带，谁不拿你做个榜样？老实说，自从咱们中国军队退出徐州府，这麒麟山一带，没有受到鬼子的骚扰，还不亏你老人家一点功。

邓　（冷冷地）那就得啦！

萧　可是也正因为如此，你老人家一举一动可就不能不特别审慎。你想，那姓钱的无缘无故的送咱们钱财，又是那么卑躬屈节的，难道就无所谓而来吗？这正是古人说的，言甘币重，是不怀好意的。

邓　他也无所谓，不过劝咱们保境安民，这没有什么呀。

萧　不是说要请你做什么保安司令吗？

邓　（不耐烦）保安司令，那根本不在咱眼里，咱向来抱定一个主意，咱在一天，就一天不离开麒麟寨。

萧　不是又要咱们挂五色旗吗？

邓　（益不耐烦）咱又不挂他妈的膏药旗，五色旗是咱们中国人的，从前吴大帅大门上挂着的不就是它？

萧　九太爷，这就是鬼子的把戏了，鬼子利用咱们从前的废旗来骗中国人。你瞧，现在哪一个汉奸衙门上不是把五色旗跟膏药旗天天一块儿挂着吗？咱们这一挂出去，这淮北一带老百姓不就是说："啊，麒麟寨投了鬼子了。"那时候咱们怎么分辨呀？

邓　（焦躁）你说咱是汉奸？

萧　我不是说你，我说那姓钱的。

邓　（倔强地）姓钱的？就算姓钱的是汉奸，只要咱们拿得定主意，不能拿他的钱，做咱们的事吗？

萧　怕就没有那么容易吧。

邓　怎么呢？

萧　现在咱们跟他们没关系，所以他那么殷勤，明儿咱们领了他的饷，他接着可又要点验了、收编了，又是命令咱们去打游击队了，那时你又怎么说呢？

邓　（暴怒）胡说，谁敢来收编咱们！（邓愤愤地坐着抽

烟；萧沮丧，在厅上来回踱着，舞台沉默半晌）

萧　九太爷，咱们这山寨里的弟兄都是淮北一带的老乡，他们的家乡多给鬼子占了，他们的田地家产多给鬼子毁了，他们的父母妻子给鬼子们杀的杀了，奸的奸了，他们恨不得马上出去跟鬼子们拼。要是咱们现在挂上了五色旗，这些弟兄们怕就……

邓　（刚愎地）怕就怎么样？

萧　怕就不容易带！

邓　（把手枪一拍）什么！他们敢不服从我的命令吗？

萧　……

邓　我在麒麟寨上，向来只有一句话，哪一个违抗过我的命令！哼！

萧　自然啰，弟兄们哪个愿意违抗你老人家呢。

邓　得了吧，你别跟我噜苏了。我活了这一把年纪，难道这一点见识都没有，……你们年青人，只晓得打鬼子打鬼子，要晓得咱们现在饷没有饷，军火没有军火，就是鬼子来了，你拿什么去打呢？

萧　要是咱们真的能去打鬼子的话，粮饷倒不至于没有办法——

邓　什么办法呢？

卒　（在走廊上）钱先生来了。

（萧怔了一怔，话头便被打断了）

钱　（自走廊进来）啊，萧大爷也在这儿，你贵忙哪！

萧　（讥刺地）钱先生，我看你也老没有空。

钱　岂敢，岂敢，（向邓）你老人家精神真好哪，一天到晚没有空，真是老当益壮了，哈哈哈。

萧　我少陪了。（出）

钱　岂敢，岂敢。

邓　今天到哪儿去过吗？

钱　刚才跟胡二兄一块儿到山下去跑了一趟，才回来，特地来跟九太爷谈谈。

邓　哦，好极了，我正想找个人来谈谈。

钱　小弟这次到贵寨来，拜识了你这样一位老英雄，真是三生有幸，很想在这儿多多领教。

邓　领教不敢当。

钱　这回小弟登山，承你老人家殷勤招待，小弟真是刻骨铭心，感激不尽。

邓　哪里话，山寨里简慢得很哪，就在这儿便饭吧。来，（卒入）吩咐厨房里备饭。

卒　是！

钱　岂敢，岂敢，你老人家真客气，小弟简直叨扰得内心不安了。小弟这次回去，少则半个月，多则一个月，一定再来登山请教，那时有缘的话，最好请九太爷到临淮关一走。

邓　（感到一种纷乱的困惑，他在萧子青面前，虽然表现得刚愎，但是当一个汉奸要他去同流合污时候，他却感到一种被侮辱似的矛盾心理）嗯……

钱　小弟下次来的时候，准把那委任状跟那票军火亲自带来，这边的事，就请九太爷跟胡二哥费心了。

邓　嗯，（迟疑一下）钱先生，不瞒你老哥说，我邓某人虽然一生漂泊江湖，可是就爱讲一点义气。做官的事，咱邓某人并不在眼里，因为你是胡老二的朋友，当然也就是我的朋友。你这么老远的跑来，帮了我的忙，咱难道这一点儿交情都没有？

钱　岂敢岂敢，像你老人家这样肝胆照人，江湖上又有几个呢。

邓　可是一句话我要说明的，如果这笔款子跟日本鬼子有关系，那咱是不干的。

钱　（愣了一愣）哎，你老人家是最明白不过的，朋友们的交情原不在钱财上面。小弟这回上山，原是为慕名而来，想在江湖上结识一位当世英雄，也不枉活这一辈子。

邓　那不敢当。

钱　至于日本人什么的，那是没有的话。你想，日本人到中国来，还不是为了找钱，他怎么反肯把大捧银子给咱们中国人使呢？这一想不就明白了吗？

邓　（沉思着）唔，……唔，……

钱　我知道，人家在骂我们是汉奸。要晓得，日本人打了进来，咱们如果不出来做点事，岂不是眼瞧着这锦绣江山，咱们中国人连一点儿份都没有吗？现在究竟有一个中国政府，究竟还有一幅五色旗，就是日本人对咱们也不能不客气点儿，这难道说比让日本人完全来统治我们还不如吗？

邓　（鄙视地）这么说，你老哥倒是一片爱国热心了。

钱　岂敢岂敢。小弟向来也念道几本圣贤爷的书，很懂得一个应天顺时的道理。古人说大丈夫能屈能伸，咱们既打不过人家，白白的跟人家死拼，那又有什么道理？像关老爷那么英雄，不还降过一回曹操，何况你我呢？

邓　那么你的意思是让咱去投鬼子，是不是？

钱　嗯，不是那么说，咱们眼前只能讲一个保境安民，你瞧，现在又是什么游击队呀，共产党呀！这还成什么世界！咱们只求早一点和平也就得了。

邓　对了，保境安民，这一句话咱听得进，咱也不管什么游击队不游击队，就是鬼子要来侵犯咱麒麟寨，咱也得跟他干！

钱　正是这句话呀，像你九太爷的威名，只消出来号召一下，这淮北一带朋友，哪一个不闻风响应呢？那时不就做到保境安民了吗？至于日本皇军，只要看到这边挂上五色旗，小弟可以拍胸担保，绝不会侵犯贵寨的。

邓　你？啊，倒瞧不出你大哥还有这么一套本领呢！

钱　岂敢岂敢。

邓　那么，好，一句话，日本鬼子是不许到咱们这边儿来的。

钱　那当然，只消你老人家能够担保把这边游击队共产党肃清了，皇军又何必过来呢？其实皇军并不是不讲理的。

邓　哎……鬼子干脆就是鬼子，别又是什么黄军黑军，咱不爱听这一套！

钱　是，是。

邓　可是话又得说回来，承你老哥帮忙，咱邓某人是很感谢的。至于司令不司令，咱也不管，不过将来如果要说什么点验、收编的话，咱们讲明在先，那是办不到的。

钱　（支吾地）岂敢岂敢，这儿一切小弟都已经跟胡二兄详细谈过了，他是你的老朋友，难道还能让你吃亏？

邓　对了，胡老二怎么还不来呀？来，（卒入）去请胡二爷来。

卒　是。

钱　他好像到山下什么人家去了吧？

邓　钱先生，请你别见怪，咱邓某人是老粗，肚子里有什么，就说什么。咱干了一辈子，再让人家骂我汉奸什么的，那可是不值得的呀。

钱　笑话，谁敢骂你老人家。老实说，什么叫做汉奸？都是那些狗肏的革命党混叫出来的。现在北平的王院长王克敏，吴大帅吴佩孚，还有那汪精卫先生，哪一个不是鼎鼎大名的老前辈，难道他们也不懂吗？现在那些毛头小伙子，哼，也不知天有多高，地有多厚，只懂得今天抗日，明天革命，好好一个中国，不就是给他们这种人搅坏的？所以我说，始终还得让老前辈来干。像你九太爷这样德高望重，这个年头儿就该义不容辞的替地方出点力，年轻人的话是听不得的。（山下突然爆出一声枪响和一阵惊呼的声音，钱心虚地慌张起来）啊，什么？什么呀？

邓　谁在那儿胡闹？（惊疑地走到窗前望望，向守卒说）到下面去瞧瞧。

卒　是。

邓　（走回来）嘿，这些孩子们老是这么胡闹！

钱　（惶惑不安地）九太爷，小弟告退了。

邓　别忙，没有什么，咱们这些弟兄就爱闹事，唉！

钱　可不是，小弟再有一句大胆的话要说，像贵寨这些头领跟弟兄们，自然是再好没有的了，不过现在年青人的心，就往往容易浮动，所以兄弟以为带弟兄的事，还是以严紧为第一，九太爷以为如何？

（秀姑拉着赵女急急忙忙地奔进来，李得标、刘大鼻子跟在后面。赵女一奔进来，就扑倒在九太爷前面狂哭着）

赵女　冤枉呀……九太爷……替我妈妈伸冤呀……

邓　（惊疑地）怎么一回事？

秀　爸爸，这是什么话，咱们麒麟寨能够有这种规矩吗？

邓　究竟什么事？这么大惊小怪的！

赵女　九太爷，胡二太爷……把我妈一枪打死了……啊，我的妈……

钱　（大吓一跳）啊！

邓　打死了？吓，这怎么搅的？

秀　前几天我不跟你说过吗？胡二爷要娶赵家姑娘，人家已经许了婆家，当然不肯答应呀，他就蛮不讲理地跟人家胡干。刚才赵寡妇在路上碰着他，他就硬压着人家把姑娘送过去。这么一闹，就闹得弟兄们全围拢来，胡二爷拔出手枪把人家打死了！

赵女　九太爷，伸冤呀，我的妈死得好冤呀！

邓　（顿足）哎，这什么话，怎么早点儿不报告我呢？

秀　（噘一噘嘴）谁知道爸爸这几天在忙着些什么呢？

邓　（扶赵女）快起来，快起来。

赵女　九太爷，你不替我妈作主，我是不起来的。

邓　我替你作主，起来（扶她起来）唉，胡老二在哪儿？

秀　他？他像凶神似的，还在山下发狠呢！

邓　快把他找来！

李　他妈的，拿枪打死一个老太婆，还算是麒麟寨的人吗？

刘　九太爷，弟兄们全不服气呢，上面的人这样子，叫咱们怎么说？

钱　九太爷，待小弟下去劝劝他吧。（出）

李　劝他！人都打死了，还劝他？

钱　（在窗外）劝他，劝他。

刘　都是一样的东西，滚吧！

秀　这简直是麒麟寨的耻辱！

邓　不许乱说！听我来处置。萧子青呢？

李　他刚下去，跟张兄弟牛兄弟在下面招呼着弟兄们，弟兄们快要闹起来呢！

邓　叫他们谁也不许乱动！

秀　爸爸，今天非得请你出来说句公道话，你瞧，赵姑娘快疯了，赵大妈连棺材都不知在哪儿呢！

邓　你先把赵姑娘带下去，把死的安顿好了。赵姑娘，你放心，一切都在九太爷身上。

秀　好，赵姑娘，咱们去吧。（扶着赵女出去）

邓　（向窗外秀姑说话）告诉萧子青，叫弟兄们都散开。

秀　噢！

李　九太爷，胡老二不仅打死人，而且还是个汉奸！

邓　胡说！

李　他私通那姓钱的来收买山寨，可不是汉奸？

刘　九太爷，不管是汉奸不是汉奸，咱们不能跟他一块儿呆下去。

邓　别嚷，我自有办法！

（走廊外一阵惊呼的声音，胡二爷一股杀气地大步进来，手里还握着枪）

众　（吃了一惊）哎！（刘、李把枪掏出，邓也拿起桌上的枪）

胡　（充血的凶眼，向刘、李等扫射一周）哼！给我出去！

李　你叫谁出去？

邓　（怒喝）大家把枪放下来！

胡　（气稍敛，把枪收起来，大家也收起枪）九太爷！

邓　这怎么搅的？

胡　九太爷，我有要紧的话报告你。

李　你还有什么话说？

邓　你说！

胡　请你叫他们出去！

李　哼！

邓　（惊奇地）你是什么意思？

胡　我有机密的话要说。

邓　（沉吟一下）好吧，你们出去一下。

李　（怔了一下）好！刘兄弟，咱们出去。

刘　瞧着吧。（无可奈何只得退出，舞台上仅有邓、胡二人）

邓　老二，你这怎么说的？

胡　九太爷，你是说赵寡妇的事吗？我有理由可以杀死她。

邓　你，你可知道咱们的规矩？

胡　九太爷，莫谈什么规矩了，你知道赵寡妇是什么样人，但你知道萧子青又是什么样人？

邓　萧子青？怎么又是萧子青？

胡　哼，咱们真教蒙在鼓里呢！

邓　（大声）哎，你是什么意思呀？

胡　我告诉你，他是一个大奸细！

邓　谁？

胡　谁？萧子青！

邓　胡说！

胡　你不信吗？告诉你，他是官军里派来的奸细，要来拉咱们的队伍的。（从口袋里取出信和文件）你瞧，这是官军给他的秘密信件，这是他的亲笔报告，这能是胡说吗？

邓　（惊愕得呆了半晌，突然跳起来）吓？有这样的事吗？（把信抢过来念着）“现在一定要加紧抓住群众，提高弟兄的抗日情绪，以促进其领袖的决心……××支队政治部……”该死该死！你哪儿找来的？

胡　我在他屋子里抄到的，他的秘密多着呢！

邓　（暴怒）他妈的！这小子简直吃了豹子心老虎胆，他想要咱邓老九的把戏吗？

胡　（挑拨地）可不是，咱们简直死在他手里还不明白呢！

邓　（暴躁地）我问你，赵寡妇又是怎么一回事？

胡　赵寡妇？那老婆娘就是萧子青的秘密机关呀。萧子青知道秘密给我识破了，就唆使那老婆娘死活的跟我来拼，她还想把这文件夺回去呢，哼，我不能毙了她吗？这老东西！

邓　不是说你要娶她的丫头吗？

胡　没有的话！还不是萧子青放的谣言，他好去鼓动弟兄呀！

邓　（怒极）他可是不要命了，把他给我带来！

胡　他正在弟兄们中间煽动呢！说不定马上会对你老人家来一个暴动！

邓　他敢！

胡　他神通大得很呢，现在连山寨里几个老头目都听他的话，什么事情都是他在擅自作主，就是瞒着你老人家一个人……

邓　（咬牙切齿）他奶奶的，给我去带来！

胡　告诉你，他还在想你的秀姑娘呢。

邓　（怒极）胡说，快给我去带来。

胡　我就去，不过请你老人家机密一点儿。

邓　得了，得了，你快去。

（胡二爷匆匆地出去）

邓　唉！他妈的狗东西，咱邓志九的眼睛瞎了。

（刘大鼻子李得标进来）

李　九太爷！怎么让那姓胡的跑了？

邓　你们简直在做梦！

刘
李　（摸不着头脑）……

邓　咱们山寨里混进了奸细，你们天天在一块儿的倒不知道，你们在干什么？

刘　什么呀？

邓　什么，问你们呀！萧子青平日跟你们谈了些什么？

刘　萧大哥吗？

邓　什么萧大哥萧二哥，告诉你，他是官军里派来的一个大奸细。

刘
李　（吓了一大跳）奸细！

邓　唉，简直都是傻瓜！

李　九太爷，你这是什么意思？

邓　他要来破坏咱们麒麟寨！他要把咱们卖掉！

刘　（始终莫明其妙）啊，天哪，这是怎么一回事啊！

李　（愤怒地）绝对没有的事，萧大哥绝不会是奸细，九太爷你别信胡二爷的鬼话！

邓　鬼话？真凭实据都在这儿，他还能抵赖吗？你们简直会给他迷了，幸亏胡老二提醒我，差点儿连我也给他蒙住了，这狗东西！

（刘、李吓得面面相觑。走廊外面许多脚步声夹着吆喝和骂声）

张　（在内）放手！你凭什么逮人呀！

胡　（在内）凭邓九太爷的命令！

牛　（在内）来啊！他逮萧大哥呢！

胡　（在内）滚开，你们敢怎么样？

群众的喧声　（在内）——不得了啰，他们逮萧大哥啰——快来啊！不能让他带去啊！

萧　（在内）兄弟们，别闹啊，等咱见了九太爷说话！

胡　（在内）走！不许说话！

刘　啊，什么呀？

（胡二爷和胡七，拔着手枪，把萧子青押进来，后面蜂拥着许多群众）

李　（大惊）萧大哥！

邓　（向窗外怒吼）全给我出去！

胡七　出去，滚开！

（群众退出，但仍麇集在外面）

胡　（向萧）好，你对九太爷说话吧！

萧　（镇定地）九太爷。

邓　（瞪了萧半天，咬牙切齿地说）哼，好小子！你要的好乾坤！

萧　萧子青没有对不起九太爷的地方。

邓　你还赖！（突然怒跳起来，把信件摔在他前面）你说，这是什么？

萧　（吃了一惊，但立刻镇静了，向胡二爷狠狠瞅了一眼）不错，这是我的。

邓　哼，你胆子真不小呢，你是谁派来的？你来干什么的？你说吧！

萧　（毫不畏怯）是的，九太爷，萧子青绝对不需掩饰，我是国军派来做政治工作的。

邓　好，你来干什么？你老实说！

萧　（激昂地）九太爷，各位兄弟：今天中国是在抗战中间，全中国的老百姓都在打鬼子，全中国有枪杆的人就应该去杀鬼子。今天中国人再不分官民，凡是抗日的都是同志。国军的同志们今天是热烈地在盼望水旱两路的英雄，能够一致的联合杀敌。我萧子青到山寨来的使命，就是希望九太爷能够领导弟兄们去杀鬼子。这信件上每一个字都可以保证我一片赤心,保证我绝对没有对你九太爷有丝毫阴谋!

邓　没有阴谋?你这偷偷摸摸干的是什么玩意儿?

萧　我假使告诉你是官军里来的,你还能收留我吗?我萧子青从来不做对不起人的事。九太爷请你想想,萧子青在山寨里有什么地方对不起你?

邓　哼,你吃了老虎胆,豹子心,你要谋害我,你要鼓动弟兄叛变我,你想拉我的队伍跑,是不是?

萧　九太爷,请你别听人家的鬼话,弟兄们都在外边,如果萧子青对哪一个弟兄讲过反对你老人家的话,就请当众枪毙我!

李　九太爷,咱李得标可以凭良心说句话,萧大哥是山寨里最忠心的一个!

邓　不许你说话。

李　(自语地)妈的,都是那个王八羔子造的谣,看他有好死!

邓　(向萧)我问你,赵寡妇家里是你们什么机关?

萧　(愕然)赵寡妇?这是什么话?那可怜的孤老太婆刚才给平白地打死了,尸骨还没有冷,就给她栽上一个冤枉的罪名!姓胡的,你要害死我萧子青不要紧,你不能平白打死一个女人,还去冤枉她!你以为人死了就能随便冤枉吗?我怕你蒙不了所有人的眼睛吧!

胡　(给他一巴掌)妈的,你还要嘴硬!

萧　好汉做事好汉当,我萧子青决不怕死。可是让一个已经冤枉死的老百姓,再加上一层冤枉,我不能答应,山寨里的弟兄们全不能答应！

众　（在外）不答应！

李　妈的，这还有天理吗？九太爷，咱们得讲个理……

（外面群众不平地喧嚷起来）

邓　（向窗外怒喊）不许闹！

萧　九太爷，我已经向你承认了，我是国军派来的。我是为了中国的土地，中国的老百姓来的。但是我得提醒你，今天山寨里还有一个汉奸的代表，他是为了想把麒麟寨卖给鬼子来的。我跟他是势不两立的敌人。你老人家是讲义气的英雄，这件事你说该怎么办，就凭你吩咐吧。

胡　妈的，谁是汉奸？你就是汉奸！

萧　哼，弟兄们认识你是什么东西！

众　汉奸！

胡　（拔出枪）放屁！九太爷，你瞧，山寨里还成什么样子！

邓　大家不许闹！（向萧）好小子，你还配跟我讲义气？我邓某人待你并不薄，你要瞒着我捣鬼，你这是什么义气！你有多少同党？你说！

萧　萧子青就是一个人！

邓　哼！

胡　九太爷，这件事让我来问吧，这小子不给他一点儿颜色，他能招吗？

李　不能够，你配问萧大哥？

胡　李得标，你是个什么东西？

李　李得标是个顶天立地的好汉！

胡　呸！别见你妈的鬼！

邓　（昏乱地）老二，你把他带去押一押再说，让我自己慢慢地问他。李得标，命令弟兄们不许乱动！

胡　（推萧）走！

萧　走就走！

刘　啊，萧大哥！

（胡二爷凶眼向刘李横了一下，和胡七押着萧子青出去）

邓　（目送着萧子青出去，暴躁地在室内踱了一个来回，窗外的喧嚣声，远远地不断的继续着，他愤怒变成了沉郁的烦闷，愤恨变成了焦躁，最后顿一顿足并出一声苦闷的叹息）唉！（突然走入内室）

李　（大声）九太爷！

（但是邓已经进去了，张大麻子跟牛二胡子惊惶地奔入）

牛　（恐怖地）啊啊，李大哥这怎么办？他们把萧大哥带去了！

张　狗养的，这不是完了，大家散了伙拉倒，咱还在这儿干什么？

李　奶奶的，要死跟萧大哥一块儿死，咱老李咽不下这一口气！（跑到房门口大声的叫）九太爷！

（邓九爷突然出现在房门口）

邓　（厉声）做什么？（他素日的威势使大家怔住往后退了一步）

刘　九太爷，请你开恩把萧大哥放了吧。

牛　萧大哥是个好人哪。

邓　好人？他刺探山寨，鼓动弟兄，还不够吗？

李　（坚决地）没有的事，萧大哥绝对不是那样的人！

邓　胡说，他自己都招了，还说什么？

李　萧大哥不过是为要我们去打鬼子，他并没有反叛你老人家的意思，麒麟寨三百个弟兄可以担保我这一句话！请你别上姓胡的当！

张　九太爷，那姓钱的姓胡的才是汉奸，他们打死赵寡妇，请问该怎么办？

邓　李得标，你们这算什么意思？

李　你老人家如果把萧大哥扣起来，请把咱们一起扣，咱哥儿们死就一块死，不然，就请你放了他，咱们不能跟姓胡的在一起过下去。

邓　你们敢违抗我的命令？你们敢？

李　麒麟寨的弟兄没有一个愿意反抗你老人家，就是请你主持公道。

邓　（瞪着眼说不出话来）你们……

（外面一阵猛烈的群众的喧嚷声可以听到"麒麟寨完啦！""不能把萧大哥带去呀！""打倒汉奸呀"等呼喊）

李　九太爷，你听，麒麟寨三百个弟兄是一条心！

（邓扶着椅背回顾窗外，感觉极端的困惑与痛苦，秀姑和赵女突然出现在走廊上，气急败坏地奔进来，脸色都发青了）

秀　（怒极），爸爸！

赵女　九太爷，你得讲天理呀！

邓　（迸出一声抑制不住的叹息）唉！（颓然地倒在椅子上）

（幕落）

第四幕

人

与第三幕同，加卒乙丙及群众

地

关帝庙的大殿

时

紧接第三幕，天已黑了。

景

关帝庙大殿，斜向着舞台的左方，约一百二十度，神龛只露出一部分，已经破烂不堪。殿角上挂着两盏大灯笼，点着蜡烛，舞台正面是大殿的左侧，有一排纸窗，里面是大殿的耳房，旁边一道槅子门可以进去，殿前有两根红漆柱子，舞台前部是庭院，前后有两层石阶，左侧有石栏护住，石栏外面，可以看到黑暗的天空。

幕启

胡二爷和胡七正在耳房里毒刑拷打萧子青，耳房里燃着熊熊的篾火，火光在窗上颤动着。皮鞭起落的姿势，和胡二凶暴的样子，都清楚地映在纸窗上。皮鞭扑击的声音，萧子青惨号的声音，夹着胡二爷咒骂的声音，使舞台上充满着恐怖紧张的空气。守卒乙丙荷枪在大殿上守卫着。里面残酷的用刑，使他们脸色苍白，神经紧张，像热锅上蚂蚁似的，不安地蹀躞着。

守卒乙　（昏乱地走着）啊……啊……啊！

守卒丙　喂，安静点儿吧，让他听见了，你可吃不起。

乙　我受不了，我受不了……

丙　他妈的，谁又受得了！

乙　那你说怎么办呢？

丙　唉，我说麒麟寨完了。

（又是一阵猛烈的鞭打）胡二爷发出一阵残忍的笑声

——胡　哈哈哈……好小子，今天让你瞧瞧你二太爷的颜色！

——萧　你打死我吧！你打死我吧！你这狗汉奸！

——胡　打死你就打死你，打死你这死叛徒值个屁！

（一阵更猛的鞭打）

萧　你打吧！萧子青不是怕死的家伙！

——胡　你还给我犟，二太爷今天要你的狗命！（打一下说一句）好大胆的东西……老子的事情轮着你管……教你认识你二太爷！

——萧　我认识你，是不要脸的汉奸！

——胡七　妈特皮，你打得还不够！

——萧　哼，弟兄们全在等着你。

——胡　哈哈哈……你的弟兄，你的弟兄在哪儿呀？瞧着吧，你的狐群狗党，一个也逃不了我的手！

——胡七　别跟他扯了，给他几百下再说！

萧　（惨号声）啊啊……弟兄们，麒麟寨英勇的弟兄们！……（喘气吼的声音渐渐的弱下去）

——胡　给我使劲的！

——胡七　妈特皮，他又装死啦！

——胡　别管的！打死他妈的算了！

乙　（恐怖地）天哪！……这可不完了吗？

丙　老王……

乙　什么？

丙　咱们快点给大爷们送个信吧。

乙　好呀，叫谁送去呀？

丙　妈的，这些弟兄们全到哪儿去了呢？（一壁说一壁东张西望地爬到石栏上面去）刚才闹哄哄的吵着，一会儿一个鬼也不见了。

乙　我把那些狗肏的，萧太爷遭了殃，全把乌龟头缩进去了，让咱哥儿俩来活受罪。

丙　啊，慢着，你瞧，那边有许多火把，他们在干什么呀，（扬手向远处喊着）喂！（回过来向大殿上瞧一瞧，又不敢大声的喊）喂喂……见他妈的鬼，一个也没有看到。

乙　（帮助他喊）喂，喂！

丙　（急止之）轻一点儿……你听，他们在嚷些什么呀？

乙　（不耐烦地）算了吧！妈的，树倒猢狲散，还不是各走各的。

丙　嘿！真泄气！

（里面继续鞭打着。萧子青喘吼的声音已经听不到了，只有人临死时可怖的喘息声。）

——胡七　（似乎抽得没有力了）唉！给他松一松吧。好像不中用啦！

——胡　他装死啦！去拿桶凉水来。

乙　啊……死了吧？

丙　别作声，听着。

（胡七从纸槅门里出来，高高卷起袖子，两手都是血，凶狠地向乙丙瞪了一眼，向大殿的右面匆匆进去，很快的提了一桶水出来。）

胡七 （叱骂着乙丙）站出去一点儿！狗头狗脑的像什么样子！（进去）

乙 （在他背后骂）呸，你才是狗！

丙 干脆点儿，是狗的奴才！

乙 可不是，天下最可恶的，就是这些做狗的奴才！

（里面萧子青又渐渐在呻吟了！）

——胡 哼！你想装死，老子偏要你活！

——萧 （声音完全嘶哑了）你们快点杀死我吧！你们这些野兽！

——胡 杀死你，哼，没有那么便宜！老子要慢慢抽你的筋，剥你的皮；这就是你二太爷的颜色……你说，谁是你的同党！

——萧 除了你这批汉奸，每个中国人都是我的同党！

——胡七 妈的，你还要凶！

——胡 好，咱们就让他凶。来！把他吊起来！（纸窗映出萧子青被吊起来）

（卒甲从外面奔进来）

甲 啊，大哥，胡二太爷在这儿吗？

乙
丙 什么事？

甲 邓九太爷请他马上过去（看见吊着的萧子青的影子）哦，这是什么呀？

乙　（轻轻地）快点去告诉九太爷跟大爷们，萧大爷快给他们治死了呢！（向里面，大声的）报告！

胡　（从里面出来，完全一个刽子手样子，凶横地）什么玩意儿！大惊小怪的！

乙　九太爷派了这位弟兄来请胡二太爷。

甲　九太爷请胡二太爷立刻过去。

胡　（狐疑地）请我去？（粗暴地）什么事呀？

甲　不知道，就请你马上过去！

胡　（冷笑）哼！什么了不起的事，这么火急巴巴的，你二太爷没有工夫！

甲　呃！呃……

胡　什么呃呀呃呀的，去告诉他说，我停一会来，去！（转向乙丙）站开点儿！不许说话！

（胡七从里面鬼头鬼脑地出来）

胡七　二太爷，怎么一回事？

胡　见鬼，老头子来叫我去。

胡七　老头子？（迟疑地）有什么事呀？

胡　鬼知道他。

胡七　唔，我看这里头有鬼！

胡　怎么？

胡七　说不定那些王八羔子，又在老头子前面说了些什么话……刚才咱们出来的时候，李得标那几个小子，不是急急忙忙地进去吗？哼！十之八九是那么一回事。

胡　擒虎容易纵虎难，我姓胡的没有那么随便！

胡七　可不是，我说，老头子就有点儿靠不住，今天大家

已经拉破了脸，管他妈的，咱们来个先下手为强。（说着跟着胡二爷进去）

——胡　对，拿火来。（纸窗上映出一阵火光）

——萧　你们干什么呀？你们这批野兽！

——胡　哼，好小子，今天对你不起了，你做了鬼可别怨你二太爷，谁叫你瞎了眼睛闯到咱们手里来。（拿火烧着他，萧子青窒息地吼起来）

乙　（忍不住了，把枪一操，打算要冲进去）妈的，我把你们这些……

丙　（急止之）你疯了吗？

乙　难道看着萧大爷死不成？

（胡二爷突然凶狠地出来，手里拿着一条皮鞭）

胡　你们在嚷些什么？你们敢是不要命！

（乙丙愣一愣，退了一步，胡二爷把皮鞭劈面抽过去，正在这当儿，李得标突然从外面窜进来）

李　什么？

乙
丙　啊，李大爷！

（胡二爷吃了一惊，退后一步，但立刻暴怒起来）

胡　哼，李得标！

李　萧大哥在哪儿？

乙　（指着纸窗里的影子）那可不是萧大爷！

李　（惊呼）啊，（怒不可遏）姓胡的，你凭谁的命令把萧大哥吊起来？

（胡七出来）

胡七　凭谁的？凭我的！轮得着你管吗？

李　你是什么东西！

胡　（指着萧子青的影子）瞧吧，这就是你的榜样，你是他的同党！

李　呸，你敢！麒麟寨没有你的份儿，你是汉奸！

胡七　（冲上来）妈的，你敢冲撞咱们二太爷！（胡二正要拔枪，张大麻子、牛二胡、秀姑娘突然进来，大家都拔出了枪）

张　怎么样？打架吗？

（大家愣了半晌，彼此怒目而视，秀姑娘突然瞧见萧子青吊着的影子，失声叫了起来）

秀　啊！萧大哥！（急忙向耳房里奔去）……大家快来啊！

（紧张的形势陡然一松，大家注意力移向萧子青身上去。胡二爷把枪在手里掂了两下，自言自语冷笑着）

胡　哼！萧大哥是你的心肝肉儿！

胡七　二太爷，咱们走！（跟着胡二向庙外大摇大摆地走去）

李　（狠狠地瞪着他们）等着吧，待会儿李大爷慢慢儿地跟你算账。

（胡与胡七出去，大家奔到里面耳房去，把萧子青放下来，殿上只剩乙丙两个人）

乙　（向着庙外瞪着眼气咻咻地）妈的，这下我看你还神气到哪儿去！狗！

丙　唉，大爷们早一刻儿就好了。

乙　都是你呀！你怎么不早一点儿去报告？

丙　我？你自己跟发疯一样，还怪我？刚才不是李大爷来得巧，你那么一冲，萧大爷可不是让你送了终吗？

乙　得啦，得啦！

（李刘牛抬着一张竹榻从耳房里出来，放在大殿上面。萧子青裸着上身，伤得不成样子，浑身血迹，痉挛可怖地昏在竹榻上，秀姑歇斯底里地悲泣着）

张　牛二胡，你快去把那桶凉水拿来，狗食的，这下的是什么毒手，简直没有一块肉是整的！

李　（咬牙切齿）简直是批发了疯的野兽。

秀　（悲惨地叫着）萧大哥，萧大哥！

张　秀姑娘，别难过，咱们救醒了他再说。（牛二胡拿了水来，刘兄弟把手巾打湿叠好，放在他脑门上拍着……）轻一点儿，别那么重手重脚的。

李　老张，你看不妨事吗？

张　（皱眉）唉，看萧大哥的命吧！

秀　你说什么呀？张大哥？

张　（痛苦地望望她）唉，伤得真可怕！

乙　大爷们，他们简直就拿火活活地烧他呢！

李　你干吗不早点来报告呢，你们这些混蛋！

乙　（指丙）都是他！

丙　妈的又是我？

张　别嚷啦，萧大哥醒来了。

萧　（渐渐的呻吟起来，昏乱地呓语着）弟兄们同……志……们……

秀　萧大哥，萧大哥，秀姑在叫你呢！

李　唉，萧大哥死也没有忘记咱哥儿们！

萧　（继续呓语着）你打死我吧，你这汉奸，你这汉奸！

众　萧大哥，萧大哥！

萧　（渐渐的清醒）哦…我…干死了…给我…一点儿…水喝！哎……痛呀……

秀　（给他水喝）萧大哥，你不要紧的，那狗已经给我们赶走了。

萧　（喝了水后略略清醒一点）哦！秀姑，是你，弟兄们呢？

李　萧大哥，我们在这儿呢，我们要替你报仇！

萧　（把眼一一巡视各弟兄，握着秀姑的手断断续续地说）啊！兄弟们……萧子青……今天，怕完了……这不是……我私人的……仇恨……这是民族的……仇恨……萧子青死活……并不算什么……弟兄们……你们绝对……不能放走……汉奸和鬼子……你们应该……跟鬼子拼……

秀　萧大哥，你歇歇吧，你的意思我们全知道。

萧　可是……秀姑……我不能不说了……弟兄们你们……应该……使九太爷明白……今天！只有两条路……不是当汉奸……就是打鬼子（渐渐兴奋起来）！绝对没有中间的路！做两面派，中立派……只有给鬼子消灭！你们应该马上决定！弟兄们！我死了之后，你们马上到黑虎岭去找我们的李司令！他一定……能够帮助你们！

李　萧大哥，你放心，咱李得标向你拍胸，哪个弟兄不照你的意思干，老子就做掉他！

萧　好！兄弟们！我相信你们！我萧子青并没有白死，

兄弟们！请你们记住我……一句话……弟兄们的力量……是最伟大的！

秀 （悲泣着）萧大哥，我求求你……为了你自己，歇歇吧！

萧 秀姑……感谢你的好意……萧子青永远……记着你……（突然一阵痉挛，窒息地）啊哎，兄弟们……努……力……吧！

（众人恐怖地，紧张地凝视着，秀姑窒息地叫"萧大哥，萧大哥……"萧子青死了，秀姑突然惨号起来！）

秀 啊！……（昏倒在竹榻旁边）

（众人怔怔地互望着，充满着悲痛、绝望、愤怒、疯狂的情绪，舞台沉默了半秒钟，牛二胡子首先哭出来）

牛 天哪，萧大哥就这样完了吗？

张 （绝望地）唉，麒麟寨完了，这还留着干什么呀！

李 兄弟！你们忘记了萧大哥的话吗？咱们不报萧大哥的仇，算不上麒麟寨的好汉！瞧着吧！麒麟寨的命运就决定在今天！

秀 （醒了过来歇斯底里地叫着）啊！我把你们这些汉奸，野兽……天哪！我永远记着你们！

李 （气忿而悲痛地）嘿！都是咱们害了他！

乙 （没精打采地）九太爷来了。

（邓九太爷提着一只灯笼从外面进来，大家怔了一怔，不去理睬他，沉郁的空气，略略动荡一下，立刻又回复到一种更愤怒的沉郁）

邓 （怔了一怔）孩子，这怎么一回事？

秀　(凄怨地)你瞧吧!

邓　(发现萧子青死了,大吃一惊)啊!死了吗?这是谁干的?

秀　(气愤之至)爸爸,你现在还不明白?!

李　(突然站起来)九太爷,萧大哥凭什么要死得这样惨?那姓胡的凭什么能治死萧大哥?

邓　(惶惑地)李得标!

李　是的,九太爷,我想,萧大哥抱着一片热诚,到咱们山寨来,跟弟兄们一块儿住,一块儿吃,为的是什么?老实说,他如果要拉队伍跑也不等今天,也不会死得这样惨,他就是为要咱们麒麟寨好,为了爱国呀!

邓　唔!

李　九太爷,咱们今天害得他这样下场,这算得江湖上的规矩,这算麒麟寨的义气吗?萧大哥凭他一身的本领,就是死也该轰轰烈烈地死在火线上,轮得着这批狗都不如的汉奸,这样折磨,这样的收拾他吗?

邓　(受着内心的谴责痛苦而窘迫地)哎!胡老二,这混蛋!

张　这就叫做"私仇公报",把萧大哥治死了,好再来对付咱们这一伙儿呀,老实说,就是你老人家,他又何尝放在眼里呢!

丙　可不是,九太爷,你刚才没瞧见那样儿,他哪里管你老人家,麒麟寨就是他的了!

邓　胡说!麒麟寨是他的?

李　今天反正已闹翻了脸,有了姓胡的就没有咱们,刚才萧大哥还丢下两句话，现在咱只有两条路：不是当汉奸就是打鬼子，要谈什么中立，根本就没有那么一回事。九太爷，弟兄们忍受不住了，究竟怎样，就凭你老人家一句话。

邓　李得标，你跟了我这几年，难道还不明白我？（厉声）我邓老九是当汉奸的人吗？

李　是呀，那我们就该去打鬼子，老呆在这儿，还让鬼子汉奸来消灭我们？老实说，今天不解决胡二跟那姓钱的，谁能担保鬼子不来消灭我们？

邓　（苦闷之至）唉！

秀　（忍不住）爸爸，你难道还不能下一个决心吗？萧大哥的尸身还没有冷，究竟是谁把他害死的？萧大哥一番心血，都花在弟兄身上，今天落得这样惨死！杀死他的，就是你的好参谋，好朋友，好兄弟，爸爸！咱们拿什么脸去见人？

邓　难道说你爸爸害死他的吗？

秀　（悻悻地）谁又那么说呢……

邓　孩子，你爸爸混了这一辈子，江湖上谁不知道我邓老九是个有血性的好汉，今天萧兄弟死得这样惨，你们心痛，难道我就不心痛吗？何况萧子青……（突然外面一阵枪声，群众喧嚷起来）啊，什么呀？

（众人都紧张起来，守卒们立刻警戒）

李　啊，发生什么事呀？

邓　张兄弟，你快点儿去瞧瞧！

张　我去！

（张正要下去，一个哨卒奔进来）

卒甲　报告！胡二爷带了些人往山下跑，给弟兄们包围起来，开了火呢！

邓　啊，他要拉我的队伍，好家伙！胡二带了多少人？

甲　只有二十几个人，全是胡七那一班手下，还有那个姓钱的客人，胡七已经给打死了！

邓　谁在那儿指挥？

甲　刘大爷。

邓　张兄弟，牛兄弟，你们赶快去，把他们枪缴了！……好小子，这一回他可是不要命了！

张　好，牛兄弟，咱们走，狗食的，现世现报，老子这才痛快呢。

（张牛及卒甲出）

秀　（歇斯底里地狂笑着）哈哈哈，好！他倒先干起来啦！是谁要拖咱们的队伍？是谁要破坏咱们的山寨？爸爸，你这一下可明白了吧！

邓　（暴怒）胡二这个狗！

（外面枪声已止，但群众的吼叫声却更强烈了）

——打死汉奸！

——咱们要去打鬼子！

——替萧大哥报仇！

——打倒日本鬼子！

李　九太爷，你听！弟兄们恨到什么样子？弟兄们可是看得最明白的！

邓　（坚毅地）孩子，你们别跟我顶了，我老头子算是瞎了眼，上了那狗东西的当，可是现在咱就照你们的意思干！

李　好！九太爷一句话！

邓　李得标，你瞧着吧！咱邓老九要不干，要干就干到底！

秀　爸爸，我相信你……只是萧大哥……啊，（一阵心酸，又跪倒在竹榻旁边）

邓　孩子！

（外面群众的叫嚣声更近了，夹着叱骂的声音）

——枪毙汉奸！

——替萧大哥报仇！

——打倒日本鬼子！

——请九太爷领导我们去打鬼子！

（人影撩乱，喊声震天，群众拥进大殿的院子里，拿着火把刀矛和枪支，群众的一部分被掩没在舞台后面，只有叫嚣的声音可以听到，胡二爷和钱顺生捆缚着被群众掷在石阶前面，刘大鼻子满头大汗从群众中冲出来，张大麻子和牛二胡跟在他们后面）

刘　（兴奋之至）报告九太爷，这两个狗东西，带了十几名弟兄，想拖了枪开小差，他们还想缴第三组弟兄们的枪呢！弟兄们把他一下子包围起来，现在已经完全解决了。

邓　那些跟他的人呢？

刘　打死了一部分，一部分扣起来了。

（赵寡妇的女儿，突然从人丛里冲出来，跪倒在邓九太爷的前面）

赵女　九太爷，替我妈妈报仇呀，你要枪毙那汉奸呀！

邓　赵姑娘，起来，这不是你一个的私仇，这是大家的公仇，你起来！

赵女　（站起来，指着那两个汉奸歇斯底里地笑）哈哈，你们两只狗，他们也有今天，你想娶我，你打死我妈，你要把山寨卖给日本鬼子，哈哈，看你们现在再凶，哪，九太爷，请你枪毙他！

群众　枪毙他！枪毙他！打鬼子去。

邓　（威严而激动地）弟兄们！（众人渐渐平静下来）你们听我说，你们的意思我全明白，咱们麒麟寨是江湖上有名的山寨，咱们弟兄都是清清白白的好汉！如今鬼子打了进来，咱们都是淮北山东的老乡，难道还帮鬼子去打自己人不成？

众　不！咱们要把鬼子打出去！

邓　对，把鬼子打出去！可是这胡二这不要脸的王八，弄了个当汉奸的把兄弟到咱们山寨里来。他想把山寨卖给鬼子去，他破坏山寨的规矩，他杀死赵太婆，他要强娶人家的闺女，他要杀死咱们的萧兄弟，他违背命令，私刑吊打，他要开小差拉队伍跑，他还想缴弟兄们的枪。弟兄们这样十恶不赦的汉奸，咱们能饶了他吗？

众　不能够，枪毙他！

邓　好！麒麟寨弟兄一条心！咱们一句话，打死汉奸，去跟鬼子拼！

群众　（欢呼起来）

——打倒日本鬼子！

——打死汉奸！

——麒麟寨弟兄一条心！

邓　把这两东西带过来！（牛二胡、张大麻子把胡钱二人抓到邓的前面，钱惊悚不止，脸色苍白，胡仍旧一味顽抗）

牛　（咬牙切齿地批了胡二一个耳光）奶奶的贼王八，你也有今天，牛二老爷受你的气受够了。

邓　好家伙，你们还有什么话说？

钱　九太爷，开开恩啊，我也是中国人，请你看在同胞之面上饶了我一条狗命吧！

张　哼，你是中国人？中国人还没有养过你这种臭王八呢！

胡　老钱，别给我丢脸，二十年又是一条好汉，再给他算账！

邓　（一个耳光）妈的，你配充什么臭好汉！

胡　邓老头子，你猪油蒙了心，忘记了咱们二十年的交情，听这些毛头小子来害死我。老傻瓜，老王八，有一天教你死在日本皇军的手里。

邓　（怒极）呸！你还有脸说话，兄弟们，带出去，毙了。

（两人被牛、刘拉了出去，在砰砰枪声中，群众又欢呼起来）

刘　（进来）妈的！老子这才出一口气！

群众　请萧大爷说话！

（刘、李等痛苦地互视了一下，说不出话来。众人闪开一步，秀姑站在最中央最后面的高处，激动而悲痛的声音，立刻使群众严肃起来）

秀　弟兄们！你们要萧大爷吗？可是——萧大爷已经死了——

（群众大大的震动起来）

刘　（大吃一惊）什么？死了？

秀　（肃穆而悲痛地）是的，萧大哥死了，给汉奸们活活的杀死了，兄弟们，这是麒麟寨最大的悲痛！（群众悲泣之声四起）咱们枪毙了汉奸，萧大哥已经看不到了。可是——弟兄们，咱们有更大的仇人在前面！我们要把那些汉奸的祖宗——日本鬼子赶出去，这才真正的报了仇！（支持不住了，突的倒到九太爷的怀里）

邓　（抱住了她）孩子！（头目们在竹榻旁边一个一个肃穆地跪下去，群众低下头，唏嘘的声音益高，灯光渐渐暗了！幕徐落）

喜酒(儿童独幕剧)

小英　什么,日本鬼子打来还是好的吗?

王妈　日本鬼子管日本鬼子,我们总是好的啰。

小明　这真是岂有此理,不爱国!

王妈　哈哈,少爷别开我玩笑了。我要进去伺候老爷太太呢。

小明　慢着,王妈,你太不爱国!你知道吗?

王妈　算了,算了,我的少爷。老爷还没有吃点心呢……(进去)

小明　(瞪着她后面)王妈真可恶!姐姐,王妈不爱国,我们应该罚她。

小英　别理她,这蠢驴子,小明,我说,等会儿去开会,咱们做些什么呢?

小明　(搔搔头)咱们去演讲。

小英　屁,你还会演讲,轮得着你么?

小明　那做甚么呢?

小英　我说咱们去献金。

小明　献金,对呀,(忙碌地翻着衣袋)妈妈昨天给了我两块钱买点心,哎呀,哪里去了?哟,在这里了。两块钱,哈!不买糖果了。

小英　瞧，(炫耀着一张钞票)我这里有五块呢。

小明　哟，你哪里来的呀？

小英　爸爸给我的。

小明　(噘起嘴)我……不要……我也要五块……

小英　你同爸爸要去。

小明　我不……我要你给我，你跟我换。

王妈　(又出来)少爷小姐，太太叫你们进去……

小英　知道了。

小明　别理她！(向王妈，生气地)你去！不爱国！

王妈　快来吧。

小明　(大声)去！

王妈　咳，我的少爷。(进去)

小明　我不要……我要跟你换……

小英　这样吧，小明，咱们两人献金七元，好不好？

小明　好，好，咱们合在一块儿来。

小英　咱们把名字写上去，“王小英王小明献金七元。”

小明　哈，这好，我这里有钢笔，我来写。

妈妈　(在内)小明，小英，来呀！

小英　来啰。

小明　妈妈跟爸爸怎么不献金呢？爸爸不是有很多钱吗？

小英　爸爸不会肯的，那一回募寒衣，他不是没有给吗？

小明　大人们真古怪。

小英　要是爸爸献金多好呢！

小明　要是我是爹爹，我一定去买一架飞机，献给国家，就叫“小明号”，你说多好！

小英　应该叫“小英和小明号”。

小明　我一定坐着“小英和小明号”去炸鬼子，轰！轰！轰！炸个痛快。

小英　哈，你不会，你会跌下来。

小明　我不！我一定不跌下来。（妈妈拿了两套簇新的漂亮的衣服进来，王妈跟着）

妈妈　小英，过来，妈妈替你换衣服，王妈，你替少爷去换。

小英　哈，小明，今天还要换了衣服去呢。

小明　我不要王妈换，她不爱国！

妈妈　胡说！王妈去换。

王妈　别开玩笑啦，少爷，你瞧，这衣服多漂亮。

小明　我不要你换！

妈妈　唉哟，算了吧，王妈，你放着，小明真是一匹小骡子。

小明　（强头倔脑的）唔！

小英　穿好了吧？

妈妈　慢着，我跟你戴上这张金锁片子。

小英　戴上这干吗呀？

妈妈　怎么不戴上，周伯伯家里的哥儿们都戴着呢。

小英　哪个周伯伯？

妈妈　跟你爸爸在上海一块做生意的周伯伯呀。

小英　周伯伯也去开会吗？

妈妈　什么开会？

小英　不是去开七七纪念大会吗？

妈妈　什么？七七纪念大会？（笑起来），这才叫葫芦扯到瓜棚里，牛头不对马嘴啦。

王妈　可不是，少爷跟我什么七七八八的扯了半天，简直把我王妈支使糊涂了。

小英
小明　（同时吃惊地）怎么啦？

妈妈　谁去开什么会，到你周伯伯家里去吃喜酒呀。

小英
小明　吃喜酒。

妈妈　是呀，你周伯伯的少爷做喜事呀，周伯伯跟你爸爸要好，特地要你们两个去做纱童呢，你们要乖一点。

王妈　是呀，做纱童多有面子呀，这是有福气的少爷小姐，人家才要他做，想讨些吉利哩。

（小英小明愕然的愣了半天）

小明　不要你说，不爱国！

王妈　得啦，少爷，大好日子，别拿我开心。

小英　（赌气地）妈妈，我不去！

小明　我也不去！

妈妈　什么，不去吃喜酒？

小明　是的，不去。

妈妈　为什么呀？

小英　我们要去开七七纪念大会，林哥儿他们全去呢！

妈妈　林哥儿去管他做什么？

小明　学校里的人全去啦。

妈妈　傻孩子，人家又不去吃喜酒，管他干吗？难道开会比吃喜酒还来得要紧吗？

小明
小英　自然呀！难道吃喜酒比纪念七七还要紧吗？

妈妈　哈哈，真是，傻透顶的孩子，给人家听见不笑话吗？小明，快过来换衣服。

小明　我不！

妈妈　你不？哈哈，难道新衣服都不要穿吗？你瞧，这是那天新裁的白哔叽西装呀。

小明　我不！

（电话响起来王妈去接）

王妈　喂，哪里呀？……哦，周公馆吗？……哦，周老爷吗？……是的，老爷已经起来了，我去请他。（搁下电话向妈妈）是周老爷自已打来的（进去）

妈妈　你瞧，周伯伯都打电话来催了。

（爸爸出来，一个中年的商人，新近发了财的）

爸爸　（去接电话）喂，伯荪兄吗？……是的，恭喜你呀……不敢当，不敢当，怎么……结婚典礼的时间提早吗？为什么？……哦，今天是“七七”，恐怕有警报……唔，极对极对……哦，客人都来了……好好……我一定赶快来……不敢，不敢……哈哈，再会。（放下电话）唉！警报真可恶，连做喜事都不能有一定的时间了，老周也实胡涂，偏拣上这么一个日子。

王妈　今天是观音娘娘生日，好日子哩，老爷。

爸爸　哈哈，那么快一点去吧，人家要我们马上去呢。

妈妈　可不是，小明小英还说不肯去呢。

爸爸　什么，不肯去？

妈妈　是呀，说要去开什么“七七”纪念大会啦，你说傻不傻？

爸爸　谁说的！赶快把衣服穿起来，马上走。

小明　我不去！

小英　我也不去！

爸爸　胡说！小孩子懂什么。快换衣服！

小明　……

妈妈　好啦，好啦，小明，乖乖的听话吧。（拉他）

小明　（躲到角落里去）我一定要去开会，不开会他们说我不爱国哩！

爸爸　谁敢说你，开会开会，开会就救得国吗？简直是胡说八道！

小英　爸爸，难道“七七”不要纪念吗？老师说，国家的事情要比家里的事情还要紧。纪念七七是大家的事情呀！今天还要做许多工作呢。

爸爸　呵呵呵，傻小子，你跟你爸爸顶起来呀！你一共认识了几个字呀，孩子，别信你老师的胡扯，什么国家事情，你们小孩儿也配管国家的事情吗？

小英　老师说“救国不分大人小孩”。

爸爸　胡说，小孩子应该听爸爸妈妈的话。

妈妈　来，小明，换衣服，别惹爸爸生气。

小明　我要去开会，我不要吃喜酒。

爸爸　你还要跟我强？

小明　……

爸爸　咳！真是不配抬举！你妈妈给你特地做了新衣服，你没看见吗？

王妈　哎哟，真是多漂亮的衣服呀，乖乖，要一二百块钱呢？

小明　不要你说！

小英　妈妈，我们开了会再去吃喜酒吧。

爸爸　（厉声）谁说的，不许去开会！

小英　（撅一撅头）……

妈妈　小英，你大一点，怎么也是这样子？

爸爸　小英更不应该，你是个姑娘，你是个姐姐，不教小明，也跟着去学野！一点规矩也没有！

小英　老师要我们去的。

爸爸　放屁！你老师比爸爸还要紧吗？不许说了，马上走，王妈，把我的帽子马褂去拿来。

王妈　是。（进去）

妈妈　小明，别跟妈闹别扭了，快过来。

（小明闪躲着，妈妈追过去）

小明　我不要……

（窗外有人叫小英小明，几个邻居小朋友奔进来）

小朋友甲　小英，小明，准备好没有？咱们去吧。

爸爸　（厉声）哪里去？

小朋友甲　开大会去呀，七七纪念大会呀！

爸爸　胡扯，出去，这里没有人去开会！

小朋友乙　怎么？小英，你们不去了吗？

小英　爸爸……

爸爸　不许你说话，(向小朋友们)出去！

小朋友丙　(羞他)哟哟，小英小明不要脸，穿着新衣服不去开会了。

小朋友甲　咱们去，别管他们，他们不爱国，倒霉呀……(都奔出去)……

小明　(要冲出去)林哥儿，等一等……

爸爸　(一把拉回来)你敢去！揍死你！(把门砰的关上)

小明　啊！(哭起来)

外声　王小明王小英，丢人呀！不去开会，不爱国家呀！告诉老师去，王小英王小明不去开会呀！打倒不去开会的呀！

小英　冤枉死了！我要去的呀！(哭)

爸爸　(把身体伸到窗外)你们嚷些什么？滚开！你们这批小狗蛋！

外声　嗤，嗤，嗤，通！打倒不爱国的呀！丢脸呀！(声渐远去)

爸爸　(指着窗外)你们再叫，揍你！

妈妈　真是，哪来这些野孩子，一点家教也没有，小明，小英，都是给他们带坏的。

爸爸　他们懂得什么，都是现在这种教育不好呀。老师纵容着孩子，天天乱嚷乱叫，书也不读，什么爱国，救亡，弄得家也不安了，爸爸妈妈的话也不听了，这还成什么世界，咳！泄气！

(王妈进来，把帽子手杖交给老爷)

妈妈　可不是，从前在上海那浸信会的外国学堂是多好，文文气气，规规矩矩。哪有这个样子，究竟内地的学堂要不得，小孩子都给教坏了。

王妈　哎呀，上海的学堂那真好呢。那些外国先生见了我都客客气气，叫我阿妈。现在，可真够瞧的，那些先生都穿得破破烂烂，文不像文，武不像武，见了我直眉瞪眼的。哎哟，我说，一点也不好。

小英　（怒）你胡扯，你敢骂我们老师！

爸爸　不许你开口，我说，明儿就干脆不必去上学，这种学堂有什么意思！

小明　（大哭）哇——

爸爸　你哭什么？赶快把衣服穿起来。

妈妈　小明，不许哭了，这大热的天，瞧你哭的这样子，快过来。

小明　我要上学，我要去开会，我不吃喜酒。

小英　我也不吃喜酒。

爸爸　什么？你们还敢强，（举起手杖）看你去不去？

小英　我不去！

爸爸　（打过去）贱丫头，你敢！……我看你逃，你逃到哪里去？

妈妈　好了！好了！

（爸爸追着小明小英，小明小英大哭，绕着桌子乱逃，凳子都打翻了，桌子上东西也打翻了。王妈跟妈妈拦着爸爸，爸爸益发冒火了）

妈妈　好了，好了，不要打了，小明，小英都不许哭！

王妈　大好日子，老爷别生气吧。

爸爸　你们再哭，揍死你！（小明小英哭益剧，爸爸又追过去打起来）（门开，周公馆的女仆周妈进来）

周妈　哎，怎么啦？……（知道失言了，连忙改过来）哟，王老爷，王太太好呀，少爷小姐都好呀。

妈妈　（狼狈不堪），啊啊，周妈，你，你，你们老爷太太大喜呀。

周妈　不敢当，王太太。

爸爸　（把手杖扔掉，顺手拿过一张报纸，遮着流满汗水的脸孔，窘惑地说）你们老爷忙吧！

周妈　全托王老爷王太太的福呀。哟，王太太，我们太太叫我请王老爷王太太跟少爷小姐早一点过去，因为怕有警报，早上就行礼了。今天是要请少爷小姐去捧纱呢。哟，小姐打扮得多漂亮呀，真是大户人家的千金小姐，哈哈……

小英　（别过头去，低声自语）谁要你说……

爸爸　好，我知道了，你先回去吧。我们马上过来了，（自语）真是笑话！（瞪了小英一眼进去了）

王妈　哎呀，周嫂子，你忙哩，请坐呀，我去拿茶。

周妈　不敢当了。王嫂子，我看请老爷太太马上过去吧，新娘子大概也来了。

妈妈　那真对不起你们太太，大热天还要你来跑一趟。

周妈　哪里话！那我告辞了。王太太，停会请带着少爷小姐一场儿过来吧。哟，少爷，我们小少爷等着你玩儿呢。今天晚上还要唱堂戏哩。

小明　嗤！

妈妈　那么，王妈送一送吧。

王妈　真是，一碗茶也没有喝。你慢慢走吧，大热的天。

周妈　哟，送什么呢，王嫂子，你一会儿也过来吧。（出去）

妈妈　小明小英，你们瞧，多难为情呀！给周伯伯的小少爷知道，不要笑你们吗？快些乖乖听妈妈的话，别再闹了。

小英　我讨厌周伯伯的小少爷，我不去。

小明　我要去开会。

妈妈　唉，你爸爸刚才平了气，你又要惹他吗？你不去开会又有什么关系呢，少了你们两个又怎样啦，快过来，瞧你这样子，满头的汗，做什么呢，不听刚才周妈说，今晚上还有戏看吗！

王妈　哎呀，真的呀，周家的戏班子是上海定来的，真好看呢，还有洋锣洋鼓，乖乖，还做洋戏呢……

小明　谁信你的！

王妈　真的哪，洋锣洋鼓，不信你问问太太！

小英　真讨厌！

妈妈　小英，你怎么这样不听话，周伯伯叫你去捧纱，你不去，你爸爸的脸多下不去呀。好孩子，听我说，你乖乖的去，回头叫爸爸替你们买架小汽车玩儿，你们爱什么就买什么，好不好呢？

小英　我什么也不爱。

小明　我就爱去开会。

妈妈　你们简直迷了，开会都是那些没事干的人才去呀，我们正经人家……

小英　（厉声）妈妈！

妈妈　小英，你怎么的啦。好，你们先到周家去，等会儿我派人送你们去开会好不好？

小明　等会儿人家会早开完了。

妈妈　不会的，准这样吧，王妈，你把少爷衣服拿过来。

王妈　是，(拿衣服过来)啊，少爷，你瞧，姐姐都穿上了，快穿吧。

小明　你走开，你不爱国。

王妈　不爱国就算不爱国，你快穿上吧。

(外面有民众的队伍经过，唱着宏亮的歌曲，喊着口号)

小英　哎呀，队伍来了，小明，咱们去吧。

妈妈　胡说，不许去。

王妈　哎呀，那样吵吵闹闹的闹些什么呀！真是发疯。

(队伍经过门外，呼声益高，小英小明互相做个手势，想奔出去)

小明　啊，我们学校的队伍来了。

(一群小朋友唱着过去。爸爸出现在通里面的门口)

爸爸　小英小明替我进来。

小英　不。(挨到门口去)

爸爸　你敢你敢！(又拿起手杖来)

小英　我不(突然拉开门冲出去了)……

妈妈　啊！王妈快追出去！

王妈　小姐，小姐……(出)

(小明又想窜出去，给他爸爸一把抓住了)

爸爸　(一掌打过来)你想跑，你反了么！小畜生！

小明　(大哭起来)哇……姐姐呀……

妈妈　（伏在窗口）小英，小英呀……这这怎么办呢（焦急不堪）

外声　打倒日本帝国主义！抗战到底！全国民众起来！

爸爸　混蛋！混蛋！

妈妈　小英不去，怎么对人家说呢……唉！你们这些人真造孽呀。

（外面有汽车喇叭声）

外声　这里是王公馆吗？

爸爸　谁？

（王妈从外面进来）

王妈　（气急喘喘的）老……老爷……小姐跑到人堆里去了，我找不着，那些童子军不让我过去……

爸爸　蠢货！替我去找回来。（外面又是汽车喇叭声）

王妈　啊，老爷，正要告诉你，周公馆打发汽车来接了，汽车就在门口呢！

爸爸　这这这……唉，真要命！

妈妈　那怎么办呢？天哪……

爸爸　算了吧！算了吧！咱们管自己去，小明，你再敢逃，看我揍死你！（一个巴掌）

妈妈　唉，真是冤家呀，来，小明，换衣服！

（强制着小明换衣服，小明没有作声，顺从地换上衣服）

妈妈　王妈，绞把手巾来！瞧你这样子怎么去见客？

爸爸　告诉你，你们明儿别想再去上学了！混账东西！这样子还了得！

妈妈　好了，别说了，走吧！

爸爸　泄气！

（什么都准备好了，爸爸妈妈小明王妈一齐出去。小明一声不响，很驯顺的样子，突然，门又推开，小明锐叫了一声，冲了回来，穿过客室，向里面逃去，爸爸、妈妈、王妈追了进来）

爸爸　你逃！你逃！打死你！

妈妈　哎呀，人呢？小明，小明！

王妈　跑到后面去了。（追进去）

爸爸　（暴跳如雷）反了，反了，这还成什么世界！

妈妈　这教咱们的脸搁到哪里去呀！

爸爸　这都是你平日的好教训呀！

妈妈　怎么怪到我头上来呀！

爸爸　不怪你怪谁？

王妈　（奔进来）老爷，太太，少爷打后门出去了。

妈妈　厨房里那些人呢？

王妈　他们拦不住少爷。

爸爸　胡说，快替我去找回来！快去！快去！

王妈　噢。（急奔下，妈妈也跟进去）

爸爸　（跌脚）混蛋！混蛋！（门外一个学校里的老师进来）

老师　（一鞠躬）这位是王小英的家长王先生吧！

爸爸　（吃了一惊）呃，你是什么人？你什么时候进来的？

老师　对不起，我刚进来。

爸爸　你是谁呀？

老师　我是培民小学的教师，王小英的老师。

爸爸　老师？你来干什么？

老师　我今天在七七纪念大会献金台服务，刚才你小姐王小英到献金台上来献了一张金锁片……

爸爸　什么？你说清楚一点。

老师　我说，王小英献了一张金锁片。

爸爸　金锁片？

老师　是的，我当时觉得她太热心了，劝了她一下，她说她非要献给国家不可，否则，她就不爱国。就投到献金柜里了，我们觉得这数目很大，她又是一个小孩子，我们生怕你先生不放心，所以特地派兄弟来把收据送到你府上来。

爸爸　这是什么，收据？“收到王小英七七献金金锁片一枚。”（气得瘫痪在椅子上）呃，你，你知道现在金子什么价钱吗？

老师　哩……

爸爸　现在金价是六百七十元，这金锁片有二两重，二七一十四，二六一十二那就是一千三百四十元，（厉声）你不知道吗？

老师　是的，足见你老先生热心为国，王小英在你先生教导之下，才做出这慷慨惊人的举动。这是极难得的。

爸爸　（气得说不出话来）唔，一千三百四十元……一千三百四……

老师　令嫒这一番举动，当场引起民众绝大的兴奋，在令嫒献金以后，立刻就有不少人纷纷的自动献金，在十分钟之内，我们就收到几百元。这真是今天最宝贵的收获。我们今天除了感觉兴奋以外，更佩服你先生教育的精神，所以同时也托兄弟代表同人来向先生致我们的敬意。

爸爸　唔……一千三百四……一千三百四……

老师　我们觉得现在有钱的人往往是为富不仁，不能做到有钱出钱，像你先生这种为国家为抗战一掷千金，真应该是民众的模范，自然孩子像王小英这模范，也是小学生中的模范了。

爸爸　唔……唔……

老师　麻烦了先生许多的时候对不起得很，再见了。

爸爸　唔……唔……一千三百四……一千三百四……

（老师出，电话铃又响，外汽车喇叭不断地在按着，爸爸依旧瘫在椅子上，直瞪着眼发怔，王妈从外面进来）

王妈　老爷，我找着了，少爷在一个台上说话呢，我叫他，人家把我轰出来了！

（爸爸依旧怔怔地瘫坐着，没有作声）

王妈　哎哟哟，那些人真不讲理呀……

爸爸　（突然跳起来，把王妈一脚踢开去）滚你妈的蛋！

——幕急落——（完）

爸爸的棉袄

时

一个很冷的冬天下午。

地

在后方的某一个小村庄内。

人

大宝——一个十三岁的穷孩子

菊花——他的姐姐,比他大两岁

爸爸——一个打石头的苦工

妈妈

伤兵

景

一个破烂的房子,左面有门通内室,右首上角有门通外边,屋子里杂乱地放着各种东西,和一个普通穷人的家里一样。

幕启

大宝和菊花在房子里地上玩滚泥丸子。天气冷得很,外面刮起北风来,呼呼的震撼着门窗,屋子里的炉灶上,还剩着一点点火。

大宝　（望着泥丸子滚过去）嘟——嘟——嘟——着！

菊花　（拍着手笑起来）啊哈，没有着，没有着，我来。（她跪下去打）嘟——嘟——嘟——

大　打不着，打不着。

菊　啊哈着了，给我打手心。

大　这不算！（把手藏在背后）

菊　怎么不算？

大　你……你……你碰了墙壁，不算。

菊　哦！你又赖了，（羞他）喏，不要脸，不要脸。

大　（赌气地）我不来了，谁跟你来！（忽然一阵寒噤）乖乖，好冷哪！

菊　（奔到门边去望了望）哦呀！刮大风，下雪哩，你瞧，那边天都黑哩。

大　下雪了好玩哪，我跟你去丢雪球，看谁丢得过谁。（向内）妈妈！

菊　哼，下了雪，你才该倒霉，爸爸不能做工，咱们就没饭吃，又要天天吃地瓜。

大　我不吃地瓜，（向内）妈妈！

（妈妈从内室出来，乞索索的冻着，手里拿着一件棉袄）

大　妈妈！烧好饭没有？我冷哪！

妈　嚷什么，你爸爸还没回来呢。天下雪了，你赶快上一趟青龙山，把这件棉袄给爸爸送去。

大　叫菊花送去得了。

妈　不，妈妈要到柳婶子家里去一下，菊花在家里看门，你去。

大　好，我去就我去。

菊　下雪啦，青龙山有黑熊哩。

妈　菊花不许唬他，大宝，好好儿去，跟爸爸说，下雪啦，早点儿回家。菊花，炉子里加点炭，把水壶搁上，妈妈到柳婶子家里去借两升米，马上就回来烧饭，懂得吗？

大、菊　哦，知道。

妈　（打开门，一股风雪立即涌来）哎，我的天，好冷哪，已经在下雪哩。大宝，打一把伞去，当心冻坏了！（出去，门外风雪呼啸着）

大　啊！好大的雪，姐姐，爸爸的伞。

菊　伞在房里，你自己去拿吧！（大宝去拿伞，菊花在炉子里添炭，搁上一壶水吹着火取暖，大宝拿伞出来）

大　姐姐，我喝一些开水去，路上冷哪！

菊　水才搁上，还没开呢。那个壶子里有热的，你喝了吧。

大　姐姐，我怕哩，青龙山真有黑熊吗？

菊　骗你呀，没有，真有黑熊，爸爸也不去打石头了。

大　（打着伞准备出去，一开门又缩回来）啊哎，雪下得好大呀，姐姐，你瞧，路都蒙得看不见哩。

菊　好好儿走，别跌了。

大　（伞几乎又给风吹去）哦，姐姐，我怕哩。（关上门）

菊　别怕，大宝，姐姐送你过去。

大　那么家里呢？

菊　（想了一想）家里不要紧，这个时候，不会有什么人来的。

大　妈妈回来呢？

菊　姐姐送你一段，马上就回来得啦！

大　说不上有什么人进来，把东西偷了去，那怎么办呢？

菊　不会有人来的。

大　黑熊……

菊　别胡说，去吧！

（大宝犹豫地，突然有人敲门）

大　哎，你瞧，我说有人来的。

菊　爸爸回来啦。谁呀？爸爸吗？

外声　老板老板娘，行一行好心吧……

大　唷！是叫花子呢！

菊　（朝门外）你干什么的？

外声　你把门开一开吧，我不是叫花子。我是……

菊　（把门打开）你是谁呀？

（一个跛脚的伤兵，挟着一支木足，一拐一拐地进来，身上还穿着单衣，混身都是雪花，冻得乞索索地乱抖）

兵　（喘息）啊，冻死我了！冻死我了！（见火炉，趋前烤火）

菊　喂，你是什么人哪？

兵　（依旧喘息地）啊！小姑娘……谢谢你……我冻坏了。

菊　你究竟是干什么的哪？

兵　我……我……我是前方下来的伤兵，我要上××兵站医院去，走得冻不过了借你们这儿躲一躲寒。

大　（起初很害怕，渐渐胆大了起来）你是个兵吗？

兵　我是××师××团的。

菊　你这腿怎么的呀?

兵　这腿吗,是在前方给机关枪打坏的呀。

大　那你跟日本鬼子打仗吗?

兵　哈,小兄弟,跟日本鬼子打仗,还算回事吗。咱们一年三百六十天,哪一天不跟鬼子在拼命?

大　(惊佩地)啊?

菊　啊,水开了,同志,你喝一杯热水吧。

兵　谢谢,小姑娘,(喝水)你们的爸爸妈妈呢?(暖了一点,站起来,疏散疏散身体)

菊　爸爸妈妈都出去了。

兵　哎,这样大冷天,还在外面儿,也是一样的苦日子。

大　那么(踌躇了半晌)你也杀过鬼子吗?

兵　哈,我的小兄弟,当兵的不杀鬼子,又干什么呀?我张老金从二十七年起跟队伍跑,跑过徐州府,台儿庄,郑州,打平汉路,又回到汉口,去年又从长江一路打下来,少说也打过三四百回仗,死在我手下的鬼子,哪止百来个。可是他们到现在才打坏了我一条腿,那算得什么,过上三五个月,他妈的,我不又是生龙活虎的张老金?

大　吓,真了不起!你是一个顶呱呱的。

菊　那么,日本鬼子怕不怕人呢?

兵　孙子才怕鬼子呢。一个手榴弹摔过去,就叫爷爷饶命的东西,怕他作甚么?

菊　吓!

兵　(离开火远了,又抖了起来)妈的,这鬼天气,才是当兵的倒霉。

菊　你怎么只穿这一点衣服？

兵　小姑娘，哪有你们老百姓舒服，咱们的棉衣服还不知道什么时候发下来呢！——啊哟！好冷的风（又躲到炉子旁边去）我的天，不是到这儿来躲一下，真怕会冻死在路上，妈的，死在后方，那才不值得呢。

大　（被兵的话所感动）啊，同志，你把这衣服披上吧，这是我爸爸的。（把爸爸的棉袄递给他）

兵　谢谢你，好心眼儿的小兄弟，你姓什么呀？

大　我姓王，我叫王大宝，她叫菊花，——嗳，同志，你再讲一点打鬼子的事情，好不好？

菊　同志，我再给你冲上点儿开水。

兵　打鬼子吗？喏，那才说起来话长，单说上一回台儿庄打一仗，咱们一排人在村子里给鬼子包围起来啦。咱们排长好计策，叫咱们穿上老百姓衣服，躲在林子里，等鬼子搜索进来……

大　啊，以后呢？

兵　以后？鬼子兵慌啦，反给咱们包围起来啦，那一次，好痛快，我一个人就打死了七八个。

大　啊呀，姐姐你听。以后呢？

兵　以后鬼子兵就滚他妈的蛋啦，逃走了。

大　赫赫！好家伙。姐姐我将来也去当兵杀鬼子。

菊　你——你！枪还比你人高呢。

大　我将来会高起来呀！

兵　赫，好兄弟，当兵可不容易呀！你瞧，这样的九九寒天，当兵的还穿着单军装，躺在壕沟里，那些放哨弟兄，哪管三更半夜，哪管刮风下雪，谁敢躲一躲懒呢，谁不咬紧了牙关把命来拼。

菊　那你们长官为什么不给你们衣服呢？

兵　那要问你们后方老百姓呀，咱们在前方打仗，后方老百姓不接济，咱们怎么打仗呢？唉，话说多了，我还得赶路呢，今天晚上，我得赶到马市镇找宿头，妈的还有三十来里路哪。

大　外边好冷呢。

兵　可不是，这鬼天气，早不下，迟不下，偏偏赶老子走路的时候，这真见他妈的鬼！——谢谢你们，这衣服还给你，我走了（但是刚一开门，又缩了回来），啊嘘嘘，好大的风！

菊　你再穿一回吧！

兵　唉，人真是贱东西，暖了一会，就再冻不起了。

大　同志，你就穿着吧，你杀过很多鬼子呢，你是个好人哩！

兵　那不行，我怎能把你们的衣服穿了去。

菊　那怎么办呢，你这单衣服，怎么能在大雪地里跑？那可不活活冻死。

兵　噢……（迟疑了半天）可真没法子，那可当不起了，我张老金一天活着，一天记着你们的恩德——好，再见了！（出去）

菊　（把门关上）真可怜，这么大的雪，又拐了一条腿。

大　他的本领真大呢，你没听说吗，他杀过百来个鬼子呢，赫！机关枪一阵扫，格格格格……他说不上比赵子龙本领还大呢。

菊　他叫什么呀？

大　他叫张老金，赫（唱）张老金，张老金，鬼子一见就逃命，哈哈……

菊　（陡然）哎呀！（怔住了）

大　怎么啦？

菊　糟糕……糟糕……

大　你这怎么一回事呀？

菊　咱们把爸爸的棉袄给了那伤兵，停会儿爸爸妈妈回来怎么说呀？

大　哎呀！（也怔住了）

菊　爸爸回来看衣服不见了，准会把咱们打得臭死。

大　咱们就告诉爸爸，说给了那伤兵好了。

菊　那怎么行，爸爸自己也没有衣服呢，他不发火吗？

大　那那那怎么办呢！呜哇（哭了起来）

菊　咱们赶上去，向张老金要回来吧。

大　怕他走远了吧？

（两人打开门，要出去）

大　（大声地）张老金！张老金！

（妈妈拿了两升米进来）

妈　嚷什么呀？谁是张老金呀？

菊　呵！妈妈。

妈　谁上这儿来过？什么张老金张老银？……大宝，你爸爸呢？回来没有？

大　爸爸……

妈　是呀，爸爸呢？

大　爸爸！爸爸……哇！（又哭起来）

妈　咦！这怎么啦？你见了爸爸没有？（突然害怕起来）爸爸怎么了？你快说。

菊　爸爸没有什么，他没有去。

妈　没有去？干啥不去？那么衣服呢？

菊　衣服，呃……呃……

（大宝哭益剧）

妈　咦！你们可是疯了？叫你送衣服，送到哪儿去了？你瞧，炉子上的水都快干了，你们究竟在干些什么呀？

菊　呃，呃……

妈　这怎么一回事呀？你说，菊花，你说！

菊　我……我……（也哭了起来）

妈　（怒）你们这算什么呀，快说呀！

（门突然撞开，爸爸混身雪屑的冲了进来）

爸　荷嘘……我的妈！冻死啦……（拍掉身上的雪）菊花，快把我棉袄拿来。

菊　……

爸　妈的，这可要暖一会儿了，整整的在山上冻了一天。

（到炉子旁去烤火）

妈　哎呀，这才有鬼了，我叫大宝把棉袄给你送去，又送到哪儿去了呢？

爸　见鬼！他几时送衣服来过？

妈　那么衣服丢了？

爸　（急了起来）怎么？把衣服丢了？呃！这还了得。

妈　是呀，我刚才上柳婶子家里去借两升米回来，两个孩子在家里失魂落魄的。问问他们倒哭了起来，衣服又搅丢了。

爸　(大怒)呃，大宝，你把衣服弄到哪里去了呀，呃！你说，菊花——你们两个小狗东西，敢是发昏了……怎么，你不说，你要不要命，小狗东西！

(抽起一支柴梗，姐弟们大声号哭起来)

爸　你说不说？

菊　刚才一个伤兵到这里来，把它穿走了。

爸　什么，伤兵穿走了？伤兵怎么会到这里来呀？

菊　伤兵到这里来躲雪，他还穿着单衣服呢，我给他穿上了。

爸　你！你给他穿上了？呃。

大　是我给他穿的，不是姐姐。

爸　是你，究竟是谁？小王八蛋！

大　是我，爸爸。

爸　哦，你要行好心，舍给了伤兵，你叫老子穿什么呀，你叫老子挨冻吗？(劈头打去)你这贱骨头，你这小狗仔！

菊　爸爸，是我给的呀！

爸　你？你更该打，你白长了两岁，倒反糊涂了。妈的！都是该死的东西。

(疯打一阵，姐弟绕屋乱窜，哭声震天)

大
菊　爸爸，不敢了，妈妈呀！

妈　啊！

爸　不敢？不敢？不敢你拿衣服来，妈的，一件衣服值多少钱，你知道吗？你让老子挨冻？

妈　啊，天哪！这怎么办呀？(拉住爸爸)饶了吧！打死

也逼不出衣服来的呀，唉，糊涂的小冤家呀！（伤心地哭起来）

爸　你别拉着，我今天要打死他们！没良心的小杂种，把老子的衣服去舍给别人！呔！你们全给我去死！

（屋内乱得不堪，门外有人在急促地叫“慢着！慢着！”）

妈　冤家呀！

（门突然又撞开来，伤兵几乎是跌进来。他身上背着一条破棉絮，拿着那件棉袄望着里面乱招手）

兵　慢着！慢着！

爸　（愕然）你是谁呀？

大
菊　啊，他就是张老金！

爸　什么？

菊　就是那个伤兵同志呀！

爸　（怒声）啊，就是你，把我衣服拐去的吗？

兵　慢着，慢着，衣服在这里，听我来说。

妈　阿弥陀佛！

（伤兵走到炉子前面坐下，把衣服还给爸爸）

兵　同志，你别错怪你的小孩子们。天老爷保佑他们，他们是好心眼儿的。

爸　好心眼儿的可让他爸爸去挨冻。

兵　不是那么说的，我告诉你们，大哥，我是×师××团的弟兄，从前方野战医院转到兵站医院去的。今天赶了四十里路，恰巧碰上这场大雪，你瞧，我还穿着单的呢。我走的几乎要倒下去，幸亏小兄弟们让我进来躲一躲风，才救了我一条命。后来这位小兄弟借我这件棉袄子披一披，我原想脱下来的，可是一到雪地，又冻得僵过去，这小兄弟说，“你穿着吧”，我没法子才暂时的借穿一下。小兄弟一时哪里想得到。他虽然做错了事，可是究竟救了一个当兵人的命，这功德可不小呢。

妈　可不是吗，咱们这孩子，心肠儿挺软的。

爸　唔，那你怎么又回来呢？

兵　我吗？我是个老粗，一时也没有顾到，可是走在路上仔细一想，哎哟，这件事做错了，一来，照你们府上这光景，怕也不见得怎样好，这件棉袄是要靠它过冬的。我这一穿去，岂不是害你大哥冻坏了，这个年头儿咱们这些人还缝得起衣服吗？这怎么叫我良心说得过去。二来，小兄弟小姑娘原是一番好心，可是小孩儿家哪里做得主，等会儿大人回来，一问，那岂不要讨苦呢？小兄弟们救了我性命，我倒害他们受冤枉，我张老金是人养的，我越想越不对，越想越难受，这才好容易挨到前面乡公所里要了一床破棉絮，特地把这件衣服送回来……

爸　哦！

兵　我猜到，你大哥回来一定发脾气，果然，我才走近这边，就听得小兄弟们哭得伤心，我眼泪都几乎掉下来，我真太对不起他们了。

爸　（惭愧起来）啊！哪里话，我不过问他们几句罢了。

兵　那怪不得你大哥，这样天气还能少一件棉袄吗？别说是你，就是我，假如说碰到这样事情，我能不发脾气吗！好了，事情过去了，千不是万不是，都是我不是，我向你大哥赔个不是吧！

妈　哎哟，这怎样怪得你同志，你同志是千辛万苦为国家出力的，这样天气还穿着单的，这怎么不冻坏人，阿弥陀佛。

爸　同志，你这么一说，我倒过意不去了，我们苦虽苦，终还有法子想，你同志是为国出力的，怎么好穿着单衣服走路，这件破衣服，还是请你收了吧。

兵　这什么话！我要收这衣服，我干吗又巴巴赶回来呢？你大哥要知道现在前方作战的弟兄全穿着单的呢。他们比我要紧得多！他们要一冻坏，岂不是没有人打仗了。

妈　唉！那真可怜，冬天穿单衣。

兵　这事情终得靠后方的老百姓帮助，现在到处都是兵，军队哪里有这许多棉衣。要是后方老百姓肯多接济一点，咱们当兵的也少挨一天冻。我最恨的是那些发国难财的，这个年头儿，人家在吃苦，他们还是天天刮银子，吃大餐，打麻将，这些人简直就是汉奸！

妈　可不是，现在粮食这么贵，不都是他们囤着不肯放出，要是我，只要拿得出几斤棉花，我一定多缝几件棉袄给前方的同志呢。

兵　是呀，当兵的跟老百姓，都像咱们这样说得通，咱们还愁什么呢。

爸　唉，真是……

兵　唉，时候不早了，我得赶到马市镇去呢。

爸　同志，就在这儿吃了饭去吧，这大冷的天……

兵　别客气了，天黑了不好走，再会吧！

妈　那真对不起，来了半天，一点吃的都没有。

兵　好好，再见，咱们后会有期。（出）

爸
妈　那就不送了，好好儿走吧。

妈　（关上门）唉，这位同志真是个好人。

爸　中国的兵，都像这位同志，还怕什么鬼子呢！

大　爸爸，他杀过百来个鬼子，他的本领比赵子龙还强哩。

菊　他刚才还讲故事给我们听呢，他叫张老金。

爸　哈，傻孩子，今天委屈了你们了。你爸爸今天拿到工资，今晚去买点酒跟菜来大家暖和一下吧。……喏！爸爸给你们每人两分钱，去买果子吃吧！算是爸爸错打了你们了。

妈　接了吧！好乖乖。

爸　菊花，把爸爸的酒壶拿来。

菊　哦。

（爸爸穿上衣服，拿着酒壶出去了，妈妈蹲着生炉子）

大　（拿着两分钱，不知道怎么安排了）姐姐咱们去买什么呢。

菊　去买那玻璃弹子来玩，好不好？那泥丸子真讨厌。

大　玻璃弹子，对了，这才好玩呢。

菊　（想了一下）不对，刚才那同志不说过前方没有棉衣吗？我听说咱们这儿学堂里在募什么寒衣捐，我看咱们还是把这钱去捐了吧。

大　呃！那也好，等我问妈妈看，妈妈，咱们把这钱捐给前方同志做棉衣服好不好呢？

妈　（笑）蠢孩子，你这两分钱给人家买条棉纱线还不够呢！

大　那那怎么办呀？……

菊　那么，妈妈，你也捐一点好不好？

妈　我？哈哈，你妈妈没有钱，看你们这么起劲！就把这一毛钱捐给你们吧。

（爸爸进来）

爸　妈的，这鬼地方，连酒都卖光了，空跑了一趟。

大　爸爸，咱们拿刚才四分钱去捐给学堂里捐寒衣捐的，妈妈也捐了一毛呢！你说好不好？

爸　吓，好家伙，你倒挺有劲儿呢，好，你爸爸打不到酒，就把这酒钱给了你吧！

菊　哈，现在多了，让我数！一毛，二毛，三毛，连这里一毛四分，吓，有四毛四分呢！

大　姐姐，咱们快去吧。

妈　天冷哪，明天去吧。

大　不成，得今儿去！（说着偕菊花向门外风雪中冲去了，门外风雪呼啸得很紧）

妈　（站起来向门外大声地叫）大宝，菊花，别跑哪，下了雪路上滑，看跌跤哪！

大　（在外，声音跟着雪花进来）不打紧哩，就回来呀。

（妈妈不安地望着门外，爸爸俯到炉子上去吃烟）

爸　（自言自语，微微笑）吓，傻孩子！

——幕落——（完）

校长老师

时

现代。

地

游击区内一座很简陋的单级小学。

人

伪校长(教师工役都是他一个人)

黄国栋,李小玉,张子贵,童玉宝,祝阿虎,还有两三个叫不出名字的——都是这学校里的小朋友。

景

一间乱糟糟的教室,七高八低放着几副课桌椅,正面有窗,一道门通外面,黑板上写着几个斗大的字,“先生要睡觉,学生勿可吵。”

幕启

祝阿虎和童玉宝在黑板上画乌龟,张子贵和另外一个小朋友在课桌旁玩,窗子外边有小朋友在说笑,李小玉在窗槛上骑马,叫着“郎郎郎”,天气很早,校长还没起来。

祝　(指着黑板上一个大乌龟)这个大乌龟,像个汪精卫,

（又指指一个小乌龟）这个小乌龟，像个张子贵。

（众笑）

张　妈的，你才像个臭乌龟！

祝　（指着黑板）呵呵，瞧，多像张子贵。张子贵，小乌龟，小乌龟，张子贵……

张　（奔过去要跟他打架）老子揍你！

祝　怎么样？打架吗？来！来！来！

张　怕你吗？你这小狗蛋！（打起来）

众　好呀！看打架呀。

童　张子贵，使点儿劲呀！祝阿虎！别害怕！上呀！

内　（校长粗厉的声音）勿勿勿勿可吵！勿可吵！

李　（在窗槛上学着老师的声音）勿可吵！勿可吵！先生要睡觉，学生勿可吵。

祝　不跟你打了，自己人不打架。

张　老子就马马虎虎，饶了你这一回。

童　（把“先生要睡觉”的“先”字改为“老”字，“生”字改为“牛”字，低低地念）：老牛要睡觉，学生勿可吵。（众又大笑）

内　勿可吵！勿勿勿可吵！（众益笑）

黄　（背着书包从门外进来）喂，小朋友，笑什么呀？

童　黄国栋，快来瞧！一首很好的诗呢。

黄　哈，（忍住笑）别开心了，快来吧，咱们谈正经的。

李　什么呀？黄国栋？

黄　今天是一号呀，你忘了吗？

李　哦呀，今天是一号，对啦，（低声）我们要做国民月会，是不是？

黄　对呀，爸爸说，凡是爱国的人都要做国民月会。

李　大家进来，做国民月会啦。（国民月会几个字都念得特别低）

（黄领导全体小朋友做国民月会，轻轻地唱党歌，读遗嘱，行精神升旗礼，鞠躬，最后是宣誓，也是轻轻的，仪式很快完了）

祝　张子贵昨天买了一支东洋货铅笔，不爱国！

张　铅笔是爸爸买的。

祝　你爸爸是汉奸。

张　呸！你爸爸才是汉奸。

祝　你爸爸卖东洋货！

张　你骨头眼儿又在发痒吗？

祝　老子怕你？（又打起来）

黄　阿虎不要闹，听我说，张子贵爸爸也不知道这是东洋货，这不算汉奸。

张　（跑到课室上把铅笔拿来折毁）我就不要这铅笔。祝阿虎，你明天不要给我看见东洋货，我打死你这小鬼！

祝　祝阿虎要是买东洋货，就是这个！（伸开五个手指做乌龟样子）

黄　好，你们要买铅笔，叫我爸爸去买，爸爸要到我们自己防地里去做生意的。

李　黄国栋，我们要买个——

黄　你要买什么？

李　我要买个老师。

黄　（笑）什么？

李　我们的老师是东洋货。(众又笑)

(校长一张焦黄色的睡脸,和一只洗脸盆从窗口伸进来)

校长　(是个口吃的)吵吵吵什么！这这这样吵,停会当当心打屁股,小小小杂种。(脸孔又不见了)

祝　(扮个鬼脸)东洋货！“阿里马斯加”！

李　上课了。

(童玉宝跑去把黑板上的乌龟拭掉了,校长先生在窗外自己摇着铃——这个学校没有钟,校长先生自己就是钟。小朋友们叫着:“上课啦！上课啦!”童玉宝匆匆地逃下来。“老牛”两个字只改了一个“老”字,变成了“先牛要睡觉,学生勿可吵”)

校长　(摇着一只破铃进来,一只手挟着一大卷红红绿绿的纸砚毛笔,小朋友们都跑到自己位置上去)立起,一,二,三,坐坐坐下。(学生七零八落地站起来,弓了一下身体,互相扮着鬼脸)

校长　(打了一个喷嚏,东西放在讲桌上,回过身去拭黑板,看到了“先牛要睡觉”)呃,这这这是谁搅的呀？童童童玉宝！这“生生生”字一一一画哪里去了？呃？

童　(立起)不知道。

祝　大概是老鼠吃去了。

校长　胡胡胡说！今天老师有有有要紧的事情,饶了你,明明天当心你你手心。

李　老师,你今天有什么要紧事情呀？

校长　今天——嘻嘻嘻——今今今天是很重要的日子,今天是汪汪汪,今天是汪汪汪精卫先生,不,应该说“汪汪汪主席”，今天是“汪汪汪主席”就职的周年纪念，知知道吗？今天应该放放假纪念。

黄　汪精卫也要纪念吗？（向同学低声）不要纪念汉奸呀。

校长　你你应该说“汪汪汪主席”。

祝　啊，汪汪汪猪仔（向着小朋友们做鬼脸）猪仔呀！

校长　对啦“汪汪汪主席”！

众　汪汪汪猪仔。

校长　（大为高兴），而且，今今今天还有一二位督学要来，督督督学，教教教育厅的督学，知道吗？督督学是大大大大的官，知道吗？

李　比你校长老师还要大吗？

校长　大大大大的多，然然然而校长也也大，我我我这校长是县县县知事老爷委我的，知道吗？

李　知道，校长老师是大大的……（做了一乌龟的手势）

校长　（高兴之至）大大的……对啦。今今天督学要要来视察，视察得好，我校校校长就好升升官呢。升升官啦，嘻嘻，知知道吗？

祝　校长，你升什么官呀？

校长　我我我升县县督学，也也也是督学。

黄　（低声）不要脸！

校长　现在来，我我我要把这这教室好好的布布布置一下，督督督学来的时候看了就就就喜欢，喜欢我我就升官，嘻嘻。呃，祝祝祝阿虎，你你你去把我屋里的太太太阳旗和“国旗”拿来，我我我要挂挂挂起来。

祝　太阳旗在什么地方呀？

校长　在在在我的床底下，网篮里。

祝　噢。（对大家挤挤眼出去）

校长　黄国栋，你你你替我来磨墨，我我我要写标语。拥护“汪汪汪主席”的标语。

黄　（愤怒地）我不干！

校长　那你你你跟童玉宝去去去扫地，扫得干干干干净净的，干干净净的。

黄　（自语）哼，我也不干。

校长　唔！什么！你不干？岂岂有此理！那么，张张子贵来磨墨，李小玉你你你们都去扫地，揩窗子。（自得其乐）好，你你你们做得好，老师有奖赏。

张　校长老师，你赏什么呀？

校长　我我我做了督学，我赏你你们一百分，一一一百分！嘻嘻！（高兴得手舞足蹈）等会督督督学来的时候，你你你们要听听听话，知道吗？呃，听听话！张子贵，你你你把我这纸拉着，我来写标标标语。

张　你写什么呀？

校长　（恭而敬之地写，一并念）拥护“汪汪汪先生”！

张　不是汪猪仔了吗？

校长　哦，糟糕，错错错了，怎怎怎么办呢？

张　马马虎虎，一样的。

校长　一样的，哈哈哈，（又写一张）“打倒抗战政府”（打了一个喷嚏）

黄　（愤怒地）哼！

校长　（又写）“反对焦土抗战”，“实行和平反共”，好好得很，好好好得很，张子贵，童玉宝，拿拿拿去贴起来，唔唔唔，贴在这边，贴贴贴得好好的，很好很好。

祝　（持着一幅太阳旗和伪旗出来）老师，太阳旗给老鼠咬了一个洞。（众笑——那显然是祝阿虎搅的鬼）

校长　（急得团团转）这这这这怎么办？怎么办？

张　马马虎虎吧！

校长　这这这不成，这不成，督督学不喜欢，我我我升不了官啦，这这这这……

李　我有个法子。

校长　你你你有法子？你你你什么法子？

李　我的法子兴得很呢。

校长　你你你快说吧，给你一一一百分。

李　我说，拿张红纸往上面一贴，就看不出了。

校长　哦！拿拿拿张红纸贴在上面，唔唔唔，不错，不错，李小玉一一一百分！

（什么都布置好了，校长老师看得很高兴）

校长　好好得很，好好得很，督督学一一定欢喜，（忽然想起来）哦，还还还有我的徽章，太阳章，还有和和平平章，都都要挂起来。（匆匆地把纸笔拿着进来，小朋友们马上活跃起来，祝阿虎拿把小刀跑过去把标语截成两段，将它们换了一下位置，变成“拥护抗战政府”，“打倒汪先生”“实行焦土抗战”，“反对和平反共”大家拍手大笑起来）

黄　好！祝阿虎！

童　别响，他来了。（众人回到座位上）

（校长换了一件新竹布大褂，大襟上吊了好几枚证章，摇摇摆摆出来）

校长　（高兴地哼着）天子重英豪，文章教儿曹。万般皆下品，惟有读书高。

好好好得很，什么都好，嘻嘻（又打了一个喷嚏，走到讲台上）你你们听着，等等会督学来了，你们要立立正正，敬礼，知道吗？督督督学训话的时候，你你们要拍手，要要要喊口号，喊喊喊——（指着墙上的标语）——拥——拥——护——抗战政（大吃一惊）呃！这这这岂有此理……“打倒汪汪先生”这还了得！谁搅的呀！（奔下来）

众　（四散逃避）不知道！

校长　混蛋，混蛋！（像捉迷藏样，追着小朋友们，小朋友们团团转，刚才整理好的桌椅，又弄得东倒西歪，秩序大乱，最后童玉宝给捉到了，校长拿着戒尺痛击他）谁谁弄的呀？你你你说，不说打打打死你，小杂种！

（童玉宝痛得极叫，祝阿虎突然大叫）

祝　督学来啦！

校长　（大吃一惊立刻把童放了）来了？快快，排排排队欢迎，这这这……混蛋，（匆匆地把标语撕下，想把椅桌摆好，却越弄越糟乱）快快，排排队呀！

李　老师，你的衣服弄皱了。

校长　皱了？你你快点替我拉一拉，这这这……

李　（替他拉着，把一个纸做乌龟贴到他背上，正面写着“我是汉奸”四个字）

校长　快快（匆匆赶到门口鞠躬到底）陈督学，失迎，失失失迎得很,(看看并无督学影子,原来是祝阿虎)呃,督学呢?督督督学呢?

祝　督学还在两里路外面的凉亭里哩!

校长　(暴怒,打了祝阿虎一个耳刮子)你你你这小畜生!呃,混蛋,混蛋,岂岂岂有此理,岂有此理!(秩序又大乱,校长爬上讲台,拿戒尺连声的敲)

校长　你你你们混蛋,听呀!等会督督学来,你你们听话,统统一百分,一一一百分,不听话的人,要打打打屁股,打屁股,听听见吗?(他向左一旋身,右边小朋友哄的笑起来)呃?你们笑什么?(他向右一旋,左边小朋友又哄笑了起来)你你你们小混蛋,(追下来乱打)一点规矩都没没没有呀!呃!

(秩序大乱,伪督学忽然出现在门道上)

伪督学(以下称督)　(拿司的克敲着门框)这这算什么样子?

校长　(大惊)啊!啊!陈陈陈督学失迎失迎失迎(自语)该死,该死!

督　(昂然地进来)一点秩序都没有——卜校长你知道“东——亚——和——平新秩序”吗?

校长　是,是,是,“东东东——亚亚亚——新新新——秩秩秩序!”

督　你这乱七八糟成什么秩序呢,今天是“汪主席就职周年纪念”,你知道不知道!

校长　是,是,是,陈陈陈督学,我我们刚才开过庆庆庆祝“汪汪汪主席”大会故故故所以,故故所以没有整理好。

督　(指着地下的标语)这是什么?

校长　（窘得不堪）这是标标标——

督　什么？

校长　这是表表表演庆祝用用过的纸头。

督　哼！

校长　请请请督学训训话吧！——（向小朋友）立立立正（小朋友没有理会）

督　（跑到讲台上，朝太阳旗三鞠躬，校长连忙也鞠躬）各位小朋友，今天是“汪主席”（小朋友中有嘘嘘之声）就职周年纪念日，我们应该有隆重的庆祝。“汪主席”的就职我们更应该感谢“大日本帝国”的宏恩，因此今天更要对“大日本帝国”表示敬意。（立正）

校长　（自己立正，大声向小朋友叫）立正，站站站起来！（小朋友不动，校长跑去把他们一个个拉起来，拉起这一个，那一个又坐下，校长只会“这这这”的直嚷）

督　卜校长，你的学生简直一点不懂规矩！

校长　（慌忙鞠躬）是，是，是。

督　各位小朋友，你们要做“和平”的国民，必须遵守“新——秩——序——”。必须“打倒”那蒋——

众　（整齐地立正）

校长　坐坐坐下呀，我我的天哪！

督　（大怒）卜校长，好，这是你平日的教训，你教出这样一批反动学生，你等着吧！（走下讲台来，墙上太阳旗上补着的纸飞了下来，露出一个大窟窿，校长大窘，众作嚣然声）

督　（更怒）这还了得，这还了得，侮辱“大日本”的国旗！卜校长，（一把抓住他），你干的好事！

校长　他他他们弄的呀，不干我的事，他他们都是反反反动分子呀！

督　你呢？

校长　我我我是第一等的忠实顺民。（他挣扎着，伪督学看见他背上的乌龟，更加大怒）

督　这是什么呀？“我是汉奸”，混蛋！混蛋！

校长　（不知所云，左右地回过身去）这是什么呀！混混混蛋！

（众大笑，校长和督学怒奔众小朋友，乱打起来，桌子椅子痰盂都打烂了，笔砚墨纸乱飞起来）

督　揍死你们这批小王八。

校长　你们这这这些害人精呀。你你你你……

众　打倒你汉奸！

督学　反动分子，游击队！

校长　快去请皇军派大兵来！

黄　（在一条椅子上站起来，大声地说）小朋友们！我们都是大中华民国的国民，我们的政府是在重庆，我们的领袖是蒋委员长（立正），我们要打倒日本帝国主义，我们要打倒汪精卫的汉奸政府，我们不能受汉奸的奴化教育！我们要抗战到底！中华民国万岁！

众　中华民国万岁！

黄　我们全体离校，打倒汉奸学校。

众　打倒汉奸学校！（全出）

校长　唉唉唉唉！皇天呀！

督　（和校长打起来）你这个饭桶，你丢我的脸，你这混蛋，混蛋！

校长　不不不是我呀……陈督学。

督　你给我马上滚蛋！混账东西！

校长　饶饶饶了吧，我的老子，亲爷爷！

督　气死我了！混蛋！（大怒而出）

校长　（倒在地板上，气急败坏地叫）陈陈陈督学，我我我，……（突然大哭起来）哎！我的督学呀！

（幕后小朋友"儿童抗战歌"声大起）

——幕落——（完）

散　　文

河　边　草

小　引

去年夏天，我们全家到广西全州去休养了三个月，我们住在城外的江边上，那里恰巧是湘江和灌阳江合流的地方，土名叫做三江口，风景极其幽丽。我们的房子正临着大江，碧净的江水是整天在我们门槛下滔滔流着，竟和住在船上一样。这几年来，烦嚣的都市生活使我厌倦极了，骤然来到这里，仿佛脱下一件笨重的衣服，感到一种异常的轻快。不过那时我的身体还是很不好，差不多是整天躺着，三个月中间，除了看看水光山色以外，都什么事情也不会做。

这里自然风景虽然很美丽，但是我们所住的地方却几乎是个贫民窟，周围都是些破落的造船户、渔人和伤兵。初去的时候，他们对我们很惊异，但是住熟了，大家也就亲热起来。他们那种朴素的勤劳的生活，那种坚韧的生命力，以及他们生活中间那种健康的以及病态的东西，都给了我们一些难忘的印象，而同时也反照出我们自己身上多少还残存着的那种知识分子脆弱的情感。这三个月中间，我们确是呼吸了一些和都市生活不同的空气。这里所记的，是当时生活中间一部分感想的断片。回到桂林以后，又被那烦嚣的忙乱的生活压住了，有时回忆起当时的印象，颇感到一种留恋，因此不计工拙就随想随写的把它记下来了。

篙　手

晚饭前，我照例搬出一张竹睡椅，躺在靠江边的梧桐树底下。这时炎暑已经慢慢退下去了，但是天空上却被落日和晚霞渲染得像火一样，远处的云块受着夕阳的照耀，幻现出千种万样的强烈的光彩——金黄色的，绯红色的，紫褐色的，乳黄色的……这些光彩又倒映在碧绿的江水里，涂抹在隔岸青色的树林和浅绿色的原野上，似乎使一切东西都蓦然获得一种生命而辉耀起来。我喜欢黄昏江上的风景，就因为觉得没有一个时候能像它那样给我们以最丰富最复杂然而却是极和谐的色彩。那仿佛是种音乐，给人们一种恬静而又振奋的感觉。这时四周是静寂的，除了江心里一只磨面粉的船上那水磨机翼子啪啪地响着以外，只有江风悄悄地在吹着，整个世界仿佛真的是沉醉在音乐般的强烈色调里——快溶化了。

我静静地躺着，江水在我脚下向下游轻轻地流去，我的眼睛漫无目的地望着对岸。对岸是一抹很白的沙滩，沿着江岸平匀地伸展过去，愈远便愈狭窄起来，到了江流转弯的地方，又突然的抛出一个美丽的白色弧形，像一把巨大的镰刀似的把江岸环抱起来。在那弧形的旁边，寂寞地停泊着一只单桅的帆船，夕阳光里，那桅杆向沙滩上投出一条长长的影子。

望着这片躺在阳光底下寂寞的沙滩，我不由的想起昨天琴告诉过我一幅动人的图画。那是前天或是大前天的黄昏，她曾经在这里看见一只渡船，载着一群走江湖卖艺的人，泛到这沙滩旁边。他们一行五六个人，男的，女的，老头儿，小孩子，牵着一匹秃毛的瘦马和一只猴子，背着行囊，挑着七七八八的帐幕、行灶和刀枪之类的家伙，踏着沙滩，一步一步默默地向掩藏在对岸林薮中间的荒林里走去。当她告诉我的时候，她描述着他们那凄凉的姿态，那沉重和疲乏的脚步和那瘦马项下的铃声，怎样给她一种忧郁的感觉。“他们是拖着怎样一颗沉重的心啊!”她叹息着，这描述给了我一个深刻的印象。因为前几天在街上，我还看见过那群卖艺的人，男的赤着膊的大声直嚷，发出磔磔的怪异笑声，年轻女人穿着炫目的绸子衣服，向过客飘投着迷人的荡笑，老头子发狂地打着锣鼓，小孩子像猴子般的翻着筋斗——他们似乎尽着一切可能，想给过路的人们以片刻的欢笑和快乐。然而谁知道呢，当他们在夕阳光里踽踽地投奔荒村去找寻宿头的时候，他们是多么的感到寂寞和疲乏呵。这群东方的吉卜赛人显然已经失去他们生命的色彩了。他们终年冲州撞府地流浪着，他们的诙谐和欢笑倒成了对他们自己的一种嘲弄，他们怎么不感到疲乏呢？我想着他们，仿佛还能听见那种教你听了会发毛的没有生命的笑声，而在那反射着强烈白光的沙砾上，我仿佛也能看出印着他们沉重脚步的足迹。我想起十几年前看过的一部卓别林主演的电影。那最后的一个镜头，正是留给我们同样的一片淡淡的足迹。这难道就是所谓“人生的旅程”吗？十几年前这部影片曾经使我感伤过的那种灰色的情绪，不知什么时候又潜入到我心灵中间，像一层阴影似的，把刚才夕阳给予我的那种喜悦和迷醉驱散了,我感到懊丧起来——干吗要无端的来想这一些呢?

正在这时,江心上蓦地传来一种惨厉的怖人的嘶吼,仿佛一把锐利的刀子突然划过美丽的黄昏天空,把这幅恬静而幽美的图画忽喇地撕裂了。我惊跳起来,而随着这声音,那些阴郁的情绪就从我身上一下子滑掉了。

江的下游,一只载重的双桅船,迎着夕阳慢慢地逆流上来。这天恰巧又是逆风,扯不得篷,偏偏这段江流又陡又浅。船重水浅,一不留心船底就给沙砾擦着了。两个篙手,一边一个,把篙子死命地顶着江底,篙子的一端紧戳在自己的肩窝上,只靠两只大足趾踩着船舷,把全身的力量都望篙尖上俯压过去,夕阳晒着他们紫铜色的赤裸背脊,背上的汗水闪烁出一种蛇一般的油滑的亮光。渐渐的,他们的身体俯压到和船舷平行起来,全身的筋肉就像拉得无可再紧的发条似的,撑在两旁船舷上。他们的足趾几乎是一寸一寸地艰难地向前踩着,而那只犟牛似的笨重货船就随着那极力的嘶吼一寸一寸地向这边慢慢移动过来。啊,那是一种怎样的嘶吼哪!那简直不是人类的声音,这只有在半夜屠门里,或是在最黑暗的地牢里施行毒刑的时候才能听到的声音,这是一个生物从它每个细胞每根神经纤维里所迸发出来的声音!任何一种劳动中间,我从不曾看见过这样高度的体力消耗,虽然在中国这种超体力的劳动是并不算稀罕的。试想一下吧,这自然界巨大的压力——风力和水力,这载重几千斤的笨重的船身,全要凭两只坚硬的肩膀去支撑,偶一脱空,那船只便会顺流飞溜下去!这是怎样一种猛烈的原始搏斗啊!人与自然之间就在进行着这样一种单纯的力的角斗。人类只凭他们肉体的精力要战胜自然界的一切阻力，而且要有把握地去战胜它们，这在文明人看来也许会嘲笑是人力的浪费吧，或者根本不相信这是人力所可能做到的吧？然而他们确乎是这样艰苦地战斗过来，凭着他们两只肩膀，他们终于把那只笨重的船只从遥远的地方一寸一寸地推移过来了。

江水无情地哗哗流着，风向他们发出恶意的冷笑，看他们却是多么坚毅，脸上的筋肉全部痉挛着，脸孔几乎俯贴在船舷的边沿，从咬紧的牙关中迸发出那叫人战栗的嘶吼，似乎要把他们的声音逼注到江水的底里，他们的声音直压到断了气，然后再从窒息中间，迸出一声更惨厉的狂嘶。天际的晚霞仿佛因它们而颤抖起来。由于落日所照耀出这美丽的世界，因为这声音而改变了一种新的意义，对岸的群山都在应和起来了，我仿佛听见原始人类在和大自然斗争中间的那种要求生存的狂暴的嘶喊。这是多么迫人的声音呵！薄暮的里巷也给激动了，一大群小孩子奔出到江岸上，睁大着天真的眼睛，望着那货船慢慢移动过来，啊，看哪，他们是胜利了！船底从浅滩上一擦，滑入到三江口较深的水里。那支高耸的桅杆，映在血红的夕阳光里（这时太阳已经卸在山尖上了），仿佛一个胜利的标志似的朝着我们在移过来，桅影掠过篙手们的脸孔，他们尽了最后一次的努力，扬起那细长的竹篙，望船头上一插，船就泊住了。

江岸上的孩子们发出一阵欢呼，奔下沙滩，劈里啪啦的涉着水跑到船边去。一个篙手跳到水里把船缆住了，另一个年轻的高大篙手站在船头上，高高举起一只闪光的胳膊，向着岸上什么地方叫出一个洪亮的声音。

我听不清楚他叫的什么人，但是从他那声音里，我却听出一种巨大的喜悦和骄傲——一种胜利者的喜悦和骄傲，那仿佛说："瞧，我们到啦！"夕阳染红着他半边面影，在那结实的面颊上，显然可以看到一丝豪爽的笑。岸上有个尖锐的声音在回答着，接着，一个赤脚的强壮女人从那边沙滩上匆匆奔下去，她奔到水里，赤裸的脚跟踢起一朵朵雪白的浪花，那男的从船头上跳下来，拿了一包什么东西给她。两个人就靠在船舷谈起来。这时太阳已经下去了，江面上忽然阴沉起来。在那明净的天空下，显著地衬出他们两个颀硕的身体的轮廓。

紫色的暮霭从四周山的背后包围拢来，江面上浮起一层灰色的薄雾，依旧恢复了那种肃穆的黄昏的恬静，一缕缕淡红色的云彩最后从天空上逝去了，江水格外深沉起来，只有磨面粉船上那水磨机的朴朴声音，在暮霭中间更加听得清楚了。

鱼　　鹰

住在江边，是可以看到各种各样的捕鱼方法，有的是钓，有的是摸，有的撒网，有的是两个人张着一块网在水里走，由另一个人把鱼赶到网里，最呆笨的是握着一块石头站在水边等，看见有鱼群从水底的卵石旁边游过，便把石头砸过去，每次居然也会砸死一两条小鱼（而且也居然有人靠这方法生活着）。可是最乖巧而且也是收获最多的，却要算利用鱼鹰了。

每天清早，开门出去，就可以看到灿烂的朝阳底下，几十只竹筏成群结队的从江的上游飞也似的滑溜下来，每只筏上昂然地站立着一个渔夫，手里横着一条细长的竹篙，他们很少甩出这篙子，多半是听凭那些竹筏顺着江流任情漂去。这种竹筏是用六七条竹子扎成的，涂上柏油，十分轻盈，在顺流的水里，它们的速度，要比电艇还快，仿佛在水面上飞飘着似的，那种景象确是十分好看。每只渔筏上大概停立着五六只到七八只的鱼鹰。这是一种在北方不常见到的鸟，约莫一尺多高，有鹭鸶的尖长嘴巴，老鹰的锐利眼睛和比老鹰大过几倍而样子相仿佛的身体，因此也有些本地人就叫它做鹭鸶，或者叫做鱼老鸦。当它们停立的时候，身体老是一动不动，眼睛永远是那么紧紧地注视着飞逝的江水，仿佛就忘记了自己的存在，而当它们一看见有什么鱼类从竹筏左近掠过，就陡地飞扑下去，只在一秒钟之内，尖长的嘴里就衔着一条挣扎着的大鱼飞回到筏上来。它们那种敏捷是惊人的，因为稍微一慢它们就会赶不上那飞驶着的竹筏。它们把鱼衔到渔夫的手里，渔夫接过去，扔到一只鱼篓里，而从腰旁的另一只小竹篓里摸出一条极小的鱼塞到那鱼鹰的嘴里，于是那鱼鹰就满足了，摇摆一下尾巴，又停到原来的地方去，一瞬不瞬地注视着江水，准备作第二次的献功了。

这的确是一种最巧妙而省力的捕鱼方法，你看那渔夫简直就不需要一点劳动，只是握着竹篙等他那些部下把鱼一条一条的送上来，他所花的代价只不过是一条最不值钱的小鱼，而那些鱼鹰却是那么的忠实和敏捷，从不肯放松它们眼前的一个机会。我起先颇觉得可笑，世界上竟有那样的呆鸟，自己抓到了大鱼不吃，却贡献给它们主人去换一条小鱼，而且海阔天空它们哪里不可以去找生活，却偏肯乖乖的守在这竹筏上，那渔夫也从不去拘束它们，难道他就不怕它们飞跑吗？

但是后来我明白了，一个住在本地的朋友告诉了我。原来那些渔夫在鱼鹰的脖子上拴上一根细细的绳子，使它们不能吞下较粗的大鱼去，只有把捉到的大鱼去换取主人的小鱼，而且它们也绝不会飞跑，因为只有从主人的手里，才能不断的获得这种现成的小鱼。一根绳子的力量就轻轻地把这些勇猛的野禽驯服了。

当我发现这个秘密以后，我对这些鱼鹰就说不出的感到憎恶起来。它们自己已经是个俘虏了，而且连饮食的自由都被剥夺了，却居然那么神气活现地在俘虏别的生物，去献媚它的主人，并且竟是那样的忠诚和勤快。当它们向水面上飞扑下去攫取鱼类的时候，它们的姿态是多么的凶猛，多么的矫捷，然而愈是凶猛和矫捷，不就愈显示出它们的卑怯和可怜！它们难道不能彼此互相啄断脖子上的细绳？难道不能飞向广阔的江面自己去觅啄小鱼？难道不能拒绝替它们主人去攫捕大鱼，使他们无可奈何？莫非是日子久了，它们已经忘记了自己颈项上的细绳，以为鱼鹰的生活就只是攫捕了大鱼去换取小鱼吗？以为鱼鹰的天地就只能在这狭窄的竹筏上吗？——啊，多下贱的畜生呀！

我向来是最憎恶猎狗的，可是自从知道这种鱼鹰以后，我却觉得它们是比猎狗更可憎厌和更可鄙夷的动物了。

当静寂的夏夜，我们在江边乘凉的时候，常常可以看见几簇辉煌的火炬从黑暗的江面上飞溜下来，那些渔筏上挑起一支燃着松明的铁笼，垂倒在水面上，把江水照耀得通红，就在那飞动的火光中间，我们可以看见那些鱼鹰悠起悠落横飞直扑的威武样子和那种娇媚乞怜的暮夜姿态，而在那火光背后，我们显然还可以想见一张狞笑的脸孔，在赞许他那些忠诚的部属。这种景象虽然一瞬间就从你眼前掠过，然而却已够激起你一种憎恨的愤怒了。

可是更教会我憎恨的，却是那些想出这巧妙方法的聪明的人类。在这世界上，人类自然是征服者了，世界的一切生物在人类看来，仿佛都是因为他们而存在。他们自然是有权利去奴役它们，享受它们。然而他们却偏偏喜欢拿人类意识中最卑劣的东西，去训练比他们更低级的动物，使它们失去自己的性灵，而成为人类卑劣意识的一种工具。无论在动物园里或是江湖卖艺的团体里，我们常常看到人们怎样根据自己的意志把一些自然界的生物，改造成为一种可怜可笑的丑陋东西，以供人们的取乐；然而这种取乐不正是对于人类自己的嘲弄吗？而这种丑陋不也正是人类自己丑陋的表现吗？（对于弱者的丑陋的玩弄，往往成为强者的一种残忍的享乐，实在说来这只是一种极卑怯的心理。）我们常常咒骂狗的势利、鹦鹉的谄媚，其实势利和谄媚又何尝是动物社会中间的字眼，不过是人类自己的弱点，被表现到动物身上罢了。譬如这鱼鹰吧，当它们日子长久甚至已经忘记自己脖子上的细绳的时候，它们早已经不是本来的鱼鹰，倒成为一种卑劣的人的化身了。

这在鱼鹰自然是可悲的，然而在人类又何尝是聪明的呢？渔夫知道把绳子扣到鱼鹰的脖子上，他可曾想到自己的脖子上也正被别人扣上一条绳子呢？又可曾想到自己也会拿大鱼去换取人家的小鱼呢？聪明的人们既然知道用巧妙的方法去驯服它们所征服的动物，自然也就会有更聪明的人们知道用同样的方法去对付他们的同类，于是在我们这社会里，也就看到鱼鹰在到处乱飞了。这在今天已经成为一种时髦的玩意儿。脖子上扣着一条绳子，而却在四处骄矜，到后来甚至连那条绳子也忘记了。这还不是落得和鱼鹰一样悲哀的命运吗？

这是可悲的，然而却是更可憎的。当我看到那聪明的渔夫的脸上那种得意的狞笑时，我不由得想起历史上企图把绳子扣到人民脖子上去的暴君们的狰狞的面容，于是我怫然的愤怒了。

从此，我不再能以"赏鉴"的眼光去看那些飞奔在江上的渔筏了，同时对于那拿石头砸鱼的呆汉也一样，虽然他们那种拙笨的和原始的生存斗争，更使我感到了生活上的另一些真挚的东西。

（原载《青年文艺》新1卷第1期，1944年4月1日出版）

序　跋

对《大家看》的意见

当《大家看》出世的时候，大家的意见是把它当做一个给小市民和小学生看的一种读物，所以名字就叫做《大家看》。

一直到现在，《大家看》已经五期了，可是它究竟给大家看了没有，这还是一个“?”，虽然曾经有过这么一个事实，就是一个反对征兵的农民看了《大家看》以后，立刻起来去协助征兵。不过单单这么一件事实并不能作为《大家看》真正已经大众化了的证明。从它的内容上看来，他的读者至多还是到五六年级的小学生为止吧。

这个原因，第一是编辑方面缺乏严密的计划和标准；第二是写稿的朋友太随便，没有考虑到通俗化的问题。出版以前照例是拉稿，拉来的稿子却都是配合知识分子胃口的牛奶面包，没有配合劳苦大众的青菜萝卜，所以漂亮尽管漂亮，可是在劳苦大众和小市民看还只是一些食而不化的美肴。

通俗文化，确实不是一个容易的问题，用这样一种形式的刊物，是否就能适合解决，是值得考虑的。我以为这个任务，以后索性由《抗敌漫画》和《新龙泉》去负担，因为单张的画报和小型报，对于文化水准特别低的读者，是比较适合的。

关于今后的《大家看》，我以为索性把它变为对一般知识分子的教育读物。我们对象确定是公务员、乡村工作同志、小学教师和高年级小学生(事实上已经是这么分配了的)。内容方面,我以为工作经验和讨论应该占有百分之四十;生活记录、报告文学和通讯占百分之二十;转载有价值的文字占百分之二十。编辑方面应有计划地规定每期文字的比例,尤其对于通讯一栏,应特约乡村工作同志写稿。我想,事情能有计划去做,一定能成功的。

注:这是邵荃麟同志1938年在龙泉工作时为龙泉刊物《大家看》写的一篇文章,载《大家看》第五期,当时他是中共龙泉特支成员、省委文化工作委员会委员。原件存龙泉档案馆。

1938年4月20日,《大家看》第5期

《英雄》题记

这个集子是以《英雄》来题名的。选用这个题名，并没有多大意思，只不过它是这集子中间一篇较长的，又是自己比较喜欢的小说的题目而已。如果哪位读者顾名思义，真的要从这些作品中间去找求一些时代的英雄人物，那就只有上当了，因为各篇里所描写的，非但找不到半个英雄，相反的，倒几乎全是一些社会上最猥琐最卑微的人物。

这倒并不是说，我不愿意去描写那些悲壮慷慨的英雄人物。说起来很惭愧，在抗战五年中间，自己非但不曾参加过前线的英勇战斗，就是真正的前方也不曾去过，到得最远的也不过是前线的后方，在那里偶尔听到几响稀疏的炮声。战斗的真实情形到底怎样，被新闻记者描写得有声有色的那些英勇故事与人物究竟如何，在我却是懵然。四五年来，多半时间还是奔波在一些小城市中间，接触的也多半是一些卑微的平民，因此出现在这些作品中间的，自然也只能是这类人物和他们的生活了。

然而，对于这些卑微的人物，我却是爱好的，好像是朋友在一起厮混得久一些，自不免有一种眷恋之情。现在把他们的故事收集在这个以《英雄》为题名的集子里，我倒觉得并没有什么不可以。

我以为所谓英雄，倒并不是什么得天独厚的了不起人物，他们原是从平凡的生活中间挣扎出来的。俗语说得好，神仙也是凡人做，何况英雄？它的出现与存在，并不是凌空的，而是基于一定的社会关系与个人生活的条件，以及这些关系与条件在历史巨大斗争中所发生的变化。所以我们如果不从更远的历史和社会的意义上，去认识这些新的英雄的孕育过程和诞生过程，则文学上所谓新的英雄人物的创造，还是很难获得其现实意义的。在抗战高潮中间，我们相信确实是出现了无数史诗式的英雄奇迹和可歌可泣的故事与人物，这些故事与人物多少已经被文学和戏剧作者采入到他们作品中间，这自然是重要的，因为伟大的斗争场面需要被记录下来，而这些英雄的故事与人物，同时也正是刺激民族新生的有力酵素。但是这样的工作似乎只是局限在这些斗争的现象的记录上面，如果把它作为整个民族意识觉醒的状貌或历史的典型来看时，这中间显然还有很大距离。一个民族的苏醒并不是像睡觉醒来的那么单纯，传统的封建意识的崩溃和新社会意识的生长，这过程是异常复杂而迟缓的。这种新的意识随着历史与社会生活的变化，逐渐渗入于人民日常生活，在这中间带给他们以诞生新的英雄的因素，而在巨大的历史斗争和革命过程中，这些因素被孕育着，发展着。捕捉这些因素和认识其孕育状态，是现实主义英雄典型创造的基本条件，只有这样创造出来的人物，才可能具有现实生活的基础。就今天来说，中国人民的生活，显然已经起了剧烈的变化，新和旧的意识正在他们生活中间进行搏斗，这种搏斗在表面上也许还不很明显。

因此，当我们巡行于后方的农村和城市中间，接触到一般人民的日常生活时，我们所感觉的，并不完全像我们理想中那么健康和美丽。然而我们却有理由可以欣悦，因为在他们纯朴和善良的灵魂中间，我们多少已经看到了一些新的因素在开始成长——在这中间，特别是人类的互爱和同情，在民族的灾难中迅速地培养开来，纵然这些因素极其稀薄，多半还是不自觉的，甚至是一瞬即逝的，但这正是至可珍贵的民族新生的曙光。我们从这种曙光中间，才能现实地去瞭望我们的未来，和从这样出发点上去创造新的英雄典型。

而在另一方面，我们也就看到了旧的意识在不断崩溃。虽然，对于它，我们是不允许过低去估量的。现在的抗战是持久性的斗争，而社会生活与国民精神的改造更是长期性的工作，一个现实主义者是不容许那样天真地去幻想，以为播下种子立刻就可以收获的，社会变革过程中的种种艰苦与悲惨状貌必须现实地去认识，因此所谓描写光明面与黑暗面的问题，也就不是那么机械。光明与黑暗是互相交织在现实中间，不从整个现实生活上去发掘，只是一味地夸张光明，或暴露黑暗，都未见得是最忠实的艺术态度。整个的人民生活，今天仍然带着浓重的灰色影子，这是不必讳言的，只要我们不是悲观论者，我们自然能够从灰色中间去看出鲜明健康的生活，和嗅出年青新鲜的生命气息。这种新的生命气息给予我们以坚强的信念，使我们从现实的遥望上感到巨大的欣悦和希望。文学上所谓抗日的浪漫主义，我想也是应该从这样观点上理解吧。

所以，我以为今天文学工作者并不一定要去追求那些壮丽辉煌的史诗题材，更主要的倒是从我们周围比较熟悉的人民日常生活中间，去认识社会变革的真实状貌，去感觉他们的爱与憎、愤怒与欣悦，从琐屑与平凡中间去窥察他们的新生与没落的过程，从各阶层的生活细节中去看到他们意识的矛盾、变化与孕育状态，从这些方向上以达到典型创造的境界，这也许是有意义的。

这是个人对于认识和创作上的一些简单的理解，也是使我对于描写那些卑微人物的爱好的理由。这集子里所描写的各种人物，自然还谈不上典型的创造，但我却想从这样方向上去学习。是否正确也不敢说绝对，但向来既然是以这样理解去从事写作的，那么把这些粗浅的见解，写在这集子的前面，也就不妨算是一种作者的自白吧。

一九四一年二月

《创作小说选》序

二三十年前，做学生的是不准阅读小说的。偶然有谁在书房里偷偷翻阅《水浒传》《红楼梦》一类书籍，给父兄和老师发现，便免不了一顿手心或申斥，罪名是：不治正业，专看闲书。这种所谓"闲书"据说大抵是诲淫诲盗，看了要坏人心术——虽然做父兄的或老师自己则又不妨在茶余酒后公然翻阅，这也许是因为大人们功夫已深，心术已正，看闲书消遣是不要紧的吧？

"五四"文学革命以后，这种情形渐渐减少了。文学的重要性和积极性逐渐被人们所理解，学生们不仅被允许可以阅读小说，而且小说及其他文学作品也被采入到学校教材中去了。老师有时也在鼓励学生从事文艺创作了。直到今天，虽然仍有许多人对小说抱着旧的成见，但是小说在文学上和文化创造上的重要地位，和文学对于民族社会的巨大作用，已经是不容否认的了。

"五四"时代，人们对小说，还不过认为是表现人生、反映人生的。这是属于自然主义的文学见解，而一部分浪漫主义者则认为小说及其他文学都是一种超现实的对人生的幻想与憧憬。到了近来，现实主义已经奠定了它的基础，我们才更认识清楚，文学不仅是表现人生、反映人生的，并且是创造人生的；不仅是供人欣赏的，并且是社会革命实践的一种有力武器。文学创作实践和我们的政治实践是互相一致的。文学和其他科学一样，都是客观现实发展中间，去追求人类的真理，与创造人类生活真善美的目标一致。不过文学是从社会的具体生活现象的认识上去着手，通过艺术的形象方法来表现的。当我们从这样观点去理解文学时，小说和其他文学创作的评价便益发提高了。

但是，我们感到，今天一般青年朋友，对于小说的理解和欣赏，还往往不够和不能深入。许多读者还只是陶醉在小说的曲折情节里，或仅仅被激动于故事的表面紧张和缠绵，而缺乏更深入的从作品里面去探求它本质的社会意义，甚至有些人喜欢读小说，只因为它是一种轻松有趣的读物。这种现象不可否认是普遍地存在着，因此，一些富于情节和趣味的庸俗作品，便到处受人欢迎。从这种现象上看来，所谓“小说是闲书”这种浅薄的观念，仍然或多或少地残存在人们头脑中间，这需要我们继续的去克服它。

我们知道，一篇真正有价值的小说创造出来，是要经过怎样严肃与艰苦的过程。作者在作品里所诉说的，就是他自己对于社会人生的思想。这种思想传达给读者引起了共鸣，就转化为一种生活斗争和创造的力量。作者所选取的题材与故事结构，有时往往极其平凡渺小，然而从平凡与渺小中间却容许我们去看到时代的极重要东西。作品的故事不过是个躯壳，躯壳里面的灵魂，才是更值得我们去欣赏的东西。所以对于一篇好的小说的欣赏是应该具有和作者在创作时同样的严肃态度，把它作为消遣品去随意浏览，实在是一种罪过。

一篇作品的完整与否，是决定于它艺术创造上真善美所达到的程度。真善美的一致是艺术的美的最高评价。一篇作品在真善美的要求上达到更高的境界，它的艺术价值也就越高。所谓“真”，就是指作品的现实性；所谓“善”，就是指作品思想与主题的正确性与真实性；所谓“美”，就是指艺术创造上的形象性。现实性，真实性，形象性，这三者是文学创作也是文学欣赏的最基本条件。因此我们着手欣赏或研究一篇作品时，首先应该去认识这篇作品的主题是什么，就是说，作者在这篇小说中所诉说的中心思想是什么。这种主题有时并不是看过一遍就能明白，需要再三细读始能领悟的。譬如鲁迅先生的《阿Q正传》，初读时候，也许会觉得是一个滑稽的喜剧；但是再看几遍，便渐渐体会出作者深刻的悲痛与愤怒。只有到这个时候，你才开始欣赏到作品的内容，而只有从内容的认识上，才能看到作品的现实性。

文学作品，特别是小说，是通过人物的形象创造来表现的。因此作品中间所描写的生活与性格，便是传达作品主题的最主要东西，也是我们在欣赏和研究时最值得注意的地方。小说中间的生活描写与人物性格的形成是经过现实概括的过程的，因此多少是含有典型的成分，我们必须研究这些性格的特征，作者是怎样在把握和发展这些性格，以及这些人物性格的现实程度，从处处细致的描写中间去理解作者的创作方法与过程，这样才会帮助我们对于形象化典型创造以及写作技巧诸问题的理解。

研究文学不仅要从作品上去理解，尤其需要从现实的日常生活上去理解。一个对于现实生活不能认识的人，也就很难去理解一篇现实主义的文学作品。所以我们一壁阅读小说，一壁尤须时时去观察社会事物。作品中所反映的现实，可以帮助我们去理解眼前的社会生活，同时眼前的事物也可以帮助我们去理解作品。研究作品必须不是概念的，而须从现实理解上去着手，这一点尤其是初学者所应注意。

在我们阅读小说的时候，自然须具有批判的眼光，去认识作品的优点和缺点，但是我们却须竭力避免机械的毛病。有些读者甚至批评家往往喜欢拿一把固定的主观的标尺，机械地去衡量一切作品，这是非常谬误的。对于一篇小说的欣赏，不仅应从生活认识上去着手，并且应该注意作品所反映的历史时代与环境，注意作品的人物与故事的发展过程及发展方向。不问青红皂白，只凭一个简单的概念去判断，那结果会使你变成一个可怜的书呆子。

最后，尤须提到一点，就是我们对于成功的作品应该怎样去学习的问题。一个初学者阅读小说，自然是含有学习的意思，但是所谓学习，绝不是叫我们照样去模仿人家。一篇作品的创造，是作者个人的主观与客观现实的结合，每个作者有他一定的主观，这不能强求一样的。所以我们只能够接受某些作家风格的影响，却不能和他做到完全一致；我们只可以从作家对题材处理，主题表现各方面去研究他们的手法，参考各人的表现方法，去培养自己的创造力。写小说是创作的工作，绝不是模仿的工作，如果想依样画葫芦，结果一定是画虎不成反类犬了。

以上所述，只是对初学者在文学欣赏及研究上，约略地贡献一点意见。本书的编选,也只是供给初学者理解作品的一种参考,和一般作品选集意义略有不同。这里所选的大都是近年来较为完整的小说,但因为材料和篇幅的限制,只是很少的一部分;而且有许多已经为大家所熟悉的作品,如鲁迅先生的短篇小说,以及已经为别人再三选过的其他作品,就不重选了。

一九四二、一、十三

《碾煤机》序

近代世界文学中间，美国文学的风格是很值得注意的。她是一个新兴的资本主义国家，不像其他国家那样，保有悠长的历史文化传统。因此她的文学形式与风格很少受到古典主义的文化形式的拘束。它一出现就是新鲜的活泼的，完全近代产业资本社会的产物。同时，美国又是机械文明最发达的国家，他们人民生活几乎全部受着都市产业资本活动的支配，他们的生活作风，一般是紧张，敏快，激动。因此表现在他们文学形式和风格上，便是一般的轻快，跳动和富有力量。我们只要拿它和用同样语言墨守成规的英国文学来比较一下，就不难分别出这两个国家的国民性的不同之处。

本书的作者 Michael Gold，就是从那种激动的，复杂的产业组织中间培养出来的一位著名作家。他在年青时候，曾经参加过各种产业劳动，在美国西南部各城市中，经历过各色各样的艰苦生活，对于那些有色人种的生活，尤其熟悉，从这种丰富的生活中间，培养出他伟大的文学天才。在他的作品内容上，我们可以感到一种极其强烈的生命力，那完全是从生活斗争实践中所锻练出来的。而在他的文体上，我们可以看出，比杰克·伦敦、特莱塞·辛克莱等人的作品，更显得明快，跳动有力。他的言语极富激动性，读他文章，仿佛听一篇成功的演讲似的，每一句话都在鞭挞着你的感情。有时，他采用一种电影的手法。如本书中那篇 Faster. America，Faster！它的拍子，跳动得异常迅速，简直就像坐在一列飞驶着的列车上一般，然而，尽管这样，他的作品里却具有极强的抒情的成分。Gold 本来是个诗人，他写过许多新的形式的诗篇，在他的小说中间，也表现着那种抒情诗的美，譬如本书中的 Two Mexicos，God is Love，Free！Death of a Negro 等篇，许多地方可以说都是非常动人的诗，这和那种形式上具有同样轻快活泼的特色的庸俗的美国小说，是多么的不同啊。

Gold 小说的第二个特色，是他对生活的熟悉和亲切。在他的作品中间，给我们画出了一幅美国人民大众的真实生活，使我们能从极细小的生活节目上去了解这个国家的人民。他所描写的，许多是他亲自经历过的，如 Coal Breaker，On a Section Gang，Love on a Garbage Dump 等篇，生活色调都是异常丰富的，由于生活内容的丰富，便更增强了他作品的真实性。在这一点上，Gold 甚至是可以和高尔基比拟的。

他作品的第三个特色，便是言语的运用，我们不是常常有人在提倡运用方言土语吗？那么 Gold 就是运用方言土语话一个极成功的作家。他的作品不仅表现了强烈的民族色彩，并且也表现了丰富的地方色彩。本书所描写的多半是美国西南部生活，他运用许多当地的方言土话以及美国下层社会中通用的俚语（slang），还运用了一些侨民中间的洋泾浜英语（Pidgen English）。这一些言语有的不成文法，在中国读者看来虽然较难懂，然而在学习英文文学上却是重要的，因为这才是真正的美国人民的语言啊。

Gold不仅注意方言的运用，并且还很重视方音，特别在写那些侨民和黑人的言语时，如果不用方音来表示还是不容易传达他们的神情，在本书内各篇中，几乎都运用了方音来写语言。譬如Death of a Negro一篇中，几乎通篇的对话都是用方音构成的，例如"Fust time Ah've evuh been sick in mah life"（First time I have ever been sick in my life），when dey gewine op'rate on me?（when they going operate on me）不仅读音不对，即文法也不通，但是这样说恰恰表现出一个黑人的口吻，关于用方音拚成的字句，因为太多了，无法一一注出，只有请读者自己去探索了。

单就了解近代美国的言语这一点，这本小说已经给我们很大的帮助了，这种了解，无论在学习文学或学习英语上，都是很有价值的。直到现在我国学校中不是还常常在采用《金银岛》、《莎氏乐府》等书作教材吗？那么介绍这一本用现代英语写的小说作我们现代的英语读物，或者不无裨益吧。

荃麟　一九四二

载于：碾煤机(Coal Breaker)(英语短篇文选)，1944年12月，重庆：开明书店初版

《荒唐的人》题记

编好这个集子以后，照例想写一点题记之类的东西。但是提起笔来，又觉得，有什么好写呢？这两年来，算是在桂林住下了。说起来，是在做文化工作，或者说，在过写作的生活，似乎颇有几分清高的样子。但自己想想，却实在只会苦笑。抗战以后，刚才打开一点生活圈子，到人群里呼吸一点新的空气；没有多久，却又赶回到这个所谓文化界的小圈子里来了。初到桂林的时候，确实也曾感到过，这是一个人文荟萃的大去处，不但书刊多，名人多，就是这城市也果然有点五色缤纷、应接不暇的样子，以为在这里总该多学习到一些什么了吧。但是不知怎么的，渐渐地却感觉寂寞起来。虽然名人议论也听了，满街新书也看了，这种寂寞却并未见得减少，到了近来，简直有点生活在沙漠之感了。自然，我知道，这该怪自己，为什么不到广阔的人海里去，不勇敢地和那些所爱的人群去拥抱呢？而且我自己不是常渴念着那样做吗？可是想到这，又只好苦笑了。我本来不就是在那里的吗，为什么要老远跑到桂林来写文章呢？为什么呢？

这两年来，我创作的产量是减少了，在编这集子时候，我检查去年到今年只写了三个短篇，这比起某些作家每月能写两三篇的，实在是太可怜了。穷和忙固然是原因，然而未见得是主要的原因吧，要是真有东西非写不可，穷和忙是阻止不了的。前天收到一本胡风兄译的《人与文学》，我读了译者的题记，他说："要想从艺术这条道路上对人生有点滴给与，就既须抱有朝山拜佛似的虔敬，也须忍受炼狱似的悲痛和苦刑似的劳役，艺术应该是人的心灵的倾诉，但如果不能对于受苦者的心灵所经验的今日的残酷和旧日的梦想感同身受，信徒似的把自己的命运和他们连结在一起，那还能倾诉什么，又何从倾诉呢？"这些话使我很感动，然而要达到这样境界，不是首先要我们能够和那些受苦者紧紧拥抱在一起吗？要是天天只是在些文化人中间兜圈子，坐坐"文艺沙龙"，或谈谈创作经验，这又能倾诉些什么呢？又何从去倾听呢？这两年来编辑室和亭子间的生活，是使我厌烦并且感到危惧了。

不是常常有人在鼓励着，要创造一些大时代中间健康和强壮的新的典型吗？我深深地惭愧未能做出这样的工作，我的生活是太贫乏了。

然而在我的回忆中间，却仍然有些东西，是为我所珍贵的。这种回忆现在几乎是我创作的唯一源泉了。我喜欢写一些卑微的琐碎的人物，因为他们是我所比较熟悉的，使我深深感动的。在前一集子的题记中，我曾经说到这一点，在这集子里各篇中所写的，依旧是这一类人物。自然，我没有能够把他们完全写出来，我也谈不上做到"忍受炼狱似的悲痛和苦刑似的劳役"，但是对于他们，我自己可以说是具有一点真切的情感的。也是由于这点感情的存在，使这些留存在记忆里的事物和人物，终于要逼到笔头上来；尤其是在这心境寂寞的时候，这些人物使我特别感到亲切，引起我的痛苦和悲愤，引起一种我和他们同一命运之感，而要把他们写出来，倒成为对我自己的一种安慰了。

我知道，写这样一类人物，是不会被人家所欢迎的，因为他们太平凡太卑微了，他们的心灵多半是残废的，他们的行为在这社会的眼光看来，多少是荒唐可笑的——谁又愿意来听荒唐的故事呢？而且我的笔又是那么的拙劣呀。但是尽管这样，我仍然有种微弱的希望，希望这些故事或者能引起几位读者，对这样人物的命运稍稍关心一下，能够看看他们荒唐的生活的内容，尤其是在伟大的时代中能够替他们设想一下，这就将是作者莫大的安慰和感奋了。

我选取《荒唐的人》这题目来作为这集子的题名，也无非是这点意思罢了。

这集子里最后两篇是战前发表的，因为写的都是这一类人物，而且战后作品多半失散。既然找到了这两篇，就收在这里了。

一九四三年三月于桂林

（原载 1943 年 6 月《野草》第 5 卷第 5 期）

《阴影与曙光》译记

一九四四年尾，我从湘桂大溃退中间逃到重庆，重庆也给这次空前的大溃退冲激得动荡起来了。整个山城里充满着混乱和不安。在那样情形之下，不仅谈不到安心下来工作，就是找一个住处也毫无办法。在旅馆里耽了一个多月，又搬到朋友的出版社里住上两个月，直到去年三月里，才搬到张家花园文协里，总算勉强安定下来了。

当时我正在着手编《文艺杂志》，但为了生活，不得不再找点工作。恰巧傅彬然兄来约我为开明译一本以青年为读者对象的现代文艺作品，这盛意是可感谢的。但为了这件事，我却在图书馆里、旧书店里以及一些有藏书的朋友那里，足足跑了两个月。起先的意思，想避免重译，打算介绍一些第二次大战中间英美的作品。但是接连阅读了十几本这类长篇小说以后，我却很失望了。我不知道这是否是我的偏见，我总觉得最近几年来盎格鲁－撒克逊民族的文学似乎比以前衰落了。就美国来说，这两年来输入的美国文艺书籍颇不少，几乎每一本新书出版，几个月后在中国就可以读到，这中间自然也有一些好的，但不知怎么，读过以后总觉得隔着一些什么，缺乏一种足以引起我们强烈共鸣的东西。尤其若干关于描写战争的小说中间，那种民族优越感的气味，以及对于被解放民族的怜悯同情和浅薄的人道主义，常常引起我的反感和憎厌。

这样，我几乎想把译书的计划抛弃了，接着又病了几个月，就把这件事搁置起来。直到秋天，在一个值得纪念的约会日子里，偶然在葛一虹兄手里看到尤金·雷斯的这一本小说的英译，还是才从打字机上打出来的稿本，是苏联大使馆一个友人借给他的。我当天就向他转借来，花几天工夫把它读完了。这部小说，在苏联并不算是本“名著”，作者也似乎并不很著名，但是那种朴素和真纯，却使我很喜欢。从这中间多少使我们看到了一些历史的真实和更多理解一些苏维埃人民的特质。而这本小说恰巧又是以一个十五岁的少年作为主人翁，很适合于青年学生的阅读，于是我就征得一虹兄的同意，决定把它译出来。

这部小说，与其称它为 novel，倒不如说更接近于 reportage。它只是平凡地描写斯达罗柴伏达斯克市的工人与市民怎样从和平幸福的生活中间投入到猛烈残酷的决死战争。也许我们会感觉它的描写过于繁琐，然而也正是从这些平凡琐碎的日常生活中间，使我们深刻地体会到在这个巨大的历史变动中间，苏联人民心理意识的具体变化过程——这种过程仅是机械地或公式地去理解是决不够的，而且只有从这样的具体变化过程中间，才能使我们真切地认识苏联人民力量之所在。在我们所看到的若干苏联爱国战争作品中间，一般似乎更着重于英雄业绩的描述和歌颂，而在这部小说中却更着重在一般人民生活与心理的变化，这也许正是这本小说的一个特点。在这本小说中间，没有曲折的情节和过分的渲染，也没有那种叱咤风云的突出的英雄人物。所谓英雄，实在也就是那些极平凡极熟悉的工人和市民，在战争中间自然地锻炼出来。正如作者在作品中所说："这样的人太多，我记不起他们的名字，但是我把他们整个的'人格化'起来，就是一个活泼、热情和经常具有一种能微笑的力量的人。"这就是所谓人民的英雄主义了。而这种人民的英雄主义却是植根在人民的长期的和平劳动生活中间，也即是在合理的苏维埃生活中间，不是从这样的平时生活中间去认识，我们是无法去理解它的。

苏联人民那种坚韧的性格，实在令人吃惊。照我们一般的想法，当德国人向苏联开始侵略的时候，苏联那样一个革命国家的人民，一定是像我国抗战初期那样，充满了激昂紊乱的情绪，到处奔走呼号，宣传鼓动。但实际上却不如此。当战争的消息传达到这城市的时候，整个城市的生活，在外表上几乎没有什么变化，只是每个人更加紧地埋头于他们自己的工作，每个人在内心上更紧张地来估计和准备迎接这个战斗，好像一个勇猛的战士，在搏斗以前所具有的那种沉静和坚定。每个人都从心底里来感觉这历史的压力，而估计着自己的力量去承荷这压力；由于那样一种沉重的真实的感觉，他们甚至在父子兄弟之间都竭力避开了对于战争的空洞谈论，相互用一种天真的虚伪来掩饰自己内心的紧张，和保持战斗以前的镇定和自制。"那似乎一种沉静罩落到每件东西上面，一种沉静，日日夜夜在我耳朵里单调而残酷地响着。如果说一切事物在外表上依旧和以前一样，那么一种深沉的变化是在我们生活中间进行着了。"这是多么可怕的一种沉静，这种沉静中间又酝酿着一种多么可怕的力量。那和我国抗战初期那种热烈有余、坚实不足的情形相较，显出人家是具有一种何等雄伟的潜力。因此当最后广播电台的召集令一下，所有的人都毫无踌躇的去响应号召，连那位领导者事前准备好的一篇鼓动的演讲辞，在这时都感觉是多余，因为他已经看出每个人都和他自己同样地理解到他们自己的任务了。

为什么他们能具有那样雄伟的潜力呢？作者曾经借书中一个人物的口说得很明白：

> 今天晚上，我们既不是懦夫，也不是英雄。我们只是作为一个普通人民和市民。我们感觉到一种本质的对卑劣的反感和憎恶。你们想，为什么你们是这样想法的呢？我所怕说的一个悠长的故事。这是由于几世代来所形成的一个传统的问题。是从许多次残酷的考验、战争、革命以及诸如此类的事情中间所获得的经验的问题。过去四分之一的世纪——我们生活在一个那样的国家里，人民的权利就是它的法律和教育的ABC——已经在我们灌输了对于度量是非的新的水准了。
>
> 德国人也许能以他们的坦克压杀我们，或者用他们的大炮轰击我们，但我一点儿也不相信他们能摧毁我们善与恶的概念，以及什么是可耻、什么是可贵的概念。那是不可能的。这些崇高的道德水准一度已经存在，它们就不可能再被抹杀了。

这是一种历史的力量，换句话说，就是从无产阶级群众的思想与生活中间所产生出来的社会力量，凭借这种力量，苏联才能创造出那样辉煌的胜利。这个经验对于在苦难中奋斗的中国人民是特别重要的，因为我们今天正需要这样一种坚韧沉毅的国民性格，和创造能培养这样国民性格的社会条件。

自然，这样的国民性格，当它作为每个人的个别性格具体地表现在现实中间的时候，并不是那样单纯。战争是残酷的。每个人都要去接受那残酷的考验，因此在迎接战争中间，每个人的内心上必然引起强烈的搏斗。例如拿对于战争的恐惧来说，这是一般人所自然具有的心理，而且愈是对于现实认识清楚，愈会感觉到这种残忍的可怖。想一想吧，这样一座多年来由许多人民的血汗所创造的工业城市将一旦毁灭于炮火，这么多的和平幸福的劳动人民将牺牲于厮杀中间，这怎样不叫人战栗？然而这并不一定是怯懦，因为另一方面还有一种更强大的力量在支持着他，在克服着那种恐惧；愈是迫近于战争现实，这种搏斗也更猛烈，在这里也就显出了各个人强弱不同的程度。然而无论如何，从那样一种长期生活中间所形成的思想意识，往往在这里起着决定的作用，而更强的力量也往往是通过这种猛烈的搏斗产生出来。这就是小说中辽沙的祖父所说的："苦难给予力量。"

在这小说中间，许多地方都描写了这种内心的搏斗，这是非常现实而且重要的，不是这样，我们将无法理解为什么昨天一个平凡的工人今天忽然变成了英勇的战士，也无法理解一个十五岁的孩子最后终于拿起武器去参加火线上的战斗。

在小说的第二部中间，几乎全部都是描写战争，使我们从文字中可以感受到使人晕眩的火药气味，这是很不容易的。

不是亲身参加过火线上战斗的作者，往往不易使我们真实地感受到那种疯狂残暴的行为，对于一个人生理与心理所引起的那种酷烈的影响。作者凭借他自身的经历，把我们引入到一幕幕的惊心动魄的血战场面，而从这里也更增强了我们的坚信，纵使战争是那样残酷，它却绝不能消灭一个更强大的力量——人民的正义。

我并不要求读者对这部作品寄予很高的评价，若干方面，仍有它的缺点，但无论如何，它是给我们显示了一些真实的东西。这些东西，对于我们却是有益的。当我写这篇译记的时候，中国正面临着一个长期的苦难，这使我们对于“苦难给予力量”这句话格外感到亲切和沉重。真的，这种力量的取得，将不是仅仅依靠于单纯的热情的呼号，而还需要更深沉和坚韧的长期奋斗。正如鲁迅先生所说：“我们在引起他们的公愤之余，还须注入更深沉的勇气，我们在鼓舞他们感情的时候，还须竭力启发他们的理性；而且还须偏重于勇气和理性，从此训练了许多年，这声音自然不及大叫宣战杀贼的大而宏，但我以为是更紧要而且更艰难伟大的工作。”

是的，我们是应该着手于这样工作的时候了，那么就让我以这样的心境，把这本书介绍给我们的读者吧。

（原载 1946 年 12 月《中学生》第 182 期）

战斗的，真实的

——序陈祖武的《四十八天》

一九四六年春天，我暂寓汉口，那时中原军区的问题正闹得很紧张。汉口有个军调部的第九小组，中共的代表是薛子正上校。他们住在德明饭店里，实际上是整天受着国民党特务监视的。有一天，军调部一位朋友把这包稿子交给我，说是从中原军区带出来的一些战士和干部的作品，希望我看看。我拿回来看了一遍，大部分都是秧歌和活报的习作，写得并不怎么好，其中有一本即是这部日记，题名《四十八天——日本投降后南征北返四十八天回忆》，作者没有署名。读完这本日记，我大为感动，急于想查出作者是谁，但是这时，国民党已经违背协定，开始进攻中原军区了，李先念和王震将军率部胜利突围北返，汉口军调部小组也随着撤消了。

我一直带着这部手稿，由上海到香港，抄了一段，题作《八面山上》署名"佚名"，在《群众》上发表，很得到一些读者的好评，后来承周而复兄查到，在《解放日报》上恰巧也发表了这一段，而且题目也叫《八面山上》，作者署名是陈祖武。这使我非常欣慰。这以前，我一直担心着，作者找不到他的原稿下落，一定很焦急，现在才晓得他已经留了底稿了。

我不认识陈祖武先生，也无法通信征得他的同意，照例是不可能代他发表，更没有资格来写这篇序文。但是我以为这样的作品实在亟应介绍出来给非解放区读者，这样做了，作者或不至于反对罢。恰巧周而复兄正在编《北方文丛》，我就把原稿送给他看，他也觉得很好，于是就由他编入《北方文丛》第三辑了。

原稿题名为《四十八天》，但记到第三十三天——九月十三日——便中止了，也许因为军事倥偬未能继续写下去吧？原本字迹异常潦草，错字极多，若干处文气稍欠连贯（我除了改正错字和在少数文句上略予改动外，其余都保持原貌），看来是在紧张的战斗空气中写成的。但是我猜作者并不是所谓“文化人”，而是一个实际政治工作者，他也不是为了创作或要发表而来写这日记的。他只是觉得这段战斗生活十分可贵，所以就自己所见所闻所遇所感朴素地记述下来，然而由朴见真，从这日记里所显示给我们的，不仅是生活的真实，而且也可以说是历史的真实。这样一支军队是怎样从人民中强大起来的？而那些十余年前曾经是苏维埃革命的中心地区现在是怎样情形？以及一九四五年下季中国革命斗争的实际情况，国民党怎样在胜利之翌日就竭力向人民进攻？在这短短万数字中，都给我一个清楚的认识。作者所写的，都是身边琐事，然而一个在实际战斗的真正战士，他的身边琐事，也就不能不和这时代巨潮，息息相关，而因此从他的生活记录中间，也就使我们真切地感觉到时代和历史的脉搏。

这里特别使我惊异感动的，是在那样非人所能承受的艰苦环境之中——那比绥拉莫费支的《铁流》里情形不知更艰苦几倍的——这些人民的战士是那样充满对革命、对党、对毛泽东坚贞的信念，那样一种充沛的乐观精神，那样一种豪阔而勇敢的笑声，那样一种深切的同志爱和阶级爱，仿佛世界上任何一切都不能使他们有一分沮丧似的。这使我想起常人和一些作家所说的战斗的乐观主义。这才是真正的乐观主义啊！它是产生于那样一种血肉战斗之中，那样一种集体意志之中，而不是那些在薄海民式的生活中自命不凡的人们所能梦想的。

当我读到王震将军在病中从担架上跳下来，把担架让给一个病员，而自己向前奔去的时候，读到王政委千辛万苦把毛主席的言论集一刻不离在身边的时候，读到金忠潘同志饿得两眼昏花，捧着一碗饭，忽然想起毛主席“与弟兄共甘苦”的话，而终于忍住饥饿推给战士们吃的时候，读到这些十年苦征的战士重新看到井冈山的时候，读到那些在苏区受苦和坚持了十年的人民和红军家属，忽然看见自己的队伍和亲人的时候，我实在难以抑制我的激动了。有什么比这一些故事，是我们生活中更美丽的诗吗？

我确是被感动了。我相信，每个读者读完这本书时，他至少可以获得一种认识，一种信念——为什么人民解放军是那样坚强，为什么它永远是必胜不败的。

这样一种文艺形式，我以为是值得大大提倡。毫无铺张，毫不渲染，而只是把生活中最真实的东西，最真实的思想和感情，朴实无华地写下来，是你不可能相信，这中间有半分虚伪。而由于这样的一种真实性——个人和集体战斗相结合而取得的真实思想与感情，使这作品给予我们一种强大的感动力。尽管它还粗糙，但我可以斗胆说一句，现在一些住在都市里努力追求形象和技巧的作家，是绝对无法写出这样的动人作品的。

在苏联战争时期，曾经热烈地鼓励过运用这类战地日记和“实在的故事”(True Story)的形式，这些形式的作品曾经受到人民热烈的欢迎，起了极大的鼓动和教育作用。自然最主要的还是生活，在目前中国翻天覆地的时代大浪潮中，这些斗争生活是无穷尽的，要求我们去写出来，那么这种写法是值得我们去学习，和特别重视的。

而因此这一本日记——一个战士的作品的出版，便更是值得我们欢呼的了。

1948年1月31日，香港《正报》第74期(第二年24期)

《四十八天》的序

一九四六年春天，我暂寓汉口，那时中原军区的问题正闹得很紧张。汉口有个军调处执行部的第九小组，中共的代表是薛子正上校。他们住在德明饭店里，实际上是整天受着国民党特务监视的。有一天，军调处执行部一位朋友把一包稿子交给我，说是从中原军区带出来的一些战士和干部的作品，希望我看看。我拿回来看了一遍，大部分都是秧歌和活报的习作，写得并不怎么好，其中有一本就是这部日记，题名《四十八天——日本投降后南征北返四十八天回忆》，作者没有署名。读完这本日记，我大为感动，急于想查出作者是谁。但在这时，国民党已经违背协定，开始进攻中原军区了，李先念将军和王震将军率部胜利突围北返，驻汉口的军调处执行部第九小组也随着撤销了。

我一直带着这部手稿，由上海到香港，抄了一段题作《八面山上》，署名“佚名”，在《群众》上发表，很得到一些读者的好评。原稿题名虽为《四十八天》，但记到第三十三天（九月十三日）便中止了，也许因为戎马倥偬未能继续写下去吧，看来是在紧张的战斗空气中写成的。但是我猜想作者并不是所谓“文化人”，而是一个实际政治工作者，他也不是为了创作或要发表而来写这日记的。他只是觉得这段战斗生活十分可贵，所以就自己所见所闻所遇所感朴素地记述下来，然而由朴见真，这日记显示给我们的，不仅是生活的真实，而且也可以说是历史的真实。这样一支军队是怎样从人民中强大起来的？那些十余年前曾经是苏维埃革命的中心地区现在是怎样情形？以及一九四五年下半年中国革命斗争的实际情况，国民党怎样在胜利的翌日就竭力向人民进攻？在这短短数万字中，都给我们一个清楚的认识。作者所写的，都是身边琐事，然而一个在实际战斗中的真正战士，他的身边琐事，也就不能不和这时代巨潮息息相关，因此从他的生活记录中间，也就使我们真切地感觉到时代和历史的脉搏。

这里使我特别惊异和感动的，是在那样非人所能承受的艰苦环境之中——那比绥拉菲莫维奇的《铁流》里情形不知更艰苦几倍的。这些人民的战士是那样充满着对革命、对党、对毛泽东的坚贞的信念，那样一种充沛的乐观精神，那样一种豪迈而勇敢的笑声，那样一种深切的同志爱和阶级爱，仿佛世界上任何一切都不可能使他们有一分沮丧似的。这使我想起一些诗人和作家所常说的战斗的乐观主义，这就是真正战斗的乐观主义啊；它是产生于那样一种血肉战斗之中，那样一种集体意志之中，而不是那些在“薄海民式”的生活中自命不凡的人们所能梦想的。

当我读到王震将军在病中从担架上跳下来，把担架让给一个病员，而自己向前奔去的时候；读到王政委在千辛万苦中把毛主席的言论集一刻不离带在身边的时候；读到金忠潘同志饿得两眼昏花，捧着一碗饭，忽然想起毛主席“与弟兄共甘苦”的话，而终于忍住饥饿推给战士们吃的时候；读到这些十年苦征的战士重新看到井冈山的时候；读到那些在老苏区受苦和坚持了十年的人民和红军家属，忽然看见自己的队伍和亲人的时候；我实在难以抑制我的激动了。有什么比这一些故事，更像我们生活中美丽的诗呢？

我确是被感动了。我相信，每个读者读完这本书时，他至少可以获得一种认识，一种信念：为什么人民解放军是那样坚强，为什么它永远是战无不胜的。

这样一种文艺形式，我以为是值得大大提倡的。毫无铺张，毫不渲染，而只是把生活中最真实的东西，最真实的思想和感情，朴实无华地写下来，使你不可能相信这中间有半分虚伪。而由于这样的一种真实性——个人和集体战斗相结合而取得的真实思想与感情，使这作品给予我们一种强大的感动力。尽管它还粗糙，但我可以斗胆说一句，现在一些住在都市里努力追求形象和技巧的作家，是绝对无法写出这样动人的作品的。

在苏联卫国战争时期，曾经热烈地鼓励过运用这类战地日记和“实在的故事”的形式，这些形式的作品曾经受到人民热烈的欢迎，起了极大的鼓动和教育作用。自然最主要的还是生活，在目前中国翻天覆地的时代大浪潮中，这些斗争生活是无穷尽的，要求我们去写出来，那么这种写法是值得我们学习和特别重视的。

因此，这一本日记——一个战士的作品的出版，更是值得我们欢呼的了。

一九四八年一月于香港

《大众文艺丛刊第一辑·文艺的新方向》致读者

我们不想在这里来多作自我介绍,我们只是期待着读者诸君对于这个业刊多予指教和批评。

我们所想说的,就是我们愿以实事求是的,对读者负责的态度,来从事这个业刊的编辑。一切话都不妨坦白的说,一切问题都不妨正面展开讨论,只要是采取对群众负责的态度。

这不是一个同人的刊物而是一个群众的刊物,我们热烈地希望读者和各地作家,特别是在实际工作战斗着的朋友,能够寄给我们以稿件,使这个业刊能广泛地反映读者的意见,和各方面的生活与斗争。

我们所需要的,是战斗生活的报告,速写,实在的故事,诗歌,小说——一切来自人民生活,来自群众斗争的作品,和对于文艺思想上的意见与作品的批评。以后我们还想增加通讯一栏,以期广泛反映读者的意见。

来稿请寄香港皇后大道中五四号生活书店转(如欲退稿,请附足邮票)

一九四八年三月

《大众文艺丛刊第二辑·人民与文艺》编后

感谢读者与朋友们，在本刊第一辑出版后，给予我们许多热烈的鼓励，并且对“对当前文艺运动的意见”一文，指示了我们无数宝贵的意见。我们希望这些问题能在本刊上作公开详尽的讨论。在上期中，我们曾经指出“我们在这里不过作为一个开端，而不是总结”。我们相信，许多问题不是经过反复的讨论，是不易一下得到结论的。这一期里，我们讨论了创作与主观以及文艺大众化的问题，在下一期，我们希望能刊出一些读者和朋友们的意见。

创作方面，我们想特别提到丁力先生投来的长诗。作者是个三代雇农的子弟，从小从艰苦中熬煎过来。这诗就是写他童年的生活，就技巧上说，或不免尚有粗糙之处，但我们以为这是具有真实生活内容的诗，从那朴素无华的风格上，使我们亲切地感到农民真正的感情和农村生活的气息。

最后，我们特别希望读者们，能够寄给我们一些关于反映或报导当前群众运动（工人学生和农民的实际斗争）的通讯、报告和实在的故事。

一九四八年五月

《大众文艺丛刊之三·论文艺统一战线》编后

我们接到一些读者来信，抗议一些杂志对纪德的捧场，我们特约了缪灵珠先生写了一篇《谈纪德》，对于纪德的反动思想实质和其特点，作了一个详细的分析，这篇批评我们以为是很重要的。

赵树理先生的小说，是久为读者所欢迎的，本辑发表他《福贵》一篇，以后还将继续发表。这一篇对于人物与社会关系的分析，我们以为是很深刻的。

上辑征求反映当前蒋区斗争的各种报告、通讯、实在的故事等，已经收到了好些稿子，这辑刊出的，都是读者投稿，我们恳切希望读者不断地寄给我们这类作品。

一九四八年七月

《大众文艺丛刊·论批评》编后

本辑出版,因为印刷和技术上的关系,略为迟了几天,应向读者致歉。这辑在形式上改变了一下,理由,读者们想来是明白的。

鲁迅先生逝世纪念日是在下月间,因为本刊是逢单月出版,故在本辑即发表"鲁迅思想发展的道路"一文,以资纪念。对于鲁迅先生思想的研究,我们觉得一般的多或片面强调其前期思想,对其后期思想评述的较少,因此常常会引起对鲁迅先生片面的,不完整的理解或曲解。我们觉得认识鲁迅先生最深刻的,应推瞿秋白先生,本文是根据瞿秋白先生的观点,更进而着重于分析其后期的思想。又前辑中,我们会提出建立严谨批评的工作问题,本辑中特发表"论马恩的文艺批评"一文,帮助读者认识马克思主义的批评的意义与方法、态度等问题,以区别于一些非马克思主义或反马克思主义的批评。

本刊以前各辑文字,多半是就当前文艺上的问题向读者提出意见,以期引起全国文艺工作者的研究和讨论,作为推进文艺运动的条件之一。几月以来,我们得到各方读者许多指教和宝贵意见,殊深感激。可是正在本辑付刊的时候,我们忽然接到两本叫"泥土"和"歌唱"的杂志,因为本刊一二辑中曾经批评到他们那种主观论的理论，他们便以一种暴跳如雷的辱骂和诬蔑的姿态来答复本刊，这是颇为意外的。他们自命为“马列主义者”，可是无论在理论观点和态度上，都远离乃至背叛了马列主义和毛泽东文艺思想的原则，而成为一种宗派的喧闹。这种无原则的宗派主义正是今天文艺统一战线上一个问题，但是对于这种堂吉诃德式无原则的攻击，我们将仍然从原则上去批判，从马列主义和毛泽东的观点上予以阐明。在下一辑中，我们将发表对这一问题的文章，敬希读者注意。

一九四八年九月

《大众文艺丛刊·新形势与文艺》编后

本刊创刊时候，正在毛泽东《目前形势和我们的任务》发表以后，当时我们感到历史已发展到了转折点，一个新的形势快将到来了，为了迎接这即将到来的新形势，觉得有必要特别强调文艺上为工农兵基本方向和无产阶级思想领导的问题。一年来，这些问题曾经引起了文艺界的热烈讨论，虽不能说在认识上已经取得一致，但在新形势到来之前，这种思想上的准备，我们以为是必要的。

现在革命的新形势已经到来了。这新的形势也就要求文艺更进一步具体地去配合它而发展。因此不能不更具体地去接触当前一些实际问题，这一期中所讨论的关于文艺与电影的问题，是根据这样要求而提出，这些意见只是作为一种建议，希望文艺艺术界朋友，能够指正并展开讨论。

史笃先生的《文艺运动的现状和趋势》一文，是他对于过去和今后文艺运动发展的看法，这些意见在本刊编委会讨论时有人对于其中论点认为尚值得商讨，编者以为这些问题不妨提到读者中间展开讨论，以求得意见的一致。

由于局势的发展与编委会工人的流动，这期出版后，本刊暂告结束，俟以后在解放区再考虑复刊，敬希读者鉴察。

一九四九年三月

《大众文艺丛刊·批评论文选集》前记

《大众文艺丛刊》是在香港出版的一个以文艺批评为主体的不定期刊,每隔两个或三个月出版一辑。从一九三八年三月开始到一九三九年三月共已出版过六辑。此地所选辑刊印的就是这六辑中的批评论文,因为过去这个刊物的发行区域都在国民党统治区内,所以所讨论的内容大体上均针对国统区内的文艺运动中的问题。

编　者

一九四九年六月

关于《作家通讯》

《作家通讯》是全国文协的一种内部刊物。出版这个刊物的目的，是为了加强作家之间的联系，交流作家创作工作上的经验。

《作家通讯》将经常刊载作家的来信，报导作家深入生活的体会与经验，作家的创作计划、情况和创作过程中的各种问题。这样可以使散处各地的作家互相了解，互相讨论，以促进创作上的竞赛。

《作家通讯》将报导作家们政治学习和文艺学习的情况和经验、创作委员会和各创作组对于目前创作上主要问题的讨论，以交流作家们的学习经验。

此外，有关文学的刊物、出版、教育、研究的计划和情况，全国文协的重要决定和组织情况的报导，也将是本刊内容之一，使所有会员能经常了解全国文协工作的状况。

我们要求全国文协各地的会员，全国各地文协的负责同志，特别是正在深入生活或进行创作的作家同志们，经常把自己关于生活、创作的情况和问题，写成短稿或书信寄给我们；并且也希望作家们把他们之间互相讨论创作问题的信件，交给这个刊物发表。这样，使我们能够把《作家通讯》办好。

由于本刊是内部刊物，本刊所刊载的稿件，希勿在公开报刊上转载。

一九五三年四月

《被侮辱和被损害的》校订后记

陀思妥耶夫斯基的这本小说，是在1943年根据 Constance Garnett 的英译本转译的，曾经印过六版。今年是作者逝世七十五周年，人民文学出版社要重印此书，特将译文重新校正一次，交由该社出版。

陀思妥耶夫斯基写成这本小说，是在1861年，正是他经过了十年苦役和流放之后回到彼得堡的头两年。陀思妥耶夫斯基在1849年因参加彼特拉谢夫斯基革命小组和在小组上宣读别林斯基给果戈理的信而被捕，曾被判处死刑，后来改为四年苦役，期满后仍流放在西伯利亚，直到1859年才回到彼得堡，重新开始文学生活。这整整十年的苦役和流放生活，对他后来的思想和创作事业，产生了极大的影响。沙皇对他的逮捕、死刑、苦役、流放，不仅使他亲身经受了统治阶级最残酷的迫害，并且由于他长期和流放者生活在一起，使他极其深刻地窥察了这些受苦难者的灵魂，体验了他们肉体和精神上受折磨的痛苦，——在这一点上，没有一个同时代的作家可以和他相比的。长期的痛苦的囚徒生活，激起他对于统治者更强烈的憎恨和对于被迫害者更深切的同情，也使他那种描绘人类痛苦的杰出艺术才能，得到更深入的发展。

但是，长期的残酷迫害，也强烈地损害了这个天才艺术家的肉体和精神，销蚀了他青年时代的革命意志和信心，使他感到在深沉的黑暗势力之下知识分子的无能为力。西伯利亚十年的孤独生活，使他和整个社会生活隔离了，看不到五十年代俄国的革命风暴，看不到这个时代人民中间正在兴起的力量。当他回到彼得堡的时候，正是俄国农奴制度崩溃，新兴资本主义取而代之的过渡时期。这种改变同时也给俄国人民带来新的苦难。新的局势使他更加眩惑痛苦，不知所从。青年时代在他世界观中就存在着的矛盾，经过这十年流放生活，就格外的强烈起来：一方面他憎恨和抗议统治阶级的残暴，一方面又对革命感到怀疑和幻灭；一方面对现存社会制度感到不能容忍，一方面又感到这种制度的不可动摇；一方面对于人民生活的苦难寄予深刻的愤怒与同情，一方面又竭力劝导他们忍受这种苦难。这样就使他愈来愈倾向于从宗教与道德观念中去找求精神的支持。这种矛盾折磨了陀思妥耶夫斯基一生，使他陷入了精神分裂的状态，越到晚年，这种矛盾就越强烈地反映在他的创作中。

这本小说，作为他流放回来以后的第一部长篇作品，也就反映了这个时期作者的思想矛盾状况。这本小说深刻地描写了沙皇制度下俄国城市平民的痛苦生活和悲惨命运。作者用他高度的艺术洞察能力，从人物的灵魂内部向我们展开了一幅人吃人的残酷斗争的真实图画。作者的爱和憎是强烈和分明的。作品中所反映的贵族、资产阶级与平民之间不可调和的矛盾是突出的。这一切无疑是现实的。但是作者并不是从历史条件和社会斗争的观点上去探求这种矛盾的实质，却是形而上学地把这些矛盾归结为人的灵魂中善与恶的斗争了。

在作者看来，生活中间这种悲惨残酷的现实，乃是由于这个过渡时期中道德崩溃的危机所造成的结果，而这种道德的堕落却是人类灵魂中一个无法解决的永恒的问题。这样就使他在矛盾中间陷于不能自解了。作者在小说中所创造的华尔戈夫斯基亲王这个形象，可以说是一个罪恶的化身。这个人物身上几乎集中了贵族和资产阶级的一切丑恶特征，其中最本质的，就是那种兽性的利己主义。“一切都是为我，世界是为我而创造的。”这是华尔戈夫斯基亲王的生活信条。他把自己的利益和幸福建筑在对别人的侮辱与损害上，并且以这种侮辱与损害作为一种享乐。陀思妥耶夫斯基痛恨这种兽性的利己主义。他猛烈地鞭挞了这个人物，深入地剖解了这个丑恶的灵魂。但是由于他不是从社会的原因上去认识这种剥削阶级道德堕落的现象，却是倒果为因地把它看作是社会不安和混乱的根源。因而这个典型人物的社会意义便被削弱了；而且使作者自己连同他的正面人物在这种可怖的罪恶力量之前被震倒了。正如杜勃罗留波夫对于这个形象所作的评语说：“怎样和什么东西使亲王成为现在这种样子呢？假如他的灵魂被完全掏出来的话，那么这个饶有兴趣的过程是以什么方式而且在什么方法之下发生的呢？……可是陀思妥耶夫斯基先生完全忽视了这个要求。”

一对于剥削阶级罪恶的形而上学的理解，也就使作者在对待被侮辱与被损害者的命运问题上，陷入于束手无策的绝望境地。

小说中间，那些被侮辱和被损害的人物是作者所极其熟悉和十分心爱的。这些人物具有一种共同的善良、纯洁、天真而又倔强的性格，甚至使人们会相信，他们的遭受侮辱和损害，就是因为他们太善良，太天真了。作者把他们的痛苦渗入到自己的灵魂里，和他们共同悲泣、怨愤、受苦。他把他所心爱的人物放在苦难的深渊里，让他们受尽煎熬，受尽迫害，然后从他们的灵魂深处迸发出那样窒息的、愤怒的呼声和惨痛的哀号。用这样的声音激动了他的读者。这声音是十分强烈的，决绝的，在这声音底下是压抑着多少对压迫者的怨愤和复仇的渴望呵。然而，尽管这样，这却是一种绝望的声音，一种灵魂破碎的声音。因为作者不是引导他的人物去面对生活的斗争，而相反的要求他们用一种倔强的忍受和高傲的蔑视来对待这些侮辱与损害，用他们彼此之间的相互的爱和宽恕，来溶解自己心灵上的痛苦。在作者看来，似乎这种倔强的忍受和高傲的蔑视正是抵抗侮辱与损害的唯一的崇高的方法，是保卫自己灵魂的纯洁的唯一的方法，是缓和自己的痛苦的唯一的方法。人类只有从苦难的忍受中得到拯救。这正是这帮作品中所反映的作者的一个基本的致命的观点，实质上就是基督教的受苦受难的精神。这种观点在陀思妥耶夫斯基的一切作品中是一贯的。鲁迅在分析陀思妥耶夫斯基的创作思想时说，作者是"穿掘着灵魂的深处，使人受了精神的苦刑而得到创伤，又即从这得伤和养伤和愈合中，得到苦的涤除，而上了苏生的路。"(《穷人》小引)反映在这部作品中的，也正是这种思想。毫无疑问，这种思想是空想的，不健康的，而且是有害的。这是和现实斗争要求不相容的失败主义的思想。这种思想并不可能引导人们走上苏生之路，只有引导人们走向痛苦的毁灭，走向对压迫者的屈服。

作者这种错误的思想，也影响了他艺术的完整性。在这部作品中的每一个被侮辱和被损害的人物，几乎都是按照同样方式在对待自己的命运，都是同样的任性地、歇斯底里地、绝望地在痛苦中折磨着自己，甚至从这种折磨自己中间取得享乐。作者最心爱的人物、小女孩子尼丽所喊出来的声音："穷吧，一生一世的穷吧，不管是谁来叫你，不管是谁来找你，别到他那里去。……守着穷，去做工和去讨饭，如果有什么人来找你，你就说'我不同你去！'"这种倔强而绝望的声音，正是作者自己的绝望的抗议。结果这些无路可走的人物——斯密司和他的女儿以至尚未成年的尼丽，便一个接一个地在苦难的忍受中死去了，伊契曼耶夫一家，悄悄地离开彼得堡了。"这是一场梦啊！"作者在小说结尾时从娜塔莎嘴里发出了这样一声深沉的悲叹。在这个悲剧的极度紧张性背后，使我们感到作者感情上的强烈和脆弱、热爱和冷酷是多么矛盾地交织在一起。作者竭力要使他的人物忍受苦难的那种意图，"有时候，竟至于似乎并无目的，只为了手造的牺牲者苦恼，而使他受苦。……"（鲁迅）常常使他的故事和人物性格的发展上，显出了作者创作上主观主义的痕迹，因而使他的艺术形象的真实性遭受到一定程度的损害。

我在这里比较着重地指出这部作品中的错误观点是为了帮助读者在阅读这部作品时可以避免受到这种错误观点的影响。但这绝不贬抑这部作品的伟大的现实主义意义。在这部作品中占主要地位的，并不是作者那些主观的错误思想，而恰是作品中间所反映的客观生活的真实——阶级矛盾的尖锐化，贵族和资产阶级生活的腐朽和他们的残酷，被迫害的人民的那种无可忍受又无路可走的悲痛，作品的形象中间所充满着的对压迫者的憎恨和抗议精神。这一切都是充分地深刻地反映了当时的现实生活的。作者对于生活的熟悉，对于他的人物的深切同情，和他那种高度的艺术才能，使他能够那样深入到客观对象的最内部，正如他自己所说的："我是将人的灵魂深处显示于人。"这赋予他的作品以一种震撼心灵的强烈力量。读者从这部作品中首先被激动的，也正是生活中那些真实的东西，这些东西激起了我们对于侮辱人和损害人的那种社会制度的仇恨。这是有积极意义的。而作者那些错误思想，却常常在艺术真实性的强大力量之下，被掩盖或削弱了。因此，在全面地评价这部作品的时候，固然应该毫不姑息地指出它的缺点和错误，但却不能不首先肯定它的伟大的现实主义的价值。当然这不是说，作者的世界观和他的现实主义方法是矛盾的，因为作品中间所反映的现实主义的内容，无疑和作者世界观的进步的积极的一面是相联系着的。

陀思妥耶夫斯基是十九世纪伟大的现实主义作家之一，但同时也是充满着思想矛盾的作家之一。他的作品曾经引起过无数的争论。因此在阅读他的作品的时候，也就格外需要具有科学的、细心的辨别和批判的能力，使我们能够从他的作品中接受到真正有益的东西。

本书中的注释，除少数为英译者所加外，其余的都是中译者加上的。

由于在病中，译文的校正工作仍不免有草率之处。希望读者指正。

译　者

1956 年 4 月 26 日

书　信

邵荃麟致黎烈文、王西彦信

××、××二兄：

《现代文艺》的出版，给予东南读者很大的鼓舞。寄给金华各书店的数量还太少，创刊号不到一星期便销完了——这是一个可喜的现象。

首先我们应向你们二位祝贺这个刊物的诞生和它的成功。创刊号的内容不仅可以跟全国各大文艺刊物匹敌一下，而且有些地方还显出它的特色。究竟是编《中流》的老手，一出手就是大大方方的气派。

在形式方面，编排上简直无懈可击。就是封面不够漂亮。但那也许和纸张很有关系，如果用铜版印在道林纸上，就会好看得多了。自然，在这时期，这是做不到的事情。此外有几编的题目和署名觉得字过小一点，还有编辑人的姓名是否可以印出来呢？

至于内容方面，希望：一，保持每期都有西洋文学理论和作品的介绍，以救济战后介绍工作的缺点。二，保持每期权威的理论文章，以救济当前理论指导的贫乏。三，添加文艺批评与介绍，以救济介评工作的松懈——特别是对东南作品的批评与介绍，并注意新作家的提拔。四，短论中各问题的提出应与全国文艺运动取得一致。

对各篇作品，大体上都满意。特别是维山先生的《典型的创造》与许天虹先生的译文《托尔斯泰的思想》。

拙著《麒麟寨》十五日在此间演出，待重加修正后即寄上。

专此

即致，

敬礼

弟荃麟 5 月 13 日

载于《现代文艺》第 1 卷第 2 期，1940 年 5 月 25 日出版

关于长诗《菊花石》给李季同志的信

李季同志：

你给陈淼同志的信，我看了。你对批评的态度是很严肃和诚挚的。在那次讨论会上，我的发言纪录因为开文代会事情忙未及校阅，就搁下来了。现在陈淼同志又来要那纪录，我觉得时间已经隔了很久，而且其中一部分意见，和艾青、水拍等同志谈的也差不多，所以不想再发表了。我只想就大家所讨论到的一个主要问题和你讨论一下。

我认为《菊花石》无论在内容和形式上，都还是有许多优美的地方。这首诗里流露出诗人自己的一种高尚和真挚的感情——一个具有勤劳朴质的品质的诗人的感情。仅仅这一点，对于目前我们诗歌来说，已经很可宝贵了。你说你是在写自己，这点我是能感察出的。

但是这首诗从头到尾读下去时，确实感到中间有一些不够和谐和自然的地方，没有《王贵与李香香》那样浑然一致。许多人都有这样感觉，我不知道你自己有无这样感觉？

讨论会上许多同志都说到，这主要是由于浪漫主义和现实主义没有结合好，或者说“盆菊”和“革命”没有结合好。我觉得这样说法不很恰当，容易使人误会浪漫主义和现实主义是两种对峙的东西，仿佛描写刻画盆菊这一部分是浪漫主义的，描写革命斗争的那一部分是现实主义的。事实上很难这样划分。因为浪漫主义就是现实主义的组成部分。它是立足于现实基础之上的。现实主义也不是仅仅局限于描写社会生活中实际存在的事物。凡是现实生活中本质的东西，经过艺术家加以夸张渲染，或通过幻想的形式表现出来，但仍然是现实的。传说中间自然也描写社会生活中实际存在的事物，但它更多的采取幻想的形式，把读者带入到幻想的世界，即使读者明知这是实际生活中不可能有的事物，但仍然被它所说服所感动，觉得合情合理，觉得很自然，很真实，它之所以具有这种艺术的说服力量，首先还是由于它抓住了现实生活中真实的东西。优美的民间传说经口头流传愈久，愈增加了其渲染和幻想的东西，同时也愈加集中地凸出其反映现实本质的东西，因而艺术的真实性也愈强烈。运用传说这类形式来写诗，首先要抓住现实生活中本质的典型的东西，然后大胆地，不受拘束地在这个基础上加以渲染和夸张。《菊花石》某些部分使读者感到有些不够自然，我想是由于在这两方面都还不够之故。水拍同志说你对运用传说的体裁似乎还欠成熟，信心似乎还不够，我也有这样感觉。

《菊花石》前面部分写得较好，我想是由于老工匠这个人物比较有典型性。人民中间确有一些这样忠贞于自己的艺术和生活，正直不阿，坚持不屈的老艺人。这种性格，是殖民地半殖民地社会最可宝贵的性格。你抓住这种性格的特征，又予以一定的夸张，所以觉得真实和动人。但后来写到老工匠牺牲，荷花女上山以后，无论从荷花女的性格刻画上以及她的故事情节上，这种典型性就减弱了。初读的时候总觉得荷花女身上好像缺少一些什么，这次你来信中说：“我安排了他的女儿——荷花，为其事业的继承人和其性格的发展，人物虽然是两个，但我是当作一个统一的人物来处理的。”我觉得把两个人物作为统一的人物来处理，这是不妥当的。荷花女固然可以有她父亲的性格，但她总应该有她独特的东西。她和老工匠究竟是两个人，年龄、生活、气质、情感，不可能是完全一样。这个人物缺乏她独特的个性，因而使她的性格很难有典型性。我觉得不够自然的地方，大概也是描写她上山以后的一段。我想是和这有关系的。

在另一方面，你似乎又有些拘束，对于人物和故事不敢大胆的加以渲染和夸张。有时你似乎企图把读者带到幻想的世界中去，但立刻又退回来了。特别关于盆菊的描写是如此。你似乎没有给予读者关于盆菊一个很明确的概念，因而也不容易使他们更亲切地感觉到盆菊究竟是件怎样珍贵的宝物。水拍同志关于这方面说得很多，我觉得是有理由的。

也有的同志说，如果这个传说不写在实际的革命斗争环境中，也许会更增加传说的气氛。我觉得问题也不在这里。《菊花石》的内容不仅表现人民中间这种忠贞于艺术和生活的坚强性格，并且也表现了革命与反革命对待这种艺术劳动的截然不同的态度，如果不写革命，那主题也就不同了。在传说中写革命斗争，其实也同样允许夸张和渲染，是不必拘泥于事实。有些民间革命传说就是这样，问题是在作者如何去处理它。像《菊花石》中怀仁堂这个场面，我就觉得还可以更加渲染，写得更有气势。但你在这里也似乎有些拘束，因而诗的气氛就不够强烈了。

以上就是我对这一个问题的看法，其他关于形式、语言等想不谈了。无论如何，我还是喜欢这首诗的。讨论会上有一些对这首诗的不近情理的批评，艾青同志已经指出了。我同意他的意见。希望来信。

敬礼

荃麟　十二月十八日

1953年8月致胡风信

胡风同志：

信收到。给习、胡、周的信已阅，当转给他们。这里所提问题，另约时间详谈。

大会召开已经中央决定，日期在九月十日。因此，你如二十三四去朝，则在到朝后十多天又要赶回来。是否合式？又罗烽他们那个归俘访问团已结束，如继续去访问归俘，恐须单独进行。不知和总政接洽过没有？以上两点请你注意。(我意最好会后再去)请今晚八时来文协一谈。

敬礼

荃麟即日

就现实主义问题给茅盾的信

沈部长：

我于上月十六日来北戴河休养。今年夏天我身体很坏，主要也是脑弱。不过北戴河气候对我并不合适，在此经常感冒，闹肠胃病。原来想趁休息期间多读些书，结果也未能如愿。我们的病大抵都是由于用脑过度，只有注意休息运动，其次才辅以药物。

您的来信直到十八日才由北京转来，其芳的文章也是这时才看到，因为这里没有定《光明日报》。我不知道你何时下山，怕此信寄去，你已离开，所以此信只有仍带北京托作协问清楚后再寄。

这次讨论会上，我没有发言，不过第二次和最后一次会是我主持的。第一次会上，我就说明不企图在这次讨论会上得到理论上的结论，目的是为了促进学术的百家争鸣，和帮助北大、师大同学修改他们的文学史。最后一次会上，我又说明这个讨论会不作任何结论或总结。其芳同志的发言是代表他个人的意见，并希望继续探讨，在报刊上展开深入的讨论。

在最后一次讨论会前，曾经向周扬同志汇报一下会议情况（那时您已去庐山，故未能向您汇报）。周扬同志也认为这样理论问题，不是几次讨论会所能解决，主张不急于得出结论，不急于找出大家能一致接受的公式，也不否定各个专家的结论和研究所得到的公式，而正好在这些不同意见的基础上，根据百家争鸣的精神，进行更深入的讨论。他并没有肯定或否定某一方面的意见，而希望作长期的科学的探讨。至于大学生修改这几本文学史时，则应着重研究作家和其作品，不急于先从某一种公式出发。其芳同志文章中提到的没有参加会议的一个同志即指周扬同志，但他转述周扬同志意见，没有说得很清楚。如“坚持现实主义和反现实主义的斗争的人也可以保留他们意见”一语，周扬同志原话为何，我虽记不得了，但我记得他绝无不要辩论下去的意思，而相反希望继续讨论。其芳同志也声明过他的发言不是总结，但是他文章的写法却很容易使读者看成是总结或结论的样子。这是不妥当的。因此，我觉得首先要把当时实际情况向你解释清楚。对其芳同志文章，有些论点，我个人也不同意。此文在发表前，周扬同志和我都不曾看过。

再则确如您所指出，《文学遗产》对另一方面意见的文章没有发表，这确实又是一个缺点，容告该刊注意。

我希望您不必介意这些，仍按原定计划把《偶记》的《后记》写出来。《夜读偶记》这几天我又重读一遍，获益颇多。关于现实主义问题，苏联那次讨论，也并没有解决，这是理论上长期建设性的工作。我建议俟您回京后约少数同志在您处谈谈，也希望周扬同志参加，不知您的意见如何？

我个人粗浅的意见，以为探讨文学发展规律，首先不能离开社会和社会思想斗争的规律。文学是上层建筑，这一点，历史唯物主义者，绝不能忘记。任何历史时期，总有进步和反动的，人民和反人民的，正确反映现实和歪曲、粉饰现实的两种文学基本倾向的斗争（其芳同志认为《诗经》时期、汉代文学没有斗争，我不同意）。在这意义上，列宁的两种文化的理论，应该是基本原则。毛主席也说过看古人作品首先要看作者对人民的态度。作者对人民对现实的态度，表现于他的世界观和创作方法的关系上。在研究创作方法时如果和作家的世界观分离开来，显然是错误的。我以为刘大杰先生笼统地反对把文学史像剖西瓜似的劈作两半，这说法是不对的，这会使人认为列宁两种文化的理论，并不适用于文学历史（有种说法，以为列宁的理论只适用于现代民族的文化，我觉得也不对），这会引导到脱离历史唯物主义的危险。艾德斯别文格很欣赏刘大杰那句话，我很不以为然。自然，人们决不至那样局部地理解，以为复杂的文学现象，只能非此即彼，或者用社会发展规律去代替文学自身的规律。这一点在《偶记》中说得很明白。即使北大同学，也不能说他们是那样简单化。我体会您的文章是要说明我国文学发展中两种主要倾向的斗争以及这种斗争反映在创作方法上的情况，并没有抹煞其他创作方法的意见。这是很明白的，关于作为文学的创作方法来探讨时，当然要复杂得多，反动的反人民的文学有种种不同的方法，进步的人民的文学也有不同的创作方法，这说明除世界观问题外，还有作家个人创造性、风格等等问题。这需要根据具体情况来分析。当然世界观问题也不是那么简单，世界观指导创作方法，表现为作家的认识和实践的矛盾的统一。您的文章的目的是为了批判那些否认或轻视世界观作用的现代主义修正主义等文艺思想，文章的倾向性是很明显的。而且您文章一开头就说明，用一种公式来概括古往今来的文艺思潮是一种愚蠢的事，而应当从历史事实中去探寻发展的规律，这是讲得很清楚的。北大同学在理解您的文章时，可能有些简单，但也确实不至于简单化到了剖西瓜的程度。

这里还有概念理解的不同，您的文章是就广义的现实主义的意义来谈，现在别人谈的又是狭义的现实主义，因而也容易产生分歧。其芳同志关于浪漫主义现实主义的解释，似乎偏于表现方法的不同，我认为是不够说明问题的，艾德斯别文格把性格自我发展作为现实主义的特色来概括，我看是更狭窄，这样很难说明中外古今现实主义文学的现象，至少对中国的文学如此。如何根据马克思主义文学理论的基本原则，结合我国文学发展的具体性，来探讨其发展的规律，这正是我们的工作。我完全同意你的意见，必须首先注意具体的社会斗争的规律和作家的世界观与创作方法的关系，片面地强调艺术特殊规律是危险的、错误的。

信手写来，十分杂乱。我对中国文学史无所研究，只是说些一般感想，很希望您回京后评说，并向您学习。

信写到一半，忽得北京电话，要我即返京听庐山会议传达，这信也就带回到北京去发了。

您什么时候返京？盼注意健康。希望这信到时，您已经康复了。

祝好！

沈师母处请致意问好。

荃麟　八月二十二日

我前日返京，从靳以来信中，知您即将去沪，故将此信寄以群转。又及。

八月二十五日

关于鲁迅从"五四"到一九二七年的思想

——致《鲁迅研究》作者冯文炳同志的信

冯文炳同志：

去年年底，周扬同志送来尊作《鲁迅研究》，要我阅后给你写信，不巧那时我病倒了，进了医院。一疾半年，未能拜读。最后身体略好，才看了一遍。耽搁半年以上，实在抱歉，务请原谅。

你是文艺界的前辈，对文学研究工作，怀着如此巨大信心和兴趣，令人鼓舞。读了《鲁迅研究》，可以看出你是花了不少精力，有你自己独到的见解。某些论述，如关于鲁迅重视思想改造，关于鲁迅后期思想的分析等，都写得很好。我认为值得商榷的，是你对于鲁迅"五四"时期思想的某些看法。如尊作第四节中，说鲁迅在"五卅"时期才认识帝国主义，而在这以前，鲁迅是抱着学西方的迷梦，甚至在"五卅"时期也并没有完全打破中国人学西方的迷梦。而在"五卅"以前，鲁迅还没有"认谁作敌"。第五节中分析了早期鲁迅思想的三个特点：第一，"是民主主义思想，而反映的是新民主主义革命现实；第二，鲁迅当时还不是马克思主义者，他不能了解上层建筑与经济基础的关系以及在阶级社会里统治阶级的思想就是统治思想这一规律，所以在他反封建的范围里也包括中国的农民”。（在分析《狂人日记》一节中，也引证了佃户的一段话，认为“这是把农民和‘大哥’同样作为封建阶级的代表了”。）第三，“鲁迅自己是小资产阶级，因此他常常代表小资产阶级的利益说话。他笔下的‘国民’、‘百姓’每每是指小资产阶级和一般市民”。在同节中分析《灯下漫笔》时，又说到鲁迅对奴隶与统治阶级的斗争，他的态度还是“中立的”。第十一节中，说到鲁迅在“五四”时期不可能提出农民问题，并认为阿Q等只是小市民的形象，未庄也不是农民。同节中还认为鲁迅所说“病态社会的不幸的人们”并不包括劳动人民在内。最后一节中，则认为把“五四”时期的鲁迅称为革命民主主义者是“不符合鲁迅思想的实际，也不符合鲁迅所处的时代的实际”。上述各点，我以为是值得考虑的。

在这封信里，很难就每个问题来详述我的意见，总的感觉是你对“五四”时期鲁迅的彻底不妥协的反帝反封建的精神估计得过低了。

鲁迅的思想发展过程，我以为大体可分三个时期，即：“五四”以前；“五四”到一九二七年大革命的失败；一九二七年到他逝世。第一个时期：他在政治上是个坚决的爱国主义者，在思想上，“进化论和个性主义还是他的基本”；第三个时期：他成为一个共产主义者。这都很明确。较为复杂的是“五四”到大革命失败这一时期。在这个时期中，鲁迅的确是存在着矛盾的。

一九一八年鲁迅给许寿裳的信中说:“历观国内无一佳象,而仆则思想颇变迁,毫不悲观。”可以看出鲁迅当时的思想是有变化和发展。瞿秋白也认为鲁迅参加思想革命是在这个时候,即是他开始参加《新青年》的时候。这个时期,鲁迅仍然保留着浓重的进化论和个性主义的思想,但同时却在他的作品中极其鲜明地显示出彻底不妥协的反帝国主义和反封建主义的思想。他当时一方面和代表封建文化的国粹派作战,一方面又和代表帝国主义文化的欧化绅士们作战。一九二一年新文化运动第一次发生分裂时,他就坚决地站在无产阶级这一边,跟胡适之流进行了斗争。这些斗争,充分表现了鲁迅彻底不妥协的反帝反封建的精神。这是“五四”运动的基本精神,也即是新民主主义文化革命的基本精神。在这些斗争中,鲁迅的敌我观念是十分明确的。很难说这个时期鲁迅还没有弄清楚“认谁作敌”。(《忽然想到》中,鲁迅说“我们委实并没有认谁作敌”一语,是指那些为帝国主义者去“辩诬”的人而言,并不是指鲁迅自己的思想。)

但是当时鲁迅彻底反帝反封建的革命思想,还不是建立在共产主义的宇宙观和社会革命论的基础之上。他常常还是用进化论和个性主义的观点去观察社会事物,这样就形成他思想的矛盾,他一向是反对改良主义的,“五四”前后的国内局面,更使他明白中国不可能走西方资本主义的道路,但是他还不能立刻认识到中国革命要走俄国的道路;他极其愤怒和痛苦,看到劳动人民和青年在中国社会层层压榨下所受到的迫害和虐杀,但是由于缺乏明确的阶级观点,却看不到如何实现彻底反帝反封建的正确途径。他提出了社会问题,却找不到这些问题的答复。他只是从进化论观点，相信将来必胜于过去。正因为这样，在他当时的坚决英勇的战斗中间，却又不免常常透露出某些怀疑和苦闷。这种矛盾，鲁迅后来在《三闲集》中，做了自我剖解。他说“或者憎恶旧社会，而只是憎恶，更没有对于将来的理想或者也大呼改造社会，而问题是他要怎样的社会，却是不能实现的乌托邦”。这些话，虽然不只是指他自己，然而是包括五四时期他自己的思想矛盾在内的。

对于农民问题，我以为鲁迅不但是看到，而且是深切关怀的。秋白同志对于这个问题的分析，我以为是正确的。他说：“小资产阶级的知识阶层中，有些是和中国农村，中国的受尽了欺骗压榨愚弄的农民群众联系着。这些农民从几千百年的痛苦经验中学会了痛恨老爷和地主，但是没有学会，也不能够学会怎样去回答这些问题，怎样去解除这种痛苦。”“五四”时期鲁迅的作品如《阿Q正传》正是反映了现实的这一方面，同时也反映了他自己的思想。秋白同志又说“这些早期革命的作家，反映着封建宗法社会崩溃的过程，时常不是立刻能够脱离个性主义——怀疑群众的倾向的。他们看得见群众的农民小私有者的自私、盲目、迷信自欺甚至驯服的奴隶性，可是往往看不见群众的革命可能性，看不见他们的笨拙的守旧的口号背后隐藏着的革命的价值”。这确是当时鲁迅的弱点，他的一些描写农村的小说，往往是着重于描写农民群众消极不自觉的一面，而他的基本态度正如他自己所说是“哀其不幸，怒其不争”。然而，由于他的描写如此深刻，他的态度是如此愤激，在“哀其不幸，怒其不争”的同时，却也就向读者提出一个“急”的问题来。正是在这个意义上，鲁迅的《阿Q正传》及其他作品，是深刻地反映出辛亥革命的某些本质。至于如何“争”，鲁迅当时的思想是不可能回答这个问题，而只有马克思主义者才能正确地解决这个问题。

鲁迅在当时和后来对于介绍西方进步文化的工作上是做了不少工作，这种工作是必要的。他对于介绍西方文化工作的态度，是“拿来主义”，因此他坚决反对那些欧化绅士和洋场市侩，反对牛津、剑桥、哥伦比亚的学究主义。他对祖国的文化遗产也是采取批判的继承态度。他的翻译作品和关于祖国文学遗产的著作，证明了这一点。在这点上，鲁迅是很正确的。我以为决不能说“鲁迅在当时还是抱着学西方的迷梦”。

总之，“五四”时期，鲁迅的思想中是经历着剧烈的自我斗争。主要是世界观中的矛盾，而不是世界观与创作方法的矛盾。在研究这一时期鲁迅的思想工作中，我们不应该去回避这个矛盾，不必去隐讳他的局限性。这不是科学的态度。我们应该实事求是去分析他的思想的矛盾发展过程。在这方面你是提供了大量的材料，但是我以为必须抓住一个关键问题，即当时鲁迅的思想的矛盾发展过程中，作为主导一面的是什么？是进化论和个性主义呢？还是彻底不妥协的反帝反封建的革命民主主义呢？我以为作为矛盾的主导方面的是后者而不是前者。彻底反帝反封建的革命民主主义思想在这个时期的鲁迅思想发展过程中，愈来愈突出，这样才使他一步一步接近马克思主义，而后来终于成为伟大的共产主义者，才能说明为什么他的方向是新文化革命的方向，为什么他是新文化革命的主将。而进化论和个性主义，则愈来愈被克服，这样才能说明为什么在大革命失败以后这种思想终于轰毁。“五四”以来他的作品，特别是1925到1927时期他的作品中，这种思想的矛盾的发展过程，是表现得愈来愈明显的。

毛主席对于鲁迅给予如此崇高的评分，我以为主要就因为在鲁迅身上杰出地反映出新民主主义革命的彻底不妥协的反帝反封建的思想，而且始终站在无产阶级这一边进行着英勇坚决的战斗。虽然鲁迅在当时还不是马克思主义者，但决不能说是旧民主主义者，应该说他是一个杰出的革命民主主义者。从“五四”到大革命失败，鲁迅的道路是革命民主主义者走向共产主义的一条光辉的道路，我以为应该从这个时期鲁迅的思想发展过程中辨分其矛盾的主导一面和非主导一面，从而科学地去分析他作品的伟大之处和局限之处，分析出他对于历史现实的态度和观点，这样可能对他这个时期的思想作出较正确的估价。上述意见，只是个人一些粗浅看法，仅供参考。如有错误之处，并请指教。出版事，候足下考虑是否需要修改后再作考虑。兹将原稿附函奉还，敬希查收。

致

敬礼！

邵荃麟　1961年8月29日

大连会议期间写给严文井同志的信

文井同志：

送来诸件均阅。马尔科夫给茅的信及我们的回信，请送来一阅。此项信件茅公知道否？

我给茅盾去了一信，说明回京即病近日稍痊，俟病好后即去看他。我想我们下星期得去看他了，过迟也不好。

茅在和大的检讨发言，杨朔能否写一简单摘要给我们？

舒群问题，能否在最近提出一个初步意见，先征求周扬同志意见。我个人认为结论中不确实不合事实之处，可以更正；处分基本上不能改变。

孔厥来信，可由办公室复他一信，告诉他作协无法解决其职业问题。李又然问题可请翔云同志处进行调查。你以为如何？

荃麟

就《红楼梦》问题给茅盾的信

茅盾同志：

《关于曹雪芹》稿已遵嘱补送各红学专家，并请他们在五日以前把意见当面送上，俟您参考后，再请您邀集少数同志交换意见。

近日因搞五反运动，较忙。此稿只粗读了两遍，觉得写得很精炼，要而不繁，深入浅出，没有一点八股气，确是下了工夫的。兹把读后一些初步的不成熟的意见写在下面，供您参考。

（一）作为一篇文章，这样开头是很好的，但作为大会报告，我觉得开头是否仍需要一段总括的文章，把曹雪芹和《红楼梦》在我国和世界文学史上的地位，以及它的积极意义和作用，先作一个概括的评价①。然后叙述百余年间的派生著作和对红学的争论。在这一部分中，我以为似可更着重于所谓索隐派与自传体派的批判与分析。续作和模仿，在今天影响已经不大了，只是作为一种过程简单提一下即可。索隐派和自

① 茅盾在左侧空白处用红笔写了如下一段批注："因为后面已分段论及，开头再加一个帽子，未免重复。"——编者注

传体派，在观点上都是唯心主义的，方法上是穿凿附会，形而上学的，而自传体派更是离开了从政治社会意义上去看这部杰作。这里是否可以把胡适点明[①]，把胡适的谬论再驳一下，因为过了十年，许多青年对这点已经不甚清楚了。在这段中关于高鹗的评价，用“背谬”二字，我感到重了一些。高鹗的补作确是和原作者意图有很大出入，但高鹗能补成后四十回，我以为还是有他的功绩的。

（二）1954—1955 年对《红楼梦》研究的批判的意义，我觉得还可更强调一些。这次批判，更主要的，我以为是批判对《红楼梦》研究，也是对整个古典遗产研究上的唯心主义倾向，是唯心主义与历史唯物主义的一场大辩论。这场辩论狠狠地打击了文学、哲学以至历史科学上的资产阶级唯心主义观点和方法，摧毁了胡适在学术界的反动权威影响[②]，是有重大政治意义的。我以为还不仅是自传体的问题，例如钗黛合一这类观点，实际上是抹煞了这部作品中的尖锐矛盾，抹煞了作品的社会意义和积极战斗意义。这一场斗争，对于正确继承遗产问题，是起了很大作用。

（三）第三部分，分析了《红楼梦》的思想内容和曹雪芹的世界观，这是最主要一部分，写得很好。但如果可能，是否也可谈到一些时代背景，关于这点，邓拓同志曾认为曹雪芹的思

① 下划线为茅盾用红笔所加，茅盾还在左侧空白处用红笔写了如下一段批注：“点明胡适，用笔太重，似乎太看重了他的影响。”——编者注

② 下划线为茅盾用红笔所加。——编者注

想中是反映了中国资本主义萌芽的东西①,如个性解放、人文主义等,也有人不同意。有人认为是反映了对封建阶级与农民的矛盾(刘大杰),我是赞成邓的意见,刘的意见有些牵强。曹雪芹的时代是中国纯粹封建社会接近崩溃的时代,在曹死后不到一百年,鸦片战争就发生了,几千年的纯封建社会变成为半封建半殖民地的社会。这个变化固然由于帝国主义的入侵,但也不能不有它本身的因素。在纯粹封建社会瓦解之前,某些资本主义的萌芽思想,如个性解放、人文主义、民生主义等意识已经朦胧地或不自觉地在人们头脑中出现了。明末清初一些思想家如李卓吾、王船山等人,多少已经有这种痕迹。曹雪芹虽然并不是清晰地自觉到这些意识,但从贵族没落的过程中,这种社会矛盾中产生的新意识是可能反映到他世界观中来的。《红楼梦》在思想内容上,比起《西厢记》、《牡丹亭》等作品,显然有些更多更新的东西,我以为就是这种朦胧的人文主义思想,您文章中说"理想人物的贾宝玉是封建社会阶级矛盾的激化已经按历史发展规律和时代特征孕育下新的因素爆发出来的火花"。我的理解就是这种资本主义意识的萌芽。不知对否?如果是这样,我觉得关于这种理想的实质,还可以说得更明白一些,使读者更充分认识它积极性的一面。

曹雪芹世界观中,当然还有他消极的因素,正如您所分析

① 下划线为茅盾用红笔所加,茅盾还在左侧和页脚空白处用红笔写了如下一段批注:"乾隆初年的经济问题,很复杂。邓、刘等文章读过,觉得他们各人都有在大量史料中各取所需以证自己论点之味儿。而要在此短短报告中用概括的话(例如说资本主义萌芽时期),也不妥当。因此,我只用了'理想人物的贾宝玉是封建社会……火花'这样形象式的句子来暗示。我提到贾宝玉要求个性解放,反礼教……但不提'人文主义',因此一词,一般人对之概念不清。"——编者注

的，但这种消极性因素——向禅门求解脱——我以为是次要的，主要的是他叛逆性的一面，正如您所说的，这是他和敦诚等不同之处。关于贾宝玉的出家，我个人以为不完全是反映向禅门求解脱的思想。作者安排这个情节，我觉得和他写林黛玉之死同样是作为向封建社会决绝地抗议的一种不妥协的手段。所以叫做“悬崖撒手”。

时代背景的另一面，就是文中所指出的四大家族的崩溃过程。主席指出《红楼梦》是四大家族的兴亡史，确给我们很大启发。这一点您讲得很清楚了。但文中提到的四大支柱：地主官僚资本、官僚集团、武装力量、政权机构[①]，是否即指这四个家族的各自的特征，好像还不太清楚。再则贾、林婚姻的受到阻挠，显然是和四大家族的裙带关系有关。贾母、王夫人、王熙凤之所以选择宝钗，不仅仅因为宝钗敦厚驯顺，是封建制度的拥护者，更主要的恐怕是因为薛家有钱，特别是王熙凤在这方面是有打算的，这一点是否也值得一谈？

关于艺术方面，讲得很好，没有什么意见可补充。

附注没有仔细看。对帮助读者了解一些过程很有益处。但我觉得关于胡适的一些谬误见解以及垄断资料等学阀作风，似乎也可以写一些，现在青年对这方面知道的已经不多了。

文章最后是否再强调一下，号召大家用马克思列宁主义

---

① 下划线为茅盾用红笔所加，茅盾还在两侧空白处用红笔写了如下一段批注：“我亦体会不到毛主席说的四大家族的深刻内容，勉强作解答，只能这样空泛说说。如果要‘落实’，则《红楼梦》中关于史家、王家故事很少，二则怕成为‘索隐’派，你有好意见么？请赐教。”——编者注

观点和方法来更好地研究这部作品和更好地贯彻对整个文学遗产的批判地继承的任务。

以上意见极不成熟,供您参考。周内有空,当趋访面谈。

敬礼

荃麟　六月三日

关于《文艺报》“题材问题”的专论给张光年同志的一封信

光年同志：

专论稿看了，很平妥，提不出多少意见。你是从文艺对政治的服务关系和文艺的政治内容与艺术形式的关系这两方面来论述的，这样很好，但眉目似尚可清楚一些，着重阐述这两方面的问题。

第一面上说“我们力求达到文艺与政治的高度结合：政治，是文艺的灵魂，文艺，是革命的武器”，这是从服务的关系来说的，意思是很正确的，但是把灵魂和革命的武器，也即是文艺的政治内容和文艺的使命作为结合的两个方面来提，是否恰当，值得斟酌一下。因为这和第三面上提到的“也需要没有什么政治内容，但能给人以生活智慧和美感享受的作品”一语，会有些矛盾。人们会问这些“没有什么政治内容”的作品，是否没有灵魂的作品呢？是否能作为革命武器呢？近年来关于山水画、花鸟画以及所谓中间作品的讨论，实际上就是这样一个问题。

我以为文艺与政治的关系，确实是表现在上述两个方面：服务的关系，也即是螺丝钉与齿轮和整个革命机器的关系；内容与形式的关系，也即是创作方法上两个对立面的关系。在服务的关系上，过去我们解释得确是比较狭窄，事实上这个关系是十分广阔的，服务的途径是多样的，这是专论所阐述的一个较新颖的问题。现在看来，用生动的艺术形式反映了强烈的政治内容的作品，固然是服务于政治的更好更重要的作品，而没有很多的政治内容，或者没有什么具体的政治内容，但是能给人以智慧和美感享受的作品，也是服务于社会主义的政治的作品。这一点现在是可以肯定了。其根据就是这些作品也是符合于群众的需要和利益。建设社会主义，反对帝国主义，这是当前人民群众的根本需要，根本利益，然而它的内容却是十分广泛的。为了建设社会主义，改造社会的精神面貌，难道不需要提高人民的生活智慧和美感教育吗？凡是符合于群众需要和利益的，都是政治的要求。列宁说过凡是涉及千百万人利益的问题，就是政治的问题。列宁在十月革命最艰苦的日子里还要莫斯科剧院上演契诃夫的剧本，我看他正是考虑到群众的文化娱乐的需要问题，也即是群众的利益问题。所以就服务关系上来说，作为文艺与政治结合的基础的，就是劳动人民的利益和需要。凡是能够在不同程度上满足群众精神生活上正当和健康的需要的，都是为政治服务，为社会主义建设服务，山水画，花鸟画均不例外。中央批发文件中说到，“凡是能满足以上任何一种要求的作品都是为工农兵所需要，都是为工农兵服务，为社会主义服务的”这句话很明确扼要。专论中似可引用之。我觉得我们可以研究一下我们的艺术在社会主义社会中的地位与作用的问题。

其次是创作上的内容与形式的关系问题，这一点，专论也说得很明白了。但也涉及所谓“没有什么政治内容的作品”问题。人们会问既然这些作品没有政治内容那么如何来理解政治内容与艺术形式的统一问题呢？

是否有没有什么政治内容的作品呢？过去我对于这个问题是不大明确的。我觉得，从实际出发，应当承认某些艺术作品不仅是某些山水画花鸟画（山水画花鸟画中有一些还是有政治内容的），还有如某些金石，书法，雕刻，工艺美术，等等，确实很难说它表现什么具体的政治内容。如果硬去解释，也难以说服人。但是说没有什么政治内容，并不等于说没有思想情感的内容，没有内容的作品是不会有的，既有内容，当然也就有进步和落后、健康与不健康之分。所以中间文学这个说法我觉得还是不成立。总有个属于人民的和不属于人民的分别。但是问题是对于这些没有什么政治内容的作品，如何来解释它的政治内容与艺术形式的统一呢？这点尚须作些探讨。我以为毛主席说“我们要求则是政治和艺术的统一，内容和形式的统一，革命的政治内容和尽可能完美的艺术形式的统一”这句话是有深刻道理的。这句话分三个层次来说，所谓“政治与艺术的统一”包含意义最广泛，包括艺术对政治的服务关系，也包括创作上内容与形式的关系，都要求统一或结合。第二句内容与形式的统一，则包括着政治内容与艺术形式的统一的作品，也包括没有具体的政治内容但是有健康的思想情感内容和美的艺术形式相一致的作品，例如某些山水画花鸟画某些轻音乐等等。第三句是有革命的政治内容和尽

[可能]完美的艺术形式的统一，则是指作为我们文艺中居于主流地位的反映革命斗争和生活的作品。如果这样解释是可以的话，可以看出主席对内容与形式的关系是看得十分广阔的。他只是反对政治观点错误的作品，并没有反对某些没有具体政治内容而却是有健康情感思想的作品，这些作品虽然没有表现具体的政治内容，但是对革命政治的服务上，仍然是有有利的作用。因此也不能看作是脱离政治的艺术。机械地要求一切艺术作品都非要明显地表示强烈的革命政治内容不可，这就造成那种硬嵌进去的公式主义倾向。事实上，有些作品不一定要求它非表现革命政治内容不可，而有些作品这种政治内容则是通过折光反映出来，比较不是那么直接和明显的。

以上是看了专论稿以后的一些感想，不算是对稿子的意见，顺便写来供你参考。

又第一面第九行“在党的坚强领导下。我国文艺走过了二十年光荣的战斗历程”，我意可改为，“从那个时候起，我国文艺在党的坚强领导下走过了二十年光荣战斗历程”，因为前面还有二十年也是在党领导下走过来的。

匆此祝好

荃麟

给阿英的信

阿英同志：

昨函你悉。你们意见如何，盼告。

西厢记和牡丹亭我想还是可以摆。可以和孝女经，女儿经，才子佳人小说等一起列在“封建制度下的婚姻制度和妇女地位”一框中，标签可注明的是“红楼梦中提及的有关妇女问题的书籍”。你意为何？这框中如能找到一些多妻制度的材料更好。（大清律例中似有此类法令）

敬礼

荃麟

附　录

附录一

邵荃麟著作目录

怎样写作——高尔基文艺书信集

与以群合译，上海读书·生活出版社 1938 年 4 月初版。

论第二次世界大战

金华充实丛书社 1939 年 11 月 10 日初版。

喜酒

独幕剧集。桂林文化供应社 1942 年初版。

英雄

短篇小说集。桂林文化供应社 1942 年初版。

意外的惊愕

Pritoi 著，荃麟译，桂林文化供应社 1943 年初版。

创作小说选

荃麟选注，桂林文化供应社，1943 年初版；香港文化供应社，1947 年 9 月港一版。

被侮辱和被损害的

陀斯妥耶夫斯基著，荃麟译，上海文光书店 1943

年11月初版(1956年校订,人民文学出版社第7次印刷,1981年11月浙江人民出版社重印)。

碾煤机(Coal Breaker)

M·哥尔德(Michael Dold)著,荃麟注释,重庆开明书店,1944年12月初版。

宿店

短篇小说集。重庆新知书店1946年5月初版。

阴影与曙光

尤金·雷斯(Eugene Ryss)著,荃麟译,重庆开明书店,1947年2月初版。

文学作品选读(上、下册)

荃麟、葛琴编,上海生活·读书·新知联合发行所,1949年6月初版。

邵荃麟评论选集

人民文学出版社,1981年4月北京第一版。

附录二

邵荃麟生平及著译年表

(1906—2013)

邵荃麟，原名邵骏运，曾用名邵逸民，邵川麟，笔名荃麟、荃、力夫、契若、川麟。

1906 年

11 月 13 日，出生于重庆。父亲名邵敬亭，浙江慈溪县东邵村人，是有财产的药材商人。

1910 年

回到自己的家乡浙江慈溪县东邵村，开始在家里读私塾。童年时代很喜欢看小说，常背着父亲读《水浒传》、《红楼梦》之类的“闲书”、禁书。

1919 年

在乡村受完了小学教育。辛亥革命后，乡下也办起了洋学堂；五四运动在他童年的回忆中留下了深刻的印象，被广泛的反对日本帝国主义的爱国运动所激动。

暑假中离开家乡到上海，考进复旦中学，开始接触新文化运动。

中学时代有五六个非常接近的朋友，其中有费巩烈士和后来成为中科院院士的昆虫学家陈世骧。中学时代兴趣广泛，但更多的集中在政治问题和文学方面。

1925 年

入上海复旦大学经济系读书，想探索使中国经济富强的道路。

大革命开始，卷入到五卅运动的热潮中间，开始接触上海的工人群众；同时热烈地追求马列主义，阅读了许多关于苏联革命的书籍，引起了地下党的注意，组织上派人接近他，并主动借小册子给他。

曾把自己的名字从邵骏运改为邵亦民。“骏运”是封建家庭对他前途的一种希望，“亦民”加一横是“赤民”，标志着他背叛剥削阶级出身，要成为无产阶级先进分子的决心。后来写文章时他也曾用过邵逸民这一笔名。

1926 年

1 月，在上海复旦大学加入共产主义青年团。任复旦大学团小组长。

3 月，加入中国共产党，无候补期，介绍人黄承镜（即黄洛峰，此根据自述，又有资料说陈昭礼是他的入党介绍人）。

调任共青团上海江湾区部委书记。一面读书，一面从事党的地下工作。由于工作需要，从学校里搬出单独居住在江湾区一处洋房里。行动暴露后被大学当局开除，学历为大学二年级经济系肄业。

摆脱家庭送往日本留学的计划，从此专职在党内工作。

1927 年

1～5 月，被党组织派去担任共青团杭州地委组织部长。

3 月 21 日，参加了周恩来、罗亦农领导的上海工人第三次武装暴动，以配合北伐战争，参加了工人的街垒战。

5～7 月，“四一二”事变前浙江杭州地区的地下党的组织，特别是基层组织遭到严重破坏，事变后三四个星期重新被委派为江浙区委委员（这时江苏、浙江两省合在一起成立一个区委，机构设在上海），兼任上海团杨树浦区委书记，法租界区委书记。

7～12 月，党的“五大”后，团江浙区委改为团江苏省委，与华岗、卓砍石同任团江苏省委常委，省委书记为顾作霖。在此期间结识在省委机关工作的葛琴（当时与华岗同居）。

在一个共青团的刊物上发表了第一篇短篇小说，但那时和文学生活还没有多大关系。

由于斗争艰巨，生活条件恶劣，感染了肺结核病，开始时未觉察，仍一直忘我工作。

1928 年

1～6 月，根据中央指示，浙江省和江苏省分为两个机构。任共青团浙江省委书记，党省委常委。

5 月，在上海召开的浙江省省委扩大会议上，认识了周恩来同志。

6～11 月，任共青团江苏省委常委。

7 月，中国共产党第六次代表大会在莫斯科召开，被选为浙江省两名代表之一，因肺病发作而未能出席。又被调回上海到团中央工作，住在狄思威路吉祥里的一个亭子间里。

年底，因患严重肺病，组织批准离职养病。

1929 年

年初，住霞飞疗养院。

被接回宁波家里住了一些时候，后转入杭州西湖医院住院。

1931 年

【著译】

找到了题材以后，《少年时代》第 1 卷第 2 期。

1932 年

下半年，仍在杭州西湖医院养病，曾到上海（住旅馆）会见当时在临时党中央工作的吴振鹏和葛琴。

在整个养病时期，读了许多文学名著，对文学的爱好日深，特别是受到高尔基和鲁迅作品很大的影响。

1933 年

6 月初，至上海探望葛琴，由葛琴介绍约见阳翰笙商谈开办书店的事，因需资金较多，未能谈成，再返回西湖医院。

11 月中，从西湖医院出院，住在上海宁波同乡会，通过葛琴交了一封长信给临时党中央，请求恢复工作。

12 月，在上海内山书店经葛琴介绍第一次拜会了鲁迅先生。一起去的还有周扬、魏猛克。当时已从家里筹到办出版社的钱，希望鲁迅先生支持，得到首肯。

1934 年

1 月，被派担任党的一个外围组织——“上海反帝反战大同盟”宣传部长。与此同时，开办了出版社“西门书店”，分出一部分精力组织文稿出书。1 月 17 日起，开始和鲁迅通信。

4 月，因叛徒出卖而被捕，在伪公安局囚禁一月余，由家庭以两千大洋买通市警察局长文鸿恩，保释出狱。狱中表现坚定，始终未承认共产党员身份。

5 月，出狱，因上海组织全部破坏，无法找到组织。

6 月中，离上海回宁波，开始从事文学活动。

1935 年

4 月，自宁波至杭州探望葛琴，当时葛琴也中断了组织关系。

1936 年

开始在几个文学杂志发表作品，包括短篇小说《糖》、速写《车站前》等；同时翻译了一些苏联小说和文学论文，其中和叶以群合译了高尔基文艺书信集《怎样写作》。

在上海参加了“左联”。

10 月，在关于“两个口号”的论争之中，写了题为《对于运用文学上统一战线应有的认识》的文章，发表在《人民文学》创刊号上。文章以党在大革命中用鲜血换取的教训，用国际上反法西斯斗争中所累积的宝贵经验去谈 1935—1936 年中国文学界所面临的统一战线问题。文章末尾提出了反对宗派主义、反对包办主义等口号，旗帜鲜明地表达了自己的观点。

【著译】

车站前（速写），8 月 2 日，《申报·每周增刊》第 1 卷第 30 期。

糖（速写），8 月，《现实文学》第 1 卷第 2 期。

银弟（速写），8 月，上海《散文》杂志（李励文编）创刊号。

对于运用文学上统一战线应有的认识，10 月，《人民文学》创刊号。

贬价（短篇小说），11 月 7 日，《文季月刊》第 1 卷第 6 期。

1937 年

春，响应叶以群和张天翼提议，到葛琴的家乡——宜兴丁山去写作。当时“左联”已解散，鲁迅先生已去世，整个文艺界显得比较消沉，同时上海物价飞涨，生活困难。陆续去丁山的有叶以群、梁文若、张天翼、王惕之、朱凡、蒋牧良、凡容、刘白羽等。

邀请吴组缃至丁山，目的是请他设法通过冯玉祥的关系营救被国民党抓起来的楼适夷、华岗等共产党人。

5月间，丁山诸人同去上海看话剧，与叶以群、葛琴等会见了王任叔(巴人)和胡风。

七七事变前后，由于丁山聚会已引起国民党的注意，各人陆续离开丁山。邵荃麟于“八一三”后离开丁山，暂时到了杭州俞仲武编的《儿童时报》编辑部。

8、9月间，抗日战争爆发，与葛琴相约到杭州见面，一起去南京八路军办事处找关系，然后又回到杭州。

10月，与南京八路军办事处派来杭州的朱镜我、张三扬接上组织关系。同时恢复关系的有葛琴、俞仲武、徐洁身、刘保罗、张仲文，共6人。

10月，受组织派遣和其他两位同志一同去开辟浙南抗日救亡运动。在杭州组织学习小组会，动员进步青年参加抗战宣传工作。

11月，学习小组会停止活动，决定分别撤退至浙江诸暨会合，再组织抗日团体。至诸暨参加了浙江省抗敌后援会流动剧团(即“浙江流动剧团”，团长为刘孟壬，主要成员有刘保罗、黄灿、周抗、张三扬、邵荃麟、俞仲武、舒绣文、王朝闻等)，与刘保罗一起担任剧团内党的领导。在诸暨开展了抗日戏剧宣传活动，并吸收团内进步青年入党。

年底，到达金华。由于国民党“抗敌后援会”停发经费，流动剧团不能继续存在下去，在金华请示党浙江省工委(负责人是徐洁身，成员还有邢子陶）决定流动剧团到丽水后一分为二，一部分由刘保罗率领前往安徽战地继续演剧；另一部分张三扬、邵荃麟等二十来人，留龙泉做地方党和抗日救亡工作。

【著译】

荒唐的人（短篇小说），2月5日，《中流》第1卷第10期。

粗犷的美，3月15日，《月报》第1卷第3期。

怎样写作（与以群合译）——高尔基文艺书信集，4月，上海读书生活出版社初版。

怎样了解高尔基（苏M·L·奥尔金著，翻译），属于《青年修养丛书》，6月，上海长风书店出版。

1938年

1月，在金华，为时事理论杂志《生线》撰稿。温州地区永嘉战时青年服务团（简称“战青团”）是在共产党领导下的一个青年抗战团体。中共党组织为了更广泛地团结文化和知识青年，又创办了时事理论杂志《生线》，由谷崇熙主编。写稿的除本地作者外，还特约刚从上海来的哲学家孙克定、革命干部宿士平和在金华的邵荃麟、骆耕漠等撰稿。这一刊物质量较高，只因环境恶劣，仅办八期即被迫停刊。

1月，被国民政府任命为龙泉县教育科长，同时为共产党龙泉特支委员。此时与党有统战关系的浙江省国民政府主席黄绍竑，决定改组浙南丽水专区的云和、龙泉、遂昌几个县为战时经济建设实验县，委派省建设厅合作科科长唐巽泽等去开辟抗日救亡工作。唐被任命为龙泉县县长，通过合作科的工作人员徐由整在金华找到了张三扬和邵荃麟，邀请流动剧团一部分人去龙泉县工作。经向党浙江省工委请示，组织了一支由十多个党员组成的队伍开进龙泉县。为了到龙泉后和当地革命武装（领导人张麒麟）联系，省工委派张三扬去温州转平阳找到闽浙边游击区党组织（负责人刘英、粟裕），回来后成立了龙泉特别支部，张三扬任书记，委员为葛琴、邵荃麟、俞坚、舒文，直属浙南特委。公开身份除邵荃麟为县教育科长外，张三扬任县政府的政训室主任，葛琴是编审室主任，王灿是民众剧场主任，俞坚是政工队队长，杜大公是副队长，舒文任民众教育馆长，王朝闻也在民众教育馆工作。

1月下旬，参加“浙江省文化界抗敌协会期成会”。当时在中共党组织领导下，由褚辅成、骆耕漠与丽水《动员周刊》社、金华《战时生活》社等文化团体，在丽水发起组织了“浙江省文化界抗敌协会期成会”，主要成员有褚辅成、严北溟和中共地下党员骆耕漠、张锡昌、邵荃麟、汪海粟、王闻识、葛琴、施平、舒文等。在省“期成会”的指导下，3月初丽水率先成立全省第一个文抗分会——浙江省文化界抗敌协会丽水县分会。

4月，台儿庄大捷时，组织了一次火炬大游行，他举着点燃的篾练，走在游行队伍的最前头，激动了这座小小的山城。

龙泉特支和党浙江省委建立联系（省委负责人刘英），经常由省委巡视员张贵卿来进行联系。

秋后，龙泉特支和张麒麟领导的地方党组织合组成党县委。

通过唐巽泽营救了被警察署扣押的张麒麟。随着工作的开展，包括秘密发展党组织和向新四军输送人员，与龙泉县国民党党部（严密控制在CC特务手中，是顽固派）摩擦不断加深。

10 月，受到国民党攻击，按省委领导决定撤离龙泉去金华。

12 月，中共浙江省委文化工作委员会(省工委文化组)成立，书记骆耕漠，委员邵荃麟、葛琴。当时在浙江共产党完全处于秘密状态，金华地下党的工作属浙江金衢特委领导，但文化工作全部由省工委文化组负责。随后由于党的活动，当时人口不到五万的金华在抗日战争前期成为国统区一个重要的政治文化中心。

支持台湾独立革命党的李友邦，向国民政府军事委员会呈准在金华成立台湾义勇队。这是一支党领导下的抗日队伍。1952 年李友邦在台湾被国民党政府以“参加匪帮掩护匪谍，意图非法颠覆政府”罪名处死。

【著译】

给小朋友们，4 月，《大家看》儿童节专号；1981 年 12 月《龙泉县革命斗争史资料》第三期。

对《大家看》的意见，4 月 20 日，《大家看》第 5 期(罗未央主编，浙江革命(进步)文化历史文献选编，浙江美术学院出版社，1993 年 12 月第 1 版，p. 419～420)。

内地戏剧工作的诸问题，7 月 25 日，《抗战戏剧》第 2 卷第 4、5 期。

“艺术大众化”的我见，《大风》第 17 期。

关于保卫浙江的意见，《大风》第 65 期。

今年的国际青年节与中国青年，《抗建论坛》第 1 卷第 6 期。

尤脱莱女士论中国局势，《抗建论坛》第 1 卷第 10 期。

1939年

1月，与骆耕漠一起主编的大型综合性半月刊《东南战线》，在金华创刊，这是东南分局宣传部的机关刊物，编辑有徐进、毛玲、杭华、杜麦青、葛琴等，只出了5期，本年5月被迫停刊。

与王闻识主编当时影响较大的《战士生活》(1937年在杭州创刊，原由陈叔时编辑)。

在此同时，积极为《现代文艺》、《现代青年》、《现代儿童》、《改进》、《抗战戏剧》等刊物撰写文章，创作了一批以促进团结、反对分裂，宣传抗日、反对投降为主要内容的文艺作品。他创作的剧本《吉夕》等，在东南地区曾多次演出，并收到较好的宣传效果。

省工委文化组还领导了《浙江潮》、《东南文艺》、《青年团结》、《东南儿童》、《刀与笔》、《新女性》，以及1939年下半年创刊的《浙江妇女》等刊物。此外还办了好几个进步书店。当时还派了一些同志打入了国民党的报刊，在一定程度上控制了这些报刊。黄绍竑出钱办的报纸《民族日报》，实际上当社长和总编辑的王闻识也是共产党员，这家报纸成了浙西敌后有力的宣传武器。他对刊物方面的工作管得很细，具体到每个刊物每期有些什么样的社论，都亲自布置。当时各报刊的党员编辑组成了文化支部，每次支部生活就在邵荃麟家过，他经常在支部会上讲形势任务，讲斗争策略。

在陶行知先生办的育才中学办过短期讲座。

以杂志社的公开身份作掩护，秘密输送进步抗日青年到新四军和延安去。其中包括帮助回来参加抗战的泰国华侨女青年林秀兰从新四军疏散去浙南，邵荃麟亲自护送林秀兰从金华去丽水参加地下工作。他自己还曾多次冒着生命危险到新四军军部联系和汇报工作。

3 月 18 日和 4 月 6 日，与骆耕漠两次会见周恩来。周恩来在视察皖南新四军路过浙江金华时，通过该地区地下党的负责人邵荃麟和骆耕漠，召见了演剧七队、五队和抗宣二队的负责人，详细了解这三个队在第三战区工作的情况和所遇到的困难，并指示他们要勤学习，勤交友，要勇于而且要善于同国民党顽固派进行斗争。

3 月 28 日与骆耕漠代表《东南战线》出席了浙江省战时教育文化事业委员会召开的座谈会。3 月末出席了浙江省战时作者协会工作设计委员会第一次会议。

夏，海宁县进步抗日报人吴梅到龙泉和金华寻求党组织支持，与浙江文化战线党的负责同志邵荃麟、葛琴见面。事后葛琴还写了一篇《活跃在浙西敌后的文化女战士》的文章，附了吴梅在煤油灯下编报的照片，在《浙江妇女》杂志刊登。使这个在浙西地区宣传抗日救亡出了名的女青年，在全省也有了影响，受到了当时的浙江省长黄绍竑的表扬。吴梅在龙泉、金华一个多星期里，学习了《论持久战》、《论新阶段》等文章，还带了许多资料到报社。

9 月 20 日，漫画家张乐平率领救亡漫画宣传队到金华，举办了自己的个人战地素描展览会，展出几百幅战地素描，并且将全部收入捐献抗日。张乐平结识了邵荃麟、葛琴、聂绀弩、项荒途、万湜思、郑野夫、赖少其等人。时任中共浙江省委文委书记的邵荃麟特地撰文《漫木界的希望》,给以热情支持。他们协助张乐平筹备了这个展览会,后又共同发起、筹办创刊了《刀与笔》杂志。

9月左右,在演剧七队队长洗群主编的《戏剧月刊》第1期上,与夏衍等进步作家一起发表文章,致使刊物被“勒令”停刊。张乐平闻讯后挺身而出,他说:“现在上演的抗日剧本和歌曲,有几个不是这些作家写的?都能禁演吗?再说,他们写的都是抗日的文章,何罪之有?”结果战区政治部只好不了了之。张乐平为洗群解了围,《戏剧月刊》也照样继续发行。

11月10日,出版《论第二次世界大战》一书,为他主编的《充实丛书》的第二种。这是第二次世界大战在欧洲正式爆发仅两个月后就写出的长篇论文,充分利用了金华战时文化资料室的有限资料,在最后一章(第九章)论述第二次世界大战与中国抗战的关系时,用国统区的资料创造性地阐述了毛泽东《论持久战》(发表于1938年)的观点。书末附录了经济学家骆耕漠的论文《第二次世界大战与中国经济》。他主编的《充实丛书》还包括洗群著的《戏剧学基础教程》(第一种)、陈虞孙著的《分析国际时事的锁钥》(第三种)等。

冬,被委派担任东南文委书记,并帮助冯雪峰恢复组织关系。在金华接待了从浙江义乌老家来的冯雪峰(他是因为对白区工作的方针路线与博古发生严重分歧,一气之下回老家写作的),向东南局作了汇报。经东南局研究,同意恢复冯雪峰同志的组织关系。同时东南局决定成立东南文委,领导浙、赣、皖、闽地区的革命文化工作,委派邵荃麟担任书记,冯雪峰、骆耕漠等任委员。

冬，向在福建永安改进出版社社长、左翼作家、翻译家黎烈文建议，由王西彦到永安创办一个文艺刊物，得到积极响应。1939年至1940年前后，由于宁、沪、浙、杭相继沦于日寇之手，大量文化名人涌来福建，永安是当时的临时省会，也是文化人云集的出版中心。王西彦即到永安创办《现代文艺》。邵荃麟指示王西彦要尽可能地利用国民党的刊物宣传我党的抗日主张，并运用现有的出版力量，创办富有战斗力的文艺刊物，理直气壮地宣传抗日。考虑到新办刊物稿源不足，邵荃麟还特地拿了一部分稿件让王西彦随身带到永安，还答应最初几期稿子由他在金华征集。

【著译】

一年来浙江文化运动的回顾与前瞻，1月1日，《浙江潮》第42、43合期(罗未央主编，浙江革命(进步)文化历史文献选编，浙江美术学院出版社，1993年12月第1版，p. 271～276)。

吉夕(二幕剧)，1月，《东南战线》第1、2期。

代用品(独幕讽刺剧)(署契若，与冼群合作)，《刀与笔》第1期。

论关岛设防，2月，《东南战线》第3期。

艾青的《北方》，3月，《东南战线》第5期。

论戏剧的偶然性，3月，《东南戏剧》创刊号(罗未央主编，浙江革命(进步)文化历史文献选编，浙江美术学院出版社，1993年12月第1版，p. 460～464)。

海塘上(短篇小说)，4月，《文丛》合订本(后收入短篇小说集《英雄》)。

关于文字的美,《作者通讯》第5期。

论南昌战局,6月1日,《文化战士》半月刊第1期。

菲多·田亚廷(高尔基作,翻译),7月,《鲁迅风》(冯梦云编辑)第17期。

客人(短篇小说),8月《改进》第1卷第9、10期(后收入短篇小说集《英雄》)。

漫木界的希望,9月,《大风》半月刊107期(收入罗未央主编,浙江革命(进步)文化历史文献选编,浙江美术学院出版社,1993年12月第1版,p. 579~580)。

论戏剧与观众及其他,署川麟 译(斯达尼斯拉夫斯基作),载于《七月》第4集第3期,1939年10月。

日本经济枯竭的现状,《大风》第79、80合刊。

政治报告(二十八年三月上半月),《东南战线》第1卷第5期。

论第二次世界大战,11月10日,金华:充实丛书社初版,系"充实丛书"第二种。

办刊物及"大众化"问题(收入:千家驹、张铁生、胡愈之主编,1939年12月生活书店出版之《抗战的经验与教训》)。

1940年

1939年后,国民党顽固派的"摩擦"活动加剧,又颁布了《限制异党办法》,把矛头直接指向中国共产党,局势日益逆转。与其他同志一道,在丽水发表了大量的国际、国内政治、军事评论。

年初,担任了国际新闻社金华分社负责人,在金华柴场巷

17号住处挂出了“国际新闻社金华分社办事处”的公开标志。这里也是“文化资料供应社”所在地，不仅提供资料，还接待来往的文化人或去皖南找新四军的人。聂绀弩、骆宾基、杜麦青、辛劳、赖少其、林琼、彭燕郊等都先后在这里住过。这里实际上是中共中央东南文委机关所在地。

1月22日，应骆宾基邀请，与葛琴到绍兴作报告，接到日军已在萧山六百亩头登陆的消息后，紧急撤回金华。当时一直协助在绍兴主编宁绍特委机关刊物《战旗》的骆宾基组稿。

4月25日，王西彦主编的《现代文艺》创刊号在永安出版，编入邵荃麟的中篇小说《英雄》、王西彦的短篇《死在担架上的担架兵》，以及冯雪峰的论文、艾青的诗、葛琴的小说、唐弢的杂文等，一炮打响，进一步促进了永安抗战进步文化的发展。由于王西彦的辛苦耕耘，也由于邵荃麟的有力帮助，《现代文艺》成为永安改进出版社出版的六种期刊中革命色彩最浓、战斗力最强的一个刊物。不仅在福建，在桂林、重庆等地也都有很大影响。

4月，邵荃麟在上海“行列社”的作者们出版的“上海文艺丛刊”（名叫《群鸟》）上发表了翻译高尔基的三幕剧《伐莎·杰耐斯诺伐》。此后开始翻译一些苏联和俄国的文学作品和论文。他的翻译都是通过英文转译的。

5、6月间，党的金衢特委遭到破坏，帮助从龙泉撤到金华的舒文转移到福建去。

6月，主持召开了一次秘密纪念高尔基逝世四周年晚会，骆宾基、聂绀弩、林淡秋、杜麦青、计惜英、彭燕郊、葛琴等人参加。

6 月，皖南形势紧张，在浙江受国民党通缉，组织通知疏散到福建永安隐蔽。与葛琴、杜麦青同行，到福建浦城，在地下党员林涧青同志的接应下，于夏末辗转到了永安。

夏，在永安得到改进出版社社长黎烈文的接纳，经福建省主席陈仪允许，得到了《改进》杂志编辑的公开身份，条件是留下后不能搞政治活动。任《改进》半月刊编辑，并指导、协助王西彦编辑《现代文艺》月刊和《现代文艺丛刊》。住在远离县城的荒郊，《改进》杂志社所在地——虾蛤村。《现代文艺》特别设立了“短论”一栏，每期刊登三篇千字文，讨论各种文艺和创作问题。邵荃麟也经常用笔名“契若”写“短论”。

在永安进行了一些创作和翻译，《麒麟寨》(四幕剧)作为《现代文艺丛刊》第一辑 6 册之一在改进出版社出版。剧本出来后，曾在金华演出，影响广泛。后来还曾在上饶集中营里演出过。

9 月，女儿小琴在永安出生。

年底，传来消息，说国民党中央保安处传令要逮捕“共党重要分子邵荃麟、葛琴”。接到了桂林国新社发来的电报，通知去开年会，并电汇 200 元路费。后来得知这是上级组织要他撤离福建的指示。开始向桂林转移，经长汀、吉安、南雄到衡阳。

【著译】

英雄(短篇小说)，4 月 25 日，《现代文艺》第 1 卷第 1 期(后收入短篇小说集《英雄》)。

伐莎·杰耐斯诺伐(三幕剧)(高尔基著，邵荃麟译)，4 月，“上海文艺丛刊”《群鸟》。

邵荃麟致黎烈文、王西彦信，5月25日，《现代文艺》第1卷第2期。

吉甫公（短篇小说），6月25日，《现代文艺》第1卷第3期（后收入短篇小说集《英雄》）。

纪念鲁迅先生六十年诞辰，8月25日，《现代文艺》第1卷第5期。

从“××风”谈起（署 契若），8月25日，《现代文艺》第1卷第5期。

麒麟寨（四幕剧），8月，改进出版社初版，系《现代文艺丛刊》第一辑之四。

文章检讨会（署 契若），9月10日，《现代青年》第2卷第5期。

游击队员范思加（苏·弗兰欧门著，荃麟译），10月10日，《现代青年》第2卷第6期起连载至1941年1月10日第3卷第3期。1941年出单行本。

文章检讨会（署 契若），11月10日，《现代青年》第3卷第1期。

苏联北部资源开发——钢铁业的勃兴（苏·菲尔斯曼作，契若译），11月16日，《改进》第4卷第4期。

1941年

1月，在衡阳（一说赣州）得知“皖南事变”发生的消息，1月下旬，一家辗转到达桂林。1940年代初东南沦陷，华北华南战事频繁，国民党中央退守重庆，许多文化人流亡到桂林，桂林成为一个重要的文化阵地。但“皖南事变”发生后，桂林形势转入低潮，李克农领导的八路军办事处已撤离，一批进步刊物被迫停办，郭沫若、夏衍等一批进步人士也纷纷撤离。仅司马文森等遵照党的指示留下坚持斗争。

1月，胡风也转移到桂林，胡风在回忆录中提到他与邵荃麟之间的友谊："在上海左联同事时就认识(那时他和葛琴在一起了)，在武汉他又给我来信并给《七月》投稿。我用了他的稿，我们两人的关系一直很好。在桂林又见到了，大家都感到高兴，我常去看他，有时就留下吃饭，谈公事谈私事态度都极友好……我和他在文艺问题的看法上从来没有对立的意见，我认为他是理解我尊重我的。"

春末，与葛琴经聂绀弩介绍进《力报》社工作。

在聂绀弩主持的桂林《力报》副刊《新垦地》上，对"战国策派"知识分子"妇女回家"的主张进行了反击。与葛琴等人发表40余篇文章，11万字，后辑为《女权论辩》于1943年出版。

4月7日，聂绀弩受压离开《力报》去重庆，邵荃麟任主笔，葛琴接编《力报》的《新垦地》，并新编了文学副刊《半月文艺》。

4月17日，和司马文森、欧阳予倩、焦菊隐、孟超等二十余人，在桂林美丽川菜馆，参加文协(中华全国文艺界抗敌协会)桂林分会第二期文艺讲习班讲师座谈会，商讨讲课范围、内容。

6月7日，在文协桂林分会主办的文艺讲习班主讲《典型的创造》。

7月，因有人向《力报》总经理张稚琴发出警告说邵荃麟是大共产党，即转至文化供应社(文化供应社实际上是由党控制和领导的一个文化机构，邵荃麟担负了社内党的领导工作）。从此公开职业为桂林文化供应社编辑，积极参与了在国统区有较大影响的桂林文化供应社的活动。

被国民党桂系的“广西建设研究会”聘为研究员。“广西建设研究会”实际上是桂系与蒋介石争独立的一个政治组织，因此吸收了一些中共党员和民主人士，如金仲华、范长江、胡愈之、千家驹、张志让、邵荃麟等。

8月10日，主编的大型社会科学与文学艺术综合月刊《文化杂志》创刊。这个刊物在国统区有一定的影响，在宣传马克思列宁主义、分析国际国内时局、指出当时的革命中心任务等方面，起到了重要的作用。在创刊号上，邵除以本名发表论文《也谈阿Q》外，又以“本社”名义发表《我们对于现阶段文化建设的意见——代发刊词》，实际上以毛泽东《新民主主义论》（1940年发表）的观点，对国统区进步文化工作进行了总结。

9月，在主编的《文化杂志》第1卷第2期上发表苏金伞的诗《当我从群山……——走出沦陷区》。诗是《七月》主编胡风介绍来的。邵荃麟还寄信给作者，热情地称赞了他的诗，并盼望他能写出更多更好的诗。后来邵荃麟、葛琴在桂林主编的《青年文艺》和其他刊物上也发表过苏金伞的诗作。这些诗在重庆、桂林、昆明等地的广大读者中引起很大反响。

9月26日，主持《文化杂志》编辑部召开的文艺座谈会，议题是“文学创作上的语言运用问题”。出席者有艾芜、聂绀弩、何家槐、宋云彬等13人。

11月，周恩来、于右任、冯玉祥等发起在重庆、桂林两地举行纪念郭沫若创作生活二十五周年及五十寿辰活动。邵荃麟、李济深、田汉、熊佛西等人在15日桂林文化界举行的纪念茶会和祝寿晚会上致词。会上由中国戏剧社合唱田汉作词、姚牧谱曲的祝寿歌《南山之什》，同时演出了杜宣以沫若回国参加抗战为题材而写的话剧《英雄的插曲》。邵荃麟参与了该剧演出的筹划。

11 月 19 日，出席《文艺生活》月刊社举行的“1941 年文艺运动的检讨”座谈会。

12 月 7 日，在文协桂林分会第二届年会上，与艾芜、田汉、欧阳予倩等共 15 人被选为第三届理事；12 日，在文协桂林分会第三届第一次理事会上，邵荃麟等 5 人被推选为常务理事，邵与孟超又被推定为研究部负责人；28 日，在文协桂林分会第三届第一次理事会上，被确定为理论组组长。

冬，中共南方局派李亚群同志来联系，委派邵荃麟担任桂林党的文化工作组组长。“皖南事变”后，中共南方局设立了李亚群负责的桂林统一战线工作委员会(统委)，文化工作组归统委领导，由邵荃麟、张锡昌、狄超白、张友渔等人负责，领导桂林地区的文化工作和文艺运动，主要任务是做国统区上层文化人的统战工作。

12 月，太平洋战争爆发，大批文化人从香港、新加坡回到桂林。桂林统委文化组迎接并安顿了大批从香港脱险的文化人，完成了周恩来安排的抢救文化人的任务。当时蒋介石表面上也欢迎一些左派文化人去重庆，还派了刘白民代表国民政府出面欢迎。因此茅盾、胡风等能去重庆的就去了重庆；去重庆有危险的，如邹韬奋、范长江等，被送往新四军；还有一些能与国民党广西派合作的，如萨空了、司徒慧敏等就留在了桂林。

【著译】

“五四”留给我们什么?,5 月,《中学生战时半月刊》第 43 期。

文艺创作与文艺理论,5 月,《中学生战时半月刊》第 44 期。

“巢许让天下,商贾争一钱”论,6 月 1 日,《野草》第 2 卷第 4 期。

建立新的美学观点,7 月 15 日,广西《建设月刊》第 5 卷第 5 期。

略论戏剧的情节及其他,《抗敌戏剧》第 3 卷第 1 期。

喜酒(独幕剧),7 月 16 日,《新道理》第 25 期起连载。收于 1942 年《喜酒》。

游击队员范思加,“翻译丛书”之一,(苏)弗兰欧门著,荃麟译,7 月,桂林文献出版社初版发行。

爱与憎,《中学生》第 44 期。

暑假中的工作和学习问题,《中学生》第 45、46 期。

我们对于现阶段文化建设的意见(署名“本社”),8 月 10 日,桂林《文化杂志》创刊号。

也谈阿 Q,8 月 10 日,《文化杂志》创刊号。

雨天(短篇小说),8 月,收入短篇小说集《英雄》。

对面的房子(Bothony Hope 著,翻译),8 月,《野草》第 2 卷第 5、6 期。

歌手(短篇小说),9 月 1 日,《自由中国》新 1 卷第 3 期(后收入短篇小说集《宿店》)。

多余的人(短篇小说),9 月 15 日,《文艺生活》第 1 卷第 1

期(后收入短篇小说集《英雄》)。

欺骗(短篇小说),10 月 15 日,《文化杂志》第 1 卷第 3 号(后收入短篇小说集《英雄》)。

"携手并进,以取得胜利",11 月 8 日,《广西日报》。

生活琐话,12 月 15 日,《野草》第 3 卷第 3、4 期合刊。

为了全人类的利益(与葛琴合著),12 月,《文艺生活》第 1 卷第 4 期。

1942 年

3 月 9 日,茅盾夫妇自香港脱险,历经周折抵达桂林,一时找不到房子,荃麟夫妇主动腾出一间小屋,请茅盾住在一起,还组织了讲演会,请他讲演。

4 月,在《戏剧春秋》第 1 卷第 6 期上发表《一个钢铁样的人——悼保罗》,悼念牺牲的战友刘保罗。

8 月,第一个短篇小说集《英雄》由文化供应社出版。这是他为文化供应社主编的《文学创作丛书》中的一种,这套丛书共出了 2 辑,每辑 12 种。

在文化供应社还主编了《各科知识手册》等丛书。他主编的这些丛书都是当时文化供应社最畅销的书,有的几次再版,在青年中有着广泛的影响。

秋,《文化杂志》停刊,离开文化供应社。因为《文化杂志》等刊物比较红,蒋介石要派人来该社投资,遭到广西实力派的拒绝,最后文化供应社社长陈劭先(广西实力派方面的人)决定将《文化杂志》停刊。邵离开后仍住在文化供应社附近,通过留在社内的同志实际上继续领导着党在社内的工作。

10月10日，协同葛琴创办的革命文艺刊物《青年文艺》创刊，葛琴任主编。创刊号上，邵荃麟发表了《关于〈阿Q正传〉》的长篇研究论文，评论欧阳凡海研究鲁迅的重要著作《鲁迅的书》，肯定该书"大体上仍不失是一本研究鲁迅的较好的书，有许多见解，是很卓越的，正确的"，也指出其对阿Q这一典型评论的不足。

10月，《戏剧春秋》杂志社举办历史剧问题座谈会，就历史剧真实与虚构的关系问题以及历史剧的功能问题展开争论。为此在本月30日的《戏剧春秋》第2卷第4期上发表了《两点意见——答戏剧春秋社》。

10月，将冯雪峰("皖南事变"后在金华被捕，当时被关押在上饶集中营)所作论文11篇，编为《过去的时代——鲁迅论及其他》一书，署名雪峰，由桂林充实出版社出版，为《充实丛书》之一。

11月初，接待了从上饶集中营出狱的林琼，并派人送她到重庆去向周恩来汇报。

12月3日，参加文协(中华全国文艺界抗敌协会)桂林分会第三届会员大会，与柳亚子、田汉、巴金、王鲁彦、杨刚、艾芜等19人被选为第四届理事。

经常在家中与艾芜、胡仲持、司马文森、周钢鸣、于逢、易巩、骆宾基等人讨论文艺理论方面的问题，评论作品，也谈形势和革命问题。

年内，受聘为党领导下的新知书店编辑顾问，与姜君辰一起协助从武汉迁到桂林的新知书店总店(华应申主持)，在病中亲自奔走为书店组织稿件，广泛联系团结广大作者、译者，得到了不少好的书稿。

年内,身体很不好,经常发烧吐血。仍带病写作,短篇小说集《英雄》、《宿店》中的一些作品就是在这一年写成的。继续进行文学翻译,着手翻译陀思妥耶夫斯基的《被侮辱和被损害的》。每月预支稿费一百元,以资生活。

年内,独幕剧集《喜酒》由文化供应社出版。

【著译】

左拉论(D·柴斯拉夫斯基著,翻译),1 月 10 日,《自由中国》新 1 卷第 5、6 期合刊。

新居(短篇小说),1 月 15 日,《文艺生活》第 1 卷第 5 期(后收入短篇小说集《英雄》)。

一九四一年文艺运动的检讨——在一个座谈会上的发言,1 月 15 日,《文艺生活》第 1 卷第 5 期。

向深处挖掘,2 月 25 日,《文化杂志》第 1 卷第 6 号。

论新人道主义,2 月 25 日,《文化杂志》第 1 卷第 6 号。

以人类之子的名义,2 月 27 日,重庆《新华日报》第 4 版。

文学的形象性,《青年生活》第 3 卷第 1、3 期。

一个钢铁样的人——悼保罗,4 月,《戏剧春秋》第 1 卷第 6 期。

宿店(短篇小说),4 月 25 日,《文化杂志》第 2 卷第 2 号(后收入短篇小说集《宿店》)。

旧话重提——写在第二十三个“五四”纪念日,《中学生》第 55 期。

《英雄》题记,5 月 15 日,《野草》第 4 卷第 1、2 期(收入短篇小说集《英雄》)。

高尔基论学习,《中学生》第56期。

对于当前文化界的若干感想,7月25日,《文化杂志》第2卷第5号。

关于题材,8月,载于《新文学连丛》之一《孟夏集》,华华书店出版。

英雄(短篇小说集),8月,桂林文化供应社初版,收短篇小说:《客人》、《英雄》、《海塘上》、《欺骗》、《吉甫公》、《多余的人》、《雨天》、《新居》。

关于《阿Q正传》,10月,《青年文艺》第1卷第1期。

两点意见——答戏剧春秋社,10月31日,《戏剧春秋》第2卷第4期。

《北京人》与《布雷曹夫》,11月15日,《青年文艺》第1卷第2期。

《项链》注解,11月15日,《青年文艺》第1卷第2期。

文艺欣赏漫谈:现代创作小说选序,《青年生活》第2卷第6期。

创作小说选,"中学生略读文库"之一,内收《序言》及十篇注解,桂林文化供应社初版。

爸爸的棉袄(独幕剧),收入《喜酒》。

校长老师(独幕剧),收入《喜酒》。

喜酒(独幕剧集),"少年文库"之一,桂林文化供应社初版。

1943年

5月,长子小鹰诞生于桂林。

5月，冯雪峰于1942年底自上饶集中营被营救出狱后，来桂林邵荃麟处寻找组织。邵即将他的情况报告中共南方局和周恩来，并送冯雪峰去重庆。当时桂林地下党负责安排从东南几省疏散下来的同志，包括秘密接应从上饶集中营里逃出来的同志，恢复他们同组织的联系，并将从集中营里带出来的各种情况及时地报告重庆，以便周恩来向国民党作斗争，争取早日解散集中营，使被关押的同志恢复自由。邵荃麟对历尽艰苦回到党的怀抱中的同志，在政治上和生活上都给以热情帮助和关怀。林琼、冯雪峰等都曾在他家暂住，然后转往重庆。

5月，王西彦自湖南来桂林，在丽君路邵荃麟家会见了邵荃麟、葛琴、冯雪峰，旧友重逢，洽谈甚欢。

5月，孟超主编的《艺丛》创刊，邵荃麟发表重要论文《重振抗战的文艺战线》。

7月，发表评论，对青年作家路翎的中篇小说《饥饿的郭素娥》给以高度评价，称之为“在中国的新现实主义文学中放射出一道鲜明的光彩”，说它“充满着那么强烈的生命力！一种人类灵魂里的呼声，这种呼声似乎是深沉而微弱的，然而却叫出了多世纪来在旧传统磨难下底中国人的痛苦，苦闷与原始的反抗，而且也暗示了新的觉醒的最初过程”。

8月，一家转移到广西全州。当时浙江省委遭破坏，全省党员名册被搜去。组织决定邵荃麟立即离开桂林到外县隐蔽，再设法去新四军。

9月，与孙亚明主持的《翻译杂志》创刊于桂林。《翻译杂志》是抗战后期综合性大型翻译杂志，翻译杂志社出版，发行人孙明心，至1944年6月因桂林疏散停刊。以契若的笔名为主要撰稿人（译者）之一。其他撰稿人有陈翰笙、孟昌、杨承芳、宜闲、庄寿慈、杜若、孙亚明、梅林、蒋路、周行、荒芜、柳无垢、简竹坚等。该刊发表的翻译作品，都能较好地配合世界反法西斯斗争。

11月上旬，因国民党方面一直没动静，经组织同意又由全州返回桂林。

秋末，动员东吴大学的吴大琨教授进入美军作战参谋部工作，又推荐高士其担任当时设在桂林的盟军服务处的技术顾问兼食品科研所所长。随着日寇节节南下，地下党通过多方面的关系派了不少人进入美国盟军方面工作，通过这些人把东江游击队探明的沿海一带日本空军基地的情报提供给美军，利用美国空军的力量给东南战场上的日军以沉重的打击。

11月28日，与田汉、欧阳予倩等二十多位知名作家、诗人、学者，应邀出席《文学创作》社熊佛西主持在月牙山倚虹楼举行的“战后中国文艺展望”第一次座谈会，并作了发言。一致建议政府改善检查制度，扶植言论自由。

11月，从英文本转译的陀思妥耶夫斯基的长篇小说《被侮辱和被损害的》由桂林文光书店出版。

年内，翻译的Pritoi所著《意外的惊愕》由文化供应社出版。

年内，编选的《创作小说选》由文化供应社出版，对收录的10篇小说作了言简意赅的评介。

【著译】

《罗梭·麦柏罗》注解，1月，《青年文艺》第1卷第3期。

略谈文学上的方言使用问题(作于1942年9月3日),1月10日,《文化杂志》第3卷第3号。

旅途小景(短篇小说),1月10日,《青年文艺》第1卷第3期(后收入短篇小说集《宿店》)。

阿Q的死,3月1日,《文学批评》第2号。

“灰色人”——夜读偶记,4月1日,《野草》第5卷第4期。

《圣诞节》注解,5月10日,《青年文艺》第1卷第5期。

关于保障作家生活问题,《半月文萃》第2卷第1期。

重振抗战的文艺战线,5月,《艺丛》创刊号。

《荒唐的人》题记,6月1日,《野草》第5卷第5期。

一个女人和一条牛(短篇小说),6月1日,《文学创作》第2卷第2期(后收入短篇小说集《宿店》)。

对于安东·柴霍夫的认识,7月10日,《青年文艺》第1卷第6期。

《饥饿的郭素娥》,7月10日,《青年文艺》第1卷第6期。

《叶曼良·披略延》注解,7月10日,《青年文艺》第1卷第6期。

《创作小说选》序(作于1942年1月13日),载于《创作小说选》。

萧军《职业》注解,载于《创作小说选》。

丁玲《县长家庭》注解,载于《创作小说选》。

张天翼《新生》注解,载于《创作小说选》。

沙汀《艺术干事》注解,载于《创作小说选》。

艾芜《回家后》注解,载于《创作小说选》。

刘白羽《枪》注解,载于《创作小说选》。

吴组缃《某日》注解，载于《创作小说选》。

聂绀弩《姐姐》注解，载于《创作小说选》。

立波《麻雀》注解，载于《创作小说选》。

谷斯范《至尊》注解，载于《创作小说选》。

被侮辱和被损害的（俄·陀思妥耶夫斯基著，荃麟译），11月，文光书店初版（1956年校订，人民文学出版社第7次印刷，1981年11月浙江人民出版社重印）。

意外的惊愕（Pritoi著，荃麟译），“英汉对照丛书”之一，桂林文化供应社初版。

创作小说选（荃麟选注），“中学生略读文库”之一，桂林文化供应社初版。

1944年

2月15日，为庆祝西南第一届戏剧展览会的隆重召开，在《力报》上发表《一点希望和意见》。

2月29日，文协桂林分会在大华饭店举行茶会，欢迎参加西南剧展的各团队代表，在会上发表了讲话。

3月19日，在桂林社会服务处出席文协桂林分会第五届会员大会，被选为第六届理事。

4月20日，文协桂林分会举行会员同乐大会，庆祝全国文协成立6周年，出席并发表了讲话。

5月5日，出席文学创作社和当代文艺社联合举行的共庆诗人节的宴会，发表了演说。

5月25日，洛阳陷落，日军进逼长沙，桂林当局仓促下达“紧急疏散令”。南方局派李亚群带来一笔钱，要邵荃麟分发给文化界党内外人士，作为撤退费用，又安排在国民党张发奎司令部里做秘书的地下党员左洪涛在柳州秘密协助桂林下来的同志撤退。邵荃麟不顾疾病的折磨，把党的资助像雪中送炭那样及时送到许多人身边，又在拥挤的逃难人群中组织力量送走一批又一批人员。

5 月 31 日，出席文协桂林分会召开的理事会，商讨如何开展今后工作等会务问题。

6 月 6 日，参加文协桂林分会在广西艺术馆召开的全体会员大会，商讨筹备“文化界扩大动员宣传周”等问题，共百余人出席。

6 月 18 日，参加“国旗献金大游行”。这时日寇铁蹄已至衡阳外围，为了声援衡阳抗战的士兵，5 月底田汉争取到李济深的支持，文协桂林分会发动了一次全市文化界扩大动员“国旗献金大游行”。邵荃麟与留桂的李济深、柳亚子以及田汉、欧阳予倩等著名文化人士参加游行，走在前列。

6 月 22 日，为加强战时宣传工作，桂林文化界在广西艺术馆召开各部门大联席会议，决定筹组桂林文化界抗战工作委员会，邵荃麟等 9 人被推选为委员负责筹备事宜。

6 月 25 日～8 月 24 日，积极支持田汉组织的桂林文化界抗敌工作队。6 月间成立的以李济深为会长的“桂林文化界抗敌工作协会”，决定由田汉组建“桂林文化界抗敌工作队”开赴湘桂前线进行战地宣传和抗日动员工作。田汉自告奋勇担任领队，并推荐陈残云为队长。邵荃麟派华嘉担任总队部秘书，协助田汉工作。“文抗队”集训期间，邵荃麟与狄超白、刘思慕、张锡昌、黄药眠、周钢鸣、司马文森、温涛等前往作形势报告和演讲有关文化文艺工作的问题。“文抗队”在长沙失守、桂林当局下了第二次疏散令的时候反其道而行，开赴湘桂前线。出发时邵荃麟与欧阳予倩、葛琴、瞿白音、陈此生等文化界知名人士以及桂林文抗协会委员李任仁、张文、陈劭先等共数百人到月台上送行。大队再回到桂林时，经过两次疏散的市区已经十分萧条，邵荃麟又与留桂林的欧阳予倩、葛琴等到车站接车。

8 月 8 日，日军占领衡阳，逼近桂林，日本飞机不断对桂林轰炸、扫射。葛琴带两个孩子随同文化供应社一起疏散到广西平乐，十多天后留在桂林的邵荃麟大吐血，葛琴又带孩子返回桂林。

8 月，与其他文艺界人士自桂林撤退至柳州。田汉自前线撤至柳州，主持了桂林后撤的文艺界人士召开的大会。会后准备与田汉、熊佛西等沿黔桂铁路往贵州撤退。

8 月 30 日，在桂林参加著名作家王鲁彦的追悼会，并致悼词。8 月 20 日，王鲁彦逝世，他短暂的一生是旧中国进步知识分子在民族危难中奋起斗争，挣扎于贫病加劫难之中的真实写照，在当时文化界曾引起巨大反响。已疏散到柳州的邵荃麟、司马文森、端木蕻良、曾敏之等闻讯冒险重返桂林，参与发起募捐料理后事。30 日，桂林文化界人士二百多人汇聚社会服务处，为王鲁彦举行追悼会，由欧阳予倩主持，邵荃麟代表文协桂林分会致悼词。

9 月 14 日，桂林大火，在最后关头撤离桂林赴柳州，离开时在车站遇到敌机轰炸，这一天是广西省政府发布的第三次强迫疏散令规定的最后期限。桂林于 11 月初被日军攻占。

11月，到达重庆。离开桂林后一路艰难，走了76天。

到重庆后，找不到住处，先在文化人沈起予的弟弟开的旅馆住了两个月，后来又搬到新知书店住了两个月。

【著译】

大铜山的一夜(短篇小说)，2月1日，《当代文艺》第1卷第2期(后收入短篇小说集《宿店》)。

一点希望和一点意见——祝西南戏剧展览会开幕，2月15日，《力报》。

生活·人·文学，4月，《青年生活》(桂林)第4卷第6期。

河边草(散文)，4月，《青年文艺》新1卷第1期；收入《时代履痕——中国社会科学院学者散文选(上)》，单天伦主编，社会科学文献出版社，2004年11月第1版。

关于鲁彦的死及其他，10月10日，《青年文艺》新1卷第3期。

《碾煤机》序，载于《碾煤机》。

碾煤机(Coal Breaker)(英语短篇文选，美M·哥尔德著，荃麟序、注)，12月，重庆开明书店初版。

1945年

1月25日，参加文委负责人冯乃超在文工会召开的小型座谈会，座谈对胡风主编的《希望》杂志的意见。参加者还有茅盾、胡风、蔡仪、何其芳、刘白羽、黎辛等。身任中华文协研究部部长的胡风，从1944年4月起“发动在明确的斗争形式上的文艺批评”，以反对各种“反现实主义的倾向”；1944年底，在《希望》第1期上发表《置身在为民主的斗争里面》和舒芜的《论主观》，提出“反对客观主义”和与“机械—教条主义”作斗争的口号；同时，对一些作家和作品组织文章展开批判，包括批评茅盾的《清明前后》和夏衍的《芳草天涯》两个剧本为公式主义的作品。这在左翼文化阵营内部造成纷扰。为此南方局文委在重庆举行了几次文艺座谈会，对胡风的“论主观问题”进行了广泛的讨论，在世界观、思想方法范畴内对胡风进行批评。

3月，搬到张家花园重庆中华全国文艺界抗敌协会（文协）宿舍，生活才安定下来。这是用昆明西南联大学生为救济湘桂逃难的文化人募集的款盖的一排房子。在一起先后同住的有聂绀弩、骆宾基、彭燕郊、黄碧野、艾芜等。这时的生活还很艰难，要经常借钱。

在重庆，担任了中共南方局文委委员，成为文委主要负责人之一。由于当时特殊的历史环境，南方局文委主要是运用统一战线的形式开展工作。南方局文委是秘密的，不适于公开活动，成员都以合法的身份出现在重庆的各条文化战线上。邵荃麟的公开身份是文协桂林分会理事、文艺理论家、名著《被侮辱和被损害的》的译者、重庆《文艺杂志》主编。

接受了王鲁彦妻子覃英的委托，主持恢复了原由王鲁彦在桂林主编的《文艺杂志》，和覃英一起在重庆文光书店继续编辑出版。

6月30日，写文章《感谢和期待》，对茅盾五十寿辰和创作二十五周年表示祝愿。当时文协为此举行了庆祝活动。

8月，抗战胜利，胡乔木、何其芳、周而复、刘白羽、韦明等从延安来到重庆，他们都先后来过文协宿舍，带来了毛泽东

《在延安文艺座谈会上的讲话》的精神，他努力理解和积极贯彻“讲话”所代表的党的文艺方针。

代表南方局文委组织在渝进步作家学习毛泽东的《在延安文艺座谈会上的讲话》。

与何其芳一道编四个杂志（郭沫若的《中原》、叶以群的《文哨》、邵荃麟的《文艺杂志》和胡风的《希望》）的联合版。

8 月 28 日，毛泽东在周恩来陪同下来重庆谈判，邵荃麟也参加到机场迎接。

11 月 7 日，苏联十月革命节纪念日，与周恩来等参加了中苏友协举行的大型纪念活动。

约 11 月初，胡乔木在曾家岩 50 号约舒芜谈话，批评他的《论主观》，邵荃麟和冯乃超参加旁听。

11 月 17 日，《自由导报》创刊，邵荃麟担任编委。《自由导报》是根据中共中央南方局王若飞的指示，由田钟灵、李学民具体负责筹备创办的，是一张从工商经济界角度谈民主、争自由的四开小报，直接领导人是许涤新，并由许涤新提名，组成了由杜国庠、邵荃麟、侯外庐、马寅初、田钟灵等人在内的编委会，杜国庠任总编辑，田钟灵任主编，李学民任经理。《自由导报》诞生后，积极为民主建国会宣传鼓吹，1945 年 12 月 16 日，民主建国会在重庆成立后，《自由导报》成为其机关报。

12 月 1 日，昆明发生国民党军警武装镇压反对内战、争取和平的学生民主运动的“一二・一”事件，重庆各界、各民主党派纷纷致电昆明学生，誓作后盾。邵荃麟与重庆各界知名人士郭沫若、柳亚子、黄炎培、茅盾、巴金、孙起孟、曹靖华、陈白尘、冯乃超、冯雪峰、叶圣陶等都发电发函慰问昆明师生。

12 月 26 日在《新华日报》上发表《略论文艺的政治倾向》，批评胡风的某些文艺理论观点。

继续译完《被侮辱和被损害的》和《阴影与曙光》。

【著译】

新年杂感，1 月 1 日，《新华日报》。

伸向黑土深处，5 月，《文艺杂志》新 1 卷第 1 期。

感谢和期待——祝茅盾先生五十寿辰和创作二十五周年纪念，6 月 30 日，《新华日报》。

一个黑海的传奇(梭罗佛育夫著，翻译)，6 月，《抗战文艺》第 10 卷第 2、3 期。

“瓦爿主义”应该肃清了，8 月 26 日，《新华日报》。

鲁迅的《野草》，9 月 10 日，《国文杂志》月刊(重庆)，第三卷，第四期，p. 25～31。

在伟大的胜利面前(署“编者”)，9 月，《文艺杂志》新 1 卷第 3 期。

一个副站长的自白(短篇小说)，9 月，《文艺杂志》新 1 卷第 3 期(后收入短篇小说集《宿店》)。

“拖”，10 月，《文萃》第 1 卷第 4 期。

最真实的声音，11 月 20 日，《自由导报》革新第 2 号。

希望与信心，11 月 28 日，《新华日报》。

慰唁，12 月 7 日，《新华日报》。

略论文艺的政治倾向，12 月 26 日，《新华日报》。

1946 年

1 月，受周恩来委派，随董必武到武汉做文化统战工作。

按党的指示是要在武汉创办一种报纸，但随着形势发展，国民党反共气焰十分嚣张，不得不完全处于地下状态，工作条件十分艰苦。

3月，经南方局批准葛琴携家至武汉。邵荃麟在汉口找到了在桂林认识的国际新闻社社友王淮冰，王正在《大刚报》汉口分社任社长。汉口《大刚报》原是一家从贵州迁来的民营报社，报社有一批进步青年，是一个有利的阵地，遂去信要葛琴来担任副刊主编。葛琴有编报的公开身份。邵荃麟没有公开身份，与驻武汉的董必武同志及军调小组的薛子正联系。他一方面通过报纸联络了一批党的外围力量，设法巧妙地开展了斗争；同时协同葛琴编辑《大刚报》文艺副刊，自己也动手修改了不少社论，写了不少适应革命形势要求而又具有一定思想深度的理论文章。

为一个中学生杂志从英文本转译了苏联作家尤金·雷斯(Eugen Ryss)的作品《阴影与曙光》。

5月4日，通过邹荻帆等召开了“五四”纪念大会，在会上作了报告。

5月，另一个短篇小说集《宿店》在重庆出版。以后兴趣逐渐从创作方面转向文艺理论与批评，没有再写小说。

8月，协助在开封上了国民党当局的黑名单而来武汉投奔党的诗人塞风，安排他在《大刚报》做编辑，后又写信介绍他去南京梅园新村找中共代表团。在汉口期间，还作为党的文化界负责人处理了姚时晓、黄碧野等同志的转移等事项。

9月，次子小鸥在武汉出生。

10月19日，鲁迅先生逝世十周年，邀集曾卓、塞风等六七人在一个隐蔽的地点——邹荻帆夫妇住的小阁楼上举行了一次秘密的纪念会。

10月中，去南京中共代表团办事处向周恩来同志汇报武汉工作情况。当时形势更加恶化，汉口《大刚报》被迫改组。不久又传来消息，南京方面已经注意到邵荃麟在武汉的活动，情况紧急。周恩来指示他随时相机撤退，亲笔写信介绍他去香港南方分局找方方同志，参加文委工作，并给了全家去香港的路费。

11月中，全家离开武汉转移至上海。葛琴决定把三个孩子送回宜兴乡下，以应付更加恶化的局势，但一回家便引起了特务的注意，只好又全部回到上海。

【著译】

关于批评，1月，《中原、文艺杂志、希望、文哨联合特刊》第1卷第1期。

关于废止出版法及其他，1月，《中原、文艺杂志、希望、文哨联合特刊》第1卷第2期。

阴影与曙光（尤金·雷斯著，翻译），《中学生》1月号至10月号连载；1947年出单行本。

因“三八”节而想起的两件近事，3月8日，汉口《大刚报》。

“来了”，4月1日，汉口《大刚报》。

可怕的堕落，4月9日，汉口《大刚报》。

我们需要“深”与“广”——在一个文艺晚会上的讲话，5月7、8日，汉口《大刚报》。

一种文化界的病态，5月15日，汉口《大刚报》。

重在战斗实践——给于逢同志的一封信，5月×日（未发表）。

宿店（短篇小说集），5 月，重庆新知书店初版，收《一个女人和一头牛》、《宿店》、《大铜山的一夜》、《旅途小景》、《歌手》、《一个副站长的自白》。

诗与政治——献给 1946 年诗人节，6 月 5 日，汉口《大刚报》。

从人民中所诞生的，6 月 26 日，汉口《大刚报》。

车里特穆尔的卑怯——看《孔雀胆》有感，署契若，7 月 23 日，汉口《大刚报》。

我回到了上海，9 月，《文萃》第 1 卷第 46 期。

惫赖种种，9 月，《文萃》第 1 卷第 48 期。

作为一个读者的备忘录，10 月 7 日，汉口《大刚报》。

无须反顾，10 月 19 日，汉口《大刚报》。

怎样创造形象，11 月 20 日，《文艺大众》新第 3 期、第 4 期。

《阴影与曙光》译记，12 月，《中学生》第 182 期。

礼让之邦，《民主生活》第 3 期。

初冬杂笔，12 月，《评论报》第 5 号。

一个信号，12 月，《文萃》第 2 卷第 10 期。

1947 年

1 月，只身至香港。行前交代留在上海的刘任涛不要冒险，给他的任务是尽可能留住一些专家学者，不让他们去台湾。

4 月，葛琴带孩子到香港。一家住在香港东北角的马宝道，隔壁是一家地下党组织控制的大千印刷厂。当时孙起孟和杜宣共同负责大千印刷厂的工作。

担任香港工委文委委员，文委领导党在香港的文艺工作，当时由冯乃超负责。一起工作的还有胡绳、乔冠华、周而复、叶以群等，居住邻近，来往密切。

5月，文委在邵荃麟住处成立文化资料供应室，由杜麦青负责，搜集大量资料，供文委成员和外界进步人士使用。每星期天晚上，准时在这里开党小组会。

年中，进入生活书店编辑部。生活书店将人力与物力的大部从上海转移到香港，主要负责人徐伯昕、胡绳等先后至港。香港原有个小规模的分店，徐伯昕扩展了阵地，在皇后大道开设门市，编辑部另增了邵荃麟等人充实起来。

10月，按党的指示，由生活书店出面在港举办的“持恒函授学校”开学，与葛琴同被聘为专修部“文学作品选读与习作”(亦称“文学专修科”)导师。文学科每星期发一次讲义，选些中外短篇小说作分析讲解。邵荃麟主管作品讲解，葛琴主管学生来信答复，前后办了几个月。文学科的学生最多时包括海内外达几百人之多。“文学科学习指导”讲解材料后来由生活书店汇集成《文学作品选读》，分上、下册于1949年出版。

年内，全面内战爆发，原来抗日战争胜利后许多返回上海的文化人，一部分去解放区，更多的到了香港。香港成了一个新的文化中心。地下党在团结文化人方面做了大量工作——经济上资助、安排就业、解决生活困难等。

【著译】

最近苏联文艺界的思想斗争(文前有“译者志”)，2月，香港《群众》第5、6期。

阴影与曙光(尤金·雷斯著,荃麟译),2月,开明书店初版印行。

从生活出发——对民间文艺运动的一点意见,3月,《文艺生活》光复版第11、12期。

从一个基本的观念着手,4月,《中学生》第186期。

评《李家庄的变迁》,4月,《文艺生活》光复版第13期。

检阅自己,5月4日,香港《华商报》。

两句话,6月2日,香港《华商报》。

读黄宁婴的诗,8月,《文艺生活》光复版第16期。

病中读画小记,8月4日,香港《华商报》。

论群众路线的思想斗争,8月,《现实丛刊》第1辑。

论"变天思想",9月,香港《群众》第33期。

创作小说选(荃麟选注),9月,香港文化供应社,港一版。

不能忽视,10月,《自由世界》第二卷第十二期,"半月论坛",(上海)自由世界出版社。

论鲁迅先生的不妥协精神,10月,香港《群众》第38期。

"费厄"不可得,11月16日,香港《华商报》。

"修正"与"取消",11月23日,香港《华商报》。

《三年游击战争》读后,11月,香港《群众》第115期。

"文明的果实",12月,《野草》新6号。

牛与鹅,12月7日,香港《华商报》。

谈"洋酸气",12月14日,香港《华商报》。

艺术的真实性及其他——复友人函,12月23日,香港《华商报》。

略论新波的画，12 月 29 日，香港《华商报》。

1948 年

1 月，与冯乃超合著的论文《方言文学问题论争总结》在香港《正报》发表。这是对抗战以来关于“文艺大众化”问题和关于“民族形式的创造问题”、“新文艺外来影响的问题”所作几次讨论的总结性文章。文章批评了讨论中出现的两种偏向。

1 月，推荐发表不知名作者的战地日记《四十八天——日本投降后南征北返四十八天回忆》，为此书撰写了热情洋溢的序言，并将它列入周而复主编的“北方文丛”第三辑，于 1948 年 2 月由香港海洋书屋出版。这是他 1946 年春在汉口从军调部驻汉口第九小组的一位朋友处收到的稿件，是从中原军区带出来的战士和干部的作品之一，作者没有署名。他将手稿随身带到香港，其间为这部手稿做了加工，将其分为七部分，拟了各自的标题，并曾将其中的第二部分《八面山上》署名“佚名”，发表在《群众》杂志上，很受读者的好评。

2 月，左恭从上海到香港找党的关系，冯雪峰陪同，通过邵荃麟找到了潘汉年。

3 月 3 日，在香港《华商报》社举行的座谈会上发言，批判所谓“新的第三势力”。当时所谓“新的第三势力”在美蒋扶植的背景下，挑起了一场新的关于“中间路线”的大讨论。这也就是民主党派关于“中间路线”问题的第二次大讨论。各民主党派负责人及无党派爱国人士以“‘和谈’阴谋与‘自由主义’运动”为题，在香港《华商报》社举行座谈会。会议集中批判了所谓“自由主义”运动和“中间路线”，揭露和抨击了美蒋反动派的“和平”阴谋。邵荃麟以作家身份发言。

3月，在《大众文艺丛刊》创刊号上执笔发表了《对于当前文艺运动的意见》，强调文艺的政治倾向问题，着重揭露40年代进步、革命的文艺运动所表现的右倾、衰弱的状况，把这种状况归纳为两个方面：一是“表现于那种浅薄的人道主义和旁观者底微温的怜悯与感叹态度”，一是“表现了所谓追求主观精神的倾向”。《大众文艺丛刊》是香港文委委派冯乃超和邵荃麟主持，由邵荃麟主编的刊物。文委希望在面临全国解放的形势下，通过这一刊物对过去的文艺工作做一检讨，同时提出对今后工作的展望。

7月7日，发表论文《文艺的真实性与阶级性》，在论述文艺的真实性时说：“艺术的真理事实上也就是政治的（阶级与群众的）真理，文艺不是服从于政治，又从哪里去追求独立的文艺真实性呢？”

7月底，从“持恒函授学校”辞职。当时该校已因经济困难无法维持。

9月，为罗曼·罗兰《搏斗》中译本（陈实、秋耘译）写《代序：从个人主义到集体主义的道路》。他认为这部小说的中心思想在于生命的意义即是不歇息的战斗，生命的力量是从这样的战斗中强大，真理也是通过这样的战斗而取得。他说，在窒息的环境中苦斗的中国知识分子，正需要一种鼓舞的力量，而恰恰罗曼·罗兰给予了这种力量，所以这部小说是有益的。

9月，在《大众文艺丛刊》第4辑上发表《论马恩的文艺批评》。

10月，与胡绳受周恩来指派筹组领导小组，筹划指挥在香港的生活、读书、新知三个书店联合成立三联书店，准备进解放区。与胡绳、徐伯昕、黄洛峰、沈静芷等五人，组成生活、读书、新知三书店合并工作领导小组，并组成文委支部下面一个党小组，任组长。

10月18日，在香港利源东街举行了新中国文化企业公司临时股东代表大会，会议决定成立由徐伯昕、胡绳、黄洛峰、邵荃麟、沈静芷五人组成公司筹委会，选举徐伯昕等15人为临时管理委员会委员，同时选举黄洛峰为董事长、徐伯昕为总经理，沈静芷、万国钧为经理。

10月26日，“生活、读书、新知三联书店”临时管理委员会在港成立。同时成立三联书店总管理处，徐伯昕被推任总经理，黄洛峰任临时管委会主任委员。三联总店成立时，与胡绳代表组织前去祝贺，与胡绳、徐伯昕、黄洛峰一起题词，邵荃麟的题词是“团结就是力量”。嗣后领导了生活、新知、读书三联书店的出版工作，编印、出版了诸如《李有才板话》、《王贵与李香香》等大量的解放区文艺作品。

12月，胡风来到香港，乔冠华、邵荃麟以及冯乃超三对夫妇和周而复等人，一起招待了胡风。邵荃麟又委托楼适夷找胡风恳谈，要求胡风放弃“自己一套”，被胡风拒绝。邵荃麟曾告诉楼适夷，这次香港之所以发起批判，是因为“全国快要解放了，今天文艺界在党的领导下，团结一致，同心协力十分重要，可胡风还搞自己一套”，文委是作为党的代表来做批评、引导的。

12月，在《大众文艺丛刊》第5辑上发表《论主观问题》。

冬，面临全国解放，更多的民主人士、爱国人士暂时避来香港。中共香港工委对他们做了大量统战、宣传工作，使他们了解共产党的政策，看清新中国的前途。

年内，与夏衍等在九龙组织了一个戏剧电影界读书会，由于伶、叶以群主持，定期举行，夏衍、阳翰笙、邵荃麟等作报告，以扩大党在文艺界的影响。还在家中召开了音乐座谈会和大中型的美术座谈会，通过讨论艺术问题联系和团结进步文化人士。

【著译】

容忍与民主，1 月 1 日，香港《群众》第 49 期。

陶行知的对联，1 月 11 日香港《华商报》《“热风”特约文化专栏》，《邵荃麟评论选集》p. 679～680。

《三年游击战争》读后，1 月 13 日，《正报》第 115 期。

“妥协，骑墙，中间路线”以下，1 月 19 日，香港《华商报》。

关于政治讽刺诗的一点意见，1 月 24 日，香港《大公报》。

战斗的，真实的——序陈祖武的《四十八天》，1 月 31 日，香港《正报》第 74 期；收入《四十八天》，1948 年 2 月，香港海洋书屋出版；《邵荃麟评论选集》p. 581～583。

方言文学问题论争总结（与冯乃超合著，作于 1947 年 12 月），1 月，香港《正报》，《邵荃麟评论选集》p. 125～133。

二丑与小丑之间，2 月 2 日，香港《华商报》。

一种偏向，2 月 12 日，香港《华商报》《“热风”特约文化专栏》，《邵荃麟评论选集》p. 681～683。

谈作风，2 月 25 日，香港《华商报》，《邵荃麟评论选集》p. 684～686。

致读者，未署名，3 月 1 日，《大众文艺丛刊第一辑·文艺的新方向》。

对于当前文艺运动的意见——检讨·批判·和今后的方向，署“本刊同人·荃麟执笔”，3月1日，《大众文艺丛刊第一辑·文艺的新方向》；又收入《大众文艺丛刊·批评论文选集》，新中国书局，1949年版；《邵荃麟评论选集》p.134～158。

历史的指针——纪念《共产党宣言》发表一百周年，3月4日，香港《群众》第2卷第8期。

“人格力量”小论，3月12日，香港《华商报》《“热风”特约文化专栏》；《邵荃麟评论选集》p.687～689。

平凡的伟大——看《丰功伟绩》有感，3月20日，香港《正报》第81期。

答M先生，4月3日，香港《正报》第83期。

《大众文艺丛刊第二辑·人民与文艺》编后，未署名，5月1日，《大众文艺丛刊第二辑·人民与文艺》。

朱光潜的怯懦与凶残，5月1日，《大众文艺丛刊第二辑·人民与文艺》。

“五四”的历史意义，5月6日，香港《群众》第2卷第17期；《邵荃麟评论选集》p.690～699。

文艺的真实性与阶级性，7月7日，《文艺生活》(海外版)第5期；《邵荃麟评论选集》p.277～284。

艺术的民族化与现代化的关系——关于《白毛女》的音乐论争的一点意见，7月22日、29日，香港《群众》第2卷第28、29期；《邵荃麟评论选集》p.159～170。

《大众文艺丛刊之三·论文艺统一战线》编后，未署名，7月，《大众文艺丛刊之三·论文艺统一战线》。

关于批评，8 月 8 日，香港《华商报》;《邵荃麟评论选集》p. 171～174。

《乡村教师》观后感，9 月 23 日，香港《群众》第 2 卷第 37 期，《邵荃麟评论选集》p. 573～577。

真理的铁链，9 月 29 日，香港《文汇报》。

大众文艺丛刊·论批评(论文集，署"荃麟等")，9 月，香港:大众文艺丛刊社(香港生活书店)初版。

论马恩的文艺批评，9 月，《大众文艺丛刊·论批评》;又收入《大众文艺丛刊·批评论文选集》，新中国书局，1949 年版;《邵荃麟评论选集》p. 175～206。

《大众文艺丛刊·论批评》编后，未署名，9 月，《大众文艺丛刊·论批评》。

敬悼朱自清先生——并略论朱自清先生的为人与其文艺思想，署"同人"，9 月，《大众文艺丛刊·论批评》，《邵荃麟评论选集》p. 565～572。

罗曼·罗兰的《搏斗》——从个人主义到集体主义的道路，署"力夫"，9 月，《大众文艺丛刊·论批评》;又收入《大众文艺丛刊·批评论文选集》，新中国书局，1949 年版;《邵荃麟评论选集》p. 546～564。

《万家灯火》略评，10 月 1 日，香港《华商报》;《邵荃麟评论选集》p. 578～580。

国际文化现势与中国文化运动，10 月 11 日，香港《华商报》。

新形势下的知识分子问题，12 月 23 日，香港《群众》第 2 卷第 50 期。

论主观问题，12 月，《大众文艺丛刊·论主观问题》；又收入《大众文艺丛刊·批评论文选集》，新中国书局，1949 年版；《胡风文艺思想批判论文汇集·一集》，作家出版社，1955 年 5 月北京第一版；《邵荃麟评论选集》p. 207～238。

加强准备，迎接新时代，《持恒学友》第 7 期，收录于吴长翼、邱国忠编《持恒纪念集》，中国文史出版社，1997 年 2 月第 1 版，p. 250～252。

给学友们的一封信——文学科三个月总结（署 荃麟、葛琴），收录于《文学作品选读》下册，又收录于吴长翼、邱国忠编《持恒纪念集》，中国文史出版社，1997 年 2 月第 1 版，p. 141～154；罗未央主编，浙江革命（进步）文化历史文献选编，浙江美术学院出版社，1993 年 12 月第 1 版，p. 141～154。

1949 年

1 月 31 日，北平和平解放，准备召开新的政治协商会议，建立人民政府，要组织浩浩荡荡的队伍。香港地下党一方面要组织输送大批民主人士、文化工作者回来参加工作，一方面要和国统区的民主人士取得联系，帮助他们离开危险区，另一方面还要应付港英当局和国民党特务的阻挠和迫害。在这样困难的情况下，香港工委由潘汉年牵头负责安排大批民主人士秘密离开香港，转到东北、华北解放区。从 1948 年到 1949 年 3 月底止，先后组织了 20 多批。据不完全统计，最少也有 350 余人，没有一次失误，出色地完成了这一政治任务。

3 月，在《大众文艺丛刊》第 6 辑上发表《新形势下文艺运动上的几个问题》，又在3月28日的香港《文汇报》上发表《谈戏剧上的典型问题》，后将一年来关于文艺批评的论文汇编起来出版一本《大众文艺论文批评集》。

4月20日，党的元老李达到达九龙，邵荃麟代表华南局安排他去解放区。

春，夏衍进解放区，邵荃麟接替他担任了文委书记和工委副书记。

5月27日，上海解放。香港《文汇报》的大批人北上，邵荃麟邀请冯英子帮助张稚琴办《文汇报》。

7月2日～19日，中华全国文学艺术工作者代表大会（第一次文代会）在北平召开，作家、艺术家代表648人参加大会，毛泽东主席到会祝贺，朱德、周恩来、叶剑英等领导人到会讲话，郭沫若作题为《为建设新中国的人民文艺而奋斗》的报告。7月19日，中华全国文学艺术界联合会正式成立。邵荃麟在香港主持了留港文代会代表座谈会。

7月23日，召开了中华全国文学工作者协会（简称全国文协）成立大会，即第一次中国作协大会。选举主席为茅盾，副主席为周扬、丁玲、巴金、柯仲平、老舍、冯雪峰、邵荃麟。当时邵荃麟仍在香港。

8月中，离开香港赴北京。乘一艘从日本回来的苏联商船，和乔冠华一家最后一批进解放区，同船的民主人士有蔡廷锴、蒋光鼐、章士钊等，还有外委系统的工作人员二十来人。路上8天，经台湾海峡到大连，9月经沈阳乘火车回到北京。抵京后先暂住前门旅馆，数天后在东四九条52号文委宿舍安家。

10 月 1 日，在天安门参加了开国大典。

11 月，被委任为政务院(后改为国务院)文化教育委员会(文委)委员、副秘书长及下设的计划委员会主任(计划局长)、文委党组成员，负责教育和卫生方面的工作。文委下面联系几个方面的工作:文化部、教育部、卫生部、出版总署、宗教事务委员会。文委主任是郭沫若，副主任习仲勋，秘书长是胡乔木，阳翰笙、冯乃超和邵荃麟为副秘书长。

【著译】

论品质，2 月，香港《群众》第 3 卷第 7 期。

谈戏剧上的典型问题——在一个演员座谈会上的谈话，3 月 28 日，香港《文汇报》;《邵荃麟评论选集》p. 252～266。

新形势下文艺运动上的几个问题，3 月，《大众文艺丛刊·新形势与文艺》;又收入《大众文艺丛刊·批评论文选集》，新中国书局，1949 年版;《邵荃麟评论选集》p. 239～251。

《大众文艺丛刊·新形势与文艺》编后，未署名，3 月，《大众文艺丛刊·新形势与文艺》。

关于世界保卫和平运动答问，4 月 6 日，香港《文汇报》。

为保卫世界和平而奋斗，4 月 6 日，香港《华商报》。

关于批评态度的论争，4 月 10 日，香港《华商报》，《思想漫步》;《邵荃麟评论选集》p. 267～271。

为解放江南而写作——要求一个突击运动，4 月 24 日，香港《华商报》;《邵荃麟评论选集》p. 272～273。

文化与劳动结合起来，5 月 4 日，香港《大公报》;《邵荃麟评论选集》p. 274～276。

论城乡关系——兼及南方的任务，5 月 19 日，香港《群众》

第3卷第22期。

《大众文艺丛刊·批评论文选集》前记，署“编者”，6月，《大众文艺丛刊·批评论文选集》。

列宁与文艺问题（A·梅耶斯涅可夫作，节译），6月，《文艺生活》（海外版）第15期。

文学作品选读（上、下册，与葛琴合选并注解），生活·读书·新知上海联合发行所，1949年6月沪初版。

《新的信念》注解，载于《文学作品选读》。

《结合》注解，载于《文学作品选读》。

《雪里钻》注解，载于《文学作品选读》。

《我的故乡》注解，载于《文学作品选读》。

《夜歌》注解，载于《文学作品选读》。

《荷花淀》注解，载于《文学作品选读》。

《石青嫂子》注解，载于《文学作品选读》。

《两种脚印》注解，载于《文学作品选读》。

《秋夜》注解，载于《文学作品选读》。

《一个女人翻身的故事》注解，载于《文学作品选读》。

《队长之妻》注解，载于《文学作品选读》。

《李家庄的变迁》注解，载于《文学作品选读》。

《药》注解，载于《文学作品选读》。

《盒里的人》注解，载于《文学作品选读》。

《二十六个和一个》注解，载于《文学作品选读》。

《普希金抒情诗选》注解，载于《文学作品选读》。

《残冬》注解，载于《文学作品选读》。

《地主》注解，载于《文学作品选读》。

《精神独立宣言》《向高尔基致敬》注解，载于《文学作品选读》。

《包身工》注解，载于《文学作品选读》。

《灯下漫笔》注解，载于《文学作品选读》。

《求婚》注解，载于《文学作品选读》。

《严加管束》注解，载于《文学作品选读》。

珍贵的经验——略谈十月革命时期的苏联文学运动(署荃麟)，11 月 6 日，《人民日报》第 5 版《人民文艺》第 22 期。

对于新民主主义文化的基本认识，12 月 15 日，《学习》第 1 卷第 4 期。

1950 年

2 月 7 日，全国文学艺术界联合会委员会会议增补老舍、邵荃麟、孙伏园、艾芜、沙汀 5 人为全国委员会委员。

9 月 20 日，第一次全国工农教育会议在北京召开。10 月 15 日，中共中央转发《关于第一次全国工农教育会议的报告》的批示，决定组织各级职工业余教育委员会。邵荃麟担任了文委和总工会一起组织的职工业余教育委员会副主任委员。他委派文委调查研究室的四五位同志深入到沈阳、大连、唐山、天津、上海等工业城市，一直下到工人最集中的地方，去夜校听课，去工人家里访问，了解扫盲情况。他主张要把文化教育和政治教育结合起来，不要单纯学识字。这一直作为工农业余教育委员会的一条方针。

12 月，政务院正式发布《关于举办工农速成中学的指示》。针对解放初的工农干部普遍文化不足的问题，邵荃麟主张大力办工农速中，使一大批在旧社会或者在战斗环境中没有学习机会的干部能够用较少的年限学完中学，达到入大学深造的程度。到 1950 年底，全国共有工农速成中学 24 所，123 个班，招收学生 4 447 人。当时的人民大学在这方面工作是最有成效的。

年内，在文联秘书长黄药眠主持下，他与其他新老作家以作家身份到北京师范大学作专题讲座，现身说法介绍创作经验、生活历程和写作技巧。

【著译】

关于文艺作品的阅读，5 月 20 日，《中国青年》第 39 期，《邵荃麟评论选集》p. 584～588。

论文艺创作与政策和任务相结合——《目前文艺创作上几个问题》的演讲辞的一节，10 月 25 日，《文艺报》第 3 卷第 1 期 p. 10～12，《邵荃麟评论选集》p. 285～292。

1951 年

年内，兼任中共中央宣传部副秘书长和教育处处长。全家搬往中南海机关居住。

作为中央文教委员会副秘书长，把相当大的一部分精力投入科学规划工作，在秘书长胡乔木领导下，做了不少实际工作。对于科学界的一些思想问题和一些带倾向性的争论(例如当时生物界展开了米丘林和摩尔根的学术评价的争论)，他采取了谨慎和实事求是的态度，亲自进行调查，指出学术问题应当提倡自由争论，不能采用庸俗化、简单化的贴标签方式。

8 月 2 日至 11 日，出席在京举行的中华职业教育社第二次工作讨论会，作有关文教政策的报告。

10月23日～11月1日，作为中央人民政府各部门负责人列席中国人民政治协商会议第一届全国委员会第三次会议。

冬，周扬召集，在文协举行了一次对胡风的批评会，有邵荃麟、何其芳、袁水拍参加。胡风作了检查，邵荃麟批评了胡风的“市民文学”。会上也肯定了胡风在文艺方面的功绩。后来邵荃麟又帮助胡风把他编印的大量存书卖给新华书店。

【著译】

党与文艺，1951年6月25日，《文艺报》第4卷第5期，p.12～15。

1952年

6月27日，政务院发布《关于人民政府、党派、团体及所属事业单位的国家工作人员实行公费医疗预防的指示》。公费医疗是邵荃麟主管的一项工作。如何根据我国解放初期的经济条件实行，是一项体现了党和政府对人民关怀的大事，也是关系到工人阶级如何享受到劳动福利的大事。他调查了我国实际情况，参照苏联的办法，前后提出了许多方案。他当时已提出，工人待遇低，自己有了公费医疗，家属有病怎么办？大病怎么办？

在政务院文委工作期间，他还主持了少数民族地区扫除性病的工作。新中国成立前许多地方瘟疫、性病蔓延，少数民族地区更甚，新中国成立初期有些少数民族地区已经没有婴儿出生了。文委采取了非常果断的措施，例如在内蒙用封锁交通的办法，一个地区一个地区消灭梅毒。为了彻底治疗，需要规划一定的药厂生产药品。当时青霉素是要靠进口的，于是就把几个啤酒厂改成生产青霉素的制药厂。他对这项工作倾注了满腔热情，达到废寝忘食的地步。

7月，全国进行文艺整风，检查资产阶级文艺思想。6月8日《人民日报》转载了舒芜的检讨文章(原载《长江日报》)，并在编者按语中明白指出胡风文艺思想的错误性质。胡风从上海来京，写信给周恩来要求讨论他的文艺思想。经周恩来同意，由周扬主持同胡风举行了几次座谈会，参加的除胡风、舒芜、路翎外，有丁玲、胡绳、邵荃麟、冯雪峰、张天翼、何其芳、林默涵、严文井、王朝闻、田间、艾青等。

1953年

3月，从中宣部教育处处长的岗位调到中国文协，同时仍兼任中宣部的副秘书长和政务院文教委员会的副秘书长(秘书长是胡乔木)。3月24日，全国文协第六次常委会上通过名为《关于改组全国文协和加强领导文学创作的工作方案》的文件，决定召开全国代表大会，讨论改组文协机构。当时为了加强党对哲学界和文艺界的领导，经过研究、审查并报毛主席批准，决定派中宣部几个副秘书长去哲学社会科学部、文协等单位。邵荃麟被派往中国文协。文协改作协筹备小组的领导成员为：党组书记邵荃麟，秘书长严文井，副秘书长、党组成员兼党组秘书张僖。

工作调动后，全家迁到东总布胡同22号文协机关居住。

4月，中央文化部同意将其所属的中央文学研究所的业务划归文协领导。改组后的文协成立“创作委员会”，具体指导文学创作活动。周扬任主任，邵荃麟、沙汀为副主任，实际主持日常工作。在创作委员会下，又成立了诗歌、小说、散文、戏剧、电影、儿童文学、通俗文学等创作组和文学批评组。

4月，提议创办了《作家通讯》并撰写《发刊词》。

4月，去杭州休养，至7月份回京。

《人民文学》七、八月号合刊起，接替茅盾出任主编。

9月23日至10月6日，中国文学艺术工作者第二次代表大会（第二次文代会）召开，将“中华全国文学艺术界联合会”更名为“中国文学艺术界联合会”。大会主席郭沫若致开幕词，周扬作了题为《为创造更多的优秀的文学艺术作品而奋斗》的报告，邵荃麟作总结发言《沿着社会主义现实主义的方向前进》。

9月，中华全国文学工作者协会（文协）召开第二次会员代表大会，共有代表560人、列席代表189人参加大会，茅盾作《新的现实和新的任务》的报告。为筹备第二次文代会和文协第二次代表大会，邵荃麟带病做了一系列繁重而艰巨的组织工作。

10月，“中华全国文学工作者协会”正式改为“中国作家协会”，并召开了第一次中国作家协会代表大会，选举88人组成理事会，茅盾任主席，周扬、丁玲、巴金、柯仲平、老舍、冯雪峰、邵荃麟任副主席。周扬为作协党组书记，邵荃麟为副书记。

12月8日，关于李季的长诗《菊花石》致信作者，实事求是地评论作品的得失，并给作者以鼓励。此前北京一些文艺界人士举行了一次关于《菊花石》的讨论会，会后将记录寄给作者，李季于10月3日从玉门致信《作家通讯》发表了自己的意见。邵荃麟特意致信李季详述了自己的看法。第二次文代会后，他支持原在武汉工作的李季到甘肃的玉门油田深入生活。

年内，对在中国作家协会工作的杲向真的第一部小说《小胖和小松》初稿给以肯定，鼓励她多为孩子们写些东西。

【著译】

悼念伟大的导师斯大林，1953年，《人民文学》4月号，p. 14～15，《邵荃麟评论选集》p. 700～702。

关于《作家通讯》，4月，《作家通讯》第1期，为荃麟所写发刊词。

关于《三千里江山》的几点意见，1953年，《作家通讯》第4期，p. 48～59，《邵荃麟评论选集》p. 589～601。

1953年8月致胡风信。

关于长诗《菊花石》给李季同志的信，12月8日，《作家通讯》第7期，第22页，1954年1月。

沿着社会主义现实主义的方向前进——在中国文学工作者第二次代表大会上的总结发言，1953年，《人民文学》11月号，p. 53～63，《邵荃麟评论选集》p. 305～328。

1954年

1月14日，中国文学艺术界联合会14日在北京举行全国委员会主席团第二次扩大会议。会议由该会副主席茅盾主持，分别由阳翰笙、邵荃麟、田汉、吕骥、蔡若虹、王亚平报告了中国文联和各协会及研究会1954年工作计划要点。会议讨论并通过了各协会计划要点。

4月，邵荃麟指定黄秋耘主编《文艺学习》，这是一个普及刊物，主要任务是向广大青年读者进行文学教育，普及文学的基本知识，提高群众的文学欣赏能力和写作能力，并为我国的文学队伍培养后备力量。从1954年4月创刊，到1957年12月停刊，共出版45期，受到广大青年读者欢迎。

4月，至杭州南山招待所休养。秋，回到北京。

7月22日，胡风将《关于解放以来的文艺实践情况的报告》——即以后所谓的"三十万言书"——面交当时的国务院文教委员会主任习仲勋转呈党中央。这篇报告写作于3月至7月。

9月，毛泽东提出批判《红楼梦研究》，同时批评《文艺报》。召开了文联、作协主席团联席扩大会议，有郭沫若、茅盾、周扬、老舍、丁玲、冯雪峰、邵荃麟、胡风、黄药眠、钟敬之、刘白羽以及老中青作家、评论家、研究家二百来人参加。中宣部召集部务会扩大会议，文联、作协、文化部许多党员负责干部参加。中国作家协会也召开机关支部大会。陈企霞、丁玲、冯雪峰等受到严厉批评。

10月起至翌年8月底，毛泽东发动"胡适思想批判运动"，从反对《红楼梦》研究中胡适派资产阶级唯心论开始，迅速扩展至对胡适思想的全面批判。中国科学院、中国作家协会联席会议推选郭沫若、茅盾、周扬、潘梓年、邓拓、胡绳、老舍、邵荃麟、尹达9人组成委员会主持运动。自12月29日起共举行21次讨论会，在全国范围内发表批判文章300万字以上，仅三联书店所编《胡适思想批判》论文汇编8辑196万字。

1955 年

1 月 2 日，作为中国作协党组副书记，邵荃麟代表作协党组起草了给中宣部并转呈中央的报告，决定对胡风文艺思想展开深入批判。作协党组已开始要求周扬等党内外人士研究胡风的报告并负责写出文章，邵荃麟也在要求之列，他撰写了《胡风的唯心主义世界观》。

1 月 3 日，正式召开中国文艺工作者联合会、中国作家协会主席团联席（扩大）会，开展对胡风文艺思想的批判。

3 月，乔冠华与陈家康和邵荃麟一道看望胡风，进行了持续很长的谈话，主题还是胡风的文艺思想问题。乔冠华主谈，他传达了总理的指示："应检查思想，应该打掉的打得愈彻底愈好，这才更好建设新的。但是，要实事求是，不能包，包不是办法。"

3 月 20 日，在《人民日报》上发表批判文章《胡风的唯心主义世界观》。

3 月，大病，去无锡太湖疗养院休养。此时丁玲也在无锡，写作《在严寒的日子里》。

5 月，赴上海华东医院检查，约一周时间后再回无锡。

6 月，在上海召见丁玲和陈明，向他们通报了胡风反革命集团案件，给他们看了胡风的一些材料。

7 月 1 日，中共中央发出《关于展开斗争肃清暗藏反革命分子的指示》。7 月 3 日的《人民日报》社论，把胡风和"放火、暗杀、爆破以及各种破坏统购统销和互助合作社"的反革命活动联系起来。胡风已于 5 月 18 日被逮捕。

8月3日～9月6日，作协召开党组扩大会，揭露批判“丁玲、陈企霞反党小集团”。在肃反中，中国作协成立5人领导小组，刘白羽任组长。

【著译】

胡风的唯心主义世界观，3月20日，《人民日报》，收录于：《胡风文艺思想批判论文汇集—五集》，作家出版社，1955年7月北京第一版；《邵荃麟评论选集》p. 329～340。

1956年

1月，中央召开知识分子问题会议，周恩来作《关于知识分子问题》的报告，首次提出绝大多数知识分子已是工人阶级的一部分。

4月25日，毛泽东发表《论十大关系》讲话；28日，毛泽东在政治局扩大会议上提出“双百方针”。

五六月间，邵荃麟去青岛疗养院休养。至冬季始被召回北京工作。

6月28日，中宣部召开部务会议，决定成立研究组，由张际春负责，重新查对丁玲陈企霞问题。

12月，邵荃麟接替周扬出任中国作协党组书记，这个职务一直担任到1965年8月由刘白羽接替为止。

年内，天津工人业余文学创作社（简称天津工人文学社）成立。邵荃麟专门问过工人文学社的情况，十分兴奋和感慨说，三十年代“左联”时期，大搞文学社团，几次努力，准备在工人当中建立文学社团都没能实现。盼了三十年，在工人政治翻身与文化翻身之后，终于在天津实现。

从本年起，邵荃麟主持翻译介绍西方马克思主义的文化理论著作，如卢卡契等一批马克思主义者的文艺理论，与冯至、陈冰夷等确定选题，由《译文》杂志社内部出版了一大批译作的白皮书，供研究批判之用。

年内，全家迁往大雅宝胡同53号。至1967年底被隔离审查之前，一直在此居住。

【著译】

被侮辱和被损害的（陀斯妥耶夫斯基著，荃麟译）校订本，人民文学出版社，1956年12月北京第1版，上、下册。

《被侮辱和被损害的》校订后记，4月26日，载于《被侮辱和被损害的》校订本，《邵荃麟评论选集》p.602～607。

1957年

春，毛泽东主席邀请一些同志到他的会客室颐年堂座谈。周恩来、朱德等中央同志与会。周扬、林默涵、邵荃麟、严文井和张光年也应邀参加。毛泽东阐发他关于“双百方针”的思想，批评了部队主管文艺的几位同志，保护了王蒙。

2月27日，毛泽东在第十一次最高国务会议上发表了《关于正确处理人民内部矛盾的问题》的讲话。

3月6日至13日，中共中央在北京召开了有党外民主人士参加的全国宣传工作会议，传达和贯彻毛泽东《关于正确处理人民内部矛盾的问题》的讲话。12日，毛泽东又在会上发表了重要讲话。

4月20日，作协召集编辑工作座谈会，周扬讲话并传达了当时毛泽东对《人民日报》编辑部同志的一次讲话，主要内容是尖锐批评党报没有积极主动地执行党的鸣放方针。邵荃麟和茅盾、老舍也在这次会上讲了话，鼓励作协各刊物大胆展开鸣放。

4 月 21 日，邵荃麟和张天翼、艾芜作为人大代表到上海、浙江视察。出发之前，周扬要邵荃麟把主席谈话的内容向地方宣传部传达一下。在上海对宣传部长石西民作了传达；在杭州与一些作家谈话，鼓励鸣放。后来被说成“煽风点火，组织右派队伍”。

4 月 27 日，中共中央发出《关于整风运动的指示》。其中指出，为了克服近年来党内新滋长的脱离群众和脱离实际的官僚主义、宗派主义和主观主义，有必要在全党进行一次普遍的深入的整风运动，以提高全党的马克思主义的思想水平，改进作风，适应社会主义改造与建设的需要。“指示”还指出，处理人民内部矛盾要按照“从团结的愿望出发，经过批评和自我批评，在新的基础上达到新的团结”的方针，实行“知无不言，言无不尽，言者无罪，闻者足戒，有则改之，无则加勉”的原则，达到“惩前毖后，治病救人”的目的。

5 月 12 日回到北京。因浙江省委向中宣部提出邵荃麟在杭州“点火”的讲话有问题而被召回。

5 月 15 日毛泽东撰写《事情正在起变化》(6 月 12 日在党内印发，以配合当时的反右运动。1977 年 4 月编入《毛泽东选集》第五卷发表)。

5 月 18 日晚，周扬紧急召集邵荃麟等几位作协领导人员，传达中央精神发生重大变化。

6 月 6 日，作协党组召开扩大会议，周扬、邵荃麟、刘白羽都讲了话。邵荃麟宣布，“丁陈反党小集团”这条结论不能成立，这个问题的性质要在党内坐下来平心静气地谈。此前“丁陈”修改结论的问题已在中宣部和作协进行了反复研究，邵荃麟这次讲话是首次公开宣布，意在保持党组内部团结，以应付新的斗争形势。随着形势变化，这在后来成为他包庇“丁陈”的罪状。

7 月 1 日，《人民日报》发表毛泽东亲自撰写的社论《文汇报的资产阶级方向应当批判》，成为发动全社会开展反右运动的动员令。

7 月 7 日，在《文艺报》第 14 号上发表以《斗争锋芒指向右派》为题的文章。

7 月 9 日，毛泽东在上海干部会议上，作了《打退资产阶级右派的进攻》的内部讲话，进一步推动全国的反右运动。同月，毛泽东又在青岛作《一九五七年夏季的形势》的分析，强调“反共反人民反社会主义的资产阶级右派和人民的矛盾是敌我矛盾，是对抗性的不可调和的你死我活的矛盾”。

8 月 18 日《文艺报》第 20 号上以《文艺界正在进行一场大辩论》为题报道了周扬、邵荃麟、刘白羽、林默涵在中国作家协会党组扩大会议上的发言纪要。

9 月 17 日，从 6 月 6 日开始的中国作协党组扩大会议结束，历时三个半月，加上 9 月 16、17 日两天的总结大会，一共开了 27 次，发言者达 138 人。先后对丁玲、陈企霞、冯雪峰等“右派”进行了揭发批判。邵荃麟代表作协党组，以《斗争必须更深入》为题作总结发言。周扬作了《不同的世界观，不同的道路》长篇报告。

“反右”涉及作协许多干部，邵荃麟尽力保护了一些同志，如韦君宜和黄秋耘，还对已被划为右派的同志表示了关怀，如王蒙。这些后来也成为他的罪状。

冯雪峰划为右派后，每一二月来家见邵荃麟，邵荃麟鼓励他做研究工作，支持他选编三十年代文学作品和创作关于太平天国的长篇小说。

年内，《新华字典》出版。这是中国第一部现代汉语字典，最早名为《伍记小字典》，但未能编纂完成，自1953年开始重编出版，经过反复修订，以1957年商务印书馆出版的《新华字典》作为第一版。邵荃麟参与修订。

【著译】

斗争锋芒指向右派，1957年7月7日《文艺报》第14号。

文艺上两条路线的大斗争(署邵荃麟)，1957年9月7日《人民日报》。

斗争必须更深入——中共中国作家协会党组批判丁陈反党集团扩大会议的总结发言，1957年9月29日《文艺报》第25号，1957年11月20日《收获》第3期。

1958年

1月11日在《文艺报》上发表《修正主义文艺思想一例——论〈苔花集〉及其作者的思想》，对黄秋耘公开批评，而在组织上则保护他免于划为右派。

年初，邵荃麟召开中国作家协会全体干部会议，宣布作家协会的“大跃进规划”。

3月8日，在京的一百多位小说家、剧作家和诗人举行盛大座谈会，表示跃进的决心，邵荃麟作为中国作协党组书记代替几个未能出席的老作家宣布了创作计划：茅盾写一个长篇，三个中篇；巴金也是一个长篇，三个中篇，再翻译几部外国作品；曹禺则要编出五个独幕剧。然后，他又说："赵树理同志今天到会了，他有意写《续李有才板话》，以反映当前的大跃进。"

邵荃麟在4月号的《诗刊》上发表《门外谈诗》。

6月，到汉口参加中南五省的作家代表大会，作"插红旗，放百花"的报告。去武汉大学讲演，受到校长李达接待。

6月，自武汉赴重庆，参加作协分会活动，与大专院校师生座谈，还约见了《红岩》作者罗广斌。

7月，自重庆至成都，参加省文联活动。在四川大学作题为"谈厚今薄古"的讲演。

7月，在成都约半个月后至西安，安排作协会务，参加了西郊白庙村的赛诗会。

8月18日在作家协会召开的"作家深入生活座谈会"上发言，沐阳(谢永旺)以《进一步贯彻作家与劳动群众结合的方针，充分反映大跃进中的人民英雄主义——作家深入生活座谈会报道》为题，在9月11日的《文艺报》1958年第17期上作了报道。

9月，被北京大学聘为名誉教授。曾至北京大学讲演"革命的浪漫主义和革命的现实主义"。

12月22日，毛泽东在中宣部内部刊物上看到一份反映清华大学一个党支部对待教师宁"左"勿右的材料后，给中宣部部长陆定一写信，建议将这份材料印发全国一切大专学校，科研机关的党委、总支、支部阅读并讨论，以"端正方向，争取一切可能争取的教授、讲师、助教、研究人员为无产阶级的教育事业和文化科学事业服务”。28日晚周恩来召集宣传、文化、教育等部门负责人陆定一、康生、张际春、杨秀峰、周扬、钱俊瑞、张子意、胡乔木、刘芝明、夏衍、陈克寒、林默涵、徐运北、张凯、黄中、荣高棠、沙洪、邵荃麟、吴冷西、姚溱等到西花厅开会，批评各部门在执行知识分子政策上的“左”的错误。

冬，至广州、昆明视察作协分会工作。

【著译】

修正主义文艺思想一例——论《苔花集》及其作者的思想，1958年1月11日《文艺报》。

扫清道路，奋勇前进——《文艺战线上的一场大辩论》读后(署邵荃麟)，3月24日，《人民日报》(注明：本文是根据作者在《文艺报》座谈会上的发言，略加补充写成的)。

为文学艺术大跃进扫清道路——座谈周扬同志的文章《文艺战线上的一场大辩论》，邵荃麟的发言，报道，1958年3月26日《文艺报》第6期。

杂谈文艺工作大跃进(四则)，4月8日，《人民文学》1958年第4期。

门外谈诗，4月25日，《诗刊》1958年4月号。

为什么要学点文学，4月20日《文汇报》，《邵荃麟评论选集》p. 341～345。

插红旗　放百花——在中国作家协会武汉分会主席团(扩大)会议上的讲话，1958年6月6日。

继续贯彻“百花齐放、百家争鸣”的方针，6月18日，《学习》1958年第12期，列于“纪念《关于正确处理人民内部矛盾》发表一周年”栏下。

关于“厚今薄古”问题的发言，6月28日在西南师范学院中文系部分师生和重庆师专部分教师座谈会上的发言记录，《红岩》(西师文学教学改革特辑)，1958年8月。

创作必须走群众路线，7月29日《陕西日报》。

谈厚今薄古——在川大和川师文科师生的讲演，8月《草地》，收录于《中国古典文学厚古薄今批判集·第四辑》，人民文学出版社，1958年9月北京第1版。

民歌·浪漫主义·共产主义风格——7月27日在西安文艺工作者座谈会上的发言，9月26日，《文艺报》1958年第18期。

我们的文学进入了新的时期(署邵荃麟)，10月6日《人民日报》(编者注：本文系作者应苏联《新时代》杂志之约而作，这里发表的，是征得作者同意作了一些删节)。

1959年

春，至天津，在河北省作协分会召开的文艺工作者会议上作报告。

2月18日到27日，作协召开了一次全国性的创作工作座谈会，出席的有60多人。邵荃麟和茅盾都讲了话，这些讲话发表在同年第四期《作家通讯》上。这次座谈会是为了讨论国庆十周年献礼问题，而主要精神则是为了克服文化部门中一些浮夸倾向。会议上突出强调“双百方针”和提高艺术性，强调题材风格形式的多样化。

3月底到4月初，又连续主持召开了四次作协刊物和作家出版社的编辑工作会议。会议的中心议题是贯彻“双百方针”，提高质量。

4 月 23 日，在北京大学演讲，谈革命现实主义与革命浪漫主义相结合（报道于《北京大学学报：人文科学版》1959(2)）。

4 月，《唐诗一百首》出版。邵荃麟关注这本书的编辑出版，在编辑部内部，也一再强调要注重艺术性。

7 月，在《人民文学》7 月号上发表《从一篇散文想起的》，称赞赵树理丰富的生活经验在创作上的价值。

7 月 2 日～8 月 16 日，中共八届八中全会在庐山召开，后期开展了对所谓“彭德怀、黄克诚、张闻天、周小舟反党集团”的斗争。会后开展了“反右倾”运动，文艺界则展开反对修正主义文艺思想的斗争。

9 月 17 日，撰写了总结新中国文学发展的《文学十年历程》，对《保卫延安》《红旗谱》等作品给以肯定。

11 月 5 日，中国文联、作协举行座谈会，邀请出席群英会的文艺代表座谈，阳翰笙主持，老舍、邵荃麟参加，邵荃麟最后发言，提出在反右倾、鼓干劲的基础上，作家艺术家作好准备，积极创作，用优秀作品向党诞生四十周年献礼。

12 月，作协内部开展整风，邵荃麟作动员报告，报告第二部分题为“坚决展开文艺战线上反修正主义的斗争”。赵树理由于对农业问题上书发表自己的意见而成为作协整风中内部重点帮助对象之一。

年内，外交部约写关于苏联七年计划的文章，写了《新的历史里程碑》，由外交部发稿，并刊出于《世界文学》。

【著译】

农民学哲学一例——新会访问杂记之一(署荃麟),1959年,《哲学研究》第1期,p. 32～33。

新的历史里程碑——祝苏联共产党第二十一次非常代表大会,1959年。

“五四”文学的发展道路(署邵荃麟),节选,5月4日,《人民日报》(编者注:这篇文章是作者的论文“关于‘五四’文学的历史评价问题”的第二部分)。

关于“五四”文学的历史评价问题,5月8日,《人民文学》1959年5月号。

谈短篇小说,1959年,《解放军文艺》第6期,p. 12～26,《邵荃麟评论选集》p. 346～360。

从一篇散文想起的,1959年,《人民文学》7月号,p. 19～21,《邵荃麟评论选集》p. 608～612。

血画,7月,《新观察》1959年第13期,《邵荃麟评论选集》p. 703～704。

就现实主义问题给茅盾的信,1959年8月22日,载于上海图书馆中国文化名人手稿馆编,《尘封的记忆——茅盾友朋手札》,文汇出版社,2005年,《纪念集》p. 9～12,手迹复印件。

文学十年历程,9月17日,《文艺报》第18期——庆祝建国十周年专号(一),p. 33～43;收入《新中国文学十年(1949—1959)》p. 1～28;《邵荃麟评论选集》p. 361～388。

1960年

7月22日至8月14日中国文艺工作者第三次代表大会在北京召开。邵荃麟在同时召开的作协第三次理事会(扩大)

会议上作题为《在战斗中继续跃进》的报告。

冬，在青岛休养一段时间，看到山东经济困难的严重情况，一方面感到农村中生产、分配失调的一些严重情况，一方面也感到农民中间存在个体经济思想的沉重负担。因而想到如何教育农民克服这种个体经济思想。把描写农民如何从个体经济思想走向集体主义思想的过程，看作是文学上的一个重要问题，在青岛重读了《创业史》和李准、茹志鹃等人的一些小说，并用这种思想去分析了这些小说。

12 月，在《文艺报》编辑部会议上发言认为梁三老汉比梁生宝写得好。

【著译】

关于土地革命战争时期党、团组织在浙江沿革情况的回忆，写于 1960 年 1 月，后载于《党史资料》1982 年第 1 辑—18。

在战斗中继续跃进——在中国作家协会第三次理事会(扩大)会议上的报告，1960 年 7 月 26 日《文艺报》第 13—14 期。

1961 年

8 月 9 日～15 日，周扬、林默涵在天津召开《文学概论》提纲讨论会，邵荃麟参加会议。《文学概论》的编写工作由作协文艺理论研究室承担。

1961 年第 3 期《文艺报》，发表了“题材问题”专论，针对 1957 年以来创作题材日益狭窄和在这个问题上的片面性主张，鲜明地提出：“文艺创作的题材，有进一步扩大之必要；题材问题上的清规戒律，有彻底破除之必要。”文章发表后在文艺界引起热烈反应。5月12日邵荃麟就这篇专论致信作者张光年表示支持。这封信后来成为批判对象。

6月1日～28日，中央宣传部召开全国文艺工作座谈会，文化部同时召开全国故事片创作会议。因为都在北京新侨饭店举行，故简称“新侨会议”。这两个会议的中心议题，是纠正文艺工作中“左”的错误。在文艺工作座谈会上，还讨论了《关于当前文学艺术工作的意见》即“文艺十条”初稿。

8月29日致信《鲁迅研究》的作者冯文炳(废名)，讨论鲁迅思想转变的问题。

9月，至青岛疗养院疗养，读了一批法国古典作品。

【著译】

关于《文艺报》“题材问题”的专论给张光年同志的一封信，1961年5月12日，未发表。

关于鲁迅从“五四”到一九二七年的思想——致《鲁迅研究》作者冯文炳同志的信，1961年8月29日，载于《图书馆杂志》1982年第1期。

1962年

1月11日至2月7日，中共中央在北京举行扩大的工作会议。参加会议的有中央和省、地、县委四级主要负责人以及部分大厂矿和部队的负责干部七千多人(因此又称“七千人大会”)。刘少奇代表中央向大会作书面报告和讲话，初步总结了1958年以来社会主义建设的基本经验教训，指出了工作中的主要缺点、错误及其原因。大会的召开对于克服不良作风，健全党内民主生活，纠正治理实际工作中的“左”倾错误，促进国民经济的恢复和发展都起到了积极作用。

3月在周恩来直接指导下在广州召开话剧、歌剧、儿童剧座谈会，贯彻1月扩大的中央工作会议和毛泽东在这次大会上的报告精神。在开幕式上，周恩来作了重要报告，着重谈到正确对待知识分子的问题。

4月中，自青岛回北京工作。

4月30日，中央批转文化部党组和全国文联党组提出的“关于当前文学艺术工作若干问题的意见(草案)”(即“文艺八条”)。这个文件是为纠正“左”的错误而制定的，经过周恩来的审阅定稿，经党中央批准下达全国和各文艺团体试行。

作协根据上级精神，由邵荃麟牵头，做出1959年反右倾运动甄别报告，其中谈及赵树理的一段写道：“根据三年来农村的情况和人民公社六十条及去年中央扩大会议的精神来看，赵树理同志所写的文章和信，没有什么原则性的错误，而且有些意见应该说是正确的。因此，当时根据以上文章和信对赵树理同志在十二级以上的党员干部范围内进行批判，是错误的。”

8月2日至16日，邵荃麟在大连主持召开了“农村题材短篇小说创作座谈会”。茅盾、周扬在会上讲了话，参加会议的有赵树理、周立波、侯金镜等8个省市的16位作家和评论家。会议的中心议题是研究文学创作特别是短篇小说如何针对当时农村社会现实中的新情况新问题，正确反映农村中的人民内部矛盾，更好地为社会主义服务。邵荃麟在座谈会上作了发言，会议之后，谢永旺、康濯分别发表一定程度上传达他的意见的文章(谢的文章题为《从邵顺宝、梁三老汉所想到的》，署名沐阳，刊于《文艺报》1962 年第 9 期；康濯的文章为《试论近年间的短篇小说》，刊于《文学评论》1962 年第 5 期）。他的这些意见后来被概括为“写中间人物”和“现实主义深化”理论加以批判。

9 月 24 日至 27 日，中共中央在北戴河召开了八届十中全会。强调在无产阶级革命和无产阶级专政的整个历史时期，在由资本主义过渡到共产主义的整个历史时期（这个时期需要几十年，甚至更多的时间），存在着无产阶级和资产阶级之间的阶级斗争，存在着社会主义和资本主义这两条道路的斗争。

冬，《文艺报》与《文学评论》联合召开“左联”三十周年纪念会，夏衍、邵荃麟等 23 人参加。

年内，邵荃麟接替齐燕铭和林默涵领导“曹雪芹逝世二百周年纪念展览会”筹备工作组。

【著译】

在大连“农村题材短篇小说创作座谈会”上的讲话，8 月，记录整理稿，后收录于《邵荃麟评论选集》p. 389～403。

大连会议期间写给严文井同志的信，《旧墨五记·文学家卷·下编》，方继孝著，国家图书馆出版社，2009 年 4 月。

1963 年

元旦，上海市委书记柯庆施在“上海部分文艺工作者座谈会”上提出了“写十三年”的口号。

2 月 8 日的春节联欢会上，周恩来又着重谈了要“百花齐放，推陈出新”的问题。

4月，中宣部召开全国文艺工作会议，贯彻“文艺八条”。邵荃麟作为北京组组长，带头与上海组张春桥、姚文元等的“只有写社会主义时期的生活，才是社会主义文艺”的主张进行了针锋相对的争论。邵荃麟说，“简单化”写13年“伤了作家的积极性”，提出“要写四十年，写一百零五年”。此后，戏剧界出现了一些革命历史题材的新剧目，如《芦荡火种》、《南海长城》等。邵荃麟和其他一些人在会议上的发言，后来被整理为《关于反映“十三年”问题的材料》，成为批判对象。

6月，毛泽东在杭州会议上讲话，再次强调阶级斗争。

9月27日，毛泽东就文艺工作批示：“《戏剧报》尽是牛鬼蛇神……文化方面特别是戏剧大量是封建落后的东西，社会主义的东西少，在舞台上无非是帝王将相。文化部是管文化的，应注意这方面的问题，为之检查，认真改正。如不改变，就改名帝王将相部，才子佳人部，或者外国死人部。”

11月17日，第二届全国人民代表大会第四次会议召开，邵荃麟被选入大会主席团。

12月12日，毛泽东对文艺界作批示：“各种艺术形式——戏剧、曲艺、音乐、美术、舞蹈、电影、诗和文学等等，问题不少，人数很多，社会主义改造在许多部门中，至今收效甚微。许多部门至今还是‘死人’统治着。不能低估电影、新诗、民歌、美术、小说的成绩，但其中的问题也不少，至于戏剧等部门，问题就更大了。社会经济基础已经改变了，为这个基础服务的上层建筑之一的艺术部门，至今还是大问题。这需要从调查研究着手，认真地抓起来。许多共产党人热心提倡封建主义和资本主义的艺术，却不提倡社会主义艺术，岂非咄咄怪事。”

年底，陈登科的小说《寻父记》(后定名《风雷》)脱稿，发排印刷，打出清样，征求意见。邵荃麟阅读书稿后发表了肯定意见。

【著译】

就《红楼梦》问题给茅盾的信，1963年6月3日，上海图书馆中国文化名人手稿馆编，《尘封的记忆——茅盾友朋手札》，文汇出版社，2005年，据手迹复印件修正，《纪念集》p.13～16，手迹复印件。

给阿英的信，1963年8月2日，手迹，载于《邵荃麟评论选集》扉页。

1964年

1964年1月3日，依据毛泽东1963年12月关于文艺工作的批示，中共中央由刘少奇召集中宣部和文艺界30余人举行了座谈会，即"中央文艺工作会议"，邵荃麟参加了会议。

毛泽东在春节谈话中对文艺工作者提出了更严厉的批评："要把唱戏的、写诗的、戏剧家、文学家赶出城，统统轰下乡，分期分批下放到农村、工厂。"作协闻风而动，春节过后，组织作家、艺术家的强大阵容前往大庆油田参观访问，并为工人演出。随后又派人下乡"四清"，并派黄秋耘等编辑干部去华北油田长期参加劳动。

6月11日，在《文艺报》1964年第6期，"向读者推荐《南方来信》"栏目下发表"青山长在，革命永存"一文，这是一篇赞扬写英雄人物的文章，也是他公开发表的最后一篇文字。

1964年6月27日，毛泽东对文艺工作作了第二个批示：

“这些协会和他们掌握的刊物的大多数（据说有少数几个好的），15年来，基本上（不是一切人）不执行党的政策，做官当老爷，不去接近工农兵，不去反映社会主义的革命和建设。最近几年竟然跌到了修正主义的边缘。如不认真改造，势必在将来的某一天，要变成像匈牙利裴多菲俱乐部那样的团体。”

毛泽东批示后，中宣部立即在全国文联各协会系统和文化部开展党内整风，中国作家协会是重点，将在大连休养的刘白羽召回北京取代党组书记邵荃麟任作协整风检查组组长。邵荃麟成为此次整风的重点对象，他1962年在大连会议上的讲话、1963年4月在中宣部文艺工作会议上的讲话都被整理成批判材料。作协党组整风延续到11月，在此期间他多次就“写中间人物”、“现实主义深化”和“题材多样化”等问题进行检查和接受批判。

9月30日，《文艺报》1964年第8、9期以《文艺报》编辑部的名义刊登《关于“写中间人物”的材料》以及一些批判文章，开展了对邵荃麟的公开批判。

【著译】

“青山长在，革命永存”，6月11日，《文艺报》1964年第6期，“向读者推荐《南方来信》”栏目下。

1965年

4月，姚文元在上海《萌芽》月刊上发表长篇论文，把王西彦和邵荃麟一起诬为“资产阶级在文艺界的代理人”、“资产阶级人性论的提倡者”。

8月，被解除中国作协党组书记的职务，经中央书记处同意，转入社科院外国文学研究所担任研究员。这是他一生最清静的一段，他读了许多外国文学书籍，做了不少笔记，同时开始校正压了多年的文艺理论文集稿件。十年浩劫期间，这些被抄的文稿已荡然无存。

1966 年

2 月，林彪和江青在上海组织部队文艺工作座谈会，在纪要中将邵荃麟 1962 年主张的“写中间人物”论列为文艺“黑线”。

《5・16 通知》发布，中宣部被定为“阎王殿”，北京市委被定成“独立王国”。中国文联各协会和中国作协，都被划归文化部领导。

六七月间，文化部在北京西郊的中央社会主义学院举办 500 人集训班，学习党中央关于“文化大革命”的文件，交代自己思想上、工作上、历史上的问题，作自我批判同时互相揭发。邵荃麟被召回作协，参加集训班，期间病重，妻子葛琴照顾他，被说成是把革命的学习班当做了高级疗养院。8 月初，集训班结束。

8 月，红卫兵造反运动兴起，作家协会造反派将原领导五十人左右关入“牛棚”，即王府大街 64 号文联大楼的地下室。邵荃麟作为“反革命文艺黑线”的代表人物之一，也被从社科院揪回，关押于东总部胡同 46 号——作协的一所宿舍大院，写交代材料、接受批斗、从事劳动。同时在社科院文学研究所等单位的群众批斗大会上接受批斗。8 月 29 日，一批上海红卫兵找到作协的“革命造反派”负责人，要求将作协的“黑帮分子”拉出来批斗。

1967 年

夏末，最后一次上公园，在日坛公园留下了最后一张照片。

年底，全家最后一次团聚，由女儿小琴理发。不久便被“隔离审查”，先关于原文联大楼，继而转押于监狱，即与外界失去联系。

1971 年

6 月 10 日，病死狱中，终年六十五岁。通知因心肌梗死死亡，骨灰不予保存，不允许家属处理后事。

1976 年

6 月，“文革”尚未结束，香港出版了《新中国文学十年(1949—1959)》文集，署邵荃麟等编著，其中收有他的《新中国文学十年》一文。

【著译】

《新中国文学十年(1949—1959)》，署邵荃麟等编著，6 月，香港晨风出版社初版。

1978 年

11 月，“文革”结束，邵荃麟尚未平反，香港重印出版了荃麟、葛琴著《中国现代文学作品选讲》。

【著译】

《中国现代文学作品选讲》，署荃麟、葛琴著，11 月，香港创作书社出版。

1979 年

9 月 21 日，在北京八宝山革命公墓举行为邵荃麟恢复名誉、平反昭雪的追悼会，叶剑英、陈云、邓颖超等送花圈，胡耀邦、王震、余秋里、周建人、宋任穷、茅盾等到会。追悼会由中国社会科学院院长胡乔木主持，周扬致悼词。

1981 年

4 月，人民文学出版社出版了由黄秋耘、查国华编辑的《邵荃麟评论选集》，其中选编了他的一些重要的文学评论文章。

11 月，浙江人民出版社重新出版了他的译作《被侮辱和被损害的》。

【著译】

《邵荃麟评论选集》(上、下册)，黄秋耘、查国华编辑，4 月，人民文学出版社出版。

《被侮辱和被损害的》，11 月，浙江人民出版社。

2006 年

12 月 4 日，中国作家协会在中国现代文学馆举行了“邵荃麟同志百年诞辰纪念座谈会”，中国作协书记处书记、中国现代文学馆馆长陈建功主持会议，中国作家协会党组书记、副主席金炳华致辞，王蒙、邵燕祥、陈丹晨等作家到会发言。同时出版了《邵荃麟百年纪念集》（邵济安、王存诚主编，文化艺术出版社，2006 年）。

2007 年

《追忆与思考——纪念我的父母荃麟和葛琴》（小鹰著，自印行，2007 年）。

附录三

篇目笔画索引

说明：

索引按《邵荃麟全集》所收作品篇目首字笔画顺序排列。《首字笔画检索表》中各字后的数码，系指以该字为首字的篇目列入“篇目索引”中的页码，如“大(461)”，即首字为“大”的篇名始列于本卷的第461页。《篇目索引》中所列篇名后的数字分别为该篇在《邵荃麟全集》中的卷次和页码，如①129，则为第一卷第129页。

首字笔画检索表

一画

二画

八画

九画

十画

十一画

十二画

十三画

十四画

十五画

十六画

十九画

篇目索引

一画

二画

三画

四画

五画

六画

七画

八画

九画

十画

十一画

十二画

十三画

十四画

十五画

十六画

十九画

后　　记

这部《邵荃麟全集》是我们与武汉出版社合作的成果。出版社最先动议出版一部“邵荃麟文集”，并主动找到我们订立了出版合同。对于武汉出版社的远见卓识和工作精神，我们始终是非常敬佩与感谢的。由于一开始对能否收集到邵荃麟的主要著译，双方都没有足够的把握，所以只提“文集”，但心里的目标是“全集”，抱着尽力而为的态度去工作。经过四年多的努力，虽然还不无遗憾，但我们觉得现在这部稿子已经当得起“全集”的称号了。

从我们这一方面来说，工作的起点是1981年出版的《邵荃麟评论选集》，它给我们留下了三部分资源：一是经过黄秋耘、查国华精心编辑校订过的那些收集在《选集》中的文本，它们可以直接移植到我们的“文集”中来；二是书末收录的查国华编的《邵荃麟著译系年目录》(1936—1949)，其中列出了许多未收入《选集》的文章和书籍的目录，成为我们编辑1949年前著译的主要根据，这是查国华先生花了很大精力在全国各藏书机构调研的成果，功不可没；三是复制了不少当时找到的文章，没有收入《选集》的，也留给我们一份复制件，这样1949年以后的著作也就有了初步的眉目。

接下来的工作，一是继续完善著译目录，一是找到目录中所提到的文本，经过复制、辨识，做成可供出版的文稿。这两项细致而艰巨的工作是我们和出版社的同志一起进行的。

就我们这方面而言，从邵荃麟曾经活动过的浙江、福建、广西、香港等地相关的文史资料中又获得不少作品的线索。文本的查找和复制则得到中国现代文学馆、国家图书馆、中国社科院情报所、北京大学图书馆、清华大学图书馆、中国人民大学图书馆、香港中央图书馆、上海图书馆、重庆市图书馆、湖北省图书馆、桂林图书馆、浙江图书馆、武汉大学图书馆、广西师范大学图书馆、永安市党史办公室等机构的大力协助。其间邵济群、邵晓鸥、邵一鸣、苏关鑫、费振原等亲友都给了很多帮助，使我们能从外地甚至外国得到需要的资料，例如美国哈佛燕京图书馆收藏的荃麟著作。

在出版社方面，他们不仅补足了我们所提目录中许多未能找到的文本，包括不少重要的著译，缺了它们就难以称为“全集”。他们还在工作中发现了新的线索，通过与我们交流确定哪些确实是尚未收集的荃麟作品，从而使这个目录得到扩充，更形完善。最后，书的体例和编辑样式也是由出版社确定的，我们非常赞成。正如他们所说，出版社是把这一文集的出版当作研究工作来做的，这些情况在“出版说明”中可以看到一二。在整个过程中，双方都感到合作愉快，相得益彰。对出版社参加工作的同志我们无法一一感谢，但必须提到彭小华社长、邹德清副总编辑自始至终的热情关注，以及梁桂莲、杨建文先后两位主要责任编辑在具体工作中所做的诸多贡献。

在内容的编辑原则上，我们坚持两点：一是只收录他生前自己公开发表过的文字，唯一的例外是《在大连“农村题材短篇小说创作座谈会”上的讲话》，那是记录稿经过黄秋耘整理后在《邵荃麟评论选集》上首次发表的，1964 年《文艺报》曾摘取其中片段作为批判对象刊出，并已经过许多公开的讨论，现在还原其本来面目是有益的。至于信件，找到的极少，也大多是从各种公开途径收集到的，只有致胡风的一封是张晓风好意提供的。二是所有收集到的文字，凡合乎以上原则的，均全文收录，不做任何删改，只对明显的排印、引文错误做一些技术上的修订，并加注说明。我们衷心希望能为研究者提供一份尽可能准确和完备的资料，至于因能力有限而致疏漏错谬之处，诚望热心读者不吝赐教。

邵济安　王存诚

2013 年 5 月于北京